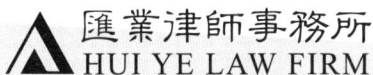

综艺节目全流程法律实务

纪玉峰 王刚 著

中国法治出版社
CHINA LEGAL PUBLISHING HOUSE

前言

随着我国经济发展，社会进步，国民生活水平不断提高，满足人民群众日益增长的精神文化需求成为每一个文艺工作者的使命。自20世纪80年代起，中国电视综艺节目起步，并在此后的几十年内迅猛发展，荧幕上出现了多个现象级综艺节目。特别是2000年以后，中外交流日益频繁，人民群众对电视节目的娱乐性、多元性的要求进一步提高，中国出现了大量高水准的综艺节目，综艺节目跨入了井喷式发展时期。

然而，井喷式发展带来的一个后果就是市场资源不够分配，具体综艺节目的市场前景难以预期，加之现实中知识产权保护的局限性，成功的原创综艺节目极易被抄袭或模仿。种种原因导致很多综艺节目制作方重视引进甚于重视创新，重视流量多于重视内容，重视短期利益多于重视社会公共利益。在此情况下，大量同质化综艺节目充斥荧屏，部分综艺节目内容突破公序良俗，甚至有部分综艺节目片面追求效果忽视安全问题，导致出镜人士伤亡。

以内容为例，综艺节目内容不符合公序良俗的情况时有发生，比如某挑战类综艺节目中，曾有嘉宾在游戏环节中以开玩笑的方式"袭胸"另一位男性嘉宾，引发了较大争议，被认为逾越了尊重他人身体界限的公序良俗，会对社会尤其是青少年产生不良影响。又如某以辩论为特色的脱口秀节目中，一些嘉宾为了追求效果，发表的部分言论被认为冒犯特定群体、传播错误价值观，并且发生过对性别、地域等方面的不当表述，相关言论违背了尊重多元、平等、包容的公序良俗，与社会主流价值观显然是相悖的。

以安全问题为例，著名艺人高先生在节目录制过程中猝死事件距今不远。部分综艺节目由于环节设置不合理、游戏对抗性过强等原因，发生人身伤亡事件的概率远高于一般节目。比如某著名户外综艺节目录制过程中，知名演艺人士李某就曾在游戏环节中意外受伤，导致眉骨破裂出血，紧急送医缝合。又如在录制某军事体验真人秀节目时，著名演员王先生就曾在训练过程中不慎从平衡木上摔下，导致右腿腓骨骨折。尽管不是每次意外都是致命的，但综艺节目制作过程中潜在的安全风险不可忽视。

种种问题的发生，促使监管层出台了一系列政策和法规、规章等加强对综艺节目制作、播出的监管，且监管措施逐渐趋于严格。主管部门对综艺节目的严格管理必然倒逼综艺节目制作方在策划综艺节目伊始就要注重合规，无论是节目的价值观还是节目人员组成、环节设置、宣传口径，都必须做到不偏离政策方向，合法而行。

除了内容和安全上的问题，综艺节目全流程制作过程中可能遇到的法律问题还很多，最突出的是知识产权的保护问题，综艺节目因侵犯知识产权涉诉的案例不胜枚举。其他涉及的法律关系亦多而复杂，比如与供应商之间的服务合同关系，与员工之间的劳动合同关系，与投资人之间的投资或合作关系，场地车辆设备的租赁合同关系……因此，对综艺节目全流程进行合规风控就非常重要。

一个令人遗憾的现实是，有的综艺节目制作方缺乏基本的法律意识及维权手段，没有专门的法律团队进行支持，一旦发生争议或突发事件，往往不能及时作出有效的应对，亦不知道如何应对，以致损害后果扩大，影响后续的争议解决效果。在国家加强对娱乐行业监管的大背景下，提高综艺节目制作方的基本法律意识，让其知晓风险、了解最低限度的风控手段势在必行，这不仅有利于综艺节目制作方自身发展，也有利于促进整个娱乐行业的健康有序发展。

基于前述目的，我们撰写了这本《综艺节目全流程法律实务》，希望总结我们长期以来的理论研究和办理文娱法律事务的专业知识，并结合我国的法律实践，为综艺节目制作方提供专业的、可操作的参考建议。本书共分八章，除综述外，分别对应综艺节目的立项阶段、招商阶段、筹备阶段、摄录阶段、后期制作阶段、播出和宣发阶段以及针对演艺人士的特别风控措施，覆盖了综艺节目制作全流程可能涉及的大部分环节，有针对性地指出不同领域的风险点，给出应对的建议。我们希望通过这样的方式，能够让综艺节目制作方"知险""降险"乃至"避险"，能够让综艺节目制作方更好地维护自身合法权益。

鉴于我们自身能力所限，本书如有不足之处，请业内贤达不吝指出，对此我们将深表谢意。我们亦欢迎与业内人士及同行深化交流，共同为中国娱乐行业的法治化、健康化发展贡献绵薄之力。

本书第一章、第二章、第四章、第五章、第八章由纪玉峰律师撰写，第三章、第六章、第七章由王刚律师撰写。汇业长沙办公室的刘欣颖、胡思琪律师在写作过程中提供了大量案例检索、法规检索、整理、编排、校对方面的支持，协助了部分撰写工作，我们在此对刘欣颖、胡思琪律师的支持表示感谢。汇业长沙办公室的尚光月律师就综艺节目法律实务对本书提出了很多宝贵意见，我们对尚光月律师的支持也深表谢意。同时，本书还得到了汇业上海办公室吴冬律师、朱亮律师的大力支持，在此一并致以谢意。

纪玉峰　王刚
2025 年 6 月 30 日

目录 CONTENTS

第一章 综艺节目综述 ·· 1

  第一节 综艺节目的概述和种类 ·· 1

    一、综艺节目定义 ··· 1

    二、国内外综艺节目发展的现状 ································· 2

    三、综艺节目的分类 ··· 6

      （一）晚会类综艺节目 ·· 6

      （二）真人秀（包括选秀）类综艺节目 ··················· 7

      （三）知识问答类综艺节目 ··································· 8

      （四）生活类综艺节目 ·· 8

      （五）时尚类综艺节目 ·· 8

      （六）脱口秀类综艺节目 ······································ 9

      （七）情感类综艺节目 ·· 9

      （八）户外、旅游类综艺节目 ······························· 10

      （九）其他类综艺节目 ·· 10

  第二节 综艺节目的基本制作流程 ·· 11

    一、立项阶段 ··· 11

    二、招商阶段 ··· 11

    三、筹备阶段 ··· 12

    四、摄录阶段 ··· 12

　　　　　五、后期制作阶段 …………………………………… 12
　　　　　六、播出和宣发阶段 ………………………………… 12
　　第三节　综艺节目涉及的法律关系 ……………………………… 13
　　　　　一、劳动关系和劳务关系 …………………………… 13
　　　　　二、合伙关系和合作关系 …………………………… 14
　　　　　三、投融资法律关系 ………………………………… 15
　　　　　四、服务合同关系（特别是针对演艺人士）………… 16
　　　　　五、知识产权法律关系 ……………………………… 16
　　　　　六、广告法律关系 …………………………………… 17
　　　　　七、场地、设备、服装、道具、车辆的租赁合同法律
　　　　　　　关系 ……………………………………………… 18
　　　　　八、宾馆、酒店服务合同关系 ……………………… 18
　　　　　九、人身及财产损害赔偿法律关系 ………………… 19
　　　　　十、保险法律关系 …………………………………… 19

第二章　综艺节目立项阶段的合规与风控 ……………………………… 21

　　第一节　综艺节目的立项阶段概述 ……………………………… 21
　　　　　一、综艺节目立项阶段概述 ………………………… 21
　　　　　二、综艺节目的策划 ………………………………… 22
　　　　　三、综艺节目策划案的基本组成 …………………… 24
　　　　　四、综艺节目的立项报批 …………………………… 26
　　　　　五、形成台本 ………………………………………… 26
　　第二节　综艺节目立项阶段的风控 ……………………………… 27
　　　　　一、综艺节目立项阶段的政策、法律风险与风控 … 27
　　　　　　（一）节目策划的内容或拟传达的价值观违反法律、
　　　　　　　　　法规的禁止性规定或不符合特定政策方向 … 27
　　　　　　（二）节目参与者属于主管部门限制的范围 ……… 32
　　　　　　（三）国家对引进综艺节目的限制 ………………… 37

二、综艺节目立项阶段的知识产权风险与风控 …………… 38
　　　　（一）综艺节目立项阶段的知识产权保护针对哪些
　　　　　　　内容 …………………………………………………… 39
　　　　（二）综艺节目模式的模仿是否侵权 ……………………… 41
　　　　（三）综艺节目立项阶段的不正当竞争风险 ……………… 45

第三章　综艺节目招商阶段的合规与风控 …………………… 47

第一节　综艺节目招商阶段概述与流程 ………………………… 47
　　一、综艺节目招商概述 ……………………………………… 47
　　二、综艺节目招商方式 ……………………………………… 48
　　　　（一）传统招商方式 ………………………………………… 48
　　　　（二）新综艺招商模式 ……………………………………… 49
　　三、综艺节目招商流程 ……………………………………… 50
第二节　综艺节目招商阶段的法律风险与风控 ………………… 52
　　一、综艺节目招商阶段的广告合规风险 …………………… 52
　　　　（一）因过度承诺或夸大宣传的违约风险 ………………… 53
　　　　（二）广告内容涉嫌虚假宣传的风险 ……………………… 53
　　　　（三）节目植入广告不具有可识别性风险 ………………… 55
　　　　（四）医疗、药品、医疗器械、保健品、烟酒等重
　　　　　　　点监管行业广告违规风险 ………………………… 57
　　　　（五）广告代理风险 ………………………………………… 59
　　二、综艺节目招商阶段的知识产权合规风险 ……………… 59
　　　　（一）商标、著作权、专利等知识产权侵权风险 ………… 59
　　　　（二）商业秘密保护不当风险 ……………………………… 61
　　　　（三）不正当竞争风险 ……………………………………… 61
　　三、综艺节目招商阶段的合同管理风险 …………………… 65
　　　　（一）对综艺节目招商合同相对方审查不当的风险 …… 65
　　　　（二）综艺节目招商合同关键条款约定不明的风险 …… 66

　　　　（三）招商宣传内容被认定为合同内容的法律风险 …… 68
　　　　（四）综艺节目招商合同情势变更风险 …………… 69

第四章　综艺节目筹备阶段的合规与风控 …………… 71

　第一节　综艺节目团队筹备阶段概述 ………………… 71
　　一、综艺节目筹备阶段概述 …………………………… 71
　　二、综艺节目筹备阶段的工作内容 …………………… 72
　　　　（一）人员选择和各部门团队的组建 ……………… 72
　　　　（二）场地的选择和设计 …………………………… 79
　　　　（三）设备的选择和取得 …………………………… 80
　　　　（四）艺统 …………………………………………… 81
　　　　（五）后勤保障 ……………………………………… 81
　　　　（六）安保 …………………………………………… 81
　　　　（七）招商及宣传 …………………………………… 82
　　三、综艺节目筹备阶段的基本流程 …………………… 83
　第二节　综艺节目筹备阶段的法律风险与风控 ……… 83
　　一、综艺节目筹备阶段的合同风险 …………………… 84
　　　　（一）演艺人士的合同风险 ………………………… 85
　　　　（二）招商类合同的风险 …………………………… 85
　　　　（三）服务、合作、租赁类合同的风险 …………… 85
　　二、综艺节目筹备阶段的知识产权侵权风险 ………… 95
　　　　（一）著作权及著作权延伸权利的侵权风险 ……… 96
　　　　（二）商标权侵权风险 ……………………………… 97
　　　　（三）出镜人员知识产权归属争议 ………………… 99
　　　　（四）自有知识产权的归属和权益分配 …………… 99
　　三、综艺节目筹备阶段的肖像权侵权风险 …………… 99
　　四、综艺节目筹备阶段的场地选择风险 ……………… 100
　　五、综艺节目筹备阶段的后勤保障风险 ……………… 103

　　　　六、综艺节目筹备阶段的安保风险 …………………………………… 105

　　　　七、综艺节目筹备阶段的信息安全风险 ………………………………… 107

第五章　综艺节目摄录阶段的合规与风控 ………………………… 109

第一节　综艺节目摄录阶段概述与流程 ………………………… 109

　　一、综艺节目摄录阶段概述 ………………………………………………… 109

　　二、综艺节目摄录阶段的主要工作内容 ………………………………… 111

　　　　（一）导演组的全程控制 ……………………………………………… 111

　　　　（二）艺统组的全程协同 ……………………………………………… 112

　　　　（三）出镜人员的表演和表现 ………………………………………… 112

　　　　（四）技术部门的调试与协同 ………………………………………… 113

　　　　（五）服化道部门的配合 ……………………………………………… 114

　　　　（六）安保工作 ………………………………………………………… 115

　　　　（七）后勤保障工作 …………………………………………………… 116

　　三、综艺节目摄录阶段的基本流程 ……………………………………… 116

　　　　（一）前期准备环节 …………………………………………………… 116

　　　　（二）彩排环节 ………………………………………………………… 117

　　　　（三）正式摄录前的调整环节 ………………………………………… 117

　　　　（四）正式摄录环节 …………………………………………………… 118

第二节　综艺节目摄录阶段的风险与风控 ………………………… 120

　　一、综艺节目摄录阶段的政策与禁止性法律风险 ……………………… 120

　　二、综艺节目摄录阶段的合同性风险 …………………………………… 122

　　三、综艺节目摄录阶段的安全责任风险 ………………………………… 124

　　四、综艺节目摄录阶段的知识产权侵权风险 …………………………… 127

　　五、综艺节目摄录阶段的肖像权与隐私权风险 ………………………… 128

　　六、综艺节目摄录阶段的名誉权侵权风险 ……………………………… 129

　　七、综艺节目摄录阶段的群体性人员管理风险 ………………………… 130

　　八、综艺节目摄录阶段的合法用工风险 ………………………………… 132

九、综艺节目摄录阶段的环境保护风险 …………………… 134

十、综艺节目摄录阶段的保密风险 ……………………………… 135

十一、其他合规风险 ……………………………………………… 137

第六章 综艺节目后期制作阶段的合规与风控 ……………… 139

第一节 综艺节目后期制作阶段概述与流程 ………………… 139

一、综艺节目后期制作概述 ……………………………………… 139

二、综艺节目后期团队构成及制作流程 ………………………… 140

（一）综艺节目后期团队人员构成 …………………………… 140

（二）综艺节目后期制作流程 ………………………………… 141

第二节 综艺节目后期制作阶段的法律风险与风控 ………… 143

一、综艺节目后期制作公司合同签订阶段的风险 ……………… 143

（一）后期制作公司选择不当的风险 ………………………… 143

（二）后期制作合同约定不明风险 …………………………… 144

（三）未及时签订合同的风险 ………………………………… 146

二、后期制作阶段合同履行过程中的风险 ……………………… 147

（一）综艺节目后期素材泄露风险 …………………………… 147

（二）综艺节目后期制作的著作权风险 ……………………… 149

（三）综艺节目后期内容合规风险 …………………………… 152

（四）侵犯隐私权、肖像权风险 ……………………………… 156

（五）演艺人士相关风险 ……………………………………… 158

三、节目验收环节的风险 ………………………………………… 159

第七章 综艺节目宣发阶段的合规与风控 …………………… 161

第一节 综艺节目宣发阶段概述与流程 ……………………… 161

一、综艺节目的宣发概述 ………………………………………… 161

（一）宣传的方式 ……………………………………………… 161

（二）发行 ……………………………………………………… 162

二、综艺节目宣发流程 ………………………………………… 163
第二节　综艺节目的后期衍生产品和 IP 维护 ……………………… 165
　　一、综艺节目衍生开发综述 …………………………………… 165
　　　　（一）衍生开发概述 ……………………………………… 165
　　　　（二）衍生开发注意事项 ………………………………… 167
　　二、综艺节目的商标衍生开发 ………………………………… 167
　　　　（一）综艺节目商标衍生开发的重要性 ………………… 167
　　　　（二）综艺节目商标衍生开发的选择 …………………… 168
　　三、综艺节目内部元素的衍生开发 …………………………… 169
　　　　（一）美术作品 …………………………………………… 169
　　　　（二）摄影作品 …………………………………………… 171
　　　　（三）音乐作品 …………………………………………… 172
第三节　综艺节目宣发阶段的法律风险和风控 …………………… 173
　　一、宣发阶段知识产权合规风险 ……………………………… 173
　　　　（一）宣发及后续衍生的商标法律风险 ………………… 173
　　　　（二）节目信息网络传播权被侵权法律风险 …………… 176
　　　　（三）侵犯他人知识产权法律风险 ……………………… 178
　　二、宣发阶段侵犯肖像权、名誉权风险 ……………………… 179
　　三、宣发阶段的政策变化风险 ………………………………… 181
　　　　（一）内容审查政策的变化 ……………………………… 181
　　　　（二）版权保护政策的强化 ……………………………… 182
　　　　（三）税收政策的变动 …………………………………… 182
　　四、宣发阶段所涉合同的注意事项 …………………………… 183
　　　　（一）综艺节目发行合作合同 …………………………… 183
　　　　（二）综艺节目宣传推广合同 …………………………… 185
　　　　（三）商标许可合同 ……………………………………… 186
　　　　（四）商标转让合同 ……………………………………… 187
　　　　（五）综艺节目衍生品开发授权合同 …………………… 188

第八章　针对演艺人士的风控 ………………………… 191

第一节　演艺人士参与综艺节目的方式及流程 …………… 191
一、演艺人士参演综艺节目的方式 ………………… 192
二、演艺人士参演综艺节目的流程 ………………… 192

第二节　演艺人士参加综艺节目的常见风险 ……………… 194
一、政策性风险 …………………………………… 194
二、争议性话题风险 ……………………………… 196
三、民事法律风险 ………………………………… 198

第三节　综艺节目全流程对演艺人士的风险管控 ………… 199
一、对演艺人士的事前合规审查 …………………… 199
二、通过合同条款进行风控 ………………………… 200
　（一）双方权利义务及违约条款 ………………… 202
　（二）知识产权条款、肖像权合理使用条款、道德约束条款 ………………………………… 203
　（三）争议解决及法律适用条款 ………………… 204
三、肖像权合理使用条款的设定 …………………… 205
四、道德约束条款的设定 …………………………… 206
五、在摄录及后期制作环节对演艺人士的风控 …… 211
　（一）晚会类综艺节目、脱口秀类综艺节目、选秀类综艺节目 ………………………………… 211
　（二）竞技类及户外类综艺节目（户外旅游类、户外真人秀类、户外竞技类） ………………… 214
六、发生争议后的处理 ……………………………… 217

附录一　合规/风控体系思维导图 ………………………… 219

附录二　关于综艺节目主要法律法规与政策性文件摘录 ………… 221

一、法律 ……………………………………………………… 221

中华人民共和国民法典（节录）………………………… 221

（2020 年 5 月 28 日）

中华人民共和国著作权法 ………………………………… 287

（2020 年 11 月 11 日）

中华人民共和国商标法 …………………………………… 302

（2019 年 4 月 23 日）

二、行政法规 …………………………………………………… 317

广播电视管理条例 ………………………………………… 317

（2024 年 12 月 6 日）

三、部门规章及文件 …………………………………………… 325

互联网视听节目服务管理规定 …………………………… 325

（2015 年 8 月 28 日）

专网及定向传播视听节目服务管理规定 ………………… 332

（2021 年 3 月 23 日）

未成年人节目管理规定 …………………………………… 340

（2021 年 10 月 8 日）

广播电视节目传送业务管理办法 ………………………… 347

（2022 年 9 月 26 日）

广播电视节目制作经营管理规定 ………………………… 351

（2025 年 6 月 3 日）

境外电视节目引进、播出管理规定 ……………………… 355

（2004 年 9 月 23 日）

国家广播电视总局办公厅关于进一步加强文艺节目及其

人员管理的通知 ………………………………………… 358

（2021 年 9 月 2 日）

国家广播电视总局网络视听节目管理司、中共中央宣传部出版局关于加强网络视听节目平台游戏直播管理的通知 ·················· 360

(2022年4月12日)

国家新闻出版广电总局关于进一步加强医疗养生类节目和医药广告播出管理的通知 ·················· 361

(2016年8月24日)

药品、医疗器械、保健食品、特殊医学用途配方食品广告审查管理暂行办法 ·················· 363

(2019年12月24日)

四、地方司法文件 ·················· 369

北京市高级人民法院关于审理涉及综艺节目著作权纠纷案件若干问题的解答 ·················· 369

(2015年4月8日)

北京市高级人民法院侵害著作权案件审理指南 ·················· 372

(2018年4月20日)

北京市高级人民法院关于侵害知识产权民事案件适用惩罚性赔偿审理指南 ·················· 400

(2022年4月25日)

五、其他规范性文件 ·················· 412

关于进一步加强"饭圈"乱象治理的通知 ·················· 412

(2021年8月25日)

六、行业规范 ·················· 414

网络综艺节目内容审核标准细则 ·················· 414

(2020年2月21日)

第一章
综艺节目综述

第一节 综艺节目的概述和种类

一、综艺节目定义

综艺节目,顾名思义为综合性的艺术类节目,目前尚无权威定义。笔者在此总结为:广义上带有娱乐性的、利用多种形式满足不同观众审美、娱乐需求的节目形式,通常在电视和互联网上播出,有时称为"广播电视节目"或者"网络视听节目"。

北京市高级人民法院在《关于审理涉及综艺节目著作权纠纷案件若干问题的解答》中认为:综艺节目,主要是指以娱乐性为主的综合性视听节目,包括但不限于婚恋交友类、才艺竞秀类、文艺汇演类等类型。综艺节目可以区分为现场综艺活动和综艺节目影像。其中,综艺节目影像,根据独创性的有无,可以分别认定为以类似摄制电影的方式创作的作品或录像制品。

综艺节目影像,通常系根据文字脚本、分镜头剧本,通过镜头切换、画面选择拍摄、后期剪辑等过程完成,其连续的画面反映出制片者的构思、表达了某种思想内容,这被认定为以类似摄制电影的方式创作的作品。

综艺节目影像,系机械方式录制完成,在场景选择、机位设置、镜头切换上只进行了简单调整,或者在录制后对画面、声音进行了简单剪辑,这被认定为录像制品。

二、国内外综艺节目发展的现状

综艺节目的诞生和发展建立在电视技术发展的基础上。20世纪中叶，随着电视技术的发展和普及，综艺节目成为电视节目的重要组成部分。随着时间的推移，综艺节目的形式和内容不断创新，不断多元化，其形式从最初的音乐和舞蹈表演逐渐多样性，开始引入不同的游戏环节，增加与观众的互动，在此期间，谈话类节目也开始兴起，情感、喜剧、才艺表演、真人秀类节目开始满足不同群体的受众。其中特别需要提到的是才艺表演类节目和真人秀类节目，前者为普通人展示自己的才艺提供了平台，吸引了大量普通人参与，比较典型的如《美国之声》（The Voice）和英国达人（Britain's Got Talent）等；后者则将现实生活和娱乐元素加以结合，如《幸存者》（Survivor）和《极速前进》（The Amazing Race）。

受限于我国经济发展的时代特殊性，中国电视综艺节目起步较晚，业内通常认为始于20世纪80年代，其中代表性的综艺节目有中央电视台的《春节联欢晚会》。20世纪90年代，《正大综艺》和《综艺大观》成为现象级综艺节目，并带动了各电视台制作综艺节目的热情，出现了《幸运52》《快乐大本营》《曲苑杂坛》等精品综艺节目，这些节目受到观众的广泛欢迎。

2000年以后，随着经济社会的发展和人民生活水平的提高，观众对综艺节目娱乐性、多元性的要求不断增加，分众化趋势逐渐明显。网络综艺节目的出现打破了电视台"一统天下"的局面，观众可以自由选择综艺节目的种类和播出时间；不同教育程度、性别、收入、地域、社会观点、生活习惯的观众在收视习惯上出现差异，而且越来越显著，这催动市场向多元艺术发展。在这一时期，中国出现大量高水准的综艺节目，综艺节目跨入了井喷式发展时期，真人秀、脱口秀成为亮点。同一时期，综艺节目竞争激烈，市场淘汰风险居高不下，一些老牌的综艺节目因跟不上市场变化而陆续停播，新出现的爆款综艺节目保持热度也极为不易，很多综艺节目为了吸引关注，不得不引入娱乐流量，又间接鼓励了流量艺人的存在，以及间接推动了饭圈、应援等现象的出现和发展。

在综艺节目蓬勃发展的大环境下，有很多问题伴随出现，引发了社会舆论和监管层的关注。

一是某些综艺节目关注流量甚于关注内容，过分依赖流量明星艺人，甚至为了吸引节目流量，鼓励粉丝应援文化，挑战主流价值观。这样的操作在短期内可以带来巨大流量，诱使其他综艺节目纷纷效仿，由此导致重视明星流量、不重视节目内容和质量的粗劣综艺节目出现。

二是不同平台综艺节目同质化严重。某个电视台或者平台的某类综艺节目出彩后，其他电视台或平台会制作同类型的节目以争夺市场，这些节目形式类似，甚至连嘉宾都存在交叉。如早期的选秀类节目爆火后，国内迅速出现多个类似节目，某评委辗转出现在多个节目的评委席上，节目内容类似，评委表现类似。又如国内多个喜剧类节目的参演艺人存在大范围的重合，不管打开哪个节目都能看到熟悉的面孔。过多过滥的婚恋交友、才艺竞秀、情感故事、游戏竞技、访谈脱口秀、真人秀等类型节目形态雷同，形成了严重的内耗。

三是创新难。观众长期观看同样模式的综艺节目易引发审美疲劳，所以观众的审美和兴趣需要创新来进行激发。然而我国目前综艺节目市场存在的痼疾是繁荣有余，创新不足。从现有案例来看，新的综艺节目模式的出现通常会形成爆款，如《中国好声音》的背猜转椅式选材，《歌手》的明星艺人同场对抗，刚推出时都引起了巨大的轰动。但是后续几季都是在原有模式上进行重复，加之同类综艺节目的竞争，吸引力逐渐下降，有的最终陷入停播（有的综艺节目的停播亦有其他因素的影响，如陷入争议话题、缺乏公平性、挑战社会公众观感等）。

四是部分综艺节目在内容上存在不良导向。某些电视台或平台为迎合观众，聘请境外艺人上节目前未做合规审查，导致节目内容存在一些严重问题，出现过低俗、庸俗甚至违背社会道德的行为；还有一些婚配类节目为了追求节目的刺激性，虚假宣传，栏目组自编自演，宣扬不良价值观。这些问题挑战了观众的主流价值观，严重影响了社会道德的维护与社会规范的执行。

在此情况下，主管部门对娱乐行业的政策监管趋于严格。广电总局于

2011年7月专门召开了"关于防止部分广播电视节目过度娱乐化座谈会",邀请各大卫视的相关负责人参与讨论。2011年10月,广电总局出台《关于进一步加强电视上星综合频道节目管理的意见》①,被业内称为"限娱令",文件提出对节目形态雷同、过多过滥的婚恋交友类、才艺竞秀类、情感故事类、游戏竞技类、综艺娱乐类、访谈脱口秀、真人秀等类型节目实行播出总量控制;每天19:30至22:00,全国电视上星综合频道播出上述类型节目总数控制在9档以内,每个电视上星综合频道每周播出上述类型节目总数不超过2档。每个电视上星综合频道每天19:30至22:00播出的上述类型节目时长不超过90分钟。广电总局还将对类型相近的节目进行结构调控,防止节目类型过度同质化。

2012年4月,广电总局副局长在"2012年星光电视节目创新创优论坛"上强调了总局不允许网络红人、有丑闻劣迹的人物上电视节目做嘉宾的意见。②

2013年10月,广电总局出台《关于做好2014年电视上星综合频道节目编排和备案工作的通知》,被业内称为"限娱令加强版"。文件内容包括:各电视上星综合频道每年播出的新引进境外版权模式节目不得超过1个,当年不得安排在19:30-22:00之间播出;每季度总局通过评议会择优选择一档歌唱类选拔节目安排在黄金时段播出,其余不得安排在19:30-22:30之间播出;总局将对电视晚会进行调控,原则上重要节假日期间每日不超过3台;凡拟在2014年1月1日起每天任何时段播出的新闻类、道德建设类、歌唱选拔类、晚会类、引进境外版权模式节目需要提前两个月申报备案;每天19:30-22:00播出的婚恋交友类、才艺竞秀类、情感故事类、游戏竞技类、综艺娱乐类、访谈脱口秀、真人秀等类型的节目,需按规定履行备案手续。

2013年10月,广电总局又向各大卫视下文,规定每家卫视每年新引进版

---

① 《卫视娱乐节目将被限播 广电总局曾为此召开座谈会》,载中国新闻网,https://www.chinanews.com/yl/2011/07-08/3168696.shtml,最后访问时间:2025年3月1日。
② 《广电总局不点名批评问题节目 禁网络红人上电视》,载中国新闻网,https://www.chinanews.com/yl/2012/04-10/3806598.shtml,最后访问时间:2025年3月1日。

权模式节目不得超过一个，卫视歌唱类节目黄金档最多保留4档。①

2015年7月，广电总局发出《关于加强真人秀节目管理的通知》，被称为"限真令"，通知指出近年来真人秀节目已成为上星综合频道的重要节目类型，但存在缺乏价值引领的问题，为了抵制过度娱乐化和低俗化，总局提出了引导和调控真人秀的"五个方向"。

2016年1月，广电总局从数量、节目内容、播出时间等方面严格控制未成年人参加真人秀，被称为"限童令"。同年，广电总局又发布了《关于大力推动广播电视节目自主创新工作的通知》，被业内称为"限模令"。通知规定：各电视上星综合频道每年在19：30-22：30开播的引进境外版权模式节目，不得超过两档。每个电视上星综合频道每年新播出的引进境外版权模式节目不得超过1档，第一年不得在19：30-22：30之间播出。同一档真人秀节目，原则上一年只能播出一季。此外，各电视上星综合频道播出引进境外版权模式节目（包括当年新引进和往年引进的节目），均需提前两个月向省新闻出版广电局备案，该规定于2016年7月1日起执行。

2017年6月，广电总局印发《关于进一步加强网络视听节目创作播出管理的通知》，认为一些网络视听节目中存在价值扭曲、娱乐至上、内容低俗、品质低劣、格调低下、语言失范等问题，亟需加强引导，及时整治。文件具体地批评了网络节目中的乱象，并提出：不允许在广播电视播出的节目，同样不允许在互联网上播出。禁止在互联网上传播的节目，也不得在广播电视上播出。该表述意味着之前的限令同样适用于网络综艺节目。

2021年9月，国家广播电视总局发布《国家广播电视总局办公厅关于进一步加强文艺节目及其人员管理的通知》（以下简称《通知》）。《通知》提出八项要求，包括坚决抵制违法失德人员、坚决反对唯流量论、坚决抵制泛娱乐化、坚决抵制高价片酬等。其中更是明确广播电视机构和网络视听平台不得播出偶像养成类节目，不得播出明星子女参加的综艺娱乐及真人秀节目。主管部门对综艺节目的严格管理措施倒逼着综艺节目制作方在策划综艺节目

---

① 《"限娱令"再度升级 电视台应对：未有具体措施》，载人民网，http：//media.people.com.cn/n/2013/1021/c40606-23266712.html，最后访问时间：2025年3月1日。

伊始就要注重合规，无论是节目的价值观、创作导向，还是节目中人员组成、环节设置，甚至节目后期的宣传工作，都必须做到不偏离政策方向，合法而行。综艺节目全流程制作过程本身就会遇到各种法律问题，故对综艺节目全流程进行合规风控就非常重要。

三、综艺节目的分类

综艺节目以娱乐性为主要目的，有的节目也注重专业性、知识性，为的是满足不同类别、不同层次观众的口味和需求。基于观众口味的多样性，综艺节目也存在多种类型。

对综艺节目的分类，目前并无统一标准。前述《北京市高级人民法院关于审理涉及综艺节目著作权纠纷案件若干问题的解答》系以"独创性的有无"作为标准，分别认定为以类似摄制电影的方式创作的作品或录像制品。此分类有助于确定权利义务、促进争议解决，但读者们理解起来可能会有一定难度。笔者基于综艺节目的外在表现形式，将综艺节目的类型划分为以下几种：

- 晚会类综艺节目；
- 真人秀（包括选秀）类综艺节目；
- 知识问答类综艺节目；
- 生活类综艺节目；
- 时尚类综艺节目；
- 脱口秀类综艺节目；
- 情感类综艺节目；
- 户外、旅游类综艺节目；
- 其他类综艺节目等。

（一）晚会类综艺节目

晚会是观众较为熟悉的综艺形式，包括综艺晚会以及专题性晚会。晚会通常由观众、主持人、演员聚集在一起进行群体性表演，因其表演节目多样、演员数量众多且涉及不同领域，故有很广泛的群众基础。晚会成型的时间长、跨度大，深受观众喜爱，部分节目已经形成了一定的品牌。如央视的《春节联欢晚会》于2014年已经被定位为国家项目，成为人民群众每年春节的文化大餐，甚至成为公众心中除夕的象征之一，每年春晚参与的艺人达到数千人，收视率是其他节目难以企及的。

专题性晚会又称主题晚会，即有着较单一的、鲜明的专门主题的晚会。这类晚会大多围绕某一既定主题展开（如庆典、纪念日等），或聚焦于某一特定领域（如歌舞、戏剧等）。

举例：综艺晚会比较著名的是中国广播电视总台每年的《春节联欢晚会》，专题性晚会如每年的"3·15"晚会、庆典晚会、金曲颁奖典礼等。

（二）真人秀（包括选秀）类综艺节目

真人秀英文名为Reality Show，又称真人实境秀、真实电视。原指由普通人（真人）在节目设定的环境和场景中，按照节目设定的规则完成某个任务或者达到某个目的，节目制作方对此过程进行记录、剪辑而形成的电视节目。此类节目是在特定空间近距离拍摄真实情景和人物而形成的节目，其中也包括选秀类节目（通过举办某一类别的比赛，在节目设定的规则内，由多名参赛者竞争最终选出获胜者的节目）。随着节目的逐渐发展，越来越多的明星艺人参与到节目中。时至今日，相当比例的真人秀节目已经成为明星艺人"展现真实性"、设立个人形象的舞台。

中国的电视真人秀节目截至目前已经成为中国娱乐市场中较具有典型意义的社会文化现象，形成多个现象级的节目，拥有广泛的群众基础。当然，繁荣背后同样存在隐忧，个别节目可能面临的问题包括：（1）模仿甚至抄袭国外同类型节目，可能存在侵犯知识产权的问题；（2）简单跟风，内容粗糙，不同平台、不同电视台制作的综艺节目相似；（3）为了追求收视率，忽视文化导向、价值观导向；（4）片面追求"为大牌艺人树立人设"，在规则设置乃至内容设计上弄虚作假；（5）有的选秀节目存在幕后操作、内定结果的问题；等等。

以音乐类内容的真人秀综艺为例，部分精品节目已经形成品牌，但部分节目的口碑逐渐崩坏，有的排行榜、颁奖礼类节目已经失去公信力。粉丝应援文化使很多艺人歌手乐于在音乐类节目中露相以带来巨大的流量，歌手参加选秀节目亦可以通过粉丝扩大影响力，此种现象促使音乐类节目异常繁荣，歌曲打榜、粉丝刷票等现象较为常见，随之而来的就是"买水军""恶意刷票"等不良现象的出现，综艺节目颁奖所依据的某些歌曲排行榜的排名看的不是歌曲质量，而是看哪个歌手"有人力捧""有钱刷票"。种种问题，已经对真人秀节目的可持续健康发展构成威胁。

举例：《青春有你》《创造营》《中国好声音》《乘风破浪的姐姐》等。

（三）知识问答类综艺节目

知识问答类综艺节目是一种集专业性（知识性）和娱乐性于一体的节目，参与者依照节目组设定的规则进行知识问答、解答或者竞猜，以竞争优胜。此类节目通常对参与者的某一类知识储备要求较高。部分问答类综艺节目与其他种类节目（如旅游类综艺节目、真人秀类综艺节目）有重合之处。

举例：《正大综艺》《开心辞典》《幸运52》《中国诗词大会》《我爱记歌词》等。

（四）生活类综艺节目

生活类综艺节目通常是指节目内容与生活相关的综艺节目，节目内容包括饮食、家居、职场、法治、养生等。随着综艺节目形式的不断发展，这一类节目与真人秀类综艺节目的重合之处逐渐增加。

举例：《交换空间》《非你莫属》《天天饮食》《爽食行天下》《时尚美食》《令人心动的offer》等。

（五）时尚类综艺节目

时尚类综艺节目以时尚搭配、流行元素为主要内容。部分时尚类综艺节目与生活类综艺节目有重合之处。

举例：《美丽俏佳人》《时尚大师》《彩色的荣誉》等。

（六）脱口秀类综艺节目

脱口秀来源于英文 Talk Show，属于谈话节目，是一种由主持人个人或主持人与嘉宾、观众之间通过语言宣讲、互动讨论来阐述观点、讨论话题的节目形式，此类节目有观众和主持人，有的节目会有嘉宾，部分节目有鲜明的个人特色。不同的脱口秀节目侧重点不同，有的侧重于个人表演，有的侧重于观点讨论。

在世界范围内，脱口秀都是一个有广泛影响力的节目形式，观众、嘉宾聚集在一起讨论主持人提出的话题，部分话题与现实紧密关联。我国的脱口秀节目形式较多，早期产生了一些较有影响力的脱口秀节目，发展至今，国内的脱口秀节目主要追求幽默、轻松效果。目前出现的问题是部分脱口秀为了追求娱乐效果，其内容与政策法规或公序良俗之间的边界难以把握，脱口秀演员如果不能把握分寸，有可能触碰红线，导致自身及综艺节目陷入争议，并可能导致被处罚的后果。

举例：《拉什·林博秀》（Rush Limbaugh show）、《吐槽大会》、《脱口秀大会》、《奥普拉秀》（The Oprah Winfrey Show）、《艾伦秀》（The Ellen DeGeneres Show）、《吉米·法伦今夜秀》（The Tonight Show Starring Jimmy Fallon）、《康纳秀》（Conan）等。

（七）情感类综艺节目

情感类综艺节目注重通过不同方式在不同角度引导观众情感，内容包括婚恋、伦理、家庭等。此类综艺节目由于能够直观刺激观众的情感，易于引发共鸣，故受到部分观众欢迎。目前的问题是部分与伦理、家庭相关的节目为了追求收视率，刻意追求矛盾和冲突，有的节目受嘉宾个人影响较大，以至于节目引发争议被停播。另一个问题是不同频道之间的节目内容雷同，易引发审美疲劳。

举例：《新老娘舅》《金牌调解》《甲方乙方》《非诚勿扰》《再见爱人》《妻子的浪漫旅行》等。

(八) 户外、旅游类综艺节目

户外、旅游类综艺节目以户外运动、户外竞技、户外任务挑战、旅游为主要内容。此类综艺节目可能会与其他类型的综艺节目如真人秀等存在重合。

举例：《极速前进》《奔跑吧兄弟》《极限挑战》等。

(九) 其他类综艺节目

类型划分仅为了便于读者理解，依据其他不同的标准亦会有不同的划分类型。比如，中国传媒大学关铃教授、中国广播电视总台过彤先生、中国传媒大学朱星辰教授合著的《综艺节目创作》一书（中国传媒大学出版社 2022 年版）中对综艺节目按照不同的标准划分如下：根据目的可以划分为赛制类综艺节目和体验类综艺节目两个类型；根据播出平台可以划分为总台综艺节目、地方五大卫视代表性综艺节目、互联网综艺节目；根据主体内容可以划分为旅行类综艺节目、亲子类综艺节目、音乐类综艺节目、舞蹈类综艺节目、文化类综艺节目、语言类综艺节目、喜剧类综艺节目、婚恋类综艺节目、体育类综艺节目、职场类综艺节目等；根据节目规模可以划分为 S 级综艺节目、A 级综艺节目、普通级综艺节目；根据节目播出周期又可以划分为日常综艺节目、大型季播综艺节目和特别综艺节目等。

需要说明的是，具体的综艺节目可能会同时符合两种乃至多种类型，如一个节目中既存在访谈的形式，又具备真人秀的特点；又如歌唱类选秀节目，既属于真人秀，同时又可能属于音乐类节目。

此外，近年来还出现了与品牌方联动来定制综艺节目的新类型。2020 年，湖南卫视与易车宣布达成合作，联手打造国内首档汽车定制大型综艺《新手驾到》[1]。

---

[1]《易车"牵手"湖南卫视，首档汽车定制大型综艺〈新手驾到〉定档 8 月暑期档》，载湖南卫视广告部微信公众号，https://mp.weixin.qq.com/s?__biz=MzA4MzAwOTIxOA==&mid=2651728173&idx=1&sn=05c985b80d851f4068032ccaeac449f9&chksm=84078280b3700b96ccf34f9ba04a1618d47b1c5bf26dc83593ff35a3d7a76e855bc1bca45f7f&scene=27，最后访问时间：2025 年 5 月 21 日。

第二节　综艺节目的基本制作流程

综艺节目从策划到播出，其间要经历多个流程。不同类型的综艺节目由于构成元素不同，会存在实际操作环节的差异。但归纳共通之处，综艺节目的基本制作流程通常可以划分为以下几个阶段：立项阶段；招商阶段；筹备阶段；摄录阶段；后期制作阶段；播出和宣发阶段。

一、立项阶段

这一阶段的主要任务是需要确定节目类型、主题和构思，设计节目的框架、流程，并且申报选题。立项阶段所需时间不固定，短则数周，多则数月乃至更长时间。其中，策划和选题是综艺节目制作的基础，唯有成熟地策划并且通过选题，才会有后续综艺节目的制作。一旦选题通过，即需要撰写台本。在此期间，综艺节目制作方需要向播放平台报批申请立项，并由播放平台向主管部门备案。

二、招商阶段

招商阶段贯穿综艺节目立项到宣发全流程，目的是最大限度地降低制作成本、降低项目风险和投资风险，并且进行品牌曝光，争取客户资源。招商要根据综艺节目的市场定位、节目特点、推广渠道来确定适合自己的招商目标群体。

这是一个双向选择的过程。综艺节目的招商人员需要向目标群体说明合作的价值，介绍己方的招商政策、推广方式等。招商的方式可能包括：广告投放；资金、车辆、消费品、服务等的赞助；场地的提供；媒体平台的播放支持；等等。综艺节目制作方给合作方的回报通常是独家冠名权、广告位及节目宣传资源、节目合作机会的提供。

三、筹备阶段

选题确定后,制作方即需要组建团队,进行综艺节目录制的筹备。在这一阶段,制作方需要进行多方面的协调和安排。比如:节目场地的选择和确认;综艺节目摄录和制作团队的组建;外聘合作方的确定;嘉宾的选择、接触和邀请;台本的最终确定;节目编排的细化;节目服装、化妆道具的确定;等等。

筹备阶段根据不同的综艺节目类型,所需时间不固定,短则数周,多则数月乃至更长时间。

四、摄录阶段

该阶段主要进行现场拍摄,是综艺节目制作流程中最重要的阶段,也是最复杂的阶段。该阶段的工作包含场地的安全使用;灯光、设备、服化道的合理使用;参演人员的现场表演;采访;对拍摄素材进行初步编辑;等等。同时,摄录阶段还需要应对现场突发状况,统筹安排不同环节、场景的衔接等。

摄录阶段根据不同的综艺节目类型,需要的时间不等,如晚会类综艺节目的摄录时间只有几个小时,某些情感类综艺节目的摄录时间为几小时到一天,户外、竞技类综艺节目可能需要数天至数周的时间不等。

五、后期制作阶段

除了现场直播的综艺节目,大部分综艺节目在摄录完成后,需要进行后期制作,内容包括:后期素材整理;剪辑;特效制作;配乐;字幕搭配等,最终形成完整片源。

根据不同的综艺节目类型,需要的时间不等,需要数周至数月的时间。

六、播出和宣发阶段

综艺节目制作的最终目的是播出,相关宣发工作必不可少。综艺节目宣发的目的是提升综艺节目的知名度和热度，吸引更多观众关注和讨论，从而增加综艺节目的收视率和用户关注度，提高品牌价值和口碑，进而创造更大的效益。综艺节目的宣发通常包括活动主题的确定、宣传媒体的选择、活动形式的设计、宣传渠道的拓展及预算的制定等。

第三节　综艺节目涉及的法律关系

综艺节目的制作是多团队、多环节的系统工程，人员组成多，参与方多，涉及大量的资金往来，故内部法律关系较为复杂。一个完整的综艺节目，从策划到宣发乃至后续的衍生品开发、IP维护，可能涉及以下的法律关系。

一、劳动关系和劳务关系

综艺节目在策划、宣发及后续的衍生品开发、IP维护过程中，不可避免地涉及人员的聘用、劳务的购买，因此必然涉及劳动关系和劳务关系这两种法律关系。比如：制作方是内容制作公司的，其内部工作人员通常与公司签署劳动合同，则其与公司之间构成劳动关系，在其日常工作中，除了受到栏目组规章制度的约束，还要受到公司规章制度的约束。又如：栏目组请来某灯光师提供劳务，栏目组外聘司机每日开车运送人员和设备，则该灯光师和司机与制作方之间就是劳务关系，仅受到栏目组规章制度的约束。

劳动关系是指劳动者与用人单位之间的法律关系，它以劳动合同为依据。在劳动关系中，劳动者享有劳动报酬、劳动保护、劳动待遇等权益，同时也承担了一定的劳动义务，如履行劳动合同、遵守工作纪律等。劳动关系由《中华人民共和国劳动合同法》等相关法律法规予以保护。

劳务关系是平等主体的公民之间、法人之间、公民与法人之间，以提供劳务为内容签订协议而成立的法律关系。需要说明，劳务关系不等同于劳动关系。劳务关系是一种基于平等自愿原则的民事合同关系，而劳动关系则是包含管理和被管理成分的社会关系，具有更为复杂的人身依附性和法律规制性。它们的主要区别在于：

（1）主体资格：劳动关系通常涉及用人单位与劳动者之间的关系，而劳务关系可以是平等的民事主体之间的合同关系，包括法人、组织、公民之间的合作；

（2）法律适用：劳务关系主要受《中华人民共和国民法典》的影响，而劳动关系则受到《中华人民共和国劳动法》和《中华人民共和国劳动合同法》的专门调整；

（3）关系性质：在劳务关系中，双方基于约定的权利和义务进行交易，而在劳动关系中，除了经济关系外，还存在人身依附关系和管理与被管理的权力关系；

（4）合同内容和执行：劳务合同的条款和内容更多地依赖于双方当事人的意思自治，而劳动合同则常常受到国家强制性的法律规定和条款的约束；

（5）内部规章制度：劳务关系中，双方可以根据自身情况设定相应的内部管理制度，劳动关系下的用人单位通常会有更严格的规定和执行力度；

（6）报酬支付：劳务关系中，报酬通常是按劳支付，劳动关系下除了劳动报酬外，还包括社会保险和其他福利待遇。

综艺节目的制作通常需要大量人员参与，正确认识人员与制作方之间是劳动关系还是劳务关系，有助于把握双方之间权利义务的分配，对于规范栏目组内部管理、防范纠纷的产生、发生争议后及时取证和采取救济手段非常重要。

二、合伙关系和合作关系

综艺节目制作流程中的合伙关系和合作关系，主要针对制作方的组成。

《中华人民共和国民法典》合同编第二十七章第九百六十七条对合伙合同表述为："合伙合同是两个以上合伙人为了共同的事业目的，订立的共享利益、共担风险的协议。"在司法实践中，合伙通常有三种形式：合伙企业、合伙型联营及个人合伙。合伙企业是指自然人、法人和其他组织依照本法在中国境内设立的普通合伙企业（由普通合伙人组成，除非有特别规定，合伙人对合伙企业债务承担无限连带责任）和有限合伙企业（由普通合伙人和有限合伙人组成，普通合伙人对合伙企业债务承担无限连带责任，有限合伙人以其认缴的出资额为限对合伙企业债务承担责任）。合伙型联营是指一种经济联合组织形式，联营各方共同经营，共同享有利益并共担风险，但并不构成一个新成立的法人实体，合伙人以自己的所有或经营管理的财产承担连带责任。个人合伙是指两个以上自然人按照协议，各自提供资金、实物、技术等，合伙经营、共同劳动，个人合伙经核准登记可以拥有字号，在登记的经营范围内从事经营，合伙的债务，由合伙人按协议或按出资比例承担，合伙人对合伙的债务承担连带责任。

综艺节目制作方的构成可能是依法设立的公司，也可能是前述合伙企业、合伙型联营或个人合伙。比如，两个以上的企业经协商，以联营的方式共同制作综艺节目，共同经营，共同享有利益并共担风险，就可能构成合伙型联营。

合作合同并非《中华人民共和国民法典》中规定的有名合同，但实践中存在大量以合作为名的合同，此类合同根据合同调整对象、双方权利义务等实质内容，可能表现为多种合同关系。究其本源，合作合同是平等主体间为达到共同目的，彼此相互配合的一种联合行动、方式。依其合作内容的不同，可能表现为：委托合同、借款合同、投资合同等具体合同关系。这些合同关系在综艺节目全流程中都有可能会出现。

三、投融资法律关系

投资和融资是两个不同的概念。投资则是指将资金投入到某种资产、实体、项目中，以期获得资本增值或收益。融资是企业、项目制作方一种筹集资金的活动，有多种途径，比如向股东发行股票、向债权人发行债券、向银行贷款、引入外部投资者等。

策划和制作综艺节目可谓风险与机遇并存，最大的风险在于巨大的前期资金投入。目前，无论是卫视播出的综艺节目还是网络综艺节目，制作成本都居高不下，加上后期的投放和运营，堪称"烧钱"。制作方为了弥补资金不足，会有意吸引外部投资，以保证综艺节目项目的顺利运作和推进。制作方通常会编制计划融资的金额，承诺资金使用方向，列明投资回报，以及投资方在项目中所享有的特有权益等。一旦制作方与投资方达成一致，双方签署投融资协议，即建立了投融资法律关系。

四、服务合同关系（特别是针对演艺人士）

综艺节目离不开人的参与，出镜人员或节目嘉宾对综艺节目的质量至关重要。部分知名演艺人士自身的影响力可以吸引观众对综艺节目的关注，出镜人员或节目嘉宾加入栏目组之前，通常会和制作方签署《表演服务协议》（名称不固定，有时称《表演服务合作协议》《表演服务提供协议》《演员合同》等，不同项目、不同公司的合同文本有所不同），双方之间的关系即为服务合同关系。

五、知识产权法律关系

综艺节目的知识产权分为两个方面：一方面为综艺节目自身知识产权的保护，另一方面为避免侵犯其他方的知识产权。

这里说的知识产权，包括著作权、专利权、商标权、商业秘密及不正当竞争。综艺节目从策划到宣发整个流程中，知识产权的合规贯穿全程，不同阶段的侧重点不同。

以著作权为例，综艺节目在制作过程中，根据文字脚本、分镜头剧本，并通过镜头切换、画面选择拍摄及后期剪辑而拍摄完成的影像，可以认定为"以类似摄制电影的方式创作的作品"，除非有其他约定，否则由制片方享有综艺节目影像的著作权，依法受到《中华人民共和国著作权法》的保护。又如，综艺节目影像中的音乐、舞蹈、演说、戏剧、杂技等，符合《中华人民共和国著作权法》相关规定的，可以单独构成作品，亦受到《中华人民共和国著作权法》的保护。对综艺节目著作权的保护，还涉及对其他方未经许可使用综艺节目影像片段、未经许可以编辑整理或以其他方式使用综艺节目影像的部分内容等行为的追究。除此之外，综艺节目的制作亦不能侵犯他方的著作权，比如除法律另有规定外，摄制综艺节目使用音乐、舞蹈、演说、戏剧、杂技等作品的，应当取得该作品著作权人的许可；使用表演者的表演的，应当取得表演者的许可；等等。

综艺节目知识产权保护中的一个难点是对综艺节目模式的保护。我国相关机构、平台从国外引进综艺节目，通常需要支付巨额的版权费用，这种引进实质上包含对综艺节目模式的引进以及节目元素的引进。这就带来一个问题：综艺节目模式是不是《中华人民共和国著作权法》保护的对象？司法实践中，国内法院通常对此持否定态度。《北京市高级人民法院关于审理涉及综艺节目著作权纠纷案件若干问题的解答》认为，综艺节目模式是综艺节目创意、流程、规则、技术规定、主持风格等多种元素的综合体。综艺节目模式属于思想的，不受《中华人民共和国著作权法》的保护。综艺节目中的节目文字脚本、舞美设计、音乐等构成作品的，可以受《中华人民共和国著作权法》的保护。综艺节目模式引进合同涉及著作权许可、技术服务等多项内容，其性质应依据合同内容确定。

这就涉及著作权司法实践中的"思想与表达二分法"。《中华人民共和国著作权法》只保护表达，而不保护思想。具体来说，《中华人民共和国著作权法》并不保护抽象的思想、思路、观念、理论、构思、创意、概念、工艺系统、操作方法、技术方案，而保护以文字、音乐、美术等各种有形的方式对思想的具体表达。

关于综艺节目的知识产权合规与风控，本书将在后续章节中进行阐述。

六、广告法律关系

广告法律关系是指在广告的设计、制作、发布和管理过程中，广告当事人之间形成的具有法律约束力的权利和义务关系。广告法律关系的主体可以包括：（1）广告主，为了推销商品或服务而自行或委托他人设计、制作和发布广告的企业或个人；（2）广告经营者，接受委托为企业或个人提供广告设计、制作和代理服务的法人或其他经济组织；（3）广告监督管理机关，负责监管广告活动的政府职能部门；（4）以及其他参与广告活动的单位和个人。

综艺节目中的广告存在多种情形，如广告主（可以理解为在平台或渠道里销售或宣传自己产品和服务的商家）向播出平台购买节目播放前后及中间的广告位；又如广告主向制作方提供赞助，以在节目中展示或推介自己的产品或服务；等等。无论哪种情形，实质都是广告的发布，受《中华人民共和国广告法》的调整。

七、场地、设备、服装、道具、车辆的租赁合同法律关系

综艺节目依其类型不同，对场地的要求也不同。有的综艺节目制作方选择在自有场地摄录，有的综艺节目需要租赁场地进行摄录。比如，有的晚会类综艺节目只需要一个舞台即可；有的竞赛类综艺节目则需要租赁体育、娱乐场馆（比如水上乐园）作为竞技场地；还有的户外类型的综艺节目会租赁某个度假村及附近山包、果园等作为户外的拍摄场地。

除了场地，部分制作方需要租赁相关设备以满足场地、灯光、摄录清晰度等要求。比如租赁灯光设备，租赁舞台上的升降机，租赁高清数字摄录设备，租赁音响设备等。

综艺节目还可能涉及服装、道具、车辆的租赁。当然并非所有的服装都是采取租赁方式，部分可能采取赞助的方式，或者服装定制的方式，但服装租赁方式也广泛存在。

八、宾馆、酒店服务合同关系

综艺节目的摄录伴随着人员的聚集，特别是一些表演人员（如艺人）的聚集，催生了居住的需求。通常艺人对于居住标准有一定要求，故制作方需要提前与酒店、宾馆签署协议，提前预订大量房间以供栏目组内人员居住或办公使用。

入住宾馆、酒店的实质是购买服务，不同标准的宾馆、酒店提供的服务不同，水准不一，所以对应的价位也有差别。故订宾馆或酒店不是租赁合同关系，而是一种服务合同关系。

九、人身及财产损害赔偿法律关系

综艺节目的摄录过程伴随着演艺人士的表演和幕后人员的劳动，演艺人士的表演通常包含肢体动作、语言表达、情感释放。比如，表演类的综艺节目要求演艺人士在事先设置好的场地上完成难度不一的表演，或者完成具有一定难度的挑战；部分户外节目还伴随有体力挑战的内容，如攀登、爬树、游泳、奔跑、争夺、对抗等。这样的内容具有一定的危险性，加上环节可能设置不合理、栏目组管理不善等因素，演艺人士有一定的概率受伤，甚至有可能危及生命。现实中，演艺人士在综艺摄录过程中发生意外，受伤甚至死亡的案例已经多次发生。

另一种情况是演艺人士在表演或完成任务的过程中，由于自身的失误或者环节设置不合理等原因，造成栏目组其他工作人员或栏目组以外的人员受到人身伤害。比如登山时踩落石块，砸伤附近经过的村民等。

除了人身伤亡，综艺节目的摄录过程经常伴随财物的损坏和灭失。这其中包括栏目组自有或租赁的财物的损坏，如设备的损坏、品牌服装的撕裂、珠宝的断裂等；也包括参加摄录的演艺人士的财产损失，如服装的损坏、电子设备的丢失等；还包含对第三方财产的损坏，比如对租赁场地的地板和设备的损坏，对拍摄场地范围内私人承包的树木、庄稼的毁坏等。

无论是人身损害还是财产损害，最终均需解决损害赔偿问题。

十、保险法律关系

演艺人士和工作人员的安全问题一直是关注的热点，在某种程度上与节目效果也有直接的联系，比如节目设置高难度的挑战，可看性是增加了，对演艺人士和节目工作人员的安全威胁却也会相应增加。此外，部分综艺节目使用的道具、设备或艺术品价值昂贵，一旦操作不慎造成损坏，就会涉及巨额赔偿。

综艺节目中人员多、环节多、器材多、不可控因素多，因此主创人员和出镜人员的人身安全风险和财产安全风险远高于生活中。购买保险可以有效地降低风险。险种根据不同的综艺节目有所区别，可能购买的险种包括公众责任险、演艺人士意外险、财产险、团体意外险、医疗险、建工意外险、工程安装一切险等，涉及长距离运输的还会购买运输险。综艺节目里具体的项目也会有特别项目保险，比如从事赛车、赛马、攀岩、滑翔、探险性漂流、潜水、滑雪、滑板、热气球、蹦极、冲浪、跳伞具有高风险的游戏项目，就可以购买相应的项目保险如高空险、滑雪险等，还可以对人身伤亡和随身携带行李物品的损失投保。

第二章
综艺节目立项阶段的合规与风控

第一节 综艺节目的立项阶段概述

一、综艺节目立项阶段概述

本文所称的综艺节目立项阶段,是指综艺节目的制作方决定创立一个新的项目或计划,并为此向电视台或网络播出平台报批,通过后向主管机关进行备案,以给予项目团队必要的资源、人员、资金和渠道支持的过程。

综艺节目全流程的阶段划分并无统一标准,综艺节目制作涉及的内容纷繁复杂,可以细分的环节多,不同制作方对环节的称呼也会有细微差别。比如,在进行实际摄录之前,有制作公司将环节归纳为:创意—策划—形成综艺节目制作方案—确认平台—报批—备案—招商—形成更成熟的台本—统筹—参演人员邀请等。也有制作公司归纳为:研发尽调—形成初步方案—ROI(投资回报率)初步核算—立项—各部门出具初步方案汇总给到导演组—汇总成台本及时间表—筹备—招商。

前述两个归纳存在差异,主要是基于综艺节目类型不同,以及不同制作公司工作方式、归纳方法的不同,造成其在环节和步骤的名称和先后顺序上出现差异。实际上,综艺节目前期工作的细节和步骤虽然有差别,但是其核心内容殊途同归,最终都包含策划、立项报批、备案、形成台本四个较大的环节。本书将策划、立项报批、备案、形成台本环节共同归纳为综艺节目的立项阶段。前面所说的如"创意""研发尽调""形成初步方案"等其实均包含在这四个较大的环节里。其他如"招商""统筹""参演人员邀请""筹备"

等将在后续的招商阶段和团队筹备阶段进行论述。

综艺节目立项阶段是综艺节目制作全流程的起点，也是综艺节目后续招商、筹备、摄录、播出与宣发等阶段的基础。本阶段的参与方包括综艺节目制作方（包含策划团队）、电视台或网络播出平台、主管部门等。

需要说明，这里说的综艺节目制作方，指的是已经取得《广播电视节目制作经营许可证》的经营主体。依照《广播电视节目制作经营管理规定》第四条的规定，国家对设立广播电视节目制作经营机构或从事广播电视节目制作经营活动实行许可制度。设立广播电视节目制作经营机构或从事广播电视节目制作经营活动应当取得《广播电视节目制作经营许可证》。综艺节目制作方属于"广播电视节目制作经营机构"，制作综艺节目属于"从事广播电视节目制作经营活动"，依照规定必须取得《广播电视节目制作经营许可证》。所以，本书所称的综艺节目制作方必须已经取得《广播电视节目制作经营许可证》，这是主体合规要求。

在大部分情况下，综艺节目立项需要经历策划、立项报批、备案等环节，并最终形成台本，具体先后顺序根据节目的不同或有调整。其中策划、立项报批、形成台本环节会在下文介绍，值得注意的是备案环节。

备案环节的目的是规范节目的制作和播出，保障公众的权益，防止出现不良节目内容，确保节目合法合规。根据广电总局的规定，所有在中国境内播出的综艺节目都需要进行备案。备案环节需要综艺节目制作方已经形成比较完整的策划案，可以提交完整的申报材料，包括节目的名称、形式、内容、主持人、嘉宾、制作团队等信息，通过审核后才能获得备案编号。

考虑到备案环节属于管理环节，只需按照主管部门的规定，在规定期间提交真实的、合乎规定的材料即可。本书主要分析综艺节目立项阶段中策划、立项报批和形成台本环节的法律风险与风控。

二、综艺节目的策划

综艺节目作为视听产品，初始必然起于策划。策划即设计规划，通常指为达到目的，根据相关数据、资料并依靠经验或客观规律对目标进行规划，以达成目标的计划过程。综艺节目的策划，可以理解为策划人员根据现有及预期可取得的数据、资料，基于经验和客观规律，设计流程，设置规则，选择组成元素，设计节目内容，构建节目形象，筛选目标播出平台，预备营销方案，以达成追求的节目效果的计划过程。

综艺节目策划有三大任务：其一为价值观的树立；其二为市场潜力的科学分析；其三为思维向物质转化。

关于"价值观的树立"，主要指对综艺节目的宗旨、目标进行定位。任何电视节目在本质上都是思想的输出、价值观的输出、情感的输出，综艺节目想向观众传达什么样的思想、倡导什么样的价值观、能给观众带来什么样的情感价值，是综艺节目策划者首先要完成的任务。在综艺节目里运用文化的力量去引导观众的价值观念和品位，传达什么样的文化价值观，这体现了综艺节目的文化价值导向。比如，在选秀类综艺节目中，是注重选手的才华与努力，还是追求外貌和流量，甚至是"谁能卖惨谁上"？在法制类综艺节目中，是号召人们守法向善，还是挖掘丑恶以博取眼球？

关于"市场潜力的科学分析"，是指综艺节目策划方通过对媒体信息、现有资料、资金、设备、渠道的分析，推测电视发展的大趋势，分析自身的生存处境，分析行业背景，对综艺节目的对象、定位进行配置，预估市场开发的渠道和潜力。这样的分析应建立在科学的基础上，以避免大的决策失误导致可能的资源浪费。只有经过科学分析，具有市场潜力的综艺节目项目才有可能被继续制作。

关于"思维向物质转化"，是指基于现有人力、财力、物力的配置对综艺节目的战略、策略、流程进行科学、周密的设计，以便给后续综艺节目制作流程提供明确的方向性指导。综艺节目策划方要将自己头脑中的思维转化为文字，对整个综艺流程的制作进行设计，最终将"头脑风暴"转化为实际的项目。

综艺节目的策划方无身份限制，可以是个人，也可以是法人或其他组织。任何人均可设想或构思综艺节目，形成具体的知识产权成果。实践中，部分电视台或网络播放平台可以作为策划方，自行策划综艺节目，策划完成后独立制作，如湖南卫视的《快乐大本营》；也有商业公司单独或联合策划，形成完整的策划案后自行或合作制作综艺节目，在电视台或网络播放平台播出，如某公司与电视台合作的《舞出我人生》等；还有的商业公司会单独或联合策划，形成完整的策划案后将之出售给电视台或网络播放平台制作综艺节目，自身不参与制作。

三、综艺节目策划案的基本组成

综艺节目的策划成果通常表现为《策划书》（或《策划案》《策划方案》等，具体以实际命名为准），不同主体、不同类型的综艺节目策划书在结构和内容上会有差别。总的来说，一份完整、成熟的综艺节目策划案包含以下主要内容。

1. 策划背景

策划背景是指在策划综艺节目之前，了解相关背景信息的过程。一个好的策划背景可以提供必要的信息，帮助预测和应对可能出现的问题。这部分内容通常会阐述近期状况、策划原因、社会影响以及相关目的动机等。

2. 节目定位

节目定位是指节目策划人员对节目的思想内容、目标受众、节目样式、制作风格等的划定，对节目设置的目的和宗旨所作的事先规划。这个阶段最重要的是受众的定位，即事前确定节目的目标受众群体，了解目标受众的兴趣与需求，以考虑节目的诸多要素，确定节目的整体风格。

3. 节目宗旨

节目宗旨即制作方所追求的目标和理念，即想要明确传达给观众的信息，传递理念，树立品牌。节目宗旨应该抓住节目的核心价值，简洁明了且具有吸引力，让观众对节目有更深入的了解，突出节目的特点和优势。

4. 节目主题

节目主题不等同于节目宗旨，可以理解为：主题是一件事情的概括，宗旨是一件事情的目的。每个综艺节目的每一期都有具体的主题，比如某户外类综艺节目的节目宗旨可能是展现亲子关系，该集的主题是"环保主题"或者"人与自然"。

5. 节目嘉宾

节目嘉宾，指的是在综艺节目中遵循节目组创作意图，以个人身份按照节目规则完成节目赋予的任务的参与者。狭义的嘉宾指节目的主要参与者，广义的嘉宾包含了一切在节目中出现的有一定的戏份和台词的人物角色等。

6. 节目流程

节目流程通常包括节目的形式（比如是演播厅现场直播还是户外录播，是观众投票选择晋级还是评委选人加入战队）、节目的程序（比如节目共分几个环节，每个环节的名字和内容是什么，如何衔接）等。节目流程需要进行细节说明，比如如何开场、主持人如何出场、开场白的主题、嘉宾如何出场、访谈的内容、游戏环节的设置等。

关于节目流程及具体台词等事宜，亦可以另外形成节目台本。

7. 节目的宣传和包装方案

节目的宣传和包装方案包括节目的相关宣传预案，宣传的渠道和频率；对节目自身的包装（如片头设计、片花的要求）；对主持人和嘉宾的包装（如形象个性定位，宣传语）；对参与的选手的包装设计（如造型、人设）；等等。

8. 市场调查分析

市场调查分析是指通过数据收集和研究来了解消费者、市场和竞争对手，以便制定营销策略和做出商业决策，目的是了解客户需求、衡量市场份额、确定产品定价、评估广告效果等。综艺节目的市场调查分析主要是根据对标综艺节目的收视率、特定期限内全国综艺节目的收视率，以及其他数据，并通过可能的调查问卷等方式评估打算推出的综艺节目的市场前景。

9. 团队内部制度

这里所说的内部制度，主要聚焦于内部的经费使用和人员责任分派，力争调动人员积极性的同时，做到权责明确。比如约定内部采用制片人负责制，计算成本，自负盈亏，赋予职权，承担责任；又比如采取总导演负责制，经费报批，奖勤罚懒；等等。内部制度还包含团队内部的具体规章制度，如工作时间安排，加班与调休制度等。

10. 预计需要的设备和人员

该部分主要涉及场地、设备规划，以及日常工作人员的组成规划。比如综艺节目内景规划可能包括演播厅是否需要大屏幕及摄录系统、音响、灯光等，每周预计使用几次，会议室几个，摄像机和话筒几套，合成制作机房使用几天等。又如日常工作人员组成可能规划为：导演组几人，责任编辑几人，摄像几人，剧务几人，主持人几人……除设备和人员外，其他后勤保障、车辆调配等亦需做出规划。

11. 概算及广告资源开发等

四、综艺节目的立项报批

无论是电视综艺节目还是网络综艺节目，相关备案手续必须通过播出平台（电视台或网络平台）进行，因此综艺节目制作方在进行综艺节目的拍摄制作前，须事先将成熟的节目策划方案向播出平台申请立项，立项通过后，再由播出平台完成备案工作。如果综艺节目制作方是电视台或网络平台的，则为综艺节目的策划团队在电视台或网络平台内部的相关部门报选题，申请立项。只有立项通过，后续才有摄录、制作和播出的可能。

以电视台为例，在策划完成后，制片人向电视台的节目部门提交节目立项申请，申请的内容包括节目的名称、类型、时长、主要内容和制作成本估算等信息。电视台的节目部门收到申请后，会对节目立项申请进行审查，并根据节目类型、预算以及电视台的整体策略进行评估和审批。一旦获得批准，电视台的节目部门会向制片人发出立项通知，并明确节目的详细要求和完成期限。

五、形成台本

台本，顾名思义为台词脚本，可以理解为标注了流程的剧本。在舞台演出、户外综艺等综艺节目制作前，把节目里所有预定要说的话写出来，标注演艺人士上下场顺序、时间、灯光变化、音效、道具迁换等要求，后面附上导演及部门负责人的备注等，即形成了台本。一个节目不一定只有一个台本，还可能分为灯光本、道具本、音效本等，供提示专司其职的灯控、音控、总剧务等使用。

一旦综艺节目通过立项，综艺节目制作方就应当制作详尽的台本，根据选题策划阶段确定的节目概念，编写详细的节目大纲；写出分镜头方案、分镜头脚本；预估机位数量、镜号、机号、景别、技巧、画面、解说、音乐、音响、时长等元素。导演和制片要制定拍摄计划方案、流程表等；艺统组要确定主持、参演的人选；灯光舞美等要讨论节目场景和道具、舞美设计、化妆、服装、设备等。上述细节确定后，制作方要根据节目的内容和规模，预估节目的录制时间和预算。

前述工作成果汇总，最终形成台本及时间表。

第二节 综艺节目立项阶段的风控

一、综艺节目立项阶段的政策、法律风险与风控

此处所说的政策、法律风险，包括三种情况。第一种为节目策划的内容或拟传达的价值观违反我国法律、法规的禁止性规定或不符合特定政策方向；第二种为节目参与者属于主管部门限制的范围；第三种为国家对引进综艺模式的限制。

（一）节目策划的内容或拟传达的价值观违反法律、法规的禁止性规定或不符合特定政策方向

文化不仅仅可以成为产品，也可以成为思想武器，足以挑拨情绪、引发对立、促使纷争，有时候威力不亚于战场上的大规模杀伤性武器。文化价值观不仅仅是指一种文化形式或者一种文化观念，更会影响人民身心健康和社会健康发展。故引导观众树立正确的价值观念，传递正能量，进而影响观众的生活态度和行为，促进社会和谐就非常重要。基于以上原因，主管部门必

然会对综艺节目进行监管，对一些不符合其认定的"积极文化价值导向"的节目进行规范或限制，确保所有综艺节目都能够真正符合要求，正确引导观众的价值观。

然而，价值观本身属于抽象概念，亦受限于策划人员和制作人员的表达水平、主观意愿、相关元素的展示方式等。比如同样拍摄城市，正常的拍摄可能呈现的是蓝天碧树，如果调整光圈宛如加上"阴间滤镜"，就会呈现灰蒙蒙如雾霾般的效果，让人对该城市心生不适。

法律、法规、规章制度无法穷尽覆盖社会生活的每个细节，针对文化价值观亦然。主管部门针对价值观的约束主要是概括性的，最终通过对内容和人员的约束来追求相关规定的可操作性。

对综艺节目内容的约束主要通过法律、法规、规章的禁止性规定体现。

为了坚持广播电视节目正确导向，促进广播电视节目制作产业繁荣发展，服务社会主义物质文明和精神文明建设，国家广播电视总局于2004年7月19日发布《广播电视节目制作经营管理规定》（2015年8月28日、2020年10月29日、2025年6月3日进行了修订）。该规定第十三条规定：

"广播电视节目制作经营活动必须遵守国家法律、法规和有关政策规定。禁止制作经营载有下列内容的节目：（一）反对宪法确定的基本原则的；（二）危害国家统一、主权和领土完整的；（三）泄露国家秘密、危害国家安全或者损害国家荣誉和利益的；（四）煽动民族仇恨、民族歧视，破坏民族团结，或者侵害民族风俗、习惯的；（五）宣扬邪教、迷信的；（六）扰乱社会秩序，破坏社会稳定的；（七）宣扬淫秽、赌博、暴力或者教唆犯罪的；（八）侮辱或者诽谤他人，侵害他人合法权益的；（九）危害社会公德或者民族优秀文化传统的；（十）有法律、行政法规和国家规定禁止的其它内容的。"

对于违反前述要求的，第十九条规定："违反本规定的，依照《广播电视管理条例》进行处罚。构成犯罪的，依法追究刑事责任。"相应地，《广播电视管理条例》第三十二条规定："广播电台、电视台应当提高广播电视节目质量，增加国产优秀节目数量，禁止制作、播放载有下列内容的节目：（一）危害国家的统一、主权和领土完整的；（二）危害国家的安全、荣誉和利益的；

（三）煽动民族分裂，破坏民族团结的；（四）泄露国家秘密的；（五）诽谤、侮辱他人的；（六）宣扬淫秽、迷信或者渲染暴力的；（七）法律、行政法规规定禁止的其他内容。"第四十九条规定："违反本条例规定，制作、播放、向境外提供含有本条例第三十二条规定禁止内容的节目的，由县级以上人民政府广播电视行政部门责令停止制作、播放、向境外提供，收缴其节目载体，并处1万元以上5万元以下的罚款；情节严重的，由原批准机关吊销许可证；违反治安管理规定的，由公安机关依法给予治安管理处罚；构成犯罪的，依法追究刑事责任。"

也就是说，一旦违反了《广播电视节目制作经营管理规定》第十三条及《广播电视管理条例》第三十二条的规定，主管部门会责令停止制作、停止播放、收缴载体，并处以罚款；情节严重的吊销相应的许可证；更严重的可能会受到行政或刑事处罚。

在网络平台上播放的网络综艺节目属于网络信息内容，受《网络信息内容生态治理规定》调整。该规定对网络信息内容生产者（综艺节目制作方）、网络信息内容服务平台等主体的责任作出了相应的规定，并明确了几类禁止发布、传播，或应当被防范、抵制传播的内容。其中第六条规定："网络信息内容生产者不得制作、复制、发布含有下列内容的违法信息：（一）反对宪法所确定的基本原则的；（二）危害国家安全，泄露国家秘密，颠覆国家政权，破坏国家统一的；（三）损害国家荣誉和利益的；（四）歪曲、丑化、亵渎、否定英雄烈士事迹和精神，以侮辱、诽谤或者其他方式侵害英雄烈士的姓名、肖像、名誉、荣誉的；（五）宣扬恐怖主义、极端主义或者煽动实施恐怖活动、极端主义活动的；（六）煽动民族仇恨、民族歧视，破坏民族团结的；（七）破坏国家宗教政策，宣扬邪教和封建迷信的；（八）散布谣言，扰乱经济秩序和社会秩序的；（九）散布淫秽、色情、赌博、暴力、凶杀、恐怖或者教唆犯罪的；（十）侮辱或者诽谤他人，侵害他人名誉、隐私和其他合法权益的；（十一）法律、行政法规禁止的其他内容。"

依照该规定的第三十四条，一旦综艺节目的策划方（网络信息内容生产者）违反前述第六条规定的，网络信息内容服务平台（播出平台）应当依法依约采取警示整改、限制功能、暂停更新、关闭账号等处置措施，及时消除违法信息内容，保存记录并向有关主管部门报告。具体到综艺节目制作流程，可以理解为停止播出（暂停更新），产品下架（及时消除违法信息内容）。

2000年9月25日公布的《互联网信息服务管理办法》（2011年1月8日、2024年12月6日进行了修订）对此亦作出了规定。该办法第十五条规定："互联网信息服务提供者不得制作、复制、发布、传播含有下列内容的信息：（一）反对宪法所确定的基本原则的；（二）危害国家安全，泄露国家秘密，颠覆国家政权，破坏国家统一的；（三）损害国家荣誉和利益的；（四）煽动民族仇恨、民族歧视，破坏民族团结的；（五）破坏国家宗教政策，宣扬邪教和封建迷信的；（六）散布谣言，扰乱社会秩序，破坏社会稳定的；（七）散布淫秽、色情、赌博、暴力、凶杀、恐怖或者教唆犯罪的；（八）侮辱或者诽谤他人，侵害他人合法权益的；（九）含有法律、行政法规禁止的其他内容的。"

对于违反上述规定的，该办法第二十条规定："制作、复制、发布、传播本办法第十五条所列内容之一的信息，构成犯罪的，依法追究刑事责任；尚不构成犯罪的，由公安机关、国家安全机关依照《中华人民共和国治安管理处罚法》、《计算机信息网络国际联网安全保护管理办法》等有关法律、行政法规的规定予以处罚；对经营性互联网信息服务提供者，并由发证机关责令停业整顿直至吊销经营许可证，通知企业登记机关；对非经营性互联网信息服务提供者，并由备案机关责令暂时关闭网站直至关闭网站。"

针对部分特殊类型的综艺节目，如少儿类综艺节目，2019年3月29日公布的《未成年人节目管理规定》（2021年10月8日进行了修订）第九条、第十条也作出了部分禁止性规定："未成年人节目不得含有下列内容：（一）渲染暴力、血腥、恐怖，教唆犯罪或者传授犯罪方法；（二）除健康、科学的性教育之外的涉性话题、画面；（三）肯定、赞许未成年人早恋；（四）诋毁、歪曲或者以不当方式表现中华优秀传统文化、革命文化、社会主义先进文化；（五）歪曲民族历史或者民族历史人物，歪曲、丑化、亵渎、否定英雄烈士事迹和精神；（六）宣扬、美化、崇拜曾经对我国发动侵略战争和实施殖民统治的国家、事件、人物；（七）宣扬邪教、迷信或者消极颓废的思想观念；（八）宣扬或者肯定不良的家庭观、婚恋观、利益观；（九）过分强调或者过度表现财富、家庭背景、社会地位；（十）介绍或者展示自杀、自残和其他易被未成年人模仿的危险行为及游戏项目等；（十一）表现吸毒、滥用麻醉药品、精神药品和其他违禁药物；（十二）表现吸烟、售烟和酗酒；（十三）表现违反社会公共道德、扰乱社会秩序等不良举止行为；（十四）渲染帮会、黑社会组织的各类仪式；（十五）宣传、介绍不利于未成年人身心健康的网络游戏；（十六）法律、行政法规禁止的其他内容。以科普、教育、警示为目的，制作、传播的节目中确有必要出现上述内容的，应当根据节目内容采取明显图像或者声音等方式予以提示，在显著位置设置明确提醒，并对相应画面、声音进行技术处理，避免过分展示。"不得制作、传播利用未成年人或者未成年人角色进行商业宣传的非广告类节目。制作、传播未成年人参与的歌唱类选拔节目、真人秀节目、访谈脱口秀节目应当符合国务院广播电视主管部门的要求。"从前述法规、规章条款对综艺节目内容的禁止性规定可以看出，主管部门的目的在于通过规范内容对价值观输出进行调控，这就对综艺节目的策划提出了很高的要求，综艺节目制作成本高，耗资巨大，一旦由于策划环节的问题导致后续制作被叫停、停止播出、产品下架，相关损失难以挽回。所以节目的创意和架构设计要避免直接或间接地出现与禁止性规定相关的内容，以免传达错误的价值观，触碰法律、法规、规章制度的红线。

应对措施：

（1）综艺节目的策划方在进行策划时，应首先对照《广播电视节目制作经营管理规定》《广播电视管理条例》《网络信息内容生态治理规定》《互联网信息服务管理办法》《未成年人节目管理规定》等法规、规章中的禁止性条款，剔除相关创意中与前述禁止性条款有关的元素，确保符合有关法规、规章的要求。

（2）综艺节目制作方内部应建立完善的审核机制，对创意和策划案进行严格的审核和把关。确保创意、策划案的内容符合规定，避免出现违法违规情形。

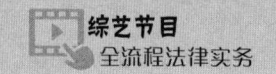

（3）综艺节目制作方应关注政策风向，对于特定政策加以重视，及时、主动规避。

（二）节目参与者属于主管部门限制的范围

综艺节目立项阶段需要规划综艺节目参与者的组成，包括制作方的工作人员如导演组、编剧组、摄像组等，亦包含参演的演艺人士，前述人员也可以分为主创人员和出镜人员。主创人员包括制片人、导演、策划等；出镜人员包括主持人、导师、评委、特邀嘉宾、选手、节目参与人员等。

在主创人员和出镜人员中，知名的演艺人士（明星艺人）受到较多关注。明星艺人可以吸引观众的关注和热度，有助于提升节目的曝光度和收视率，明星艺人的个性、才艺和互动可以增加综艺节目的娱乐性和趣味性。在综艺节目逐渐成为快速消费品的今天，综艺节目制作方最便捷的引流方法就是从节目所选的嘉宾入手，邀请到的嘉宾流量越大，吸引到的观众也越多，所以邀请知名的演艺人士是一个可以让综艺节目制作方利益最大化的选择。

近年来，许多演艺人士因为违反法律法规或因为自身不当言行而遭遇公众抵制，从而影响其参与拍摄的综艺节目。综艺节目制作方、播出平台对于主创人员与出镜人员的合规要求力度也不断加大。国家对综艺节目的主创人员、出镜人员的关注力度越来越大，主创人员与出镜人员如有违反政策、法律法规的言行，或者存在道德瑕疵，或者属于政策、法律法规限制参与综艺节目的群体，就有可能导致制作完成的节目的部分内容甚至全部内容无法播出。

现行政策、法规对参与者约束集中在以下几方面。

（1）所属群体的约束。如未成年人群体、外籍及我国港澳台地区的演艺人士群体。

2015年7月，国家新闻出版广电总局发布《关于加强真人秀节目管理的通知》，要求真人秀节目应注意加强对未成年人的保护，尽量减少未成年人参与，对少数有未成年人参与的节目要坚决杜绝商业化、成人化和过度娱乐化的不良倾向以及侵犯未成年人权益的现象。

2016年1月，国家新闻出版广电总局发布《关于进一步加强电视上星综合频道节目管理的通知》,要求:严格控制未成年人参与真人秀节目,不得借真人秀节目炒作包装明星子女,也不得在娱乐访谈、娱乐报道等节目中炒作明星子女,防止包装造"星"、一夜成名。通知发出后,一些地方卫视表示明星亲子真人秀将不再制作播出。

2019年2月14日,《未成年人节目管理规定》经国家广播电视总局局务会议审议通过,自2019年4月30日起施行,2021年10月8日进行了修订,依据该规定,未成年人节目禁止十六项内容,包括不得渲染暴力、血腥、恐怖,教唆犯罪或者传授犯罪方法等。同时不得制作、传播利用未成年人或者未成年人角色进行商业宣传的非广告类节目;制作、传播未成年人参与的歌唱类选拔节目、真人秀节目、访谈脱口秀节目应当符合国务院广播电视主管部门的要求。该规定要求未成年人节目应避免商业化、成人化和过度娱乐化倾向,例如,邀请未成年人参与节目制作,其服饰、表演应当符合未成年人年龄特征和时代特点,不得诱导未成年人谈论名利、情爱等话题。不得宣扬童星效应或者包装、炒作明星子女;还禁止利用不满十周岁的未成年人作为广告代言人;等等。

除了对未成年人群体外,国家对外籍及我国港澳台地区的演艺人士群体参与综艺节目也有相应的规定。此处所说的外籍演艺人士,亦包含原为中国国籍,后加入外国国籍的演艺人士。我国不承认双重国籍,故演艺人士加入外国国籍之日起,其中国国籍自动丧失。

早在1999年,文化部即颁布《在华外国人参加演出活动管理办法》(现已失效),2005年7月7日国务院颁布《营业性演出管理条例》(2008年7月22日、2013年7月18日、2016年2月6日、2020年11月29日进行了四次修订),第十四条规定,"除演出经纪机构外,其他任何单位或者个人不得举办外国的或者香港特别行政区、澳门特别行政区、台湾地区的文艺表演团体、个人参加的营业性演出。但是,文艺表演团体自行举办营业性演出,可以邀请外国的或者香港特别行政区、澳门特别行政区、台湾地区的文艺表演团体、个人参加。举办外国的或者香港特别行政区、澳门特别行政区、台湾地区的文艺表演团体、个人参加的营业性演出,应当符合下列条件:(一)有与其举办的营业性演出相适应的资金；（二）有2年以上举办营业性演出的经历；（三）举办营业性演出前2年内无违反本条例规定的记录。"第十五条规定，"举办外国的文艺表演团体、个人参加的营业性演出，演出举办单位应当向演出所在地省、自治区、直辖市人民政府文化主管部门提出申请。举办香港特别行政区、澳门特别行政区的文艺表演团体、个人参加的营业性演出，演出举办单位应当向演出所在地省、自治区、直辖市人民政府文化主管部门提出申请；举办台湾地区的文艺表演团体、个人参加的营业性演出，演出举办单位应当向国务院文化主管部门会同国务院有关部门规定的审批机关提出申请。国务院文化主管部门或者省、自治区、直辖市人民政府文化主管部门应当自受理申请之日起20日内作出决定。对符合本条例第二十五条规定的，发给批准文件；对不符合本条例第二十五条规定的，不予批准，书面通知申请人并说明理由。"随着国际交流的增多，不同国家的艺人在娱乐节目中同台竞技逐渐成为常态，综艺节目中出现多位外籍演艺人士已不罕见，部分外籍演艺人士还在中国的综艺节目中担任常驻嘉宾或主持人。

基于历史与现实的原因，我国港澳台地区的演艺人士尚不能等同于中国内地/大陆的演艺人士，港澳台地区的演艺人士来内地/大陆演出的，演出举办单位依据不同情况要向国务院文化主管部门或者省、自治区、直辖市人民政府文化主管部门提出申请。港澳台地区的演艺人士广泛活跃在我国的综艺节目领域，如参加春晚、跨年晚会及各类真人秀等。

2020年2月21日，中国网络视听节目服务协会发布《网络综艺节目内容审核标准细则》。该细则中与外籍演艺人士及我国港澳台地区演艺人士相关的内容为"……网络播放的网络综艺节目，及其标题、名称、评论、弹幕、表情包等，其语言、表演、字幕、背景中不得出现以下具体内容（常见问题）：

第一部分　通用细则

（一）主创及出镜人员选用问题

……

4. 选用外国国籍或港澳台籍人士不当的"。

该条款非常简单，并没有说综艺节目不能出现"外国国籍或我国港澳台地区人士"，而是聚焦于"选用不当"，关于何为"不当"，《网络综艺节目内容审核标准细则》并未详细解释。笔者理解为以下几种情况：

①政治背景不当：选用的演艺人士不符合我国政府的政治经济文化政策的；或该演艺人士非议我国政治体制，反对社会主义制度，或赞同敌对势力的政治观点，参加不利于我国的政治行动，或发表不利于我国政府和人民的言行的；

②言行不当：该演艺人士在公共场合发表过不当言论，例如侮辱性言论、种族歧视言论、宗教歧视言论、性别歧视言论、民族歧视言论等；

③犯罪记录及信用记录不当：该演艺人士有过犯罪记录，特别是涉及严重罪行（如性侵、毒品）、逃税、遗弃子女、危害社会治安等记录的；

④道德品质不当：该演艺人士有过严重的道德问题，例如婚外情、私生子、家暴等，有可能引发公众强烈关注和声讨的；

⑤其他背景不当：该演艺人士发生其他对其形象造成负面影响行为的。

这中间，政治背景不当最值得注意。外籍演艺人士及我国港澳台地区演艺人士生活在不同政治体制下，其所在国家、地区或政治组织存在反对我国政治体制、反对社会主义制度的思想及言论，外籍演艺人士及我国港澳台地区演艺人士自身亦未必认同我国政治体制、社会主义制度。实践中，出现过外籍演艺人士及我国港澳台地区演艺人士来中国内地/大陆赚钱后，回到所在国家或地区即发表不当政治言论，甚至参与反华政治行为的现象。

这就意味着与使用中国内地/大陆艺人相比，使用外籍演艺人士及我国港澳台地区演艺人士有了更多的风险，特别是政治上的。尽管《网络综艺节目内容审核标准细则》没有禁止综艺节目出现"外国国籍或我国港澳台地区人士"，但综艺节目制作方对于使用外籍演艺人士及我国港澳台地区演艺人士必需更加慎重。

（2）征信、道德、言行的约束。这里是指参与者的言行须守法合规，不得违背公序良俗。

2021年9月2日，国家广播电视总局办公厅下发《关于进一步加强文艺节目及其人员管理的通知》，提出："一、坚决抵制违法失德人员。广播电视机构和网络视听平台在节目演员和嘉宾选用上要严格把关，坚持把政治素养、道德品行、艺术水准、社会评价作为选用标准。政治立场不正确、与党和国家离心离德的人员坚决不用；违反法律法规、冲击社会公平正义底线的人员坚决不用；违背公序良俗、言行失德失范的人员坚决不用。"从文中可见，约束的范围已经从"违法"扩展到"违法失德"，将"政治素养、道德品行、艺术水准、社会评价"都纳入考量，明确提出对违法失德人员"坚决不用"。

关于参与者的道德、言行的具体要求，中国演出行业协会2021年3月1日起正式施行的《演出行业演艺人员从业自律管理办法（试行）》有了较全面的归纳，该办法第八条规定："演艺人员不得出现以下行为：（一）违反宪法确定的基本原则，危害国家统一、主权和领土完整，危害国家安全，或者损害国家荣誉和利益；（二）煽动民族仇恨、民族歧视，侵害民族风俗习惯，伤害民族感情，破坏民族团结；（三）违反国家宗教政策，宣扬邪教、迷信；（四）组织、参与、宣扬涉及淫秽、色情、赌博、毒品、暴力、恐怖或者黑恶势力等非法活动；（五）因酒驾、无证驾驶、肇事逃逸、恶意滋事等扰乱公共秩序，造成恶劣社会影响；（六）危害社会公德或者损害民族优秀文化传统；（七）在营业性演出中以假唱、假演奏等手段欺骗观众，或者以违背伦理道德、违反公序良俗的方式进行演出吸引观众；（八）表演方式恐怖、残忍，利用人体缺陷、或者以展示人体变异等方式招徕观众；（九）以欺骗、隐瞒等方式恶意违反或不履行合同，非因不可抗力原因取消演出、不履行合同，或者擅自变更已经审核批准的演出内容；（十）发表违反法律法规、违背社会公序良俗、歪曲历史事实、侮辱、诽谤英雄烈士等不当言论，或者发布不实信息，煽动他人扰乱公共秩序，影响社会稳定；（十一）以侮辱、诽谤等方式损害他人名誉等合法权益；（十二）违反广告代言相关法律法规，或以虚假宣传、引人误解的方式欺骗、误导消费者；（十三）通过违反保密协议、伪造变造材料等不正当手段谋取利益，或者利用职业之便谋取不正当利益；（十四）其他违背伦理道德或者社会公序良俗造成严重不良社会影响的情形；（十五）法律、行政法规明文禁止的其他情形。"

需要说明，该办法属于行业自治性规范，不可视同于法律法规，对于违反该规范的演艺人士，中国演出行业协会能采取的是批评教育、行业联合抵制、协同其他行业组织实施跨行业联合惩戒等处罚，并且会报送文化和旅游部。但是，其归纳的情形较为全面，有很强的参照作用。综艺活动的主创人员或出镜人员有前述十五种情形之一的行为的，即有可能被认定为"违法失德"，依照《国家广播电视总局办公厅关于进一步加强文艺节目及其人员管理的通知》的精神，会有"坚决不用"的后果。

案例：陈某系编剧、作家，曾为某卫视生活服务类节目主持人。2014年6月，北京市公安总局禁毒总队会同朝阳公安分局，在朝阳区工体北路一公寓内将涉嫌吸食毒品的陈某查获，并从其办公桌抽屉内起获毒品及吸毒工具。陈某尿检呈毒品冰毒阳性，因吸食毒品被朝阳公安依法行政拘留。事发后，其担任情感嘉宾的某卫视婚恋情感类综艺节目宣布与其不再续约。

应对措施：

（1）综艺节目的策划方应结合《演出行业演艺人员从业自律管理办法（试行）》等相关规定，对拟选择或拟聘用参与节目制作的主创人员与出镜人员进行背景调查，特别是调查其政治背景、有无不当言论、有无犯罪记录、有无违法或失德行为，如果发现有既往历史的，予以排除。

（2）在特定时期，谨慎选择来自特定国家或地区的主创人员或出镜人员。

（3）对主创人员或出镜人员的社交账号进行关注，检索与其有关的近期新闻报道，检索其是否在社交媒体上参与过争议性话题，是否与争议性人物或负面评价人物互动，是否参加/观看过不被我国主流社会接纳的表演等。如有相关记录的，谨慎选用。

（4）对主创人员或出镜人员既往参加过的影视、综艺节目进行了解，了解其在相关影视、综艺节目中的表现，预估其配合程度和管理难度等风险。

（三）国家对引进综艺节目的限制

我国电视综艺节目长期存在原创性不足、精品原创作品少、动力不足等问题，为了获得高收视率，迎合观众的口味，引进模式类节目就成为众多播出平台的选择。

引进节目备受推崇，主要有以下原因：第一，国外综艺起步较早，相关策划水平较为成熟，其综艺节目的内容效果直观可见，并且已经经过了市场检验；第二，原创研发需要大量的资金成本，并且不能保证最终被观众接受以及资金回报率。考虑到国内制作公司拟引进的综艺节目必然是国外综艺节目中的精品，在节目制作质量上可以有合理的预期，两相比较，拥有成熟模式的引进节目自然更得投资人青睐，更容易预估市场前景。引进类综艺节目一度占据大量卫视节目的黄金播出时段，并且出现了多个现象级节目，如《奔跑吧兄弟》《中国好声音》等。

2016年6月，国家新闻出版广电总局发布《关于大力推动广播电视节目自主创新工作的通知》（媒体俗称"限模令"）。该通知对于引进模式数量做出限制，"各电视上星综合频道每年在19：30-22：30开播的引进境外版权模式节目，不得超过两档。每个电视上星综合频道每年新播出的引进境外版权模式节目不得超过1档，第一年不得在19：30-22：30之间播出。""同一档真人秀节目，原则上一年内只播出一季。"该通知同时对卫视引进版权节目提出备案要求，"各电视上星综合频道播出引进境外版权模式节目（包括当年新引进和往年引进的节目），均需提前两个月向省新闻出版广电局备案，省新闻出版广电局审核同意后，向国家新闻出版广电总局备案。"否则节目将不得播出。"6月15日前向总局汇总申报今年已播在播将播的引进境外版权模式节目。7月1日起，新开播的引进境外版权模式节目，如未按本通知要求备案或未如实备案，一经查实该节目立刻停播。"

应对措施：

《关于大力推动广播电视节目自主创新工作的通知》颁布后，综艺节目的策划方、制作方在进行节目策划时必须首先选择节目的目标播出平台，如果是卫视上星频道，应注意相关卫视的引进版节目数量及档期，评估拟引进的综艺节目播出的概率。

二、综艺节目立项阶段的知识产权风险与风控

综艺节目的知识产权风险包括综艺节目自身知识产权被侵犯的风险，以

及可能侵犯其他方的知识产权的风险。在策划和形成台本过程中，注重知识产权合规、防止侵犯其他方的知识产权是第一要务。

综艺节目立项阶段与知识产权相关的争议焦点通常包括：综艺节目立项阶段的知识产权保护针对哪些内容？综艺节目模式的模仿是否侵权？综艺节目立项阶段的不正当竞争风险？

(一) 综艺节目立项阶段的知识产权保护针对哪些内容

综艺节目立项阶段首先面临的是己方著作权的保护。

《中华人民共和国著作权法》保护表达，不保护思想，这是《中华人民共和国著作权法》中一项重要原则，称为"思想与表达二分法"。具体而言，《中华人民共和国著作权法》并不保护抽象的思想、思路、观念、理论、构思、创意、概念、工艺系统、操作方法、技术方案，保护的是以文字、音乐、美术等各种有形的方式对思想的具体表达。具体到综艺节目的立项流程，可以理解为《中华人民共和国著作权法》不保护综艺节目模式的构想、创意，保护的是形成文字和图画的策划案、图表、操作手册等。

综艺节目的立项流程包含提出创意或者策划、形成书面的节目策划书和图表、制作书面的节目拍摄台本（包括场景、灯光、舞美、构图等）等环节，在上述环节中，书面的节目策划书和图表、书面的节目拍摄台本属于表达的范畴，都受到《中华人民共和国著作权法》的保护，对这些内容的侵权都会侵犯著作权。比如：套用、抄袭相关文案图表的全部或部分的；对文案图表内容直接使用、进行替换或仅作形式上调整的，以上均构成侵权。

然而，实践中常见的情况是：在著作权侵权纠纷案件中，对原作品完整抄袭的已经较为罕见，对原作品进行部分侵权的较为常见，比如抄袭原作品的部分内容，或者对原作品加以某种形式上的涂抹后堂而皇之地使用。这为实践中认定是否构成侵权增加了困难。又如对方没有抄袭具体文字，但与我方综艺节目的具体环节、情节串联等高度相同，是否构成侵权？这就需要明确《中华人民共和国著作权法》保护的对象。

关于《中华人民共和国著作权法》保护的对象，可以借鉴"陈喆（琼瑶）诉余征（于正）等侵害著作权纠纷案"的裁判观点加以说明，尽管该案涉及的是影视项目侵犯剧本著作权，但其中的部分裁判观点对综艺节目的著作权保护有很强的借鉴意义。该案认定原告作为涉案作品《梅花烙》的作者、著作权人，被告接触了涉案作品的内容，并实质性使用了涉案作品的人物设置、人物关系、具有较强独创性的情节以及故事情节的串联整体进行改编，形成新作品《宫锁连城》剧本，构成对涉案作品的改编。一审法院认为：《宫锁连城》现有的人物设置、人物关系、重要情节及情节串联整体的创作表达很大程度上来源于《梅花烙》，是涉案作品的主要创作表达。依据该判决，人物设置、人物关系、重要情节及情节串联整体有可能被认定为表达。[①]

然而，北京市高级人民法院二审认为：文学作品中思想与表达界限的划分较为复杂，人物设置及其相互的关系，以及由具体事件的发生、发展和先后顺序等构成的情节，只有具体到一定程度，即文学作品的情节选择、结构安排、情节推进设计反映出作者独特的选择、判断、取舍，才能成为《中华人民共和国著作权法》保护的表达。[②]

参照该案反映出来的裁判思路，可以理解为，《中华人民共和国著作权法》对作品的保护是对其中具有独创性的表达的保护。书面的节目策划书和图表、书面的节目拍摄台本自然是受到保护的，但其中设计的具体环节、情节串联等需要达到独创性才有可能被认定为表达，从而受到《中华人民共和国著作权法》的保护。

其次，综艺节目策划方在立项阶段需要确保自己的策划、创意及形成的书面知识成果不要侵犯第三方的著作权，任何综艺节目、影视作品、游戏元素等均可以拆分，分别认定为《中华人民共和国著作权法》中的文字作品、美术作品、音乐作品、图形作品等，对其中全部或部分的引用有可能构成侵权。同时也要考虑设计的具体环节在后续拍摄中是否有引发侵权

[①] 北京市第三中级人民法院（2014）三中民初字第07916号民事判决书，裁判日期：2014年12月25日。
[②] 北京市高级人民法院（2015）高民（知）终字第1039号民事判决书，裁判日期：2015年12月16日。

的风险。比如：综艺节目策划的内容包括"模仿经典影片片段"，就要考虑后续拍摄时需要取得"经典影片"的版权方的授权，如果擅自使用，会构成著作权的侵权。

案例：2018年，著名导演高先生发文指责某卫视节目组乱改其执导的著名电视剧，且改编和原著相去甚远，该剧目的改编事宜也没有收到该卫视的商讨，因此该节目播出已经属于侵权行为，严重影响了原作者杜先生和此经典剧目的声誉，对高先生的公司亦造成了很不好的影响，据此要求节目组解释致歉，并向公众澄清。

（二）综艺节目模式的模仿是否侵权

随着国内综艺节目的竞争越来越激烈，引进国外成熟的综艺节目模式成为很多制作方的选择，由此导致各平台播出的热门综艺里，从国外引进的综艺节目模式占了很大比重，如《中国好声音》《我是歌手》等。相对应，引进模式的价格也逐步走高。

为了促进自主创新，广电总局对"引进版权"进行限制，规定每家卫视每年新引进的国外版权模式节目不得超过一档。但鉴于已经经过市场检验的国外综艺更加成熟，部分制作方选择以"中外联合开发""委托制作""中国首播"等形式打起了擦边球。与此同时，部分综艺节目对其他综艺节目的模式直接进行模仿，引发了"借鉴（抄袭）综艺节目模式是否属于著作权侵权"的争论。

关于综艺节目模式是否受到保护，"世熙传媒诉搜狐侵犯《面罩》节目模式案"是一个非常重要的案例。2004年7月，北京世熙传媒文化有限责任公司与国家计生委下属的中国人口宣传教育中心共同制作一档电视节目，节目名称为《面罩》，定位于性教育，节目嘉宾戴着面具谈与性有关的话题。2005年4月起，搜狐网站推出一档标题为《面罩》的大型故事性情感类谈话节目，节目嘉宾也是戴着面具谈与性有关的话题。世熙传媒认为搜狐侵犯自己的著作权，提起诉讼。法院审理后认为："世熙公司关于《面罩》节目构思、创意本身并不属于我国著作权法规定的作品保护范围。由于《面罩》节目模式并不属于著作权法意义上的作品，所以对世熙公司要求认定搜狐公司制作的《面罩》节目侵犯其著作权的主张，法院不能支持"，并据此最终驳回了世熙传媒的诉请。①

本案的重要意义在于，法院确认了节目模式体现的是一种思想和方法的范畴，故无法给予《中华人民共和国著作权法》上的保护。

2015年4月8日，北京市高级人民法院在《关于审理涉及综艺节目著作权纠纷案件若干问题的解答》中指出："综艺节目模式是综艺节目创意、流程、规则、技术规定、主持风格等多种元素的综合体。综艺节目模式属于思想的，不受《著作权法》的保护。"

既然不受《中华人民共和国著作权法》的保护，对综艺节目模式的模仿自然也谈不上侵权。

这一思想在2017年北京市海淀区人民法院审理的某公司与某电视台著作权权属、侵权纠纷案的一审判决书②中也得到了体现。在该案中，原告某公司自2015年从日本引进了"30人31足"的电视节目模式，并与某电视台合作拍摄了一档节目，该公司主张其对该节目的模式享有著作权，该电视台未经其许可使用该模式拍摄节目构成侵权，但该电视台及第三人另一家公司均不认可原告享有该节目模式的版权。法院认为："30人31足节目模式主要是通过30人绑腿的形式，让参与人员进入场地后开始竞速比赛，以先到达终点者为胜，这种模式体现的是一种思想和方法的范畴，并不属于著作权法所要保护的表达方式。另外，30人31足，与2人3足等类似的绑腿比赛，仅仅区别在参与人员数量上，并无本质不同，且涉案节目表达方式是有限的，如果将涉案节目模式视为一种作品，势必会损害到其他类似的比赛，对社会公共利益形成不良影响，故该公司自日本引进的30人31足节目模式并非著作权法所应保护的客体。"

可见，在我国司法实践中，综艺节目模式不是《中华人民共和国著作权法》应保护的客体已经是一种成熟的观点。

但是。综艺节目模式不受保护，不代表综艺节目内的各项元素不受保护，

---

① 《文化公司创意不受保护 搜狐"面罩"未侵权》，载中国法院网，https://www.chinacourt.cn/article/detail/2006/01/id/192117.shtml，最后访问时间：2025年5月21日。
② 北京市海淀区人民法院（2017）京0108民初5708号民事判决书，裁判日期：2017年9月1日。本案来源于中国裁判文书网，后续案例无特殊来源标注的，都来源于中国裁判文书网。

比如舞台和场地设计、台本、音乐等。又比如环节的设置和情节串联，何时开始做什么动作，何时开始表演，何时插入另一个环节等，这种环节的设置和情节串联如果被认定有独创性，即有可能被认定为表达，那么就会受到《中华人民共和国著作权法》的保护。

所以，"综艺节目模式属于思想的，不受《中华人民共和国著作权法》的保护"并不代表综艺节目彼此之间就可以随意抄袭模式，搞出各种模仿版、山寨版综艺节目，综艺节目制作方应该不断提升自身的创新能力，引导团队创造出独特的、更有影响力和观赏性的节目内容，争取让观众对综艺节目产生浓厚的兴趣和热爱，从而真正感受到综艺节目所传达的文化价值。

需要说明的是，综艺节目属于《中华人民共和国著作权法》第三条第六项规定的"视听作品"，如果一个节目原封不动地照搬其他综艺节目具有独创性的内容，那么就不仅仅是"节目模式的雷同"了，有可能构成了"表达"的抄袭，成为侵犯著作权的行为。

另一个问题是：既然综艺节目模式属于思想，不受《中华人民共和国著作权法》的保护，还有必要付费从国外引进版权吗？笔者认为，以付费的方式引进版权还是较为稳妥的。"综艺节目模式属于思想的，不受《中华人民共和国著作权法》的保护"并不代表法律鼓励或放任综艺节目彼此之间可以随意抄袭模式，这会导致大量节目同质化，降低节目制作人研发、创新节目模式的意愿，最终影响行业健康发展。实际上，法律对综艺节目立项阶段的知识产权保护是通过具体的内容保护来实现的。

其一，综艺节目的引进不仅仅是引进综艺节目模式本身。

如前所述，综艺节目的引进不是单纯引进创意，还要引进节目内各项元素，如舞台和场地设计、台本（有的称操作宝典，如《中国好声音》）、音乐、情节设置和串联。以台本为例，里面包含了节目的操作流程、录制时间表、工作计划、竞技方法、晋级淘汰方式，甚至摄像机的摆放位置、拍摄方法、乐队和观众的位置等。可以说，这样的台本或操作宝典是综艺节目引进的核心。

此外，对于一些知名的外国综艺节目，引进内容还包括商标、专利、标志性要素、道具，比如《中国好声音》的标志性握话筒"V"字手势、导师的按键转椅等。对该节目的引进包含了对相关商标和专利的许可使用。部分综艺节目还需要国外综艺原制作团队派来专业指导团队进行细节把控。

所以，引进综艺节目，引进的不仅仅是综艺节目模式，还包括各种节目元素、制作方法以及记载相关元素、制作方法的知识成果。无论这些知识成果是以纸质、电子文本还是音视频的形式存在，都受到《中华人民共和国著作权法》保护，其中的商标性、专利性元素还会受到《中华人民共和国商标法》《中华人民共和国专利法》的保护。对这些元素、制作方法进行付费是合理的，也是必要的。

其二，要考虑版权方在国外起诉的现实风险。

尽管我国司法实践认为"综艺节目模式属于思想的，不受《中华人民共和国著作权法》的保护"，但是一个现实的考虑是：版权方是否有在国外提起侵权的刑事或民事诉讼的可能？比如：一家中国的综艺节目制作方模仿德国的综艺节目，制作了一档综艺节目"山寨版"，如果德国版权方知道了，有没有权利在德国起诉？一旦起诉了，中国这家制作方的高管等人入境欧洲国家后，会不会在判决结果出来之前被限制离境？会不会有刑事风险？以上这些风险都是不可控的。

通过诉讼手段施压，动用一切法律框架内的手段逼迫对方屈服乃至赔偿，本就是国际上的通行做法，目的就是让被诉方慑于时间成本、资金成本及其他预期利益的考虑做出妥协，以知识产权保护为名提起诉讼、逼迫中国企业妥协的情形更不鲜见。是否了解版权方所在国的相关法律，是否做好了承担相关风险的准备，是综艺节目制作方必须考虑的问题。

应对措施：

（1）综艺节目制作方在制作或引进综艺节目时，要首先评估综艺节目的所有内容，确保所有内容都能获得需要的授权许可，并且要注重授权许可的完整性和期限。涉及对第三方知识产权的使用的，要尊重原作者的署名权，避免引发著作权争议。

（2）对于引进的综艺节目，要注重外国名称与中国名称、外文名称与中文名称之间的关系，对于中文名称、中国名称是否可以申请注册商标要提前协商，避免产生后续争议。

（3）确保排他权。即要求版权方在提供综艺节目模式及相关内容期间和/或此后的一段时间内，不得再为其他第三方提供与该综艺节目相同或相类似题材、类型的综艺节目模式，无论是提供创意、协助策划还是成熟模式的授权及转让。

（4）严格保密责任及知识产权归属。综艺节目制作方应通过合同条款，要求版权方及其员工、顾问、供应商、代理商等对于其提供的综艺节目模式或创意进行保密，不得向第三方基于任何目的做任何披露（政府和法院的要求除外）。同时要确保综艺节目自策划时起，所产生的一切工作成果（特别是知识产权）都归综艺节目制作方所有。

（三）综艺节目立项阶段的不正当竞争风险

综艺节目立项阶段的不正当竞争风险主要表现为：节目中的某些元素涉嫌模仿、抄袭他人知名节目或产品的独特创意、包装形式等，可能构成不正当竞争。这些独特创意、包装形式等元素均是综艺节目立项阶段策划的。

案例：北京某影视公司系《万万没想到》系列网络电视剧的制作方，并陆续推出了《万万没想到》书籍等系列衍生作品。2015年2月，某电视台制作并推出了一档名为《万万没想到》的电视视频节目，与北京某影视公司《万万没想到》系列作品的创作手法相似，部分创作元素也相同，例如在名称的字体版本的使用上基本相同。后某电视台又和其他方合作，在其他方的平台上播放该档节目。北京某影视公司认为，某电视台模仿并盗用作品名称制作此档节目，存在傍名牌、搭便车的故意，已经造成相关公众的混淆误认，故请求法院判令某电视台和其他方停止不正当竞争行为，即停止制作和播放《万万没想到》的电视节目；消除影响；公开赔礼道歉；赔偿经济损失及为制止侵权行为所支付的合理支出。法院经审理认为：只要实质上存在违反诚实信用原则，损人利己、搭车模仿等以不正当竞争的手段争夺交易机会、损害其他经营者竞争利益的可能性，从而形成损害与被损害的关系，即可认定经营者之间存在竞争关系。某电视台不仅采用了与在先知名作品完全相同的作品名称和近似的设计,在其官方微博中使用了北京某影视公司的海报和微话题对节目进行宣传,部分节目亦采用了与《万万没想到》类似的网络短剧形式,以上行为相互关联和印证,显示其明显具有攀附他人商品知名度和搭便车的嫌疑,主观上难谓善意。因此,法院认定某电视台实施了不正当竞争行为,应当承担相应的法律责任,停止使用上述能够引起相关公众混淆的节目名称。在更换名称之前,不得继续制作和播出涉案节目;对于消除影响的诉讼请求,法院予以支持,但内容应限于对本案不正当竞争行为所造成之影响予以澄清说明;经济赔偿数额由法院酌定。北京知识产权法院二审维持了一审判决。①

应对措施:

(1) 创意原创。在节目策划之初,进行深入的市场调研,了解国内外类似节目的特点和差异化,节目创意、环节设计尽量保证原创,尽量避免与已有的知名节目或产品混同。确保自家节目的独特性。

(2) 购买版权或授权。对于确实需要借鉴的部分,应通过合法途径购买版权或取得授权,确保使用他人的创意成果是有法律保障的。

(3) 加强内部管理。建立健全内部知识产权管理机制,对节目创意、文案、设计等环节进行严格审核,预测可能引发不正当竞争争议的环节,提前做好预案,必要时调整设计方案。

(4) 法务前置。引入法律专业人士参与分析审查,确保节目设计不构成对他人知识产权的侵犯,同时也不会引发不正当竞争的嫌疑。

---

① 北京知识产权法院(2015)京知民终字第 2004 号民事判决书,裁判日期:2015 年 12 月 31 日。

第三章
综艺节目招商阶段的合规与风控

第一节 综艺节目招商阶段概述与流程

一、综艺节目招商概述

本文所称的综艺节目招商，是指通过电视综艺节目吸引品牌赞助商投资，实现其品牌推广和商业价值的过程。综艺节目的招商对象通常是具有商业需求和品牌推广意愿的企业或品牌方，这些企业或品牌方希望通过赞助综艺节目来提升自己的品牌知名度和市场份额。他们可能是来自各个行业的企业，如快消品、电子产品、服装、化妆品等企业；也可能是服务型企业，如旅游、金融、教育等企业。除了直接的企业或品牌方，有时候也会有一些广告代理企业或中介机构参与综艺节目的招商过程，这些机构通常会与潜在的赞助商建立联系，协助他们了解和评估赞助综艺节目的机会，并促成合作关系的建立。

综艺招商的过程涉及多个环节，包括但不限于明确节目定位与主题、分析市场与竞争环境、设计综艺招商方案、发布招商方案并吸引流量、跟进与落实合作细节等。在这个过程中，制作方需要对综艺节目进行全面的规划和包装，以吸引潜在赞助商的关注和投资，制作方需要深入了解市场需求和竞争环境，制定出具有吸引力的招商策略，同时与潜在赞助商进行积极的沟通和合作，以实现双方共赢的目标。在定制综艺节目模式下，品牌方将直接参与到节目的前期立项阶段，并与其他合作方共同招商，分配招商成果。

对于广告主来说，其诉求主要是希望投入的资金有实际回报，能达成长期的心智渗透，与消费者达成深层的情感共鸣，从而赢得其青睐并激发其消费的意愿，形成综艺节目观众与品牌用户的粉丝闭环。综艺营销如何更加有效、直接地推介产品，是广告主是否投入资金的重要决定要素，故招商的ROI估算直接决定了一档综艺节目能否顺利立项推动。如果估算的ROI达到心理预期值，意味着在此前提下制作的综艺节目观众能与品牌受众高度重合，实现综艺节目向赞助品牌引流，这不仅可以拉动消费，消费者对品牌的消费偏好亦可为电视节目提供更准确的观众画像，从而更精准地制作这个人群所感兴趣的内容，增强观众忠诚度，达成节目和品牌互相合作、形成闭环的目的。

二、综艺节目招商方式

（一）传统招商方式

综艺节目招商的方式多种多样。在招商过程中，综艺节目制作方会向潜在赞助商提供节目的详细信息，包括节目形式、内容、受众群体、影响力等，以便赞助商评估赞助的价值和潜在回报。同时，制作方也会根据赞助商的需求和节目制作成本来制定招商费用，通常包括广告费用和赞助费用等。传统综艺的生产制作多以"招商先行"的模式启动，即只有广告主发起赞助后，综艺节目才进入立项、节目制作与平台播放的阶段，招商赞助处于综艺节目制作链路的最顶端，招商环节重要性不言而喻。常见的传统招商方式有：

赞助商合作：即赞助商提供资金支持。传统的综艺与赞助商合作方式，主要包括赞助商买断节目的独家冠名或特约，或经综艺节目的口播、角标、压屏条、花字、鸣谢、片尾鸣谢等方式进行品牌宣传和推广，通过广告植入将品牌或产品信息以合理且自然的方式融入节目中。例如，设立特定的环节或游戏，让节目嘉宾使用赞助商的产品，通过露出广告牌、品牌标识等方式隐性地宣传企业品牌。这种方式也存在一定缺点，即品牌露出形式较为单一，且招商收入规模受到综艺节目和播出平台量级的影响。

随着以短视频、直播等为代表的新内容时代的到来，独家冠名、特约、产品植入、定制中插、花式口播等常规操作早已不能满足赞助商的 ROI 需求，进而衍生了新综艺模式下广告位、综艺节目官方社交平台账号、星图商单、直播带货坑位等诸多新营销方式。品牌也倾向于结合自身营销周期，如在情人节、618、双十一等关键营销时间节点向符合品牌受众范围的定向人群精准投放，许多品牌在赞助之外还会通过签约综艺热门嘉宾作为代言人，或者邀请进入品牌直播间，实现二次传播与社交裂变，放大品牌效应。

广告代理：广告代理是指将节目的广告经营权交给专业的广告代理公司，由他们负责招商和广告位的营销销售。广告代理公司通常拥有专业的招商团队和丰富的广告资源，能够为综艺节目带来更多的广告客户和更高的广告收入。同时，广告代理公司也具备更强的广告策划和执行能力，能够根据节目特点和观众需求，制定更具创意和效果的广告方案。

(二) 新综艺招商模式

近年来，在经济大环境改变，短视频、直播等新业态冲击的诸多影响之下，传统综艺招商模式乏力成为普遍现象，网络综艺裸播（无冠名、零赞助）现象层出不穷，长视频平台多年来入不敷出的亏损使得削减综艺项目成为常态，品牌方对综艺节目的广告投放也表现出更加观望、审慎的态度，投放策略更倾向于将资金投入其他领域，如短视频、直播等。全新的综艺招商模式顺势形成。

招商策划并行：传统综艺招商通常是在节目策划完成后再进行，而新综艺招商模式则更加注重招商与策划的并行。在策划过程中就开始与品牌进行深度沟通和合作，根据品牌需求和市场反馈来调整节目内容和形式，实现品牌与节目的深度融合。此外，会采用更加多元化的招商方式。例如，通过品牌定制、内容共创、联合推广等方式，让品牌与节目更加紧密地结合在一起，实现互利共赢。

联合推广：联合推广是指与品牌合作进行联合推广活动，例如共同举办发布会、路演等活动，或者在节目中设置特定的互动环节，让观众参与到品牌的推广中。这种方式的优点是能够增加节目的话题性和互动性，提高观众对品牌的关注度，如线下活动可以借助合作伙伴的资源和渠道，组织粉丝见面会、路演等活动，增强粉丝黏性和节目口碑。缺点是所花费的人力和物力资源较多，需要精心策划和具备一定粉丝量基础才能有较好的效果。

社交媒体与粉丝经济的利用：新综艺招商模式充分利用社交媒体和粉丝经济，通过粉丝互动、话题营销、直播带货等方式提高节目的曝光度和话题性，培养一批忠实的粉丝群体。这些粉丝对节目有着深厚的情感认同和支持，愿意为节目付出时间和金钱。综艺节目可以通过售票、周边商品销售、会员制等方式，将粉丝经济转化为实际的商业收益。同时，粉丝的口碑传播也能为节目带来更多的观众和合作伙伴，从而吸引更多品牌商家的关注和合作。

跨平台合作与资源整合：新综艺招商模式注重跨平台合作与资源整合，通过与电视台、视频平台、社交媒体等多渠道的合作，实现资源的共享和互利共赢，也通过与其他产业领域的合作，拓展节目的商业价值和市场空间。

品牌合作与粉丝共享：综艺节目可以与品牌商家进行深度合作，共同推出定制内容或活动。这种合作方式不仅能为品牌商家提供精准的目标用户群体和营销渠道，同时也能为粉丝带来更多的福利和互动机会。通过共享品牌资源和粉丝资源，实现品牌与节目的互利共赢。

三、综艺节目招商流程

综艺节目招商流程可以分为以下几个步骤：

1. 明确节目定位与主题。在制定招商报价之前，综艺节目制作方会首先明确该节目的定位与主题，明确节目的招商策略和目标，包括预期的赞助商类型、赞助金额、赞助期限等。并根据节目定位和主题，挖掘节目的创新点、独特性以及市场潜力，包括节目的历史背景、获奖情况、观众口碑等，以展示节目的优势和吸引力。

2. 分析市场与竞争环境。制作方需要对市场上的竞品节目进行深入分析，了解其内容、形式、受众群体等方面的信息，以便更好地制定招商报价策略，预测可能出现的风险和问题，以规划相应的应对措施和预案。综艺节目制作方还需要确定招商的重点领域和潜在合作伙伴，以瞄准市场需求、受众群体，进而最终确定报价范围。针对市场和竞争环境分析中发现的风险，部分综艺项目会设立专门的风险管理团队或部门，负责招商过程中的风险识别、评估和控制。

3. 制作招商材料。在前述步骤基础上，制作招商材料。招商材料通常包括项目书、推广资料等，内容首先是向潜在赞助商详细介绍节目的概念、定位、预计播出时间、频道、预计收视率、受众群体分析以及赞助商的权益和回报，同时详细介绍潜在赞助商可以通过哪些方式在节目中进行广告植入，如赞助品牌露出、产品展示、定制环节等。招商材料还需要说明合作的具体要求、期限、费用结构等，以便潜在赞助商了解更多合作细节。这些材料应专业、详尽、足够有吸引力，力求充分展示节目的价值。

传统的综艺节目制作方会制作招商方案，一般以PPT等形式图文呈现，内容包括综艺简介、综艺成绩罗列、综艺拟邀请嘉宾介绍、节目信息（节目定位、录制时间、上线时间、播出平台、期数、形式）、营销方案、营销创意、赞助商权益、费用与回报、合作流程等，在综艺立项前后通过招商会或邀请赞助形式，让广告主来选择是否做冠名植入。也有一部分植入会在录制结束后追加。新综艺招商模式下，除前述招商方案以外，另提供更加突破招商场景局限的创意方案，如可以通过带货直播间、商单合作短视频等多种方式来吸引消费者，带动流量转化。

4. 发布招商方案并吸引流量。招商方案定稿之后，综艺节目制作方可通过专业招商平台、官方网站、社交媒体、电视广告、邮件与电话拜访、合作伙伴推荐等多平台渠道进行发布，吸引潜在的赞助商前来咨询合作。同时亦可与已有的合作伙伴、广告代理公司或中介机构建立合作关系，利用他们的资源和网络进行推广。合作伙伴、广告代理公司或中介机构可以向潜在赞助商推荐节目，并提供相关的招商信息和支持，或是举办招商发布会、综艺路演等活动来推广招商信息，吸引更多的人关注节目。

5. 跟进与落实合作细节。当有品牌方表达合作意向后，招商团队会及时跟进以落实合作细节。如果有潜在赞助商对节目表示兴趣，招商团队需要与他们进行接洽和细节谈判，包括解答赞助商的问题、讨论合作的具体细节

（如赞助金额、广告植入方式、合作期限等）、推动签约。针对潜在赞助商或者长期合作赞助商的需求与预算，招商团队可以提供定制化的赞助方案，包括定制的广告植入形式、社交媒体推广及相应的价格等，以满足赞助商的个性化需求，增加合作的可能性。

双方就合作达成一致后，签订正式的赞助合同。合同应明确双方的权利和义务，包括赞助金额、支付方式、广告植入方式、违约责任等。

6. 持续监控与评估：在合同签约之后至节目播出结束期间，制作方还需要保持与赞助商的定期沟通，确保合作细节的顺利落实，提供赞助效果的实时反馈，及时发现并处理潜在风险。根据市场变化、合作伙伴反馈等信息，及时调整招商策略和方案。赞助商赞助的综艺节目项目结束后，与赞助商保持联系，维护良好的关系，探讨可能的后续合作机会，为未来的招商活动打下良好基础。

以上步骤仅为一般流程列举，具体的招商过程可能会根据节目的实际情况和市场环境进行调整和优化。

第二节　综艺节目招商阶段的法律风险与风控

一、综艺节目招商阶段的广告合规风险

综艺节目招商过程中，综艺节目制作方、播出平台给予品牌方的承诺是吸引潜在合作伙伴或投资者的重要依据。如果承诺未能兑现，可能导致合作方对品牌或项目的信任度降低，甚至构成违约而承担违约责任。广告宣传的内容如不合规，不仅会影响综艺节目项目本身的进展，还可能导致赞助品牌商誉受损甚至引发其他民事、行政、刑事责任。

因此，在招商阶段，综艺节目制作方、播出平台不得过度承诺，同时应加强对广告发布内容的合规审查，确保广告内容真实、准确、合法，以维护自身声誉和避免潜在的法律纠纷。此阶段关于广告合规的风险点如下。

（一）过度承诺或夸大宣传的违约风险

在招商前期，综艺节目制作方为了打造项目的招商热点及亮点，可能会在招商手册、招商方案等各类宣传资料对综艺节目预期效果进行一些夸大宣传，甚至对广告效果作出承诺。可能因此而产生以下违约责任风险：

《中华人民共和国民法典》第一百七十六条，民事主体依照法律规定或者按照当事人约定，履行民事义务，承担民事责任。第五百七十七条，当事人一方不履行合同义务或者履行合同义务不符合约定的，应当承担继续履行、采取补救措施或者赔偿损失等违约责任。

因此，如果招商团队为争取赞助而对综艺节目预期效果作夸大宣传，甚至承诺广告可能达到的效果，一旦发生纠纷，可能构成违约而被要求承担违约责任。

应对措施：

（1）加强对招商宣传内容的合规管理，审慎评估相关内容的可行性、合理性和合法性，统一招商宣传口径，避免夸大宣传和过度承诺。

（2）加强对招商团队的培训管理，提高招商团队的法律风险意识，避免为获得招商业绩而夸大宣传和过度承诺。

（3）加强对招商合同的全过程管理，对招商合同从签订到履行全流程进行管理，避免引发违约责任。如发现合同签订存在欺诈、重大误解或显失公平等事由，则及时与对方沟通或行使撤销权；如发现其他可能引发违约责任的情形，则及时与对方沟通协商变更或终止合同。

案例： 某定制类综艺节目，约定通过该综艺节目来推广定制方的某App产品，同时还约定了合同期内App产品的下载量。然而，合同期间远没有达到合同约定的App产品的下载量，最终引发了违约责任。

（二）广告内容涉嫌虚假宣传的风险

也有招商团队为了争取赞助，对于品牌方的广告宣传要求来者不拒。然而，一旦前述宣传被认定为发布虚假广告，广告主（经营者）、广告发布者均可能面临以下风险：

1. 行政处罚风险

《中华人民共和国广告法》第二十八条第一款对虚假广告情形进行了详细界定，广告以虚假或者引人误解的内容欺骗、误导消费者的，构成虚假广告。第五十五条第一款、第二款、第三款规定，发布虚假广告的，由市场监督管理部门责令停止发布广告，责令广告主在相应范围内消除影响，处广告费用三倍以上五倍以下的罚款，广告费用无法计算或者明显偏低的，处二十万元以上一百万元以下的罚款；两年内有三次以上违法行为或者有其他严重情节的，处广告费用五倍以上十倍以下的罚款，广告费用无法计算或者明显偏低的，处一百万元以上二百万元以下的罚款，可以吊销营业执照，并由广告审查机关撤销广告审查批准文件、一年内不受理其广告审查申请。医疗机构有前款规定违法行为，情节严重的，除由市场监督管理部门依照本法处罚外，卫生行政部门可以吊销诊疗科目或者吊销医疗机构执业许可证。广告经营者、广告发布者明知或者应知广告虚假仍设计、制作、代理、发布的，由市场监督管理部门没收广告费用，并处广告费用三倍以上五倍以下的罚款，广告费用无法计算或者明显偏低的，处二十万元以上一百万元以下的罚款；两年内有三次以上违法行为或者有其他严重情节的，处广告费用五倍以上十倍以下的罚款，广告费用无法计算或者明显偏低的，处一百万元以上二百万元以下的罚款，并可以由有关部门暂停广告发布业务、吊销营业执照。

2. 民事责任风险

虚假宣传可能导致消费者产生误解，进而做出错误的决策，损害其合法权益。消费者有权要求涉事方承担民事责任，赔偿其因此遭受的损失。

如果广告主的虚假宣传行为导致消费者或其他受害人的合法权益受到损害，广告主应承担相应的民事责任，包括赔偿损失等。广告发布者在明知或应知广告虚假的情况下仍然发布，需要依法与广告主承担连带责任。此外，如果广告经营者、广告发布者无法提供广告主的真实名称、地址等信息，也需要承担相应的民事责任。

3. 刑事责任风险

在严重情况下，虚假宣传可能构成犯罪，如虚假广告罪等。根据《中华人民共和国刑法》第二百二十二条对虚假广告罪的规定，广告主、广告经营者、广告发布者如果违反国家规定，利用广告对商品或服务进行虚假宣传，情节严重的，可能会面临二年以下有期徒刑或拘役，并处或者单处罚金的刑事处罚。

案例1：某脱口秀类网络综艺节目在招商阶段，虚构了强大的嘉宾阵容，声称将有众多一线明星加盟。然而，在实际播出时，嘉宾阵容与宣传相去甚远。此事引发舆论哗然，大量观众表示失望和不满。该节目不仅面临法律纠纷和观众抵制，还严重影响了其品牌形象和未来发展。

案例2：某偶像选秀类综艺节目在招商过程中，夸大节目的收视率和影响力，误导广告主对节目价值的判断。广告主在投入资金后，发现节目的实际收视率和影响力远低于预期，造成经济损失。此事导致广告主与综艺节目制作方产生纠纷。

应对措施：

（1）综艺节目的制作方和招商团队作为媒体从业人员，应当提高自身的职业素养和道德水平，遵守职业道德和社会公德，为观众和品牌树立良好的形象。在招商活动开展之前全面了解有关法律法规的规定，包括广告内容、广告形式、广告发布等方面的要求，这有助于在招商过程中避免违法行为，确保广告内容的合规。

（2）加强对品牌方的要求内容的审核管理，确保宣传内容的真实性和可信度，避免因虚假宣传而商誉受损。

（三）节目植入广告不具有可识别性风险

招商签约确认后，品牌方会确认综艺节目摄录阶段的广告投入方式和要求，并在合同中予以明确。一般而言，制作方会采用产品植入、定制中插、花式口播等各种形式直接或者间接地介绍、推销广告主或品牌方的商品或者服务。沉浸式植入、多元场景触发和参与感强化成为综艺营销的主流方式。传统广告植入的贴片、露出虽能让品牌作为背景的一部分潜移默化地影响用户，但很难形成真正深刻的记忆点。故一些新的方法开始出现，如开始模糊广告和内容的边界，以关键道具、游戏赢家奖品等全新身份带入到节目录制中，并通过主持人、嘉宾、导师等参演人员的口播互动予以绑定，无形中完成传播和转化。

但是，如果前述植入的广告未作出明确标识，观众可能会将其视为节目内容的一部分，从而产生误解；如果广告内容存在夸大其词、虚假宣传等问题，就可能构成欺诈行为，涉嫌对消费者的欺诈和误导。故在招商过程中对于品牌广告植入要求的预期分析与承诺管理显得尤为重要。

《中华人民共和国广告法》第十四条规定，广告应当具有可识别性，能够使消费者辨明其为广告。大众传播媒介不得以新闻报道形式变相发布广告，所发布的广告应当显著标明"广告"，与其他非广告信息相区别，不得使消费者产生误解。广播电台、电视台发布广告，应当遵守国务院有关部门关于时长、方式的规定，并应当对广告时长作出明显提示。《人民日报》在《莫让植入广告打法律"擦边球"（金台锐评）》[①]的社评中也曾指出"一些植入广告存在不顾影视剧情生拉硬套、贴片广告时长过长等问题。这不仅会降低观众的收看体验，同时可能涉嫌违反法律法规，潜藏着虚假夸大宣传、侵害消费者权益的风险""一些明星、名人对植入广告的代言往往比较随意，防范违法虚假代言风险的意识也不强，频现'翻车'闹剧"。

案例： 某热门综艺节目中，某品牌的产品被频繁地作为道具或游戏完成的奖品使用，但并未明确标注为广告。观众在观看过程中，误将这些道具视为节目自然的一部分，而非广告植入，进而对该产品产生购买兴趣，并因为信任节目而购买了该产品，但后来发现产品存在质量问题或者与宣传不符，有观众认为该行为属于欺诈。

应对措施：

（1）在招商过程中，各方均需对广告内容进行严格审查，确保其真实性、合法性和不误导消费者。避免使用夸大其词、虚假宣传等违法手段，确保广告内容符合《中华人民共和国广告法》及有关法律法规的规定。

---

① 《莫让植入广告打法律"擦边球"（金台锐评）》，载人民网，http://jl.people.com.cn/BIG5/n2/2022/0224/c349771-35147613.html，最后访问时间：2025年5月22日。

（2）在发布广告时，需要遵守广告发布的规范，如广告时长、广告位置等，不要擅自更改广告内容、时长和发布方式，确保广告发布的合规性。

（3）更加谨慎地处理植入广告的问题，在植入广告时，应保证该植入行为具有明确的可识别性，例如通过标识、口播等方式明确告知或通过在节目结束后的剪辑花絮、鸣谢、片尾鸣谢中将赞助商名单进行罗列，明确告知观众该节目中出现了哪些品牌的广告，赋予观众知情权与选择权。亦可以通过综艺嘉宾台词对话、彩蛋广告、中插贴片、运镜、反向屏蔽马赛克其他商品标识等措施，突出该节目中的实际赞助品牌产品或标识，进而达到符合"可识别性"的要求。

（四）医疗、药品、医疗器械、保健品、烟酒等重点监管行业广告违规风险

医疗、药品、医疗器械、保健品、烟酒等行业属于重点监管行业，与这些行业相关的广告投放涉及的法律风险主要包括虚假宣传、误导性宣传、违法违规宣传等方面。国家新闻出版广电总局于2016年8月24日发布《关于进一步加强医疗养生类节目和医药广告播出管理的通知》，明确严禁医疗养生类节目以介绍医疗、健康、养生知识等形式直接或间接发布广告、推销商品和服务。严禁直接或间接宣传医疗、药品、医疗器械、保健品、食品、化妆品、美容等企业、产品或服务。严禁节目中间以包括"栏目热线"以及二维码等在内的任何形式，宣传或提示联系电话、联系方式、地址等信息。

对于药品、医疗器械、保健食品、特殊医学用途配方食品行业，在进行广告植入的过程中，品牌方往往会对其功效进行说明，此类说明需要遵守《中华人民共和国广告法》《药品、医疗器械、保健食品、特殊医学用途配方食品广告审查管理暂行办法》等相关法律法规。药品、医疗器械、保健食品和特殊医学用途配方食品广告应当真实、合法，不得含有虚假或者引人误解的内容。广告主应当对药品、医疗器械、保健食品和特殊医学用途配方食品广告内容的真实性和合法性负责。保健食品广告的内容应当以市场监督管理部门批准的注册证书或者备案凭证、注册或者备案的产品说明书内容为准，

不得涉及疾病预防、治疗功能，涉及保健功能、产品功效成分或者标志性成分及含量、适宜人群或者食用量等内容的，不得超出注册证书或者备案凭证、注册或者备案的产品说明书范围。保健食品广告应当显著标明"保健食品不是药物，不能代替药物治疗疾病"，声明本品不能代替药物，并显著标明保健食品标志、适宜人群和不适宜人群。

烟酒行业的广告投放同样有需要遵守的相关法律法规。例如，《中华人民共和国广告法》第二十二条规定，禁止在大众传播媒介或者公共场所、公共交通工具、户外发布烟草广告。禁止向未成年人发送任何形式的烟草广告。禁止利用其他商品或者服务的广告、公益广告，宣传烟草制品名称、商标、包装、装潢以及类似内容。烟草制品生产者或者销售者发布的迁址、更名、招聘等启事中，不得含有烟草制品名称、商标、包装、装潢以及类似内容。

综上，在重点监管行业广告投放中，广告主、广告经营者、广告发布者等各方都需要加强自律，确保广告内容真实、合法、科学，遵守相关法律法规和规定，避免虚假宣传、误导性宣传等违法行为的发生，以维护市场秩序和消费者权益。

应对措施：

（1）减少使用综艺嘉宾口播或其他直接推荐方式植入与医疗有关的宣传广告，而是采取展示产品本身等客观内容进行呈现，不得含有涉嫌误导消费者的广告成分，避免有虚假宣传之嫌。

（2）发布药品、医疗器械广告、保健食品广告前，须核实是否需要报请市场监督管理部门、药品监督管理部门进行审查，确保已取得审批手续。

（3）不要在大众传播媒介或者公共场所、公共交通工具、户外发布烟草广告。

（4）酒类广告注意对照有关法律法规要求，不要含有下列内容：诱导、怂恿饮酒或者宣传无节制饮酒；出现饮酒的动作；表现驾驶车、船、飞机等活动；明示或者暗示饮酒有消除紧张和焦虑、增强体力等功效；等等。

（5）建立完善的内部广告审核机制，必要时会同法务团队或律师团队对广告内容进行审核把关，确保广告内容合规。

（五）广告代理风险

综艺节目广告代理是指将综艺节目的广告经营权交给专业的广告代理公司，由其负责招商、广告销售、广告植入等业务。广告代理公司通常会与综艺节目制作方签订合作协议，明确双方的权利和责任，并按照约定的比例分配广告收入。广告代理的风险主要在于广告代理公司需要支付一定的代理费用，如果费用不合理，或与广告代理的实际效果不匹配，可能会将制作方的成本变成损失。此外，广告代理公司为了追求更高的广告收入，会努力植入更多广告，而过度植入广告可能会影响节目质量，从而影响观众的观看体验，进而影响节目的口碑。

应对措施：

（1）选择广告代理公司时，应进行一定的背景尽职调查，全面考虑该合作公司的专业能力、服务经验和口碑等因素，并在合作过程中共同制定合理的营销招商策略和方案，明确广告代理的内容和底线，规划广告数量。

（2）建立审核机制，确保引进的品牌赞助质量，广告植入自然、合理且不影响节目质量。

二、综艺节目招商阶段的知识产权合规风险

（一）商标、著作权、专利等知识产权侵权风险

综艺节目通常涉及大量的知识产权，如商标、著作权、专利等，故在前期招商过程中，涉及对后期广告发布或录制制作节目视频内容做出承诺的，必须确保相关内容不侵犯任何知识产权，否则可能面临侵权争议，乃至承担民事赔偿责任。具体而言，就商标、著作权、专利等知识产权，有以下风险需要注意：

1. 商标侵权风险。在招商过程中，如果在未经商标持有人的授权或许可情况下，使用他人持有的注册商标或商标图案作为素材并用于宣传，便有可能构成商标侵权，引发法律争议和承担赔偿责任的后果。反之，如果节目名

称没有注册为商标，有可能面临别人抢注或使用、发生商标侵权风险。同时，综艺节目在引进合同或与其他品牌合作时，也需要对第三方提供的文件里涉及商标权的内容进行清晰的约定，尽最大努力降低实务中与商标权有关的风险和不确定性。

2. 著作权侵权风险。综艺节目涉及的音乐、舞蹈、剧本、布景作品，如非原创即作使用均可能涉及侵犯他人的著作权，引发法律纠纷，故在招商过程中不应轻易给予承诺。比如，赞助商要求节目录制中出现某某元素，如果这个元素没有得到授权，招商团队应谨慎承诺。

3. 专利权侵权风险。在综艺节目招商过程中，如果赞助商提供的赞助物品或服务涉及专利权的许可，或使用涉及的技术、产品或设备侵犯了他人的专利权，引发专利权纠纷，就有可能导致综艺节目制作方与赞助商一起面临赔偿责任和声誉损失，甚至需要支付高额的专利侵权赔偿。

案例： 2023年8月，某剧集官方微博发表声明称，某卫视2023年播出的某综艺节目在未获得任何官方授权的情况下，第一期节目的预告视频、后续的正片内容及下期预告中出现了大量该剧集版权元素用于节目改编。该综艺节目前期向版权方索要的授权仅限于音乐部分，但实际使用包括但不限于原剧播放、世界观、场景、人设、服化道、音乐等大量相关IP元素，属于故意侵权、恶意侵权。而凭借该剧集IP的前期宣传，该节目招商过亿元，招商过程中亦使用大量该剧集版权所属内容。

应对措施：

（1）在招商阶段开始之前，应该对综艺节目本身可能涉及的所有知识产权内容等进行初步审查，在招商方案、广告发布的设计、选用素材过程中尊重原创，确保不侵犯他人的知识产权。

（2）如果需要使用他人的知识产权，应该提前与知识产权持有人进行联系，获得必要的授权和许可。同时，应该确保授权和许可的范围明确、合法。

（3）综艺节目制作方应该建立完善的知识产权管理制度，明确知识产权的归属、使用、保护等事项，确保招商过程中不侵犯他人的知识产权，不在没有授权的情况下轻易做出承诺。

总之，综艺节目招商阶段的知识产权风险需要引起制作方的高度重视。通过事先审查、获得授权和许可、建立管理制度等方式，可以有效降低知识产权风险，确保招商活动的顺利进行。

（二）商业秘密保护不当风险

综艺节目制作方应以诚信为原则，向潜在赞助商提供真实、准确、全面的信息，以确保赞助商能够充分了解招商项目的实际情况和潜在风险，其中不可避免地涉及综艺节目的创意、流程、环节设计等信息的披露。而综艺节目的创意、流程、环节设计、嘉宾阵容等细节内容等都属于商业秘密，在招商过程中作出的披露有可能导致商业秘密信息的外流。

考虑到商业秘密属于综艺节目的核心竞争力，过度披露或不慎泄露给竞争对手可能会让其他制作单位有机会直接复制或模仿这些内容，甚至抢先制作播出，对后续商业利益造成一定损失，故商业秘密的保护非常重要。特别是综艺节目的创意，目前在法律保护力度上尚有争议，一旦被侵权，维权难度很大。

应对措施：

综艺节目制作方需要强化商业秘密意识，将综艺节目的核心内容标注为商业秘密，并采取保密措施来保护商业秘密，如与可能接触上述内容的人员签订保密协议，对涉密内容的存储、传输进行隔离，加强内部商业秘密培训管理，确保节目内容、创意等不被泄露，不被非法使用或侵犯。

（三）不正当竞争风险

不正当竞争行为，是指经营者在生产经营活动中，违反《中华人民共和国反不正当竞争法》的规定，扰乱市场竞争秩序，损害其他经营者或者消费者的合法权益的行为。不正当竞争的风险不仅仅存在于综艺节目招商团队的招商行为里，也存在于其他方的行为中。比如，在招商过程中，其他有竞争关系的节目制作方为了抢赞助，通过恶意压价、虚假宣传等争夺赞助商。这些行为都可能引发不正当竞争法律风险。

具体而言，根据《中华人民共和国反不正当竞争法》规定，综艺节目招商过程中的常见不正当竞争行为表现为：

1. 混淆行为

《中华人民共和国反不正当竞争法》第七条第一款规定的混淆行为：(1) 擅自使用与他人有一定影响的商品名称、包装、装潢等相同或者近似的标识；(2) 擅自使用他人有一定影响的名称（包括简称、字号等）、姓名（包括笔名、艺名、网名、译名等）；(3) 擅自使用他人有一定影响的域名主体部分、网站名称、网页、新媒体账号名称、应用程序名称或者图标等；(4) 其他足以引人误认为是他人商品或者与他人存在特定联系的混淆行为。

在综艺节目招商过程中，应尽可能避免上述混淆不正当竞争行为。《中华人民共和国反不正当竞争法》第二十三条第一款规定，经营者违反本法第七条规定实施混淆行为或者帮助他人实施混淆行为的，由监督检查部门责令停止违法行为，没收违法商品。违法经营额五万元以上的，可以并处违法经营额五倍以下的罚款；没有违法经营额或者违法经营额不足五万元的，可以并处二十五万元以下的罚款；情节严重的，并处吊销营业执照。除上述行政责任外，还可能因此而承担民事责任。

2. 贿赂行为

《中华人民共和国反不正当竞争法》第八条规定的贿赂行为：(1) 交易相对方的工作人员；(2) 受交易相对方委托办理相关事务的单位或者个人；(3) 利用职权或者影响力影响交易的单位或者个人。前款规定的单位和个人不得收受贿赂。经营者在交易活动中，可以以明示方式向交易相对方支付折扣，或者向中间人支付佣金。经营者向交易相对方支付折扣、向中间人支付佣金的，应当如实入账。接受折扣、佣金的经营者也应当如实入账。经营者的工作人员进行贿赂的，应当认定为经营者的行为；但是，经营者有证据证明该工作人员的行为与为经营者谋取交易机会或者竞争优势无关的除外。

综艺节目招商过程中，应尽可能避免为了获得交易机会而贿赂。《中华人民共和国反不正当竞争法》第二十四条规定，有关单位违反本法第八条规定贿赂他人或者收受贿赂的，由监督检查部门没收违法所得，处十万元以上一百万元以下的罚款；情节严重的，处一百万元以上五百万元以下的罚款，可以并处吊销营业执照。经营者的法定代表人、主要负责人和直接责任人员对实施贿赂负有个人责任，以及有关个人收受贿赂的，由监督检查部门没收违法所得，处一百万元以下的罚款。此外，贿赂还可能构成贿赂刑事犯罪。

3. 虚假宣传行为

《中华人民共和国反不正当竞争法》第九条规定的虚假宣传行为：经营者不得对其商品的性能、功能、质量、销售状况、用户评价、曾获荣誉等作虚假或者引人误解的商业宣传，欺骗、误导消费者和其他经营者。经营者不得通过组织虚假交易、虚假评价等方式，帮助其他经营者进行虚假或者引人误解的商业宣传。

虚假宣传行为除受到《中华人民共和国广告法》规制外，还同时受到《中华人民共和国反不正当竞争法》的规制，因此在招商活动中应尽可能避免实施虚假宣传行为。《中华人民共和国反不正当竞争法》第二十五条规定，经营者违反本法第九条规定对其商品作虚假或者引人误解的商业宣传，或者通过组织虚假交易、虚假评价等方式帮助其他经营者进行虚假或者引人误解的商业宣传的，由监督检查部门责令停止违法行为，处一百万元以下的罚款；情节严重的，处一百万元以上二百万元以下的罚款，可以并处吊销营业执照。经营者违反本法第九条规定，属于发布虚假广告的，依照《中华人民共和国广告法》的规定处罚。除上述行政责任外，还可能因此而承担民事责任。

4. 侵犯他人商业秘密

《中华人民共和国反不正当竞争法》第十条规定的侵犯他人商业秘密的行为：（1）以盗窃、贿赂、欺诈、胁迫、电子侵入或者其他不正当手段获取权利人的商业秘密；（2）披露、使用或者允许他人使用以前项手段获取的权利人的商业秘密；（3）违反保密义务或者违反权利人有关保守商业秘密的要求，披露、使用或者允许他人使用其所掌握的商业秘密；（4）教唆、引诱、帮助他人违反保密义务或者违反权利人有关保守商业秘密的要求，获取、披露、使用或者允许他人使用权利人的商业秘密。经营者以外的其他自然人、法人和非法人组织实施前款所列违法行为的，视为侵犯商业秘密。第三人明知或者应知商业秘密权利人的员工、前员工或者其他单位、个人实施本条第一款所列违法行为，仍获取、披露、使用或者允许他人使用该商业秘密的，视为侵犯商业秘密。本法所称的商业秘密，是指不为公众所知悉、具有商业价值并经权利人采取相应保密措施的技术信息、经营信息等商业信息。

在综艺节目招商过程中，一方面要注意保护自身商业秘密，另一方面也应避免侵犯他人商业秘密。《中华人民共和国反不正当竞争法》第二十六条规定，经营者以及其他自然人、法人和非法人组织违反本法第十条规定侵犯商业秘密的，由监督检查部门责令停止违法行为，没收违法所得，处十万元以上一百万元以下的罚款；情节严重的，处一百万元以上五百万元以下的罚款。除上述行政责任外，侵犯他人商业秘密还因此可能承担刑事责任。

5. 商业诋毁行为

《中华人民共和国反不正当竞争法》第十二条规定，经营者不得编造、传播或者指使他人编造、传播虚假信息或者误导性信息，损害其他经营者的商业信誉、商品声誉。综艺节目在招商推进过程中，如果所披露的节目信息存在抄袭、模仿、盗用其他节目元素、创意、流程或者环节设计，或通过不正当手段获取他人的商业信息，或恶意贬低、攻击竞争对手等行为，甚至通过行贿、欺诈、威胁等手段获取市场份额的，都有可能构成不正当竞争。不正当竞争行为不仅会损害竞争对手的合法权益，也可能引发法律纠纷。

因此，综艺节目在招商项目推进过程中，如果发布虚假信息、误导观众，或者捏造事实诋毁竞争对手的商业信誉、商品声誉等，就可能构成商业诋毁。《中华人民共和国反不正当竞争法》第二十八条规定，经营者违反本法第十二条规定损害其他经营者商业信誉、商品声誉的，由监督检查部门责令停止违法行为、消除影响，处十万元以上一百万元以下的罚款；情节严重的，处一百万元以上五百万元以下的罚款。除上述行政责任外，实施商业诋毁行为还可能因此承担民事责任。

案例1：某卫视综艺节目招商不正当竞争案。某卫视在招商过程中，通过发布虚假信息、夸大宣传等手段，误导潜在广告主，使其相信自己的节目拥有极高的收视率和广告效果。这种行为不仅违反了相关法律法规，也损害了其他竞争对手的合法权益,构成了不正当竞争。

案例2:网络综艺节目商业诋毁案。某网络综艺节目在招商过程中,为了争夺市场份额和广告主资源,故意发布虚假信息,诋毁竞争对手的节目质量和口碑。这种行为不仅损害了竞争对手的商业形象,也影响了整个行业的公平竞争秩序,构成了商业诋毁。

应对措施:

(1)招商过程中应自觉遵守相关法律法规和行业规范,尊重他人的知识产权和商业权益,避免实施不正当竞争行为。

(2)应建立事前事中事后审查机制,对招商环节中所披露的节目的内容、元素等进行严格把关,确保不侵犯他人的合法权益、不发布虚假信息或误导品牌方。

(3)尊重竞争对手,与竞争对手保持良好的合作关系与沟通渠道,尊重彼此的商业权益,避免恶意竞争和诋毁行为。

(4)如果发生法律纠纷,制作单位应积极应对,及时采取法律措施维护自身合法权益,避免法律风险进一步扩大。

三、综艺节目招商阶段的合同管理风险

(一)对综艺节目招商合同相对方审查不当的风险

品牌方之所以进行赞助、投资,目的在于通过相关赞助、投资行为增加品牌或产品的曝光度,以增加商业机会,获得经济回报,这就要求品牌方自身及其品牌、产品要做到合规。如果品牌方或品牌、产品本身存在质量问题、舆论争议、资金断流等诸多风险点,那么出现合同延迟履行、无法履行、履行不符合合同约定的风险就会增加,甚至可能导致综艺节目制作方无法按计划获得赞助资金或广告支持,进而影响节目的制作进度和播出效果。更严重的是,单一品牌方、赞助方的合同履行风险可能导致综艺节目制作进程延误,需要向其他方承担违约责任。因此,对合同另一方的资质、信誉、经营状况等方面的审查不严格或不全面可能会导致诸多风险,如:

1. 主体资格风险：如果未对合同相对方的主体资格进行充分审查，可能会与不具备合法经营资格或资质过期的公司或个人签订合同，导致合同无效或无法履行。

2. 履约能力风险：若未对合同相对方的财务状况、经营能力等进行深入调查，可能与其签订合同后才发现其履约能力不足，无法按照合同约定履行义务。如果合同相对方存在法律纠纷或诉讼案件，也可能会对其履约能力产生负面影响，进而影响合同的履行和双方的合作。

3. 信誉风险：合同相对方的信誉状况不佳，如存在不良商业记录、违法违规行为等，可能导致合同履行过程中产生纠纷，甚至影响节目的品牌形象和声誉。

应对措施：

（1）对潜在赞助商或广告代理公司进行严格的背景调查和信誉评估，确保合作伙伴的经营状况良好，没有涉诉纠纷或其他不良记录。

（2）在合作合同签订时，制作方可要求品牌方提供各种资质证件并作深入审查，同时在合同中要求品牌方作出承诺及保证。

（3）在合同履行过程中，应该建立有效的监督机制，确保双方均能按照约定履行合同义务。制作方应当对合同履行进行实时监控，确保按计划进行，及时调整策略以应对变化，如合作伙伴未及时付款，则可能影响节目后期履行，应及时与相对方沟通并积极采取措施。

（4）加强对赞助商提供的赞助物品或服务的审查和管理，确保其不侵犯他人的知识产权。

（5）避免在节目支出中进行不公平或不合法的关联交易。

（二）综艺节目招商合同关键条款约定不明的风险

招商合同是指投资方和综艺节目制作方设立权利义务关系的法律文件，如果所签订的合同条款的语言表述模糊、含混不清，或者使用了容易产生歧义的词汇和句子，这可能导致双方对条款的理解存在偏差，进而在合同履行过程中产生争议。

比如，赞助费用支付结算条款约定不明，可能会导致以下风险：由于赞助费用不明确，双方在合同执行过程中可能会就费用的具体金额、支付方式、支付时间等产生争议。

又如，广告植入方式、植入要求不明确，双方在合作过程中可能会出现执行上的争议。如品牌方可能期望在节目中的显著位置进行广告植入，而制作方可能认为只要出现即可，这种理解上的差异可能导致双方产生纠纷。此外如果广告植入方式约定不明，那么广告的效果也就难以衡量。在合同没有明确规定广告植入的具体时长、频率、位置等，那么品牌方将无法准确评估广告的实际效果，也无法对广告投入进行合理的预算。如果广告植入方式不当，可能会对品牌方的品牌形象造成负面影响。如果广告植入过于生硬或突兀，可能会让观众产生反感，进而对品牌方产生负面印象。如果广告植入方式违反了相关法律法规或政策规定，可能会给双方带来法律风险。如果广告植入涉及虚假宣传、侵犯他人权益等问题，可能会引发法律纠纷，甚至导致合同无效或被解除。

根据《中华人民共和国民法典》第四百六十六条规定，当事人对合同条款的理解有争议的，应当依据本法第一百四十二条第一款的规定，确定争议条款的含义。合同文本采用两种以上文字订立并约定具有同等效力的，对各文本使用的词句推定具有相同含义。各文本使用的词句不一致的，应当根据合同的相关条款、性质、目的以及诚信原则等予以解释。第五百一十条规定，合同生效后，当事人就质量、价款或者报酬、履行地点等内容没有约定或者约定不明确的，可以协议补充；不能达成补充协议的，按照合同相关条款或者交易习惯确定。第五百一十一条规定，当事人就有关合同内容约定不明确，依据前条规定仍不能确定的，适用下列规定：（1）质量要求不明确的，按照强制性国家标准履行；没有强制性国家标准的，按照推荐性国家标准履行；没有推荐性国家标准的，按照行业标准履行；没有国家标准、行业标准的，按照通常标准或者符合合同目的的特定标准履行。（2）价款或者报酬不明确的，按照订立合同时履行地的市场价格履行；依法应当执行政府定价或者政府指导价的，依照规定履行。（3）履行地点不明确，给付货币的，在接受货币一方所在地履行；交付不动产的，在不动产所在地履行；其他标的，在履行义务一方所在地履行。(4)履行期限不明确的，债务人可以随时履行，债权人也可以随时请求履行，但是应当给对方必要的准备时间。(5)履行方式不明确的，按照有利于实现合同目的的方式履行。(6)履行费用的负担不明确的，由履行义务一方负担；因债权人原因增加的履行费用，由债权人负担。

因此，在签订招商合同时，对于合同的关键条款应尽可能约定清楚。

案例： 某综艺节目与某知名品牌公司签订了赞助合同，合同中规定品牌公司需向综艺节目提供一定金额的资金和物资支持，而综艺节目则需在节目中为品牌公司提供曝光和宣传机会。然而，在合同中对于具体的曝光和宣传方式、时间、频次等细节并未予以明确规定。在合同执行过程中，品牌公司认为综艺节目未能按照约定为其提供足够的曝光和宣传机会，而综艺节目则认为已经按照合同要求进行了宣传。由于合同条款不明确，双方对于宣传的具体内容和标准存在分歧，导致合作出现纠纷。

应对措施：

(1)起草和签订合同时，对于《中华人民共和国民法典》第四百七十条合同的必备条款应进行约定，合同的内容由当事人约定，一般包括下列条款：①当事人的姓名或者名称和住所；②标的；③数量；④质量；⑤价款或者报酬；⑥履行期限、地点和方式；⑦违约责任；⑧解决争议的方法。当事人可以参照各类合同的示范文本订立合同。

(2)在合同条款设计时应当明确、具体，避免产生歧义或误解。在招商阶段，应该与赞助商充分沟通，对包括但不限于赞助费用、支付方式、广告植入方式、品牌宣传等关键合同条款予以明确约定。合同条款应该具有合法性和可执行性，避免产生争议和误解。

(三) 招商宣传内容被认定为合同内容的法律风险

根据《中华人民共和国民法典》第四百七十三条的规定，要约邀请是希望他人向自己发出要约的表示。拍卖公告、招标公告、招股说明书、债券募集办法、基金招募说明书、商业广告和宣传、寄送的价目表等为要约邀请。

商业广告和宣传的内容符合要约条件的，构成要约。而综艺节目项目在招商前期，为吸引大量广告主尽快签约，可能会在招商宣传资料中具体描述项目最终期望达成转化率等宣传内容或对参演嘉宾阵容予以承诺，如果类似广告宣传内容较为具体明确，虽然未写入合同，但一旦发生争议或将构成招商合同内容的组成部分。

如果综艺节目在招商宣传中故意隐瞒或虚假宣传，使投资方产生误解并作出投资决策，如综艺节目项目落地后最终数据不佳，没有达到预期承诺的效果，则招商方或将面临涉嫌虚假宣传、欺诈并以此为由要求解约索赔的法律风险。

案例：某卫视推出的女性艺人生活体验秀节目在招商宣传中承诺了较高的收视率和广告效果，吸引了多家品牌方投资。然而，节目播出后收视率和广告效果并未达到预期，导致投资方遭受经济损失。随后，投资方将某卫视告上法庭，认为其招商宣传不实，存在欺诈行为，要求赔偿损失。

应对措施：

对于综艺节目项目的宣传文案及宣传资料需谨慎对待。在招商过程中，与合作方保持良好的沟通和合作。通过合同条款约定合作方需要遵守《中华人民共和国广告法》的规定，并提供符合要求的广告素材和内容。制作方和招商团队需要对合作方提供的广告素材进行审核，确保其合规性。合同中涉及转化率等数据的约定应当合理，防止履行不能风险的出现。此外，可在招商合同中约定对于招商洽谈过程中的相关内容，以最终合同签订的内容为准。

（四）综艺节目招商合同情势变更风险

招商合同签订以后在后期项目推进过程中，可能会出现不可预见且不属于商业风险的重大变化，从而导致合同的基础条件发生了重大变化。根据《中华人民共和国民法典》第五百三十三条规定，合同成立后，合同的基础条件发生了当事人在订立合同时无法预见的、不属于商业风险的重大变化，继续履行合同对于当事人一方明显不公平的，受不利影响的当事人可以与对方重新协商；在合理期限内协商不成的，当事人可以请求人民法院或者仲裁机构变更或者解除合同。人民法院或者仲裁机构应当结合案件的实际情况，根据公平原则变更或者解除合同。因此，如果在合同履行过程中出现情势变更的情况，品牌方或制作方提出变更或解除合同的请求，这可能导致综艺节目制作方面临资金短缺、广告资源流失等风险，影响节目的正常运作。

是否构成情势变更，应重点区分是否属于商业风险，一般而言，以下情况可能构成综艺节目招商合同的情势变更：

1. 市场环境变化导致情势变更：市场环境的突然变化，如经济危机、消费者需求变化等，可能导致原定的广告植入策略或预期收益无法达到预期目标。这种情况下，继续按照原合同履行可能会对一方造成不公平的损失。

2. 政策法规调整导致情势变更：政府政策的调整或新法规的出台可能对综艺节目的播出、广告植入等方面产生重大影响。例如，对广告内容、播出时间等方面的限制可能会使原有的广告植入计划无法实施。

3. 科学技术发展导致情势变更：随着科技的不断发展，新媒体的崛起可能会对传统综艺节目的广告植入模式产生冲击。新的广告形式或技术可能会对原有的广告植入方式产生替代效应，导致合同约定的广告植入方式无法适应市场需求。

4. 突发事件导致情势变更：突发事件（如公共卫生事件、社会安全事件及不可抗力事件等）可能会对综艺节目的录制、播出等产生重大影响，导致合同无法继续履行或需要变更合同条款。

应对措施：

合同条款设计时应当合理规划合同期限、解除条款、风险分担机制，例如因不可抗力、情势变更等因素导致的损失如何分担。确保合同中有相应的保障机制，如违约金、担保等，以减少潜在的经济损失。同时，应该明确约定合同解除的条件和程序，以便在必要时能够合法且不损害彼此商业利益前提下解除合同，降低合同履行风险，确保招商活动的顺利进行。

各方应按照合同约定履行自身的义务，确保彼此合法权益得到充分保障。在合同履行过程中，遵守诚信原则，不得擅自变更或解除合同。如因任何一方的单方原因导致合同无法履行或履行不符合约定，则应承担相应的违约责任。

第四章
综艺节目筹备阶段的合规与风控

第一节　综艺节目团队筹备阶段概述

一、综艺节目筹备阶段概述

综艺节目制作方完成包含策划、报批、备案、制作台本等环节在内的立项环节后，开始进行拍摄前的准备，本书将这一阶段概括为综艺节目的筹备阶段。综艺节目筹备阶段是建立在台本已经制作好的基础上的，遵循台本的内容，分部门进行筹备。在此阶段，综艺节目制作方需要进行多方面的协调和安排，根据不同的综艺节目类型，筹备阶段所需时间不固定，短则数周，多则数月乃至更长时间。

综艺节目筹备阶段的工作内容较为庞杂，制作方要在这个阶段明确职责，将所有的工作进行系统梳理并做出规划和安排。由于后续的摄录阶段的所有工作都建立在筹备阶段的基础上，本阶段任何一项工作没做好，都会直接影响到后续摄录阶段能否正常推进、摄录效果是否符合要求，所以良好的筹备工作有助于降低风险，减少争议，保障整个综艺节目全流程的顺利进行。

综艺节目筹备阶段的工作内容可以分为以下几类：
1. 人员选择和各部门团队的组建，特别是各部门负责人的指定；
2. 场地的选择和设计，包括实地勘察和设计、后续搭建、广告位设置等；
3. 设备的选择和取得，包括设备的租赁或购买等；
4. 艺统，负责联系演艺人士，沟通内容、价格、档期等，并负责协调和解决与演艺人士相关的一切大小事务，如航班、酒店、衣食住行等；

5. 后勤保障，负责车辆的安排、餐饮的安排、基础设施的维修保养、医疗急救人员及医疗通道在内的安排等；

6. 安保，负责现场秩序的维护，对演艺人士的保护，对场地安全隐患的排查等；

7. 招商及宣传，包括与赞助商合作、与广告代理合作、与其他推广团队合作、媒体的运营、粉丝群体的沟通和引导等。

二、综艺节目筹备阶段的工作内容

（一）人员选择和各部门团队的组建

军事领域有一句耳熟能详的话："战争胜负的决定性因素是人。"无独有偶，在商业领域也有一个观点："公司的增长速度不可能持续超过该公司人才增长的速度。"这两个观点的核心都是强调人对项目（公司/事业）的重要作用。这里的"人"应该包括三个品质：尽职，有共同的目标，愿意彼此合作和配合。项目顺利实施的基础在于人的组合，在于团队的组建，需要任命适格的人员负责不同的部门/方向，承担不同的职责，密切配合。

综艺节目需要多部门协作，需要不同部门的人员以尽职的态度彼此配合。这首先要求有齐全的、足以完成所有需要的工作的部门或团队；其次要求每个部门或团队应有具体的负责人员，职责明确，各司其职。

不同的综艺节目栏目组的人员构成存在差异，比如演播室录制的综艺节目与户外录制综艺节目，各自栏目组的人员构成就有不同之处。本章会总结不同类型综艺节目的常见人员、部门构成。

1. 出品人

出品人通常负责综艺节目策划环节前后的市场调查，如果出品人认为这个综艺节目的市场前景符合心理预期，即可能作为投资人启动综艺节目的后续流程。

2. 商务组

商务组通常负责前期出商业策划案；评估知识产权价格；进行席位、广告位的价格拆分；锚定目标投资方，制作和提供回报方案权益包等，以吸引投资；制作期间监控资金的使用与缺口；团队外包的价格协商；后期制作流程对外委托的参与；包装方案的参与制定；等等。

3. 导演组

导演组是整个录制流程的统筹与总指挥。由于整个录制流程事务庞杂，部门较多，故通常需要多名成员负责不同的部门及方向。人员构成可能包括：总导演、执行总导演、选角导演、现场导演、演播室导演、驻车导演（演播车）、后期导演、动画导演、宣传导演、商务导演、空镜导演、执行（点位）导演、道具导演、舞美导演、视觉导演等。

实务中经常会谈到一个名词"PD"，全称是 Program Director，即节目制作导演（有的也称 Producer Director），也有艺术总监、制作人、执行制作的意思。PD 在制作团队中扮演着核心领导和负责人的角色，相当于制片人兼导演。在制作过程中，PD 需要与监制及其他领导者共同决定重大事项，如综艺节目的主线大纲、场地的选择、费用的标准等。一旦拍摄开始，PD 负责的工作包括台本阐释、确定镜头、指导出镜人员的表演、监督财政预算、制作设备的使用、技术水平的控制等。

4. 导播组

电视节目制作一般会用多台摄像机拍摄以保证节目具有多角度、多景别的特点，力求表现得更全面、更好看，负责选择和切换信号的岗位被称为导播。导播要指挥"摄像师"进行拍摄，负责在不同摄像机录制的视频信号中选择不同的信号进行切换，通过对不同镜头、不同机位的选择，增加电视节目画面的表现力。导播组的人员构成通常包括：总导播（负责画面切换）；技术导播（负责技术对接和技术处理）；分镜导播（负责参与分镜的制作）；等等。

5. 编剧组

编剧组的人员构成通常包括总编审、内容编审、编剧等。其工作内容包括：编写台本；设计规则、情境或者游戏；负责与参演人员沟通；对设计的任务、规则进行沙盘推演，在录制之前预设多种情况的出现，并根据相应的情况写出相应的流程。

6. 选管组

选管组通常见于一些需要海选的选秀类综艺节目或需要素人团队的综艺节目，工作内容包括：

（1）设计和操作选手和参演演艺人士的管理体系；

（2）根据节目制作各阶段特点以及突发情况，与导演组共同确认并落实选手和参演演艺人士的通告；

（3）有效安排选手和参演演艺人士的行程、餐饮、起居等具体事宜。

选管组与艺统组在部分职责上有所重合。

选管组人员要求有统筹经验，耐心、细致、诚信、可靠，具备良好的组织协调能力和执行沟通能力，有一定社会阅历和相应的谈判公关能力。

7. 制片组

综艺节目的制片人一般指节目的生产制作人，其全权负责台本统筹、前期筹备、组建摄制组、摄制资金成本核算、财务审核、执行拍摄生产、后期制作、宣传及市场推广等工作。

无论是影视剧还是综艺节目，制片人都掌握剧组/栏目组的最高权力，其要对台本、人员、美术设计、置景、剪辑、配乐、市场营销等投入大量精力，制片人是整个电视节目的核心人员，同时也要负责整个栏目组的后勤保障工作，为整个综艺节目制作全流程提供保障。

制片组的人员构成包括：

（1）总制片人。负责把控整体综艺节目制作方向，研究适合市场的细分方向，招商及寻找播出平台等。

（2）物料制片。负责各种物料的收集与制作（如：工作证、打印机、对讲机等）；负责录制场地的房间分配安排（如会议室、化妆间、导演组工作间、制片组工作间、导播间等）；还需要提前熟悉场地，方便后续与其他各组的沟通与协调。

（3）生活制片。负责全组人员的餐饮住宿、后勤保障安排。不同节目组的名称不同，有的称生活制片管理，有的细分为餐饮制片、住宿制片等。

（4）现场制片。管理现场纪律和保证主创部门顺利创作的管理人员。负责维护和协调现场，查看现场的安全问题；进行安全评估，并将安全评估出来的风险告知导演；熟悉现场各处设备情况；紧密关注摄录现场和周边，防止发生突发情况。

（5）外联（外景）制片。负责根据导演的需求寻找合适场地；实地拍照，形成勘景报告；了解场地的价格以及场地是否允许进行改动搭建；实时跟进场地的建设情况；了解周边，熟悉附近的配套设施。

（6）财务。负责制定和管理预算、财务收支。

其余如道具组、安保团队负责人也可能被称为道具制片、安保制片等。

8. 音乐创作组

音乐创作组的工作内容包括：汇总编导提出的音乐要求，规划总的音乐长度表；确定音乐的风格、特色；进行创作；保证作曲者能够进行作曲工作；等等。

9. 舞美组

舞美组的人员构成包括美术指导、美术设计、置景师、道具师、机械控制师等。其工作内容包括：根据台本及策划方案，明确灯光、音响、服装、道具等各项工作的要求及经费开支保障，在此基础上进行导播、灯光和视觉设计、美术置景，包括舞台背景、布局、灯光的设计，以及各种平面类的设计等。

10. 灯光组

灯光组的工作内容包括制作灯光设计图，结合不同舞美道具对整体视觉呈现进行二度创作；做好灯位设计及设备配置等，并实际操作。

11. 服装组

服装组负责管理和执行综艺节目所需的服装设计和制作工作。其需要分析台本，了解节目的整体风格和需求；提供相关的服装设计建议和创意，确保服装方案符合要求；确定服装预算并进行费用控制；确保服装质量；制定和执行服装制作时间表，确保服装按时交付；对服装进行清洗、修复、储存以及库存管理，确保服装处于良好状态，可重复使用；在演出期间，提供快速修复和更换服装的支持；确保服装制作符合法律要求。

12. 化妆组

化妆组负责化妆，负责化妆品和饰品（如头饰、假发、首饰、头纱）的管理。

13. 录音组

录音组的人员构成包括：录音指导、总录音师、主录音师、跟拍录音师、录音助理、无线电工程师、音频系统技术人员等。其工作内容为：

（1）配合摄像团队一起制定拍摄模式以及整体方案，录制声音并监听；

（2）录制现场的调音和彩排全程跟拍录音，录制环境效果声音；

（3）做好素材管理，工作成果及时递交给 DIT（Digital Imaging Technician，数字影像工程师）部门。

14. 摄像组

摄像组的组成通常包括：摄像指导（负责根据导演的意图协调现场的技术人员和设备设置）、掌机摄像师（主要负责操作摄像机、无人机进行拍摄）、副摄像师/副摄像（协助掌机摄像师完成拍摄工作）、摄像助理（在摄像师的指导下进行辅助工作，如准备器材、更换镜头等）、机械员（负责摄像机的日常维护和技术支持）等。摄像组工作时需要其他部门的配合，如灯光师、场工等，所以有的栏目组会将灯光师、灯光助理、场工也列入摄像组。摄像组通常接受导播组的指令，有的栏目组会将摄像组归入导播组内。

15. 艺人统筹组

艺人统筹即所谓的艺统，人员通常由导演组、选管组、编剧组的人员组成，各方配合。工作内容包括：

（1）推荐合适的演艺人士人选，沟通和邀约演艺人士参与节目，支持艺人商务及制片工作，包括合同谈判及签约流程，节目制作过程中嘉宾对接及公关维护。

（2）辅助支持内容创意工作，包括嘉宾个人形象资料卡片的信息归纳和制作，内容设计和沟通，嘉宾宣传沟通等。

16. DIT（数字影像工程师）部门

随着数字摄像机时代到来，电视节目对数字流程解决方案、数字存储的需求增大，需要数字影像工程师来解决后期制作中的问题。DIT 英文全称 Digital Imaging Technician，主要在节目制作中提供科学、高效的色彩管理、视频管理和数据管理服务。

DIT 部门的工作内容主要是拍摄素材的储存、检查与多备份；色彩后期的处理；素材的转码与交接；等等。DIT 部门要参与导演组会议，了解拍摄设备类型、机位数量、拍摄格式、跟拍计划等；在摄录过程中，工程师要与摄像师等进行每日素材的交接，将素材卡按照配置命名，把关素材质量、格式，确保素材安全；及时将素材备份防止丢失；素材备份后，要将素材上传进行改名与转码，保证格式统一；将所有机位的声画都统一到一个时间段上，将同一时间段的视频与音轨对齐，方便剪辑进行下一步操作。

17. 剪辑组

剪辑组的人员构成通常包括剪辑指导、剪辑师、剪辑助理等。工作内容包括拿到 DIT 合板的时间线后熟悉素材，对素材进行粗剪（无效内容的删减、镜头的选择和组接）和精剪。

18. 动画组

动画组的工作内容是制作与节目风格统一的平面和动画包装来增强节目效果。

19. 花字文案组

花字文案组的工作内容是根据剪辑师提供的精剪内容，在合适的时间点进行花字文案创作和制作，以增加节目的效果，调动观众情绪。

20. 调色组

调色组的工作内容是对节目画面进行色彩的调整。

21. 音频组

音频组的工作内容是混音，即将剪辑制作中所用到的音乐、音效、观效、人声等进行分轨优化，做人声和音乐声的平衡，制作出更加层次分明的效果。

22. 宣传组

宣传组的人员构成通常包括宣传总监、宣传统筹、宣传策划等。其工作内容主要是为综艺节目进行造势、宣传，如短视频、软文、花絮、预告、路透（非官方渠道透露与节目有关的图片、视频、其他信息）等。

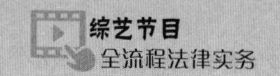

23. 其他辅助成员

比如转场协调人、后期制作协调人、场工（负责场地布置，摆设安排之类的工作）等。

需要说明，不同平台、公司、综艺、制作团队的人员构成与分工可能不同，故前述不同的部门分组并非必须全部具备。实践中亦常出现部门重合的情况，比如服装组和化妆组可能合并为"服化团队"。还有部分工作会进行外包，比如后期的剪辑、动画制作、调色等。

室内综艺节目常见人员构成

团队/部门		负责人	常见团队成员
总导演	导演组	执行总导演	选角导演、现场导演、演播室导演、后期导演、动画导演、宣传导演、商务导演、空镜导演、执行（点位）导演、道具导演、舞美导演、视觉导演等
	编剧组	总编剧	—
	制片组	制片人	物料制片、生活制片、现场制片、道具制片、财务制片、安保制片等
	导播组	导播	总导播、技术导播、分镜导播（负责参与分镜的制作）、导播助理、各级摄影师等
	商务组	商务总监	商务策划、商务导演等
	艺统组	艺人总监	艺人统筹、执行助理等
总制片人	后期团队	后期总导演	数字影像工程师（DIT）、剪辑指导、剪辑师、剪辑助理、动画组、花字文案组、调色组等
	宣传组	宣传总监	宣传统筹、宣传策划、新媒体运营等
	舞美组	舞美总监	美术指导、美术设计、置景师、道具师、机械控制师等
	灯光组	灯光总监	灯光师、灯光助理等
	录音组	音频总监	录音指导、总录音师、调音师、主录音师、跟拍录音师、录音助理、无线电工程师、音频系统技术人员等
	服装组	服装指导	服装师
	化妆组	妆发指导	化妆师/特效化妆师、发型师、助理等
	其他		转场协调人、后期制作协调人、场工等

备注：不同平台、公司、综艺、制作团队的人员构成与分工可能不同

户外综艺人员构成

团队/部门	负责人	常见团队成员
导演组	执行总导演	选角导演、现场导演、演播室导演、驻车导演（演播车）、后期导演、动画导演、宣传导演、商务导演、空镜导演、执行（点位）导演、道具导演、舞美导演、视觉导演等
编剧组	总编剧	—
制片组	制片人	物料制片、生活制片、现场制片、外联（外景）制片、道具制片、财务制片、安保制片等
导播组	导播	总导播、技术导播、分镜导播（负责参与分镜的制作）、导播助理等
商务组	商务总监	商务策划、商务导演
艺统组	艺人总监	艺人统筹、执行助理
摄像组	摄像指导	摄像指导、掌机摄像师、副摄像师/副摄像、机械员、航拍师、跟拍摄影师等
后期团队	后期总导演	数字影像工程师（DIT）、剪辑指导、剪辑师（粗剪、精剪）、剪辑助理、动画组、花字组、调色组等
宣传组	宣传总监	宣传统筹、宣传策划、新媒体运营等
舞美组	舞美总监	美术指导、美术设计、置景师、道具师、机械控制师等
灯光组	灯光总监	灯光师、灯光助理等
录音组	音频总监	录音指导、总录音师、主录音师、跟拍录音师、录音助理、无线电工程师、音频系统技术人员等
服装组	服装指导	服装师
化妆组	妆发指导	化妆师/特效化妆师、发型师、助理等
其他		转场协调人、后期制作协调人、场工等

备注：不同平台、公司、综艺、制作团队的人员构成与分工可能不同

（左侧合并单元格：总导演、总制片人）

(二) 场地的选择和设计

综艺节目筹备过程中，外联制片需要根据导演的需求，并结合台本要求寻找合适的场地，通常要寻找多个场地备选。外联制片要对场地进行多角度实地拍照，形成勘景报告，并初步了解场地的价格以及场地是否允许进行改

动搭建。对场地的了解不仅仅及于场地本身，还要初步了解附近的配套设施，比如周边有没有医院、学校、水库、军事设施等，这既是出于合规的考虑，也是降低后续突发意外风险的基本要求，比如提前了解附近的医院及路程，有助于摄录过程中突发伤病的及时诊疗。

场地敲定以后，综艺节目制作方需要与场地的所有方或管理方签订场地的使用合同或租赁合同。

合同签订后，综艺节目制作方需要根据置景设计对场地进行建设，包括设备的安装、设施的搭建、物品的摆放等。以户外类综艺节目为例，综艺节目制作方需要选择并设置机位，安装大型背景板，安装灯光、音响等设备，设置导演组、导播组、艺统组等不同部门的工作、休息区，规划后勤保障、物资堆放的专门区域。场地建设还要考虑到招商部门的需求，为赞助商、投资商等预留符合合同要求的广告位等。场地建设要确保安全，符合环保要求，将场地建设对人员、环境、周边居民生活的影响降到最低。

需要说明，此处所说的"场地"，不仅仅是陆地上的场地，有时也包含大的运输工具。如果综艺节目的内容是在大型邮轮、远洋轮船、军舰上摄录，那么大型邮轮、远洋轮船、军舰就是综艺节目所在的"场地"。

（三）设备的选择和取得

综艺节目的摄录需要大量设备，各部门均有相应的设备要求。设备的专业性直接影响综艺节目呈现的效果。

以室外舞台类综艺节目为例，常用设备包括以下几大类：（1）舞台。通常以钢架、木板、玻璃等材质搭建，还有铝合金舞台、铁质舞台等。（2）机械设备。如伸缩舞台、台上机械、升降系统、吊杆机等。（3）摄录设备。如高质量的摄像机等。（4）灯光设备。包括各种灯具、照明控制台等。灯光设备种类繁多，如电脑灯、筒灯、成像灯、数字灯控、电脑灯控台调光台、效果灯、舞台天地排灯、数字硅箱流动灯架等，具体使用的种类及数量依实际所需而定。（5）视频设备。如投影仪、投影幕、投影起重机、等离子电视墙、LED屏幕等。（6）音响设备。如调音台、功放、音箱、线阵列、均衡器、分频器、有线话筒、无线话筒、对讲机、无线胸麦、话筒支架等。(7) 电力设备。包括发电机、电缆、电池等。(8) 舞美道具。如雪花机、泡泡机、烟花机、冷焰火、烟雾机等。(9) 安全设备。包括消防器材、安全绳索等。

以上设备，部分可以自行购买，部分设备需要租赁或者由外包方提供。一些高精度设备通常需要通过租赁的方式取得。综艺节目制作方需要与设备方签署设备租赁协议、外包服务协议、搭建协议等不同类型的合同文本，以获得相关设备的使用。

(四) 艺统

艺统即艺人统筹。艺统人员需要根据台本及制片、导演的要求，寻找和推荐合适的演艺人士人选，必要时制作个人形象资料卡片用于挑选。艺统人员负责与演艺人士本人或经纪人/经纪公司/工作室联络，发出邀约；如演艺人士有意愿和档期参与节目，艺统人员需要与其协商报酬与待遇，敲定其他合同条款，完成签约流程。在综艺节目摄录前，艺统人员还要与参演的演艺人士保持沟通，关注演艺人士动态，确保演艺人士能顺利履约。在演艺人士进组前，艺统人员还要提前安排好与演艺人士相关的安排，如服装、出行、餐饮、化妆、休息室安排、通告送达等。

(五) 后勤保障

后勤保障包括交通工具的安排，餐饮的安排，休息设施的搭建或租用，基础设施的维修保养，医疗急救人员、医疗急救药物的储备及医疗通道的安排等。其中对交通工具、房屋类设施的安排需要签署服务合同或车辆租赁合同，餐饮医疗等亦需签订服务合同。

(六) 安保

安保是综艺节目筹备阶段的重要内容，贯穿于综艺节目场地搭建、演艺人士接送通行、演艺人士踩场等过程。安保既包括对财物的保护，也包括对人的保护。除了对现有的场地、人员、物品进行保护，还需要根据现场情况提前发现安全隐患和漏洞，制定应急预案，所以综艺节目的安保既包括对秩序的维护，也包含对安全隐患的发现和排除。

综艺节目安保的重要内容是对演艺人士的安保。演艺人士社会关注度和社会影响力高，易引发粉丝聚集，而人群的聚集可能会带来各种意外，比如拥挤、踩踏、堵路、口角等。又如社会生活中所谓"私生饭"（网络用语，指通过骚扰、偷窥、跟踪、偷拍等极端形式侵犯演艺人士私生活及工作的粉丝）和"黑粉"（网络用语，基于利益或观点对特定明星进行抹黑的人或群体）的存在，导致演艺人士出现在公众场合时的人身安全风险增大。粉丝及路人过分热情造成的围堵、投掷物品、冲上台、强行搂抱亲吻、激光笔照射等行为均会直接威胁演艺人士的人身安全。

案例： 艺人杨某在2019年3月拍摄某综艺节目时意外伤到了左手，不得不用钢板固定，两个月后杨某受邀参加一场晚会的彩排，到场后，不少粉丝守在她必经的路线打招呼并用手机拍照，其中有粉丝试图伸出手接触。杨某微笑回应时，突然被某一激动的粉丝抓住左手，所幸保安人员迅速采取保护措施，避免了杨某左手再度受伤。

综艺节目制作方是演艺人士抵达后的安保责任人，为了确保活动的顺利进行，防止出现任何意外情况，必须采取相应的安保措施，如人墙、区域临时封闭等。这必然造成部分不便，但在一定程度上也是确保演艺人士、观众、路人及现场安全的必要举措。

实务中，安保通常由专业的安保公司提供服务，综艺节目制作方需要与安保公司签署服务合同。

（七）招商及宣传

综艺节目筹备阶段的招商内容已经包含在本书第三章中，在此不再赘述。

综艺节目筹备阶段的宣传，主要集中于与其他推广团队合作、在不同媒体平台的运营、对粉丝群体的沟通和引导等，目的是提高综艺节目的关注度和收视率。宣传推广举措大多集中于播出前，但也有在筹备阶段就开始进行宣传推广的，目的是提高综艺节目的知名度和影响力、吸引更多观众关注、引起更多投资方和广告商的注意。手段包括并不限于：制作精美的介绍图文，传达节目的主题和氛围；利用各大媒体平台宣传；利用出镜人员的社交媒体账户进行宣传；通过粉丝团体进行线上宣传和互动；等等。

与第三方推广团队的合作需要签署相应的合作协议，与媒体平台的合作需要遵守媒体平台的规则，亦需签署合作协议。

三、综艺节目筹备阶段的基本流程

总的来说，综艺节目筹备阶段的基本流程可以归纳为如下步骤。

1. 搭建核心团队（选定制片组、导演组、导播组、艺统组、摄像组、服装组、化妆组、后期团队、DIT（Digital Imaging Technician，数字影像工程师）部门、制片组、道具组等部门的主要成员），联系及确定参与拍摄的演艺人士名单。

2. 前往拟拍摄地点实地勘景。

3. 结合堪景报告对节目拟拍摄内容框架进行再规划、修改台本。

4. 租赁场地，或与场地的权利方/管理方签署场地的使用协议。

5. 置景设计。

6. 在从事前述第 2-5 项步骤的同时，与供应商签署酒店、设备、车辆、人员、食物饮水、其他服务等的租赁协议、买卖合同或服务合同。

7. 置景，设备安装调试。

8. 在从事前述第 2-7 项步骤的同时，开展招商工作。

不同类型的综艺节目在筹备阶段的基本流程根据实际情况会有增减或顺序上的差别。

第二节　综艺节目筹备阶段的法律风险与风控

综艺节目筹备阶段内容较为庞杂，具有事务多、事务杂、人员多、当事方多、文件多的特点，这就要求综艺节目制作方有一个专业的核心团队，能够有条理地、专业地协调和处理各项事务。在实务中，事务多、事务杂、人员多、当事方多、文件多代表风险管控难度大，以事务多为例，制作方为了尽快完成事务，在追求效率的同时可能会牺牲一定的合同安全性，比如通过口头、电话达成一致，没有花时间签署书面合同文本或者留下书面确认记录，一旦发生争议就无法证明合同关系及对应权利义务的存在。

如前所述，后续摄录阶段的所有工作都建立在筹备阶段的基础上，任何一项工作没做好，都会直接影响后续摄录阶段能否正常推进、摄录效果是否符合要求，因此，正确认识综艺节目筹备阶段的法律风险，并作出相应的风控，对综艺节目全流程来说极为重要。

一、综艺节目筹备阶段的合同风险

如本章第一节介绍，无论是人员和团队的雇佣和合作、场地的选择和设计、设备的选择和取得、艺统，还是安保、后勤保障、招商和宣传，都涉及大量的合同文本。雇佣人员可能需要签署劳务合同；使用团队可能需要与其他公司签署合作协议或服务合同；使用场地需要与场地的所有方或管理方签订场地的使用合同或租赁合同；获得设备可能需要签署买卖合同、租赁协议、外包服务协议、搭建协议等不同类型的合同文本；请演艺人士参加综艺节目需要签署表演服务合同；租车需要签署车辆租赁合同；订酒店需要签署合作协议；餐饮医疗等需签订服务合同；安保需要签署安保合同；招商及宣传亦有各自的合同文本。

合同是调整当事方权利义务的基础性文件，合同条款设置对于明确权责、防止矛盾、指引争议解决路径规范至关重要。实践中经常发生因合同条款约定不明确导致无法主张权利的情形，甚至有一字之差后果迥异的情形。最典型的是买卖合同中的"定金"和"订金"之分。"定金"是指在合同订立或在履行之前支付的一定数额的金钱作为担保的担保方式，收定金方违约时，定金双倍返还；而"订金"一般情况下会被视为是预付款，如发生一方违约导致解除合同的情形时，收受订金的一方必须如数退还订金。实践中，很多公司或个人在签约时将"定金""订金"混为一谈，以为是一回事。具体到综艺节目筹备阶段，假如制作方向设备供应商购买某设备，写的是"订金"，一旦设备供应商违约要求解除合同，综艺节目制作方就无法要求"双倍返还"。

（一）演艺人士的合同风险

有名气、有流量的演艺人士由于受关注度高、能够吸引观众，且具备相对专业的表演能力，通常参加综艺节目的概率也比其他人高，故针对演艺人士的风控非常重要。其中，与演艺人士签署的《表演服务合同》的合同条款设置直接影响后续的摄录是否能够顺利进行、解决争议能否有条款依据。就综艺节目全流程对演艺人士的风控，包括演艺人士的合同风险及应对，本书在第八章进行专门阐述。

（二）招商类合同的风险

就综艺节目筹备阶段招商工作涉及的合同风险及应对，本书在第三章进行了专门阐述，在此亦不再赘述。

（三）服务、合作、租赁类合同的风险

服务合同、租赁合同、合作合同是综艺节目制作方与供应商之间最常见的合同类型，各自针对不同的交易性质和对象。

服务合同是指一方（服务提供者、供应商）同意为另一方（服务接受者、综艺节目制作方）完成某项服务，并据此获得报酬的合同。这里说的服务常见于咨询、设计、施工、维修、培训等（演艺人士与综艺节目制作方签署的是表演服务合同，本书在第八章进行阐述）。服务合同的核心在于服务的提供，强调的是服务提供者的专业技能或劳动投入，合同标的为无形的服务行为，而非实物。

租赁合同指出租人将其拥有的特定物品（租赁物）在一定期限内出租给承租人，承租人支付租金作为对价的合同。租赁合同的标的物是有形的实物资产，如房屋、汽车、设备等。合同的重点在于承租人取得租赁物的使用权而非所有权，并需在租赁期间结束时归还租赁物。综艺节目筹备阶段租赁车辆、设备、场地时常签署租赁合同。

合作合同通常是指两个或多个主体基于共同的目标或项目达成的合作意向，各方共同参与、共享资源、共担风险、共享收益的一种合同形式。它不仅涉及一方提供产品或服务，还可能涉及多方共同投资、研发、市场开拓等多种形式的合作内容，旨在实现各方的优势互补和共同发展。

实践中，一些租赁合同、服务合同也时常冠名为"合作合同""合作协议"，如《场地租赁合同》有时候会签署为《场地合作协议》，虽然名为"合作"，实质上仍是租赁；又如软件供应商与综艺节目制作方签署内容为数据维护保障的"合作协议"，实质上却是服务合同。所以，正确区分合同类型需要看该合同指向的对象。总的来说，服务合同针对的是无形的服务行为，需要取得对价，服务提供方不承担项目的风险；租赁合同针对的是实物资产的使用权转让，需要取得租金，出租方亦不承担项目的风险；合作合同则需要多方共同参与和资源共享，有时候需要共担风险，合作参与方能否取得收益，既要看合作过程，也要看合作结果。

虽然在合同类型、具体合同条款上不同，但从合同管理的角度来看，三种合同的风险点有共通之处。综艺节目制作方在与供应商签署相关合同时可能会面临多种风险，这些风险涵盖了从供应商主体身份、资质及征信到合同权利义务设置、违约条款、知识产权保护等多个方面。

1. 供应商主体身份及资质、征信风险

这里所说的供应商资质风险，主要包括：供应商的业务联络人员是否有权代表供应商协商合同条款乃至签署合同；供应商是否具备合法的经营资质，是否能提供有效的营业执照，营业执照是否过期或被吊销；该供应商是否有签署和履行合同的资质和实际履行能力。

实践中，综艺节目制作方选择供应商时，通常是和代表供应商的人员对接，很多情况下是通过QQ、微信、邮件或者电话进行协商和沟通，双方人员并不见面，联络人的名字可能也并非真实姓名，而是网名或者自己取的英文名。比如，微信上的对方联系人网名为"随遇而安"，邮件落款为"Paulo"，一旦发生争议，首先就要证明这个"随遇而安"或"Paulo"是谁，其次要证明对方是不是供应商的人员，是否可以代表供应商。这时候就要努力寻找沟通过程中足以证明对方身份的信息和细节。

在人员身份能够确认的情况下，如果供应商不具备合法的经营资格，很有可能导致合同无效，引发后续的维权困难。

即便人员身份能够确认，供应商的营业执照也真实有效，如果其不具备相应的资质，也有可能导致合同无效，或引发后续的违约风险、维权困难。比如：供应餐食的饭店应该办理了《食品经营许可证》，除此之外还应该有《消防安全许可证》以及确保员工持有所需的《从业人员健康证》等。同时，根据具体情况，可能还需要办理排污许可、环评等相关手续。如果餐馆没有《食品经营许可证》，其无权制作餐食并提供送餐服务；如果《消防安全许可证》、《从业人员健康证》、排污许可、环评等相关手续不完备，该餐馆一旦被相关部门整顿，后续的送餐服务就无法提供。

除此之外，供应商资质的风险还包括一种情况：挂靠/借用资质。在这种情况下，实际提供服务或物品的人系挂靠在供应商名下，或者是借用供应商的名义与综艺节目制作方签订合同。此种情形常见于车辆租赁、送餐服务、施工搭建等情形，供应商只负责开票和盖章。比如，向剧组提供送餐服务的明明是个人，却借用某饭店的名义盖章，开具的发票实际是提供服务的个人向饭店缴纳税点，请其代开的；又如，进行现场施工的包工头借用其他施工单位的资质承揽工程，开具发票。此类情形广泛存在，导致不正规的、无资质的单位或个人能够实际提供服务或物品，加大了综艺节目制作方的运营风险、安全风险和维权难度。

除了主体和资质上的问题，供应商的征信也是风险点之一。供应商征信不好，通常意味着其在商业活动中出现了不利于其信用记录的情况，这些情况可能包括但不限于以下几个方面：（1）财务状况欠佳。供应商可能存在负债过高、偿债能力弱、现金流紧张等问题，导致无法按时支付债务、履行合同义务，或者面临破产风险。（2）逾期付款或违约。供应商在过去可能有未按期偿还贷款、逾期支付上游供应商款项或未按照约定时间完成订单交付的历史。（3）信誉度低。因不遵守合同条款、产品质量问题、虚假宣传、频繁更改承诺等原因，导致其在业界口碑不佳或被消费者投诉较多。（4）法律纠纷。涉及法律诉讼案件，尤其是经济纠纷类案件，如欠款追讨、合同违约诉讼等。（5）违法违纪记录。如有违反国家法律法规的行为，比如偷税漏税、欺诈、假冒伪劣商品等。（6）诚信缺失。故意隐瞒真实经营状况，如虚增资产、伪造财务报表、虚构交易记录等。（7）缺乏透明度。不愿意或不能提供完整的、准确的财务和业务数据，使得潜在合作伙伴难以做出正确的评估决策。（8）行政处罚或被列入黑名单。因为违规经营而受到行政部门的处罚，或者被列入失信被执行人名单等。（9）服务质量差。

供应商征信不好是其经营管理中存在多种风险因素的表现，不仅影响自身的经营稳定性，也会对与其合作的综艺节目制作方带来不同程度的风险。比如：帮栏目组运输人员和设备的公司处于被执行的状态中，在服务过程中车辆被法院发现并查扣，综艺节目制作方面临的不仅仅是时间上的损失和另行找供应商的成本，还可能会面临设备被短暂扣押、向法院证明设备属于自己的额外成本和风险。还有的供应商将业务转委托给个人司机等，因长期欠费，个人司机连车带设备一并扣下，此种情况公安机关一般不作为刑事案件处理，而是要求各方协商或通过诉讼方式解决，显而易见，本就争分夺秒的综艺节目制作方是无法承受长达数月的协商和诉讼的。

应对措施：

针对上述供应商主体身份、资质及征信风险，综艺节目制作方可采取以下措施来控制和规避风险。

（1）严格审查供应商资质。在与供应商合作前，要求其提供有效的营业执照、行业特许经营许可证（如《食品经营许可证》《消防安全许可证》等）以及必要的环保、安全、质量体系认证等资料。核实证件的有效性，并可通过官方渠道查询验证真伪。

（2）确认代表人身份。供应商应提供代表人的授权书，明确指定与综艺节目制作方对接的具体负责人及其权限范围，包括是否有权签订合同、修改合同条款等。所有重要的沟通内容均应采取书面形式，尽量采用实名制沟通，避免使用网名或英文名,如使用网名或英文名,在沟通过程中要核实真名。保存好往来邮件、聊天记录、通话录音等证据,以便在发生争议时证实对方身份。

(3) 调查供应商背景。可以通过全国企业信用信息公示系统、中国裁判文书网、天眼查、企查查等公开途径查询供应商的信用记录、涉诉情况、行政处罚等信息。必要时可委托第三方专业机构进行尽职调查。

(4) 落实合同约束。在合同中明确供应商的责任和义务,包括但不限于:供应商保证其具有合法经营资质且有权签署和履行合同;不得擅自转包或借用他人资质;确保提供的服务或产品符合国家法律法规和行业标准;对于重要服务环节,可要求供应商提交履约保证金或提供担保。相关条款可以请专业律师协助起草。

(5) 及时更换风险供应商。在合作期间,密切关注较大的供应商的履约能力和诚信状况,一旦发现其存在不良征信记录、法律纠纷、财务恶化等风险,采用合规的方式及时更换供应商。

(6) 保险保障。对于关键环节的服务,如运输、餐饮等,可以考虑购买相应的商业保险,以分散可能存在的风险。

通过以上措施,综艺节目制作方能够在一定程度上识别和控制供应商带来的各种风险,从而确保节目的后续制作和播出。

2. 合同权利义务设置的风险

合同权利义务的设置是后续履行的基础,也是判断后续合同履行是否符合要求、是否违约的前提,因此,合同权利义务的设置应详尽且明确、有可操作性,以平衡各方权益,确保后续节目制作、播出的顺利进行。

通常来说,综艺节目制作方在合同中的权利集中于:监督供应商的工作进度和质量;要求供应商按照约定的内容、形式和时间完成制作任务、提供服务、交付场地、交付租赁物;等等。义务则集中于:支付约定的费用;提供必要的创作素材、资源支持;尊重并维护供应商的知识产权及财产权利;按约接收并验收供应商完成的工作成果或交付的场地、租赁物;等等。

与之相对,供应商的权利集中于:根据合同约定获得相应报酬(或租金、收益)的权利;在合同允许范围内使用甲方提供的资源或素材;得到甲方在合理范围内提供的配合和支持。义务集中于：按合同约定的质量标准、时间表完成工作或交付场地/租赁物；保证完成的成果或交付的场地/租赁物合法合规，不侵犯第三方权益；保守商业秘密和技术秘密；等等。

合同还应该对可能出现的侵权纠纷或赔偿责任作出约定，明确责任承担和解决机制，对合同变更、解除、终止等条款约定清晰的操作程序和条件。

合同权利义务设置是合同的核心内容，应是双方博弈的重点，然而实务中，合同条款设置经常存在以下问题：（1）权利义务设定不明确。部分合同权利义务描述含混不清，没有明确规定各方的具体职责、权益、时间点、交付物等要素，可能导致合同履行时双方理解不一致，进而引发纠纷。比如约定租赁一辆某品牌的车，但没有对车况作出要求，又如租赁房屋时没有明确规定租赁期内房屋及其设施的维修保养责任归属等。（2）遗漏重要条款。如知识产权归属、保密义务、售后服务、质量保证期限、解除或终止合同的情形等条款的缺失。（3）权利义务过分不对等。合同中双方权利义务可以适当倾斜，但基于商业强势地位让一方承担过多义务，限制其应享有的权利，可能导致合同的公平性和合法性受到质疑。（4）救济措施缺失。未规定在违约发生后的救济手段和争议解决程序，包括但不限于催告、解除合同、请求赔偿、仲裁或诉讼等。其中争议解决最易让人忽视，诸如"在上海通过仲裁解决"之类的条款看似作出了约定，实际无效。（5）忽视不可抗力条款。未充分考虑不可预见的外部因素导致合同无法履行的情况，未设定相应的免责或减责条款。（6）语言表达不准确。使用的语言表达模棱两可，可能导致理解和执行上的歧义，尤其是在涉及技术性较强或较为复杂的事务时。

以两个车辆租赁合同的交车条款为例。第一个合同的交车条款约定为："甲方自愿将其拥有的_____牌汽车（牌照号码：_____）出租给乙方使用。甲方应_____之日起 2 日内向乙方交付车辆，同时还应交付行驶证、购置税缴纳证、已付保险凭证、随车工具。甲方应保证车辆手续齐全，包括行驶证、购置税缴纳证、交强险等各种行车手续，如因甲方办理手续不全导致使用车辆过程中被有关部门查处，相关责任由甲方承担，如因此耽误乙方使用车辆，应根据实际向乙方赔偿损失。"

第二个合同的交车条款为：

"1.1 甲方（出租方）同意于＿＿＿年＿＿＿月＿＿＿日＿＿＿时，在指定地点＿＿＿＿（详细地址）＿＿＿向乙方（承租方）交付＿＿＿＿＿品牌、型号＿＿＿＿的租赁车辆，车辆颜色为＿＿＿＿，车牌号码为＿＿＿＿，车辆出厂年份为＿＿＿＿年，已行驶里程为＿＿＿＿公里。交付车辆时，甲方保证车辆设备齐全，车况良好，运行安全可靠，符合机动车国家安全技术标准，并提供以下文件和信息：

行驶证原件；购置税完税证明；有效的车辆保险单据；最近一次保养记录；车辆外观和内饰照片，记录初始状态。

1.2 交付车辆时，车辆油箱内的燃油应达到满油状态（或双方约定的油量水平），乙方在归还车辆时亦需保持相同油量，否则将按市场油价补足差额。

1.3 交接过程中，双方须共同检查车辆外观、内饰、机械部件、电子设备等状况，并填写详细的车辆交接清单，确认无误后签字。乙方接收车辆后，应立即对车辆状况进行细致检查，并在发现问题时及时提出异议，否则视为接受车辆现状。

1.4 如因甲方原因导致交付的车辆存在故障或缺陷，影响乙方正常使用，甲方应立即予以解决或提供替代车辆。"

两个合同条款哪个更明确、具有可操作性，一望可知。

应对措施：

针对合同权利义务设置的风险，可以从以下几个方面采取风控措施：

（1）系统规划己方的风险，全面、详尽地设置权利义务。比如在合同中约定知识产权归属、保密义务、质量保证、解除或终止合同的具体条件等条款，确保合同的全面性。特别是在涉及知识产权和商业秘密的领域，应详细列明知识产权的各项权利以及保密义务的具体范围、期限和违约责任。（关于保密条款的设置，后文将专门阐述。）

（2）对每项权利义务进行详细、明确的描述。比如：租赁车辆时明确规定品牌、型号、年份、行驶里程、车况标准、交付时间地点等具体信息。在租赁房屋合同中，明确租赁期限、租金支付方式、租赁房屋内设施维修保养责任、装修规定等具体内容。

（3）违约责任及救济措施、争议解决明确化。明确违约责任，包括但不限于违约金、赔偿金、继续履行、解除合同等不同情况下的责任承担方式（关于违约条款设置，亦将在后文专门论述）。设置完善的救济措施条款，明确争议解决方式（如仲裁或诉讼）、管辖地、通知方式等，确保救济途径畅通。特别需要注意的是，仲裁机构的选择需要具体到明确的仲裁机构名称，方能确保仲裁条款的有效性。

（4）详细列明不可抗力条款。明确列举不可抗力事件的种类，如自然灾害、战争、疫情、政策调整等，并明确在发生不可抗力时双方的权利和义务调整方式，包括但不限于延期履行、减免责任等。

（5）审查权利义务平衡性。合同签订前，双方应对所有条款充分沟通以达成合意。此过程可以请专业律师参与合同谈判和拟定过程，确保合同权利义务的公平性和合法性，避免霸王条款导致条款无效。

（6）使用严谨规范的法律和专业语言。使用准确、清晰、无歧义的法律术语，确保合同文本的严谨性，尤其对于复杂的技术性事务，应尽可能详细解释和定义关键概念。对于合同中的专业词汇和技术性较强的表述，可以邀请行业专家进行指导，确保文字表达的专业性和准确性。

3. 合同违约条款设置的风险

违约情形和违约责任的约定在合同中处于非常重要的位置，而且要结合双方权利义务来设定。一旦合同履行不符合合同条款的约定，违约条款即发生作用。

实务中，违约情形多发生在后续合同履行的过程中。比如：供应商提供的服务可能达不到合同规定的质量标准，如设备租赁的稳定性、道具制作的质量、技术支持的有效性等；供应商未能按照预定的时间表交付服务，导致节目制作延误；预付款项后供应商不履行合同；等等。

供应商不履行合同义务，或未按照合同要求履行义务，或者直接违背合同义务如违反保密条款造成信息泄露等，均构成违约。供应商违约后，如果没有明确的违约责任和赔偿条款，综艺节目制作方追索损失的难度很大，甚至可能难以追偿损失。所以违约条款在合同签订时不可或缺。实践中此类条款常常陷入两个误区：一是设置的违约条款过于简单而没有可操作性，二是设置的违约条款过重导致不合规。

比如笔者曾经收到的一份合同中，对违约条款有如下之约定："任何一方违反本协议约定，经另一方催告后仍不纠正的，违约方应赔偿守约方由此导致的所有损失，并向守约方支付协议总金额20%的违约金。"

此条款看起来似乎约定明确具体且公平，实则问题很大。一方面试图利用一个条款解决所有的违约问题，有过简之嫌（违约情形存在多种状况，也存在轻重程度、一般违约和根本违约之分）；另一方面加重了违约责任，将违约责任设定为"赔偿损失+违约金"，实属过重，真到了司法解决纠纷的时候此类条款一般不会得到法院支持。

2020年5月28日通过的《中华人民共和国民法典》合同编第八章"违约责任"详述了违约情形和违约责任的承担方式，常见的与综艺节目相关的情形包括：

违约情形	违约责任
当事人一方不履行合同义务或者履行合同义务不符合约定的	继续履行、采取补救措施或者赔偿损失等
当事人一方未支付价款、报酬、租金、利息，或者不履行其他金钱债务的	请求支付

可见，赔偿损失本身即属承担违约责任的方式之一。关于赔偿损失的具体规定，《中华人民共和国民法典》第五百八十三条、第五百八十四条规定：

"当事人一方不履行合同义务或者履行合同义务不符合约定的，在履行义务或者采取补救措施后，对方还有其他损失的，应当赔偿损失。"

"当事人一方不履行合同义务或者履行合同义务不符合约定，造成对方损失的，损失赔偿额应当相当于因违约所造成的损失，包括合同履行后可以获得的利益；但是，不得超过违约一方订立合同时预见到或者应当预见到的因违约可能造成的损失。"

可以看出，在法律层面，我国对于违约责任如何承担，采取的仍是补偿式的思路，即违约责任的承担一般参照实际损失。而前述过简但过重的违约条款，在已经"赔偿损失"之后还要求另外支付违约金，司法实践中，法院往往会酌情进行调整。

鉴于实际损失在现实中一般难以计算或举证，有经验且懂实务的法务或律师通常会详细列明违约情形，对此做出估量后，约定一个违约金标准或列明不同情况下的违约责任补救措施，并注明如该违约金不足以补偿实际损失的，应当对违约金与实际损失之间的差额部分继续予以赔偿。比如，针对擅自解约的情形，如下条款就是具有可操作性的：

"如因甲方（制作方）无故更换乙方（演艺人士）或无故要求提前解除本协议，甲方仍应支付剩余款项，并向乙方支付协议总金额 20% 的违约金，违约金不足以弥补损失的，还应继续承担相应的赔偿责任；如因乙方无故罢演或无故要求提前解除本协议，乙方应将所得款项全部返还给甲方，并向甲方支付协议总金额 20% 的违约金，违约金不足以弥补损失的，还应继续承担相应的赔偿责任。"

这类条款及条件的设置往往需要丰富的项目经验和实务水平，非常考验法务或律师的专业能力和实践经验。违约金过高或过低，可能造成惩罚性质过重而不符合法律规定，或者不足以弥补守约方的实际损失；违约责任类型不全，仅规定了一部分违约行为的责任承担方式，而忽略了其他违约情况的处理，可能导致其他违约情况的处理没有依据；没有详细说明违约判定的标准和流程，可能导致在实际执行中难以判断是否构成违约。

应对措施：

针对违约责任设置的风险，综艺节目制作方可以从以下几个方面进行风控：

（1）细化违约情形。将各类违约行为具体化，根据不同违约行为的程度和性质，分别列出轻微违约、一般违约和根本违约的情形，确保违约条款具有针对性和适应性。对于不同的违约行为，分别规定对应的违约责任，如继续履行、采取补救措施、支付违约金、赔偿损失等，做到责任匹配违约行为，确保每种违约情形均有相应的法律后果。

（2）合理设定违约金。违约金的设定应以实际损失为基础，不得超过违约方订立合同时预见到或者应当预见到的损失。因此，违约金应合理设定，既能起到警示和制约作用，又不至于超出法律允许的范围。要明确赔偿损失与违约金的关系，在合同中明确指出违约金是对守约方损失的初步估算，若实际损失超过违约金数额，违约方仍有义务赔偿两者之间的差额。

（3）约定损失赔偿范围。明确约定损失赔偿不仅包括直接经济损失，还可能涵盖间接损失（如预期利益损失），还包括因违约方违约导致的守约方向第三方的赔款，为解决争议可能发生的案件受理费、保全费、仲裁费、律师费、翻译费、公证费、担保费、差旅住宿费等支出。

（4）设置明确的判定标准和流程。在合同中载明违约行为的认定标准和流程，包括何时触发违约条款、如何通知违约方、如何计算损失金额等，以便在实际执行中有据可依。

（5）引入专业法律服务。邀请专业的律师或法务团队参与到合同的起草和审核过程中，确保违约责任条款既符合法律规定，又具有足够的可操作性，并与现行法律相符。

二、综艺节目筹备阶段的知识产权侵权风险

综艺节目筹备阶段是正式摄录前的准备阶段，涉及大量知识产权事务。比如：舞美的设计、服装的设计、商标图形的使用、字体的使用、软件的使用、音乐的使用、视频素材的收集等。这些对知识产权成果的使用或者生产知识产权成果的过程必须确保合规，不能侵犯任何第三方的知识产权。

综艺节目筹备阶段过程中，如需要使用他人知识产品（如文字、图画、音频、视频、音乐、服装、舞美设计、字体、软件等）进行各项筹备工作，无论是使用原始形态，还是在原始形态的基础上进行改编、复制，以便摄录完成后进行传播，都应该事先获得相关权利人的授权，或使用正版软件。具体所需的权利种类取决于使用方式。

比如，安排演艺人士现场演唱他人已经发行的歌曲，录制下来通过电视台或者网络传播的，就应该在综艺节目筹备阶段取得词曲作者的表演权、复

制权、广播权、信息网络传播权的授权，否则构成了侵权；使用歌曲伴奏制作节目并传播需要取得录音制作者复制权和信息网络传播权的授权，否则亦构成侵权。一旦被判定侵权，就会面临停止侵权、赔偿损失、节目删除内容甚至下架等后果。

案例： 2018年5月，华东某卫视频道播出了某综艺节目第四季的一期节目，该节目中的1小时53分至1小时56分处，将某歌曲作为背景音乐播放，北京某影音文化有限公司（以下简称北京某公司）认为华东某卫视频道侵犯其录音录像制作者权，将该卫视频道的运营方上海某娱乐公司诉至北京互联网法院。法院经审理认为，上海某娱乐公司未经北京某公司许可，通过节目在线播放该歌曲的行为，侵犯了北京某公司对涉案录音制品享有的录音录像制作者权中的信息网络传播权，判决上海某娱乐公司在该节目第四季节目中删除该歌曲，并赔偿北京某公司经济损失人民币5万元。[1]

综艺节目筹备阶段的知识产权侵权风险主要包括以下几种情况。

（一）著作权及著作权延伸权利的侵权风险

在综艺节目筹备阶段，著作权的侵权风险主要集中于以下几种情况：(1) 未经授权使用他人创作的文字剧本、小说、诗歌、歌词等文字作品内容；(2) 未经授权使用他人原创的美术作品、插图、摄像作品、舞美设计、服装设计等图画、摄像、设计作品；(3) 未经授权使用他人的音乐作品（包括歌曲、配乐）、音效、语音片段等音频作品，特别是在设计节目的背景音乐、主题曲、插曲等环节；(4) 未经原权利人同意，直接剪辑、引用、播放他人的影视作品、MV、纪录片片段等视频素材。

其中最常见的风险来自网络素材的使用，综艺节目制作方的筹备人员或供应商通过互联网搜集素材用于节目制作，如果不核实素材来源和版权状态，随意下载使用网络图片、视频、文字等材料，极有可能构成侵权。

著作权的侵权风险还包含软件、字体的侵权风险，如非法使用未经授权的计算机软件，包括但不限于图像编辑、音频编辑、特效制作等相关软件；

---

[1] 北京互联网法院（2019）京0491民初21891号民事判决书，裁判日期：2019年12月19日。

未经授权使用具有著作权保护的商业字体；等等。

著作权延伸权利的侵权风险主要集中于以下几种情况：（1）未获得词曲作者授权而在节目中现场表演或播放已发行的歌曲，侵犯词曲作者的表演权；（2）未经许可复制、录制他人作品，侵犯了他人的复制权；（3）未经许可在网络平台或其他媒体上公开传播包含他人作品的节目内容，侵犯了他人的广播权与信息网络传播权；（4）使用他人的录音录像制品作为背景音乐或节目重要组成部分，未获取录音录像制作者授权，侵犯了录音录像制作者权；等等。

应对措施：

（1）版权审查与授权。对于任何计划在节目中使用的文字、美术、摄像、设计、音乐、视频等作品，制作方应在确定使用前进行版权审核，主动联系原作者或版权所有者取得正式授权，确保每一份素材都有清晰的版权来源和合法使用凭证。对于制作节目所需的各类软件，不论是图像编辑软件、音频编辑软件、特效制作软件还是其他工具，确保购买并激活正版软件，持有合法有效的授权许可。

（2）建立版权内部风控制度。制定严格的版权内部风控制度，要求全体工作人员了解未经授权使用他人作品、使用未经授权的软件、字体的严重性及可能产生的法律责任，所有制作团队成员在引入外部素材时必须通过正规渠道获取，采购软件时与供应商签订正式的软件许可使用协议，字体使用需要购买或获得合法授权，严禁私自下载网络资源，对每一项使用的素材的获取来源进行记录。

（3）合同约束与责任转移。在与第三方供应商、主创人员、演艺人士等签订合同时，明确约定由对方提供的素材必须具有合法版权，并由对方承担因版权问题引起的法律责任。

（4）及时止损。发现未经授权使用的情况时，应及时停止使用，及时协商取得授权；如无法取得的，及时替换。

（二）商标权侵权风险

在综艺节目筹备阶段，商标权的侵权风险常见于：未经授权在节目中使用他人的注册商标，包括但不限于在场景布置、服装、道具、宣传材料上使用；节目名称、LOGO 设计、视觉包装等可能侵犯已注册商标或其他商业标识的权利，特别是当这些标识容易混淆消费者，让人误认为与某一品牌或服务有关联。

商标权侵权的法律后果是非常严重的，不仅可能导致经济赔偿，还有可能会对综艺节目制作方的信誉和征信造成负面影响，甚至可能面临行政处罚（理论上，商标权侵权构成犯罪的将被依法追究刑事责任，但实务中综艺节目制作方对商标权的侵犯通常达不到刑事处罚的严重程度）。

商标权侵权要承担的民事责任包括停止侵权、赔偿损失（商标权人有权要求侵权人赔偿其因侵权行为所遭受的经济损失，包括但不限于实际损失、侵权所得以及为制止侵权行为所支付的合理开支）、消除影响等。更为严重的是，商标权侵权行为可能被记入社会信用记录，影响信用评级和招投标等活动。

应对措施：

针对商标权侵权风险，综艺节目制作方应采取以下应对措施：

（1）事先审查。在综艺节目筹备阶段，制作方应主动进行商标检索，查明所使用的商标是否已被他人注册，避免侵犯他人的商标权。对于节目名称、LOGO 设计、视觉包装等涉及商标使用的关键元素，确保其具有原创性，或已获得商标权利人的合法授权。对于确实需要使用的第三方商标，务必取得商标权利人的书面授权，并在授权范围内合法使用，不得超范围或超期限使用。

（2）合规使用。在使用他人商标时，正确标注商标所有人信息，避免让消费者产生混淆或误认。

（3）制度、合同约束与风险转移。对内制定严谨的责任制度，提高内部员工的商标权保护意识。对外与供应商、合作伙伴签订合同时，明确约定对方也不得侵犯第三方的商标权，并由对方承担因商标权侵权引起的法律责任。

（4）主动止损。若发现商标权侵权风险，应及时启动调查，必要时聘请专业律师及知识产权顾问进行法务审查。如确实存在侵权风险，及时撤换相关元素，避免在摄录阶段使用，导致商标权侵权行为持续。

（三）出镜人员知识产权归属争议

综艺节目制作方邀请演艺人士担任嘉宾或其他出镜人员参与节目录制，必然涉及出镜人员在节目中表演内容的知识产权归属。此部分内容包含在综艺节目筹备阶段对演艺人士的风控内容中，本书在第八章进行专门阐述。

（四）自有知识产权的归属和权益分配

综艺节目筹备阶段也是一个知识成果产出的阶段，原创台本、舞美设计、音乐作品、商标等多方面的权益均在此阶段产生，相关知识产权归属和权益分配的规则也必须在此阶段明确，否则易引发内部纠纷及与供应商之间的纠纷。

应对措施：

（1）台本、舞美设计、原创音乐等作品，其知识产权一般归创作者所有。但如果是由综艺节目制作方员工创作，在节目筹备阶段产生的创新成果，可通过不同合同明确归属于综艺节目制作公司，或约定作为职务作品，版权归综艺节目制作方所有。

（2）如果是外包或与外部第三方合作创作，则需签订合作协议明确知识产权归属。

（3）节目名称、LOGO 设计、视觉包装等商标和版权作品，通常由综艺节目制作方拥有，但如果涉及与其他企业或个人的联合创作，应通过合同明确约定知识产权归属及使用权限。

三、综艺节目筹备阶段的肖像权侵权风险

肖像权是指公民对其肖像所享有的再现、使用和保护自己肖像不受他人非法侵害的权利。肖像权侵权是指未经肖像权人许可而使用他人肖像的行为。综艺节目的肖像权侵权风险贯穿于节目策划、制作、宣传等整个综艺节目制作流程，在综艺节目筹备阶段，主要体现在筹备人员未经演艺人士、普通民众、公众人士的许可，通过不同途径收集到特定人物或其他非节目相关人员的照片、视频等素材，未经肖像权人授权，以不同的形式准备用于后续的节

目摄录、制作或宣传的行为。

《中华人民共和国民法典》第一千零一十九条第一款的规定：任何组织或者个人不得以丑化、污损，或者利用信息技术手段伪造等方式侵害他人的肖像权。未经肖像权人同意，不得制作、使用、公开肖像权人的肖像，但是法律另有规定的除外。因此，综艺节目筹备阶段在使用任何涉及肖像权的素材时，必须严格遵守相关法律规定，避免侵犯他人肖像权。否则，一旦相关素材用于后续的摄录阶段并播出，综艺节目制作方可能面临舆论争议、法律诉讼，并承担停止侵害、赔礼道歉、赔偿损失等法律后果。

应对措施：

（1）综艺节目制作方与演艺人士签订合同时，应明确肖像权使用条款，包括使用范围、期限、方式、是否允许修改以及赔偿责任等。

（2）对于非出镜人士、普通民众的肖像使用，必须取得肖像权人的书面授权。对于网络素材的使用，应核实来源并取得授权，无法取得授权时宁可不用。

（3）制作素材时尊重每一位参与者的肖像权，避免采取恶意贬损或不当使用的方式。

四、综艺节目筹备阶段的场地选择风险

随着中国电视综艺节目的发展，综艺节目的室内、户外拍摄已经极为普遍，其中室内拍摄已经不仅仅局限于自有的演播室，而是根据台本的要求，使用剧院、写字楼、别墅等场地进行室内拍摄。户外拍摄的场地范围更加广泛，街道、公园、游乐园、居民小区、山区、水库、果园、乡村等均可能成为拍摄场地。

综艺节目筹备阶段的工作内容之一就是场地的选择和设计，包括实地勘察和设计、后续搭建、广告位设置等，综艺节目制作方在选择场地时通常要考虑以下风险：（1）场地是否适合节目需求。场地选择通常需要考虑规模适宜，根据预计的观众人数、演出规模、拍摄需求选择合适大小的场地；亦要考虑功能合适，即场地的功能布局、设施配置应能支持节目的实际需求，如舞台、后台区域、观众席、休息室、化妆间、停车场等。除此之外，还需要

考虑建筑的结构、设施的现状、场地安全性等因素是否能够满足节目录制的特定需求，比如是否适合施工、能否满足灯光音响设备的安装要求、能否满足拍摄视角等。(2) 场地是否合规。场地是否符合当地建筑、消防、环保等相关法规，是否具有合法经营许可，如存在违规情形，可能影响节目的正常录制和播出。(3) 是否便于突发事件应对。场地地理位置、交通便利性、安全疏散能力、紧急应对措施等均可能影响节目的顺利进行以及应对突发情况的能力。(4) 成本。场地租赁费用、额外设施配置费用、运输费用等均需核算，避免超出预算。实践中综艺节目的拍摄经常伴随着对场地、设备的损坏，综艺节目制作方还需要预留准备金，所以估算租赁场地的预算、控制成本非常重要。(5) 场地是否有特殊要求。场地是否有特殊的消防要求、环保要求等，比如选择森林公园作为拍摄场地的要禁止烟火，不可以在里面施放烟火；水源地不允许游泳、倾倒污水等；未开发的野外区域不可以去拍摄，以免救援困难；野生动物栖息地不允许干扰动物等。举例而言，如果拍摄一个野外生存的综艺节目，设置了抓捕并食用野生动物的情节，那么选择保护动物栖息地作为拍摄地就是不合适的。

案例：2019 年，韩国女艺人李烈音参加韩国 SBS 电视台的野外生存真人秀《丛林的法则》(Law of the Jungle)。其中一个情节是捕捉食用野生动物。该节目选择了泰国南部的董里府国家公园作为拍摄地点，李烈音捕捉并食用了当地受保护的濒危物种库氏砗磲。这一行为违反了泰国的野生动物保护法，导致泰国当局对她发出了逮捕令。[1]

综艺节目制作方在场地设计、后续搭建、广告位设置等环节主要需要注意知识产权侵权风险和安全生产风险。其中知识产权侵权风险同前文所述，在此不再赘述。安全生产风险包含两个方面：一是负责施工搭建、设备安装的部门和人员应注意安全操作，避免出现人伤的安全事故；二是注重对财物、设备、场地、设施的保护，避免在施工搭建、设备安装过程中发生财物、设

---

[1] 《韩国女演员泰国捕食巨蛤被起诉或面临 5 年监禁》，载人民网，http://m.people.cn/n4/2019/0709/c57-12921217.html，最后访问时间：2025 年 5 月 15 日。《韩女星拍〈丛林的法则〉捕食珍稀动物惹大祸 遭泰方起诉或将面临刑罚》，载人民网，http://korea.people.com.cn/n1/2019/0708/c407921-31220352.html，最后访问时间：2025 年 5 月 15 日。

备、场地、设施的损坏。此外对于易发生损坏的地方应提前做好保护措施，降低后续摄录阶段财损的风险。

应对措施：

针对综艺节目筹备阶段场地选择及设计的风险，综艺节目制作方可以采取以下应对措施：

(1) 事先的全面调研和评估。在选择场地前，进行全面实地考察，详细了解场地的基本情况、设施状况、结构特点以及是否符合节目拍摄的各项要求；确保场地符合国家和地方的建筑、消防、环保等相关法规，具有合法的经营许可，避免因场地合规性问题影响节目录制。在此基础上，与场地所有者/管理者签署详尽的场地租赁协议，明确双方权利义务，对可能出现的问题提前进行约定，避免后期纠纷。

(2) 场地使用方案尽可能详尽。结合节目需求并考虑到施工条件、设备安装空间和拍摄视角等要求来设计场地布局。对于特殊的场地要求，如消防、环保等，制定专项应对策略，如在森林区域拍摄时制定防火预案，禁止烟火等。

(3) 应急预案与安全管理。制定周全的突发事件应急预案，确保场地周边的交通便利性、安全疏散能力充足，配备必要的急救和安全保障设施，以及应对突发状况的快速反应机制。加强施工搭建、设备安装过程中的安全管理，对施工人员进行安全操作培训，确保严格按照操作规程作业，避免安全事故的发生。

(4) 成本核算。在场地选择阶段就对租赁费用、额外设施配置费用、运输费用等进行精准预算，设立风险预备金以应对可能发生的额外支出或损失。与场地所有者协商合理的损坏赔偿条款，确保在施工搭建、设备安装过程中对场地原有设施的保护措施到位。

(5) 合法合规使用场地。在自然保护区、水源地、野生动物栖息地等特殊场地拍摄时，需事先了解当地法规，尊重并保护动植物生态，避免后续摄录时对环境造成破坏。在城市中需要封闭特定区域拍摄的，应在筹备阶段提前向有关部门申请并取得许可，不可自行封闭区域，影响他人正常经营、生活及通行。

五、综艺节目筹备阶段的后勤保障风险

综艺节目筹备阶段的后勤保障工作主要包括：场地选择与安全检查；人员配置与培训；设备购买或租赁与技术支持；安保方案、应急预案的制定与演练；法律合规与知识产权的风控；食宿交通的安排与健康管理；保险的购买；等等。其中，场地选择与安全检查、人员配置、安保方案、应急预案的制定与演练、知识产权的风控等内容，本章另行进行论述，设备购买或租赁与技术支持的风控在本章合同风险部分已经有所体现，故本节主要论述食宿交通的安排、健康管理以及保险的购买。

在综艺节目筹备阶段，食宿交通安排得稳妥与否直接影响后续的节目摄录能否顺利进行，以及能否最大限度地降低可能出现的安全、法律或其他运营风险。良好的交通安排可以确保主创人员和出镜人员按时到达指定位置，以免影响拍摄进度，在一定程度上也可以减轻相关人员的负担，使其精力可以集中在节目录制工作中；合理的食宿安排有助于确保相关人员的健康，保障节目制作成本和效率，同时可以提升参演嘉宾、工作人员的积极性和满意度。可以说，食品安全、住宿卫生以及交通安全是综艺节目制作全流程不可忽视的三大风险，保障相关人员的健康是综艺节目制作方必须重视的问题。

并非所有的风险都是可预见的，即便是可预见的风险，也经常会由于经办人员的过错或过失使风险变成现实。所以保险的安排就非常重要。保险可以将不可预见的损失转移到保险公司，降低节目的经营风险，也可以为节目参与者提供基本保障，确保万一发生意外时能依法得到应有的赔偿。

实务中，交通食宿的安排标准通常会在合同中有明确的约定，但是在实际操作中，环节的衔接、距离的远近、餐饮的品质等一直是风险控制中常见的问题（供应商资质问题在前文已经阐述，故在此不再赘述）。

比如，演艺人士抵达指定地点时，如果车辆没有及时安排接送，有可能令演艺人士被认出而被围观乃至在特定场所造成拥堵；摄录暂歇，膳食未及时送到导致大家没有饭吃，又或者送得太早，没有保温措施导致膳食变成冷

饭冷菜……这些问题看起来似乎都是一些"小问题",但对主创人员和演艺人士及其他工作人员会造成不同程度的心理影响,间接影响筹备阶段和后续摄录阶段的效率,甚至引发不必要的矛盾和争议。

另一个难以把握的风险是人员的健康风险。现实中,导致人员健康出现问题的因素有很多,过度疲劳、作息是否规律、有无不良嗜好、是否有心理问题、餐饮是否安全、周边环境(如低温、高原、海上等)等。同时,不同人之间存在体质差异,地区范围内可能存在传染病风险等,以上均会对综艺节目筹备阶段乃至后续阶段产生不利影响。

应对措施:

(1)事先做好交通规划。综艺节目制作方应综合考虑录制地点、人员数量、行程安排等,预订航班、火车票、租赁客车、行李车、大巴等交通工具及服务,选择健康冷静的司机,制订详细的接送计划,并考虑到紧急情况下的备用方案。

(2)综合考察酒店及住宿设施。综艺节目制作方应提前考察酒店或住宿场所,综合考虑与录制现场的距离、设施是否完善、安全是否有保障、是否符合合同要求等因素来确定酒店或住宿场所。

(3)可靠的餐饮安排。考察可靠的餐饮供应商,审核资质,协商膳食结构,严格落实食品安全责任及服务水准,尽最大努力保障食品卫生和营养均衡。同时事先了解是否有特殊饮食需求,如宗教禁忌、是不是素食者、对什么食物过敏等,以制定合理的用餐时间和菜单。

(4)制订备选方案。制订特殊状况(如司机生病、餐饮企业不能履行合同义务等)下的备选方案,确保有备选人员、企业能及时替换。

(5)建立日常和应急医疗体系。事先了解人员有无特殊需求(如慢性疾病、过敏体质、残障人士);安排现场医疗急救团队和急救设备,配备常用药品、急救箱、自动体外除颤器等,以便能进行制定急性伤病应急处置。对于严重的病情,要与附近医疗机构建立事前联系,以便在需要时迅速转送至医院接受进一步治疗。

(6)评估节目后续环节,购买种类全面的保险。综艺节目常涉保险通常包括人员保险、财产保险和责任保险，还会包含特殊项目保险。相关保险的种类见本书第一章的阐述。综艺节目制作方应综合评估节目所有环节，确定需要购买的保险险种，并且购买足够的保额。

六、综艺节目筹备阶段的安保风险

综艺节目制作的安保工作主要集中在筹备阶段和摄录阶段，后期制作阶段也会涉及部分安保工作（如演艺人士后期补录时的安保工作等）。关于摄录阶段的安保工作，本书将在第五章进行阐述，本章主要探讨综艺节目筹备阶段的安保风险。

安保，顾名思义为安全保卫或安全保护，主要目的是预防和应对潜在的危险、威胁和犯罪行为，以确保人员、财产和信息的安全。安保服务提供方不仅限于警察或军队等官方机构，也可以是私人公司或个人，如技术安防、现场秩序维护、保镖服务等。

综艺节目筹备阶段的安保工作包含多个维度，每个维度都对应着不同的风险和防范需求，包括：对人身安全的保护；对财产的保护；对信息资料的保护；对现场秩序的维护；对应急预案的制定。其中对信息资料的保护涉及保密，本节将在后文进行阐述。

对人身安全的保护是综艺节目筹备阶段最重要的安保内容，综艺节目筹备阶段是人员从少到多的聚集阶段，对主创人员、出镜人员、供应商人员的人身安全保护不可或缺。其中相对重要的是对演艺人士的保护。

有一定知名度或流量的演艺人士的到来或离开通常会引起注意、围观，无论这样的注意、围观是路人自发的还是经纪公司、粉丝团体为之，都会增加安保风险。现实中，粉丝应援接机、"私生饭"围追、"娱记""狗仔"驾车追堵的行为不少，不仅威胁了演艺人士、在场人士、路人的人身安全，还严重威胁了社会秩序。甚至有的演艺人士为了增加曝光机会，会故意滞留引发拥堵。某华裔演艺人士曾在抵达国内某机场后，明知粉丝长时间拥堵在航站楼已经影响了公共秩序，行进速度却仍然非常慢。这样的行为无疑使现场安保工作压力增大，以至于警方在多次询问无果的情况下，被迫强制该演艺

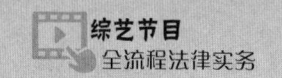

人士离开。

案例：2019年4月，多位演艺人士及团体抵达上海虹桥机场，大批粉丝前去应援接机，引发大范围混乱和拥挤，以致自动扶梯的玻璃都被挤爆。此事发生后，引发中国警方在线等微博账号的批评。

考虑到演艺人士抵达后的接送通常由综艺节目制作方负责，故相应的安保责任通常也由综艺节目制作方承担。这里就要掌握安保的度，既要保证演艺人士的安全，避免演艺人士受惊、受伤，又不能侵害他人利益，妨碍社会公共秩序。比如安保人员为了保护演艺人士，派专人开道，把前面正常走路的人粗暴推开，或不许别人通行，这样的手段似乎保护了演艺人士的人身安全，却损害了公众利益，容易引发反感乃至形成舆情。

对财产的保护包括防止因盗窃、火灾或其他外来原因造成的设施、道具、设备等财产损失。对现场秩序的维护主要包括施工现场秩序的维护，确保人员不受干扰，场地的建设和设备安装能平稳有序进行，以及根据现场布局、区域设置、设备安排等细节进行隐患排查。隐患排查是现场秩序维护工作的重中之重，任何可能引发事故的潜在因素都属于隐患，比如场地安排不合理、消防逃生门被堵、电气线路老化、设备故障、装饰物容易掉落等，一旦在正式摄录时发生事故，极有可能导致现场混乱、录制中断、人员冲突、踩踏等问题。

无论采取何种预防措施，预料之外的突发事件仍有可能发生，如极端天气、疫情、火灾、车祸、突发疾病等。特别是涉及大量人员参与录制时，突发事件有可能演变成事故，导致伤亡。故应急预案的制定就非常重要。

案例：1999年，韩国艺人金成赞参加韩国某电视台一档综艺节目的拍摄，在荒村深山中因为防护不当而感染疟疾，由于现场急救措施不足且未能及时送医，最终不幸去世。[①]

应对措施：

（1）与专业的安保团队合作。专业的安保团队可以制订安保计划，为具有一定知名度的演艺人士提供专业的保镖服务，保障其在公开场合的安全，

---

① 《〈追我吧〉节目宣布永久停播》，载环球网，https://m.huanqiu.com/article/9CaKrnKob9o，最后访问时间：2025年5月15日。

并把握安保手段的度。

（2）与公共场所或部门提前协调。接送演艺人士时，与机场、火车站等公共场所提前协调，规划专用通道和等候区，确保粉丝、围观群众与演艺人士保持距离，防止"私生饭"或其他非法闯入者接近或袭击演艺人士。

（3）现场秩序管理。在场地、办公区域周围设置警戒区域，确保监控设备、防火系统及防盗报警装置能够正常使用，能够覆盖重要设施、道具和设备。防止外来人员进入场地、办公区域。要求施工现场遵守相关安全规定，对场地布局、消防设施、电气线路、设备性能等进行全面细致的安全检查，及时消除安全隐患。

（4）制定安保应急预案。制定详尽的应急预案，包括可能发生的风险（如恶劣天气、疫情、火灾、停电、人群骚乱、地震、现场施工事故等）、相应的快速反应机制、医疗措施和疏散路线的制定，在能力范围内先保证人员的生命健康。要对全体工作人员进行安全培训和应急演练，使之明了并能迅速实施应急预案。

七、综艺节目筹备阶段的信息安全风险

综艺节目是一个知识成果产出的过程，可以说，知识成果是综艺节目的核心竞争力。知识成果泄露会影响节目后续能否盈利、是否可能被抄袭，甚至影响节目的存续与否。哪些知识成果属于商业秘密，如何进行信息保护就是综艺节目制作方必须考虑的。

综艺节目制作全流程涉及的商业秘密较多，在筹备阶段通常包括：（1）项目资料。包括但不限于：拍摄方案、海报设计、创意设计、宣传策划、图片、照片、视频、录音、数据信息、艺人宣传资料、其他项目资料等。（2）合同书、协议书等文件。（3）客户资料。如客户名单、客户内部信息、客户营销方案等。（4）供应商提供服务而生成的含有前述信息的资料。如数据、计算机软件或其他商业秘密信息等。

相关商业秘密一旦泄露，必然损害制作方的利益。比如，提前泄露节目内容会破坏观众对节目的期待感，导致节目的收视率受影响。而且会导致预

期广告收益降低、赞助商权益受损,综艺节目制作方还有可能因为违反保密条款而被起诉,甚至导致节目取消。又如,嘉宾在与经纪公司商谈解约,并有意解约后参与某综艺节目,如果这一消息提前泄密,可能会导致解约难度增大,引发该嘉宾与综艺节目制作方的矛盾。

所以,综艺节目筹备阶段的保密工作非常重要,信息安全直接关联节目的经济利益,也关联各方合作是否顺利。综艺节目制作方需要同时注意对外部的保密工作和对内部人员的保密措施,以降低信息安全风险。

案例: 某女性演艺人士为主要嘉宾的综艺节目在筹备及录制期间,曾有多次关于嘉宾阵容、赛制安排以及表演内容的泄露,导致观众对正式播出的内容失去新鲜感,制作方不得不紧急采取措施加强保密工作,并对涉及泄密的行为进行了严肃处理。

应对措施:

(1) 保密协议或保密条款的设置。综艺节目制作方应当与所有参与节目策划、制作、宣传等环节的工作人员、演艺人士、合作伙伴以及供应商等签署严格的保密协议,或在合作协议中设置详尽的保密条款,明确各方在信息保护方面的义务,以及违反相应义务需要承担的法律责任。

(2) 细化安保措施。其一,对于商业秘密等信息,在内部实施分级管理,设置访问权限级别;其二,加强办公场所的安全管理,限制非授权人员进入,确保门禁系统、监控设备可以正常使用;其三,对纸质文档、电子设备等载体的保管实施责任制,严禁随意借用,严禁用于其他用途;其四,利用技术手段防止外部非法网络非法侵入;其五,对需要传输的数据进行加密,以保障数据传输、通信渠道的安全。

(3) 严格审查和追责流程。任何对外发布的内容,均应经审核后方可发出,内部人员和供应商、合作伙伴、演艺人士不得擅自发布与综艺节目有关的内容,以确保不会意外泄露敏感信息;一旦发生泄密,第一时间启动调查程序,查明原因,及时止损;对于违反保密协议或条款,造成泄密的行为,及时以法律手段追究责任,在追偿损失的同时,亦可以震慑潜在的有窃密、泄密意图的其他方。

第五章
综艺节目摄录阶段的合规与风控

第一节 综艺节目摄录阶段概述与流程

一、综艺节目摄录阶段概述

摄录,是指通过摄像机器或录音机器等设备对事件、现象、声音、人、物、环境等进行录制和记录,并保存在媒介上的行为。实务中通常是指音像资料的采集和保存过程,比如录制视频、录制音频、拍摄照片等。综艺节目的摄录是指通过摄像机器及录音机器等设备,按照节目台本采集节目内容,如对话、表演、游戏互动、竞技等各种现场活动,并对采集的内容进行储存的过程。

本阶段的内容主要包括现场彩排、设备调试以及按照节目台本进行的正式摄录。理论上,正式摄录前的所有工作如现场彩排、设备调试都属于准备性工作,也可以归入综艺节目的筹备阶段,但是考虑到现场彩排时,制作团队已经基本就位,摄像师、导演等已经开始实际摄录相关工作,根据彩排情况进行设备调试,一切均参照正式摄录的流程、方式而行,目的是发现并解决可能存在的问题,保证正式摄录时的流畅度和质量,同时考虑到彩排及相应的设备调试是筹备阶段向摄录阶段过渡的重要环节,本书将现场彩排、设备调试等环节也归入综艺节目摄录阶段,一并阐述。

综艺节目摄录阶段是综艺节目全流程中最关键的阶段,其与综艺节目筹备阶段紧密衔接,将前期策划转化为可视内容,构建后期制作和播出工作的基础。综艺节目摄录阶段采集的视频、音频、图文等素材是后期制作和后期效果呈现的基础,唯有拍摄到全面、充足、有表现力的素材,后期制作人员才能根据导演的思路、节目的主题和效果的构思,对素材进行选择、剪辑、配音、配乐、调色、特效制作等工作,以最终合成完整的、兼具观赏性和艺术性的综艺节目成品,故本阶段是综艺节目全流程中实际执行和内容创造的核心部分,其成果直接决定节目的质量和最终呈现给观众的视觉效果。

因此,综艺节目摄录阶段是整个综艺节目制作全流程中最能体现创造能力、统筹能力、表演能力、应变能力的阶段。虽然部分综艺节目可以如同影视剧一般反复拍摄每个镜头画面,但是大部分综艺出于制作时间的考虑,需要在较短的时间内完成录制,部分直播类的综艺节目更是要求"一次过",这意味着现场摄录存在实时性和不可逆性,呈现节目效果或建立后期剪辑基础的机会数量少,甚至只有一次,这对导演组的统筹能力、现场创造能力提出了很高的要求,也对出镜演艺人士的表演能力提出了很高要求。

综艺节目的摄录是多部门、多工种共同配合的过程,任何一个部门或工种的疏漏(比如灯光失灵、调音控制台操作失误等)都可能导致摄录过程出现不确定因素乃至事故。以耳返为例,耳返是演唱时重要的辅助设备,一旦失灵会对表演者及时了解音准和伴奏造成巨大障碍,多位演艺人士曾经在表演过程中发生耳返失灵或少了一轨音乐的事故,只能凭借经验盲唱,还有的演艺人士不得不中断表演。

因此,摄录阶段对导演组、摄像团队、录音组、服装组、化妆组、道具组、灯光组等工种的人员协同提出了极高要求,也对设备协同提出了很高的要求。同时考虑到现场存在的诸多不确定因素(如设备故障、舞台事故、出镜人士情绪变化、观众闹事、突发疾病等),摄录团队还需要具备高度的应变能力。针对一些较轻的事故如观众冲上舞台、设备故障等,综艺节目制作方在完成安保工作的同时要能稳定现场局面,及时控场以保证节目录制继续进行;针对一些较大的事故,要能够保障现场秩序,尽最大能力保障人员的生命安全。比如录制现场发生火灾,摄录团队要在最短时间内安排观众和主创、出镜人员有序撤离。

二、综艺节目摄录阶段的主要工作内容

综艺节目摄录工作主要是围绕现场摄录展开，工作内容依不同的部门及工种不同，细分内容较为繁杂。本章综合不同部门的工作内容，归纳如下。

（一）导演组的全程控制

在综艺节目摄录阶段，导演组的工作内容复杂且至关重要，涵盖了从前期准备到现场拍摄的全过程。

导演组首先需要对台本进行细化，根据细化的台本制订详细的拍摄计划和时间表，同时确定对不同部门的要求，比如与摄像、灯光、录音等部门一起确定拍摄方案和技术要求，包括机位设置、灯光布局、音效设计等，以确保后续摄录工作的顺畅进行。

在此基础上，导演组需要负责每日发通告，协调安排人员的行程、各部门的具体工作、物资的准备。通告单是所有部门和人员的工作指南，内容非常详细，通常包括拍摄内容（按时间段划分，详细记录每个环节的拍摄内容、剧情走向和关键点等）、摄录时间（每日拍摄的起止时间、早晚班次、休息时间和转场时间等）、场地及布置（场地的具体位置以及所需布景、道具）、出镜人员（当天参与拍摄的人员及其各自的任务）、设备需求（各技术部门所需设备清单）、化妆及服装要求（出镜人员的妆容、发型及服装要求）、餐饮及后勤安排（用餐时间及饮水、交通安排等）、安全注意事项（需要特别提醒的安全注意事项）等。导演组通过通告单让所有人了解自己的工作内容，构建协作，保障摄录工作的有序进行。

在详细的拍摄计划和时间表、拍摄方案等确定后，导演组要组织全体演职人员进行彩排，在彩排过程中对出镜人员的表演、不同环节的设计与衔接、设备使用等进行实际检查。导演组要在彩排过程中发现问题，制定解决方案，以确保正式摄录时的质量和效果。

彩排完成后，导演组将主导正式摄录环节。总导演作为正式摄录环节的最高决策者，现场指导全程的拍摄工作。导演组需要保证现场拍摄的质量，

指导摄像师捕捉画面，监督画面构图、场景转换、服装造型等元素，适时作出调整；导演组同时需要指导出镜人员的表现和设备的使用，把控节奏，保证现场摄录的顺利，根据现场情况灵活应对；导演组还需要协调不同部门，向不同部门的工作人员发出指令，确保各部门之间协作流畅。

可以说，导演组在综艺节目摄录阶段的工作质量，决定了素材的质量，为后续的素材管理、后期剪辑、制作打下基础。

(二) 艺统组的全程协同

艺统组在综艺节目摄录阶段也扮演着重要角色。艺统组需要在导演组的指导下负责演艺人士的统筹协调工作。有业内人士戏称艺统组系演艺人士的"保姆"，但"保姆"一词并不能形容艺统组的重要性。

艺统组需要有沟通能力，一方面，艺统人员需要与演艺人士保持密切联系，传达导演组的要求；另一方面，艺统人员需要及时反馈艺人的要求和意见，确保演艺人士能顺利融入整个制作团队。除了沟通能力，艺统组还需要有协调能力，对于演艺人士遇到的困难、发生的矛盾、提出的各项合理需求（有时也是不合理的），艺统组要及时跟进和协调，予以满足或予以解决。也就是说，艺统组人员不仅需要传达信息，还要努力解决问题。艺统组参与综艺节目制作方与演艺人士之间的合同的权利义务的落实过程，起到缓冲、协调作用。

艺统组的工作内容包括对演艺人士生活的安排，如住宿、餐饮、交通等，同时关注演艺人士的身体状况、心理状况等；亦包括对演艺人士工作细节的安排，如化妆间、更衣室、休息室的配备，饮食、衣物等个人物品的准备，流程的引导，与其他节目制作部门之间的沟通等。可以说，艺统组的工作覆盖了从彩排到正式摄录结束的全过程，艺统组如同导演组的手臂，引导演艺人士按照导演组的要求参与综艺节目的制作，服务演艺人士，协调问题，化解纠纷，帮助导演组顺利完成节目摄录工作。

(三) 出镜人员的表演和表现

出镜人员的表演和表现是综艺节目中不可或缺的组成部分。这里所说的表演，指出镜人员按照节目台本进行歌唱、舞蹈、脱口秀、情景演绎等专业技艺展示；这里所说的表现，指出镜人员在节目中的非技艺展示的言行举止，比如惊讶、感动的情绪表达，出镜人员之间的对话、游戏互动、观点发挥等。

出镜人员的表演和表现对节目质量有非常直接的影响。如果一个出镜人员的表现过于做作，或其言谈举止引发反感，又或者一个出镜人员表演不投入，台词不熟练，表情不自然，其呈现的节目效果可能就是灾难性的。所以，出镜人员必须了解自身的角色定位，根据节目设定和角色定位来展现个性和特色，并且以真诚、投入的心态对待每一个镜头。出镜人士要举止自然，熟练掌握、自然流利并有感染力地表达台词，按照导演组的指示进行表演和表现。

考虑到现场录制常有无法预料的情况发生，出镜人员需要具备较强的临场应变能力，面对突发状况时能够迅速调整状态，努力救场，避免打乱节目进程。比如：节目由三位演艺人士共同演出，按照台本，三位演艺人士应该依次走过舞台中某个位置，但是第一位演艺人士不知出于何种原因，占据该位置没有离开，打乱了原定的演出节奏，后面的两位演艺人士不能茫然失措，而是要根据现场情况随机应变，一边继续表演一边补救。

案例1：在某春节联欢晚会直播中，由于零点钟声提前敲响，主持人临时接到通知调整节目顺序，她在台上即兴发挥，用一段长达三分钟的讲述巧妙填补了空档，避免了播出事故，赢得了广泛赞誉，被誉为"黄金三分钟"。

案例2：某歌唱比赛总决赛直播时，由于一位歌手突然宣布退出比赛，引起了现场的混乱。主持人冷静应对，即兴发表了近七分钟的讲话，既平息了现场的紧张气氛，又为节目组争取到了宝贵的时间来重新调整流程，堪称教科书级别的救场。

（四）技术部门的调试与协同

综艺节目制作团队中的技术部门是指负责各项技术性工作的部门，通常分别由负责呈现不同表现形式效果的专业团队、设备操作团队、软件操作团队等组成。这些部门在导演组的指挥下负责技术层面的策划与执行，彼此配合，共同产出符合导演组要求的视听效果。

综艺节目制作团队中的技术部门包括但不限于：摄像组；录音组；灯光组；负责维护各种软硬件及网络的后勤保障团队；后期制作部门如剪辑组、动画组等。综艺节目制作是一套复杂的系统工程，不同环节紧密相连，只有多个技术部门高效协同，才能保证最终呈现出符合预期效果的综艺节目。

在综艺节目摄录阶段，不同技术部门需要结合本部门的工作内容和技术要求，了解其他部门的需求，规划各自设备人员的安排。在导演组的指挥下，各部门需要在正式录制前进行彩排，按照实际流程进行模拟操作，摄像、录音、灯光等部门实时沟通，与出镜人员相互配合，测试设备性能、人员配合、声像效果、流程衔接等情况，发现问题及隐患，并制定相应的解决方案及应对预案。

在正式摄录环节，在导演组的统一调度下，各技术部门彼此协同，及时根据现场表现做出反应，争取使每个环节达到最佳效果。其中摄像组负责节目现场及外景拍摄，负责操作摄像机进行多机位拍摄，调整和控制镜头角度、焦距、景深等，运用跟拍、摇移、升降、推拉等技巧，保证视觉效果；灯光组根据节目需求调控现场灯光，营造符合要求的视觉环境；录音组负责现场声音的捕捉、混音，确保音频质量；其他技术部门负责设备维护、故障排除、信号传输等技术保障。分工明确的各部门紧密合作，共同构成高效运作的整体。

（五）服化道部门的配合

服化道部门分别是指服装、化妆、道具部门，三个部门的工作内容相互关联，共同服务于节目的视觉呈现。在综艺节目摄录阶段，服装部门（服装组）负责所有出镜人员的服装设计和提供、更换，目的是使出镜人员的形象符合节目风格、主题要求以及个人角色定位；化妆部门（化妆组）负责所有出镜人员的发型、妆容、特效妆容制作以及整个录制过程中的补妆、发型调整等工作，确保人物造型符合其形象设定，符合拍摄需求；道具部门（道具组）需要准备和提供节目所需的所有道具，如游戏道具、背景装饰、表演器具等，需要确保道具是安全的、实用的、合规的，与节目内容、场景是吻合的，并且在摄录过程中及时移动、回收、更换、维修道具，对尚未使用及使用完毕的道具进行管理。

（六）安保工作

在综艺节目摄录阶段，安保工作是整个摄录过程中现场秩序维护和人员财产信息安全的重要保障。

在综艺节目摄录阶段之前，安保团队要对场地进行全面的安全评估，检查消防设施、疏散通道等是否符合要求，并综合考虑分析潜在风险如人员聚集、设备故障、火灾、地震、电力中断、人群失控、犯罪等风险，制定详细的安保方案和应急预案。安保方案及应急预案需要经过彩排的初步检验，以最终确定实施细节（如在何处设立警戒线、在何处设置安全标志与指引、安保人员如何分布等）。

在正式摄录环节，安保团队的主要工作内容包括现场的区域控制、现场风险管理和重要人物的保护。

区域控制是指安保团队根据录制现场的实际情况，基于安全的考量，将场地划分为不同功能区域，如表演区（竞技区、舞台区）、观众区、后台区等，不同区域根据其重要性采取不同的安保措施。手段包括：（1）现场进出通道控制。即对观众和工作人员的出入实施严格的门禁或门票管理。（2）特定区域封闭管理。即特定区域（如后台）只允许特定人员出入。（3）路径管理。即通过围栏、障碍、指示牌等措施，指引现场工作人员、演艺人士、观众等各自按照事先规划的路线或通道流动。

现场风险管理是指安保团队对整个录制现场的各种风险进行预防、监控和处置的过程。其手段包括：（1）人员流动管理。即在人员进出时段进行有效的人员流量和速度控制，确保人员和设备安全有序地进出场地。（2）安全检查与监控。即在观众和工作人员进入前，进行必要的安全检查，如通过人力或机器对背包、口袋里的物品进行检查，防止携带违禁物品入场，同时安装监控探头，设置巡逻路线，实时监控所有区域的安全状况。（3）观众行为管理。即对现场观众行为进行监管，防止拥挤、投掷物品、做侮辱性手势、辱骂、斗殴、吸烟、燃放烟花、攀爬设施等可能引发安全问题的行为，对于违反规定的观众，采取劝导、制止乃至强制带离等措施。（4）突发事件应急处理。即及时处置现场的突发事件，尽快平息纷争，排除隐患，一旦突发事件导致摄录不得不中止，要能够保障人员有秩序地迅速撤离现场。

重要人物的保护是指安保团队对参与节目摄录的重要人物（如参演的演艺人士、观众中的重要嘉宾等）按照安保计划进行全方位保护的过程。其手段包括：（1）专属区域的设置。即在活动现场设立专属停车位、休息区、通道，以确保重要人物的安全和隐私。（2）近身保护。即为重要人物配备近身安保服务，以防备伤害、偷拍、骚扰及其他可能的侵犯行为。（3）安全路线规划。即事先规划好重要人物从抵达现场到离开现场的全程路线，包括车辆行驶路线、行人通道、电梯使用等，并确保沿途安全。（4）突发事件应急处理。即及时处置现场的突发事件，如火灾、粉丝试图接近重要人物、突发疾病或受伤等情况下重要人物的安全保护和撤离。

（七）后勤保障工作

后勤保障是综艺节目摄录阶段的重要辅助，是综艺节目摄录阶段高效运作的保障，也是保证节目能够按期完成的关键因素之一。在综艺节目摄录阶段，后勤保障部门的工作内容包括：（1）协助场地布置和设备搭建，协助调试与保养；（2）安排交通接送，以保障工作人员和演艺人士出行顺畅，保障综艺节目摄录阶段的高效和顺利；（3）按照节目需求和预算，预订合适的场地、住宿、餐饮等；（4）水、纸巾、消毒剂等生活消耗品及设备配件等物资的提供等；（5）在节目现场设置休息区，提供必要的水、食品、能源服务等；（6）应急管理，处理临时发生的状况，如医疗用品的提供、医疗急救、设备维修等。

三、综艺节目摄录阶段的基本流程

综艺节目摄录阶段各个环节都需要多工种、多部门同时进行、彼此协作，是一个从计划到实施，随后不断优化的过程。基本的流程可以概括如下。

（一）前期准备环节

综艺节目所需人员、设备到位，场地准备就绪后，制作团队首先需要进行前期准备。在此环节，导演组需要召集主创人员、出镜人员、各部门工作人员等，集中或分别明确各自职责，制订各自的工作计划，确保所有人员知晓工作内容及相应的时间表，并且能够相互配合。

同时，各部门需要对本部门的人员、设备、场地等进行全方位检查和调试，确保人员各司其职，设备性能稳定，所在位置符合使用要求。服化道部门要对服装、化妆所需物品、道具等进行检查，确保服装符合要求，化妆品合格并足够使用，道具安全并符合节目风格。由于后续的现场拍摄所需设备较多，如多机位摄像机、吊臂、轨道车、无人机、音响系统、照明系统等，不同部门之间还需要协作进行测试。

（二）彩排环节

彩排，是指节目正式演出或摄录前，按照正式演出的标准和要求进行的一系列完整的、带有化妆和服装的总的排练，目的是检查整个流程、技术设备、出镜人员表演与表现等方面是否存在问题或隐患，确保正式演出时的质量和效果。彩排的重要性在于：所有人员可以通过彩排熟悉整个流程，并更加直观地明确自己在不同环节的职责；不同团队、部门可以通过彩排形成默契，配合更加熟练和精准；导演组和各部门均可以通过彩排发现并解决之前预想不到的问题，发现原流程的不合理之处、设备的故障等，降低正式摄录时发生问题的风险；出镜艺人可以通过彩排提前适应现场环境和氛围，减少紧张，增强自信，并优化细节，从而保障正式摄录时的表演质量。

在此环节，全体人员和设备进行实际走位练习，包括摄像机的运动轨迹、灯光切换点、人员行动路线等，着重检验表演质量、流程控制以及设备运行、信号传输、音画同步等技术环节，及时调整优化。彩排可能是一次，也可能是多次，还可能包括针对特定环节的专项彩排，以确保正式录制时能达到预期效果。

（三）正式摄录前的调整环节

针对彩排中出现的问题及察觉到的隐患，不同部门和人员结合各自职责对各自的工作内容进行调整，比如导演组或编剧组会对台本进行微调，出镜人员对路线、台词等进行修正，技术部门对灯光、机位、音效等细节再进行微调优化。

（四）正式摄录环节

正式摄录环节是综艺节目摄录阶段的最重要环节，也是最终成果的产出环节。前期的立项阶段、筹备阶段以及本阶段之前的前期准备、彩排、调整环节均是为了正式摄录环节的顺利进行。

正式摄录环节的工作内容依不同的节目类型有所不同，比如室内还是室外、有无观众、谈话类还是竞技类等，不同综艺节目的工作内容有所差异。本节归纳其共同点如下：

（1）场地人员流控。对于有现场观众的综艺节目，制作方需要进行观众入场管理和座次安排管理，并在全程做好观众的秩序管理工作，及时满足观众的正常需求；对于一些无现场观众的综艺节目，需要做好外来人员管理，以及演职人员进出控制，确保录制现场不受无关干扰。比如，防止粉丝、媒体人员进入现场，避免影响拍摄或造成泄密。对于一些公共区域的拍摄，要做好区域引导工作，防止群众围观聚集或进入镜头。

（2）导演组指挥下的流程推进。现场导演实时指导节目进程；摄像团队执行摄录计划；录音组监控并优化现场音频采集；灯光组依据节目内容切换场景照明；服装、化妆、道具组提前就位，全程支持；技术支持团队全程待命，解决突发技术问题；艺统组确保艺人状态与表现；后勤保障部门提供现场必需品及应急服务；安保部门维持现场秩序与安全。以上各部门协同合作，确保摄录正常进行。

（3）出镜人员执行台本及自由发挥。正式摄录过程中，出镜人员需要遵循台本，按照大致的流程进行推进，完成各自的表演或对话，并全程接受导演组的指挥和调整。在不影响节目进程的前提下，可能会进行即兴的自由发挥。导演组需要监控出镜人员的表现，根据现场情况进行灵活调整，如适时喊"CUT"进行重录，或是引导嘉宾即兴发挥以增加节目看点。

（4）素材效果管理。对于一些直播类的综艺节目，导播需要指挥进行实时画面切换,以恰当的镜头运动、特写捕捉以及特效应用来确保视觉效果符合预期,录音组要实时监控和调整音量、混响、均衡等参数,确保语音清晰,音效逼真,音画协调。对于一些录播的综艺节目,要做到多角度拍摄素材,捕捉关键镜头,为后期制作打下基础。

(5)危险性活动的安保风控。对于一些高强度、有对抗性的环节,或者涉及大型机械、特殊环境、特殊效果、有一定危险性的环节,安保部门和后勤保障部门应全程现场跟踪,及时排除隐患,应对事故。一旦发生人员受伤情况,要第一时间进行救助。

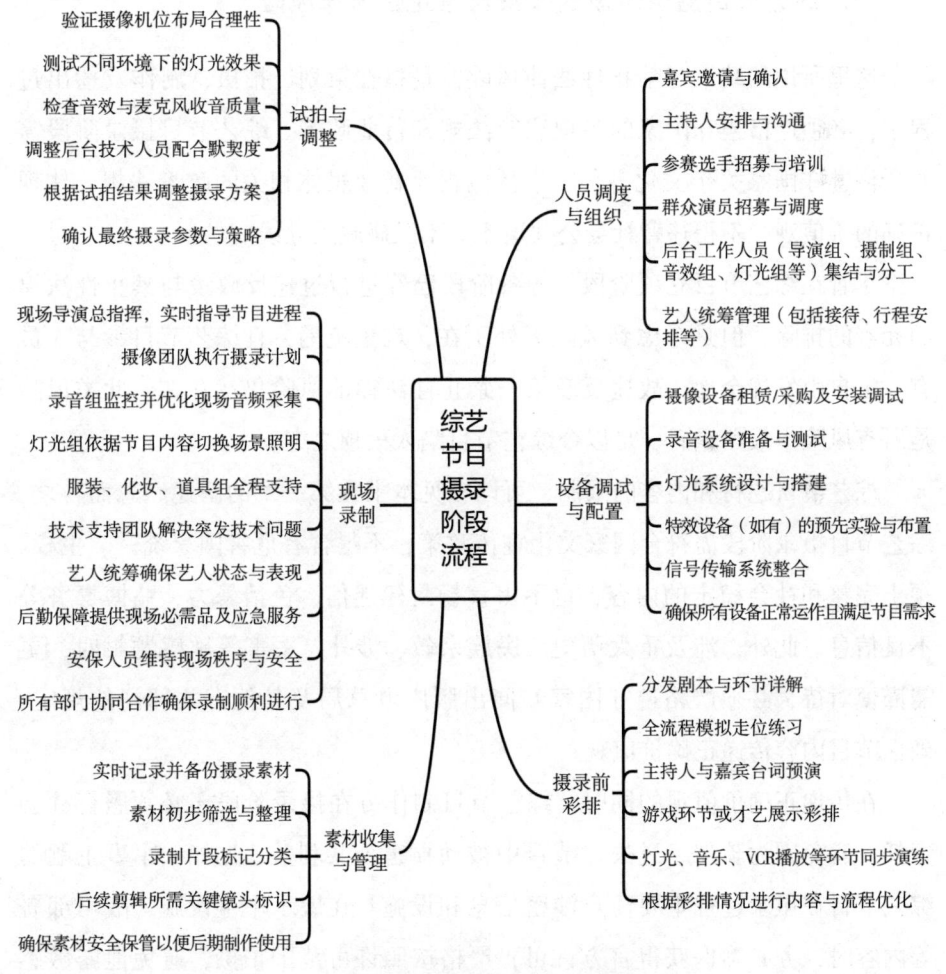

综艺节目摄录阶段流程图

试拍与调整
- 验证摄像机位布局合理性
- 测试不同环境下的灯光效果
- 检查音效与麦克风收音质量
- 调整后台技术人员配合默契度
- 根据试拍结果调整摄录方案
- 确认最终摄录参数与策略

人员调度与组织
- 嘉宾邀请与确认
- 主持人安排与沟通
- 参赛选手招募与培训
- 群众演员招募与调度
- 后台工作人员(导演组、摄制组、音效组、灯光组等)集结与分工
- 艺人统筹管理(包括接待、行程安排等)

现场录制
- 现场导演总指挥,实时指导节目进程
- 摄像团队执行摄录计划
- 录音组监控并优化现场音频采集
- 灯光组依据节目内容切换场景照明
- 服装、化妆、道具组全程支持
- 技术支持团队解决突发技术问题
- 艺人统筹确保艺人状态与表现
- 后勤保障提供现场必需品及应急服务
- 安保人员维持现场秩序与安全
- 所有部门协同合作确保录制顺利进行

设备调试与配置
- 摄像设备租赁/采购及安装调试
- 录音设备准备与测试
- 灯光系统设计与搭建
- 特效设备(如有)的预先实验与布置
- 信号传输系统整合
- 确保所有设备正常运作且满足节目需求

素材收集与管理
- 实时记录并备份摄录素材
- 素材初步筛选与整理
- 录制片段标记分类
- 后续剪辑所需关键镜头标识
- 确保素材安全保管以便后期制作使用

摄录前彩排
- 分发剧本与环节详解
- 全流程模拟走位练习
- 主持人与嘉宾台词预演
- 游戏环节或才艺展示彩排
- 灯光、音乐、VCR播放等环节同步演练
- 根据彩排情况进行内容与流程优化

第二节　综艺节目摄录阶段的风险与风控

综艺节目摄录阶段总体上是一个实施阶段，故所发生的风险主要集中于实际操作层面。这一阶段也最容易发生人员伤亡、财产损失、合同性争议等情况，该阶段的风控也是最为直接和重要的。

一、综艺节目摄录阶段的政策与禁止性法律风险

这里所说的政策与禁止性法律风险，是指在策划、拍摄、制作及播出过程中，必须严格遵守国家的各项法律法规和行业政策。综艺节目摄录阶段需要严格遵守国家关于文化宣传、广播电视、新闻媒体相关的政策法规，体现正确的价值观，不得违背社会公共道德，不触碰政策红线。

尽管在综艺节目立项阶段、筹备阶段已经进行过违反政策与禁止性法律的元素的排除，但是考虑到风险无处不在，难免疏漏，且综艺节目参与人员有一定自由发挥余地，故违反政策与禁止性法律的风险仍然存在。此类风险是所有风险中最严重者，足以令综艺节目陷入灭顶之灾。

综艺节目题材和内容的限制，可以参见本书在第一章的阐述。总而言之，综艺节目摄录阶段需符合国家文化宣传政策，不得含有危害国家统一、主权、领土完整和社会稳定的内容，也不得宣扬封建迷信、色情暴力、赌博毒害等不良信息。此外，涉及重大历史、民族宗教、涉外、军事等敏感题材时，更需谨慎对待，必须严格遵守国家新闻出版广电总局及其他有关部门的规定，确保节目内容传递正确价值观。

在传递正确价值观的同时，综艺节目制作方在摄录阶段还必须履行社会责任，避免因为疏忽、过失在节目中被动损害公共利益。比如，军事主题的综艺节目在摄录过程中要注意涉密信息和设施，在展示军事设施、战略部署等内容时，务必确保获得官方许可，严格按照许可范围拍摄，避免泄露敏感信息。

在实践中，综艺节目摄录阶段最常见的违反政策与禁止性法律的情形是出镜人员自由发挥过程中的言行失当或布景、图文展示中的不合规。前者如出镜人员在节目中发表政治性错误言论、发表种族歧视言论、挑起民族宗教争论、发表性别对立言论、展示大尺度动作等。如在背景中出现日本军国主义元素、纳粹符号等标志，或使用错误的敏感地图等。

案例 1： 2020 年，英国独立电视台就节目《欢乐周六夜（Saturday Night Takeaway）》中出现日本"二战"军旗而公开道歉，撤回节目所有影像，重新剪辑，并保证这样的画面不会在之后的重播或点播节目中出现。

案例 2： 2016 年下半年，某卫视播出的汉语竞赛节目中，背景大屏幕动画素材里中国地图标红处理有误，未对我国台湾地区做标红处理。节目组当晚进行排查，并严肃处理责任人，公开道歉。这种错误还出现在电视剧领域，某卫视播出的电视剧里，标注为中国领土的区域中缺少了台湾岛、海南岛、藏南地区以及阿克赛钦地区，前后长达 19 秒，引发《人民日报》、自然资源部点名批评。

应对措施：

针对政策与禁止性法律风险，综艺节目摄录阶段的具体应对措施应包括：

（1）内部建立审查机制和责任追究机制。导演组应协同专业的法务部门和内容审核团队，对每个元素进行细致的审查，确保内容不触及政策红线。内容审核的职责应具体到每个部门，对参与节目的全体工作人员建立责任追究机制，以促使各部门主动自查，主动进行内容合规。

（2）建立禁止性内容清单。结合国家政策、法规列明哪些内容不能出现，使各部门工作人员在进行排查时有明确的依据和指引。

（3）外部责任协议或责任条款的签署。综艺节目制作方要与出镜人员在合同中明确言行规范，同时也和所有供应商、合作方在合同中制定相应的责任条款。若因出镜人员的言行、供应商/合作商提供的内容、素材等导致节目违规，其要承担相应的法律责任。

（4）现场监控，及时纠正止损。一旦发现任何可能产生负面影响的情况，立即制止，尽最大努力补救和修正，必要时叫停，重新录制该段内容。

(5) 敏感题材外部专家介入指导。对于涉及敏感题材的节目，可邀请相关领域的专家、学者、相关部门工作人员协助指导，确保内容专业、合规。

二、综艺节目摄录阶段的合同性风险

综艺节目摄录阶段在某种意义上也是不同合同的履行阶段，比如演艺人士的服务合同、场地的租赁合同、设备器材的租赁合同、安保服务合同、版权的授权合同、肖像权的许可使用合同、广告植入合同、保险合同等。

综艺节目摄录阶段的合同性风险较多，覆盖了综艺节目摄录阶段方方面面，归纳起来主要有以下合同性风险。

1. 合同因客观原因无法履行或违约的风险

综艺节目摄录阶段最常见的合同性风险就是合同因客观原因无法履行或违约。比如演艺人士签约后却不能如期进组参与录制，或在摄录当天突发疾病等，又或者以是否参加录制相威胁临时加价等，均可能导致服务合同无法顺利履行。又如设备器材供应商提供的设备质量不过关，出现故障；化妆组未及时到位导致进度延后；安保服务不尽职导致粉丝冲入场地；等等。

此类风险会使综艺节目制作方面临不同程度的后果。首先，需要面对的后果是节目制作的延误，当演艺人士、技术人员等无法按约定履行合同义务，或设备、场地等无法正常使用，可能导致节目录制无法进行或延长乃至延期，整个节目的制作周期和后续播出计划都会受到影响。其次，需要面对的后果是额外增加的财务成本和经济损失，节目制作的延误必然带来财务成本的增加，违约行为通常会导致经济损失，比如找人救场、找设备替换、找场地重新布置等，这些都会增加综艺节目制作方的财务负担，更为严重的是节目制作的延误可能导致综艺节目制作方向第三方承担赔偿责任，或者原定获得的收益变少，蒙受较大金额乃至巨额的损失。再次，需要面对的后果是法律纠纷，节目制作延误、人员更换等情形可能导致综艺节目制作方向第三方承担违约责任，为此陷入法律纠纷。最后，可能面对的后果是行政、刑事处罚或舆论危机，比如安保团队不尽职导致发生安全事故，综艺节目制作方除了可能面临行政处罚、负责人员可能承担刑事责任，还可能引发严重的社会舆论危机。因此，综艺节目制作方在摄录阶段必须注重合同的风险管理。

应对措施：

一方面，在合同签订阶段应充分预见并合理约定各类情况下的责任和应对措施，另一方面，也要在实际执行过程中加强沟通协调、提高应急处理能力，尽量减少因客观原因导致的合同无法履行或违约事件发生。同时，建立完善的保险机制也很重要，可以通过购买相应保险来转移部分风险。

2. 合同变更风险

综艺节目是一个知识生产的过程，知识生产过程存在一定的主观变量，尤其在摄录过程中，效果的展示在很大程度上受到导演的主观影响。实务中，导演组可能会因为"头脑风暴"等原因产生新的创意，或应投资人的要求增加、变更部分节目内容、人员或环节，以上情形就涉及对原合同内容的变更。

变更合同需经协商并达成一致，如果达不成一致，可能会引发纠纷，甚至导致节目录制中断。

应对措施：

注重合同条款的设置与审查；加强合同履行过程中的管理；加强合同变更的沟通与协商；应急预案的制定与实施。其中，合同条款的设置与审查应在综艺节目筹备阶段完成，故这里对其他应对措施进行说明。应对合同性风险需要注重事前预防、事中协调和事后妥善处理的原则。

(1) 加强合同履行过程中的管理。这里所说的管理针对三个方面：针对人员的合同履行管理，针对设备物料场地等的合同履行管理，针对供应商的合同履行管理。具体而言，综艺节目制作方各部门要对口监控不同合同的履行，确保所有合同相对方按时、按质、按量履行合同义务。比如艺统组要实时监控演艺人士的行程安排和工作状态；后勤保障部门和技术部门要时时检查设备器材的运行状况，及时处理设备故障等问题，确保摄录工作不受影响；等等。

(2) 加强合同变更的沟通与协商。一旦节目内容或摄录计划需要变更，综艺节目制作方要第一时间与合同相对方沟通，尽可能取得共识。所有合同变更都应以书面形式记录并经各方签字确认。如实在无法达成一致，则需要斟酌是否一定要变更，并做好参照原合同中关于争议解决的条款通过调解、仲裁或诉讼等方式寻求解决方案的准备。

（3）应急预案的制定与实施。提前针对可能出现的各类合同违约或履行困难情况制定应急预案，一旦发生，立即启动，以求快速恢复摄录工作，尽量减少损失。必要情况下，专业律师团队提前介入，与其他团队协同应对可能发生的法律纠纷或舆情。

综上所述，综艺节目制作方在应对合同变更风险时，需注重事前预防、事中协调和事后妥善处理的原则，通过严谨的合同管理、高效的沟通机制和完备的风险应对措施，确保综艺节目摄录过程中的合同变更既能适应创新需求，又能有效控制风险。

三、综艺节目摄录阶段的安全责任风险

安全责任风险，包括人身伤亡风险、财产损失风险，其贯穿整个摄录全过程。其中，人身伤亡风险对综艺节目摄录阶段的影响最直接。演艺人士录制节目发生伤亡的情况时有发生，导致节目进程被打断、录制中断乃至取消，甚至引发后续诉讼的情形俯拾皆是。还有一种情形是在摄录节目过程中令围观群众、周边居民等人士遭受人身伤亡。比如游戏道具飞出镜头击伤场外人士，烟花爆竹飞到附近居民楼炸伤居民，街头奔跑不慎撞倒路人等。

演艺人士在摄录节目过程中发生伤亡的原因很多，录制现场的设施是否安全、环节和内容设置是否有危险性、人员操作或表演是否规范、各部门操作是否尽职、应急预案是否提前设置等，都有可能导致安全事故的发生。比如节目中吊威亚的钢丝断裂，又如舞台升降设备失灵等，均有可能导致出镜人员和现场人员的伤亡。即便前述环节都没有问题，临场发挥时出镜人士也可能发生意外，比如喝水时说话导致呛到，爬树时摔下，生火时烧伤，临时起意做一个动作导致自己或他人受伤等。

案例1：2022年6月，著名主持人任先生在录制节目期间不幸发生意外，摔倒后背部着地，疼痛难忍。任先生试图坚持完成节目录制工作，最终还是

停止录制工作，前往医院接受进一步检查和治疗。

案例2：2021年3月，著名演员蔡女士在录制综艺节目过程中，手臂被狗咬伤并且破皮，由于动物咬伤存在潜在的狂犬病风险，蔡女士不得不停止录制，及时就医。事后，节目组、狗主人均表达歉意。此事凸显了综艺节目摄录过程中的安全问题，特别是与动物互动环节的安全防范措施。

《中华人民共和国刑法》第一百三十四条第一款规定："在生产、作业中违反有关安全管理的规定，因而发生重大伤亡事故或者造成其他严重后果的，处三年以下有期徒刑或者拘役；情节特别恶劣的，处三年以上七年以下有期徒刑。"第一百三十五条之一规定："举办大型群众性活动违反安全管理规定，因而发生重大伤亡事故或者造成其他严重后果的，对直接负责的主管人员和其他直接责任人员，处三年以下有期徒刑或者拘役；情节特别恶劣的，处三年以上七年以下有期徒刑。"可以看出，如果伤亡事故与节目组的过错存在直接因果关系，综艺节目制作方作为生产经营单位，除了承担相应的民事赔偿责任，还可能受到行政处罚，直接责任人员甚至有可能承担刑事责任。

一旦摄录节目过程中发生伤亡事件，综艺节目制作方应当停止摄录，立即采取医疗急救措施，情况严重的要及时送医，尽最大努力降低后果的严重程度和影响。

在摄录节目过程中发生财产损失的情形较多，常见于：（1）设备及道具损坏。现场使用的设备如灯光、音响、布景等由于不当操作、不谨慎的搬运、故障、极端气象、外来侵害（如有人暴力破坏、纵火）或意外事故（如电线短路）等情况使设备、道具等损坏。（2）场地建筑及附属设施、装修的破坏。综艺节目租赁或借用的录制场地、建筑在使用过程中出现结构受损、装修破坏、地板磨损刮花、家具损坏或遗失等。（3）贵重物品损失。由于不谨慎地搬运、不专业的储存条件、工作人员或出镜人员的失误等使艺术品、贵重物品在摄录过程中受损、遗失等。（4）第三方财产损失。在摄录过程中对周边设施、私人财物造成损失，比如车辆撞击公共设施、碰落别人的手机或刮坏他人的手包、磕碰周边店铺设施等。

以上损失，有的可能是财物的自身原因导致的，有的可能是人为的失误导致的，有的可能是复杂环境、不可抗力及突发事件导致的，如地震、洪水、台风、外国政变等。其中部分财产损失是保险能够覆盖的，部分损失可能无法获得理赔，比如没有购买特定险种的情况下，特殊环境的拍摄（如高空、水下作业）导致的损失可能就得不到理赔。

应对措施：

（1）事先的安全风险评估。对综艺节目摄录阶段的安全责任风险的预防其实在综艺节目立项阶段的策划环节就已经开始，在此后环节中，场地建设、内容环节、设备设施的安全性以及各部门的安全责任、安保团队的职责、应急预案的设定均应接受安全评估，目的是保证场地、设备设施符合安全标准，内容环节排除危险性、降低安全隐患，人员操作规范，发生突发事件时可以有效应对。其中明确人员的安全职责至关重要，专业尽职的人员是加强现场安全管理、确保各个环节的操作遵循规定进行的前提。同时，摄录前要了解演艺人士的伤病状况，评估其是否适合参与，并要求其签署相应的承诺书。

（2）事中的监控和严格管理。在摄录阶段，负有安全监管职责的人员应实时监控现场的安全状况，特别是大型机械设备、电气设备、悬挂装置等高风险设施，要做到定期巡检和记录；各部门对职责范围内的安全状况负责，谨慎操作，及时发现并纠正违规操作，发现安全隐患及时排除；安保部门要管理现场秩序，确保人员的流动和举止规范有序，避免现场混乱导致意外发生；对于可能影响周边居民和公共设施安全的环节，提前清场或做好安全防护，必要的话取得相关部门的协助；涉及剧烈运动、高风险、异常环境的环节，有一定危险性或挑战人体生理极限的，或者涉及动物管理的环节，应当在专业指导下进行，配备必要的安全防护装备，每一个动作都必须经过安全评估，严禁随意自由发挥。

（3）严格作息时间，避免疲劳工作。实施严格的时间管理和休息制度，特别是高强度的环节，要根据主创人员和出镜人员的体力状况安排休息时间，避免长时间连续工作导致工作人员身心疲惫，增加意外风险。

（4）发现隐患及发生突发事件的应对。在摄录过程中，任何部门的人员如果发现任何可能导致安全问题的行为或情况出现，应立即上报，导演组应秉持安全意识，优先处理安全问题，必要的话可以暂停摄录。节目录制期间必须配备包括 AED（自动除颤仪）等在内的急救设备和能够熟练使用的工作人员，发生突发状况要立即进行现场抢救，如现场不能处理，建立与医疗机构的快速联系通道，迅速将伤者送往医院救治。一旦发生事故，第一时间向相关部门通报并寻求帮助，并遵循人命第一的原则进行处置。需要人员疏散的，安保部门应配备喇叭等工具，指挥人员以安全的方式通过紧急疏散路径流入，维持秩序，制止疏散过程中的暴力行为，尽最大努力对伤者、长者、孕妇、儿童、残障人士等进行协助。

（5）及时联系保险公司，协助主管部门查明原因与归责。一旦发生意外导致财产损失或人员伤亡时，综艺节目制作方应及时联系保险公司，并按照保险公司的要求提供相应材料。对于主管部门的调查要全力配合，以查明原因，确定责任承担方，向责任方追责。

四、综艺节目摄录阶段的知识产权侵权风险

对综艺节目摄录阶段的知识产权侵权风险的预防其实在综艺节目立项阶段的策划环节就已经开始，在节目策划直至摄录过程中，综艺节目制作方必须尊重他人的知识产权，未经许可不能擅自使用他人作品。使用任何在版权保护期内的作品时，务必事先取得合法授权，签订详细的许可使用合同或授权合同，确保合同中使用范围、期限、支付方式等关键内容清晰无异议。

在综艺节目实际摄录环节，知识产权侵权风险包括：音乐版权侵权风险；视频素材侵权风险；商标、LOGO 侵权风险；文字作品侵权风险；等等。考虑到综艺节目的摄录主要是遵循台本而行，相关素材的授权问题应该在综艺节目筹备阶段解决，故对相关风险的预防主要是通过综艺节目筹备阶段的工作完成。

一旦在综艺节目摄录阶段发现有知识产权侵权风险，应及时与权利人取得联系，尝试取得授权。如果无法取得授权，在后期制作环节采取剪辑、删除等措施，必要的话更换素材进行补录。

五、综艺节目摄录阶段的肖像权与隐私权风险

绝大部分综艺节目的内容离不开人的参与和展示,故节目画面里不可避免地会出现人的形象,如主持人、嘉宾、观众、路人等。制作方在拍摄这些人士时,就涉及肖像权使用的风险。肖像权是自然人享有的一项重要人格权,不仅对肖像权人意义重大,对他人甚至全社会都具有重大价值。考虑到一些正常的社会活动离不开对他人肖像的再现或使用,法律在保护个人肖像权和社会公共利益之间进行平衡和协调,设置了肖像权保护的例外情形。

依照《中华人民共和国民法典》第一千零二十条,肖像权合理使用的情形包括以下几种:(1)为个人学习、艺术欣赏、课堂教学或者科学研究,在必要范围内使用肖像权人已经公开的肖像;(2)为实施新闻报道,不可避免地制作、使用、公开肖像权人的肖像;(3)为依法履行职责,国家机关在必要范围内制作、使用、公开肖像权人的肖像;(4)为展示特定公共环境,不可避免地制作、使用、公开肖像权人的肖像;(5)为维护公共利益或者肖像权人合法权益,制作、使用、公开肖像权人的肖像的其他行为。

综艺节目属于商业产品,对他人肖像权的使用不属于以上任何情形,所以对他人肖像权的使用必须取得权利人的同意,否则可能构成侵权。

除了肖像权侵权风险,综艺节目摄录过程中还可能无意泄露出镜人物的私人生活信息,比如家庭成员、聊天内容、居住位置等,这些隐私一旦泄露,可能带来不必要的骚扰和安全风险。更为严重的是,如果镜头中无意地暴露了相关人员的社交情况、手机号码、身份证号码、银行账户信息等敏感数据,甚至可能导致财产损失、身份盗用、名誉侵权、人身伤亡等严重后果。

应对措施:

(1)事先的授权条款设置和文件签署。对参与节目制作的出镜人士、公众人物、观众,必须征得其本人同意并签署肖像权使用、许可文件,如签署合同的,合同内应当包含肖像权使用条款。

(2)摄录时的敏感元素排除。拍摄时尽量避免拍摄到与个人信息相关的物品或信息,比如小区名、路名、车牌号、门牌号、墙上挂的家人照片、办

公室里的文件夹名、名片、证件、手机屏幕等。

（3）素材的严格审核。对于不小心摄入镜头的敏感素材，及时采取技术手段进行屏蔽或删除。

六、综艺节目摄录阶段的名誉权侵权风险

名誉是对民事主体的品德、声望、才能、信用等的社会评价。《中华人民共和国民法典》第一千零二十四条第一款规定："民事主体享有名誉权。任何组织或者个人不得以侮辱、诽谤等方式侵害他人的名誉权。"第一千零二十五条规定："行为人为公共利益实施新闻报道、舆论监督等行为，影响他人名誉的，不承担民事责任，但是有下列情形之一的除外：（一）捏造、歪曲事实；（二）对他人提供的严重失实内容未尽到合理核实义务；（三）使用侮辱性言辞等贬损他人名誉。"

综艺节目对他人名誉权的侵犯后果通常表现在节目播出之后，但侵犯事实通常发生于综艺节目摄录阶段（如言行不当、侮辱诽谤等）和后期制作阶段（如断章取义、不当剪辑等）。在综艺节目摄录阶段，对他人名誉权的侵犯通常表现为：对他人的行为进行负面评价；未经核实传播失实内容；以言语攻击或讽刺等方式对他人进行贬损；故意夸大、篡改事实，故意将他人置于不利地位；等等。此外，故意公开他人不愿公开的生活细节，在侵犯他人隐私的同时，有时也会间接侵犯名誉权。比如，恶意公开他人整容前后对比照片、减肥前后对比照片、披露他人的独特生活癖好，在侵犯了他人的隐私权的同时，也可能将他人置于社会的负面评价中。需要说明，侵犯名誉权并不以主观故意为前提，工作人员、出镜人员即便主观上并无恶意，只要其言行客观上降低了他人在社会公众心中的形象和评价，就有可能构成名誉侵权。一旦发生名誉侵权行为，不仅可能引发法律诉讼，还会损害节目品牌形象。

以相声节目中常见的"砸挂"为例，砸挂是相声中的一种表演技巧，方法是拿人开涮、逗乐观众，包括拿自己开涮、拿别人开涮。在长期实践中，相声表演艺术家群体形成了一套规矩，即：不能随意拿不熟悉的人砸挂，不

拿观众砸挂,不拿长辈进行砸挂等,因为这会被视为不尊重他人,尽管表演者没有恶意,但仍有可能导致名誉侵权。

关于"未经核实传播失实内容"中的核实义务,《中华人民共和国民法典》第一千零二十六条给出了标准:"认定行为人是否尽到前条第二项规定的合理核实义务,应当考虑下列因素:(一)内容来源的可信度;(二)对明显可能引发争议的内容是否进行了必要的调查;(三)内容的时限性;(四)内容与公序良俗的关联性;(五)受害人名誉受贬损的可能性;(六)核实能力和核实成本。"这就意味着节目参与者在发表言论时,对于有可能导致他人名誉贬损的观点,必须核实后再讲。特别是涉及对历史上民族英雄、革命先烈的评价,必须言之有据,不违背公序良俗,切不可为了节目效果信口开河,否则受害者有权请求及时采取更正或者删除等必要措施。

应对措施:

(1)在节目摄录前,所有参与者应知晓节目内容及形式,以及可能涉及的信息范围,涉及敏感话题的,应提前征求参与者意见。

(2)由专门的法务团队对节目内容进行法律审核,确保节目内容不侵犯他人的名誉权。

(3)现场即时监控,不恶意引导观众情绪,对有可能造成负面影响的言论及时制止,避免对出镜人员形象造成负面影响。

(4)综艺节目制作方在摄录阶段及之后应保持与节目参与者的有效沟通,及时回应节目参与者的疑虑及诉求,尽最大能力化解潜在的纠纷。

七、综艺节目摄录阶段的群体性人员管理风险

综艺节目摄录阶段是一个人员和设备聚集的阶段,人员多、部门多、设备多、需求多,环境复杂,人群密集且流动性大。人员聚集要求有秩序的保障、餐饮的保障、卫生间的保障、医疗急救的保障、安全环境的保障等。对任何个体的管理不善,都可能导致某个保障环节出问题,而任何一个保障环节出了问题,都可能导致意外的发生。

综艺节目摄录阶段的群体性风险非常广泛,常见的情况有以下几种:(1)踩

踏事故。观众入场、离场、互动过程中，一旦现场秩序管理不当或遇到突发状况，可能导致恐慌性踩踏事故，造成人员伤亡。（2）观众冲突。比如粉丝之间的争执或斗殴事件，因为琐事发生的肢体冲突等。（3）节目设备或特效造成的意外伤害。如设备倒塌、吊灯坠下、烟花爆竹烫伤现场人员等。（4）出镜人员操作失误导致意外伤害。如节目表演者操作不当，甩出设备、乐器，砸伤观众等。（5）消防安全风险。如节目录制现场的布景和电器设备发生火灾事故等。（6）治安及犯罪事件的发生。比如不法分子借现场人员众多、管控难度较大之机，趁乱作案，甚至公然实施恐怖活动。（7）疫情传播。特定区域集聚大量人群，增加了传染病传播的风险。（8）餐饮卫生不达标。如果现场提供的食物饮料是不合格的，卫生状况是不达标的，可能导致集体食物中毒状况的发生。

应对措施：

（1）应急预案与安保方案的提前编制。安保团队要与场地提供方密切配合，全面评估现场可能面对的风险，设置安保方案，编制应急预案。方案应该具体到每处细节，如安检的内容、人流的方向、去卫生间路径的设置、餐饮要求如何满足、发生不当行为时如何处置等。

（2）完善的现场秩序管理。安排充足且训练有素的安保人员，引导观众入场、离场及维护互动环节的秩序；在活动现场显眼处以公示、广播、提示牌等方式明示观众应遵守的规则；提前划定特定粉丝群体的活动区域，并严密监控。对于违反者，以专业的手段制止，必要的话寻求警务部门的协助。

（3）设备设施道具的安全检查和人员的规范操作。所有设备、设施、道具应处于安全检查和正常维护的状态，并且提前经过安全测试，确保安全可靠。需要由专业人员操作的，或具有危险因素的动作和环节，必须确保专业人员在岗操作和指导。严格限制出镜人员的自由发挥范围，禁止一切可能导致意外的自由发挥。

（4）消防安全检查。确保录制现场消防设施完备，严格遵守用电设备使用规定，定时巡查场地，消除火灾隐患。

（5）治安防范。与当地警务部门紧密合作，制定治安防范预案，增强现场警力部署。运用现代科技手段强化监控，严防违法犯罪行为发生，一旦发生犯罪行为，应优先保护现场人员的生命安全，配合警方处置。

（6）疫情防控。如面临传染病流行的风险或已经处于疫情期间，要遵循当地发布的疫情防控政策要求，制定现场防疫方案。

（7）餐饮卫生保障。严格把控食品安全质量，要求现场餐饮供应单位具有合法经营资质，保证所有食材来源可追溯，加工过程符合卫生标准，餐具消毒合格。

（8）设置医疗急救点及特殊通道。现场应配备专业医护人员和急救设备，确保在意外发生时能迅速展开救援，降低伤害程度。对于现场急救不能解决的，要通过提前规划的医疗通道及时送医。

八、综艺节目摄录阶段的合法用工风险

如本书第一章所述，综艺节目全流程涉及劳动法律关系和劳务法律关系。制作方内部工作人员通常与公司签署劳动合同；制作方购买劳务的为劳务法律关系。无论是哪种法律关系，综艺节目制作方均有合法用工的义务。在综艺节目摄录阶段，常见的合法用工风险有以下几种：

（1）工作时长不合规风险。综艺节目的录制，具有时间紧、节奏快、工作时长不固定、不规律的特点，连轴加班摄录是常态。尽管综艺节目制作有其特殊性，不能比照朝九晚五来要求，但工作时间过长，超过每日工作时长上限、每周工作时长上限的，还是会存在用工不合规的问题，存在引发劳动、劳务纠纷的风险。特别是有未成年人参与的情况下，未成年人的工作时间不应影响其受教育的权利，并且需要家长陪同或有监护人监护，防止侵犯未成年人合法权益。

（2）薪酬待遇不合规风险。有些综艺节目制作方给工作人员的薪酬待遇不符合国家和地方标准，比如工资过低，超时工作不给加班费、不给调休，缺乏其他福利待遇等。

（3）临时聘用人员的合同风险。部分临时聘用人员不签署合同，导致后续难以认定双方之间的法律关系。

（4）安全防护风险及工伤事故风险。在摄录阶段，综艺节目制作方应确保工作环境是安全的，对于有一定危险性的工作内容，应进行危害评估，并提供必要的防护措施。一旦在节目录制过程中，由于环节设置、设备操作等原因造成工作人员受伤，则可能构成工伤事故，需要承担相应的法律风险。

（5）就业歧视风险。法律要求综艺节目制作方应当注重以人为本，确保每一个参与节目的人员在法律框架内得到公平对待和合理保护，但在实务操作中，在招聘、录用、晋升、报酬等方面对劳动者进行性别、年龄、民族、种族、宗教信仰等方面的歧视现象是现实存在的，这不但可能触犯相关法律法规，还易引发负面舆情。

应对措施：

（1）工作时长的合规。制定合理的工作时间制度，尽量优化摄录流程以减少不必要的加班，必须超时工作的，应按照规定支付加班工资或安排调休；对于未成年人参与节目录制的，合理安排工作时间，并取得其监护人的同意，确保不影响其正常学习生活。

（2）薪酬待遇合规。确保所有工作人员的工资待遇不低于法定最低工资标准，同时对加班等按照法规给予应有的补偿。对于签署劳动合同的工作人员，应确保其社保、福利待遇等符合规定，对于劳务派遣人员，应督促其派遣单位保障其福利待遇。

（3）合同覆盖。提前准备多种合同版本，所有工作人员均需签订书面合同以明确双方权利义务，确保劳动或劳务关系的合法性。比如，临时聘用人员可以签订短期劳动合同或劳务协议，在协议内约定工作内容、时间、薪酬、福利待遇以及违约责任等。

（4）安全防护及保险购买。各部门要结合本部门工作内容进行安全评估，发现隐患，降低风险。有一定危险性的环节和设备操作必须由受过专业培训的人员在配备了安全防护用具的情况下，按照安全操作规程来进行。尽可能购买保险以分摊责任成本，一旦发生工伤事故，要有应急预案，确保及时救治，并及时向保险公司理赔。

（5）建立就业歧视投诉机制。执行公平、公正的招聘、录用、晋升和考核制度，建立投诉举报路径，及时处理关于就业歧视的投诉，对于违规行为要及时纠正。对于利用性别、宗教、民族、种族等身份恶意碰瓷，无法协商处理的，要及时寻求相关部门的帮助，但必须有足够的证据证明该指控不实或存有恶意。

九、综艺节目摄录阶段的环境保护风险

综艺节目摄录时往往会伴随较大的声响，产生大量的废弃物，甚至使用较多的化学物质，以上有可能导致噪音污染、水污染、土壤污染、空气污染等，对周边居民的生活环境、野外自然环境造成影响乃至巨大的破坏。

案例：2012年9月，某歌唱类综艺节目的总决赛移至上海举办，原计划22：30时结束的演出，因大量插播广告，超时达2小时，巨大的观众呼喊声和演出声音引发体育场周边居民的强烈不满，上海警方在接到居民报警后出警。凌晨0：40时，警方在沟通未果的情况下，被迫强制关停音控。几天后，该节栏目组在官方微博上发表《致歉声明》，对影响体育场周边居民休息致以歉意。

除对生活环境的污染，对自然环境的破坏和对生物多样性的影响也值得注意。在户外或特定环境下拍摄，如果不采取保护措施，可能对自然景观和生态系统造成破坏，有的破坏甚至是不可修复的。例如，在自然保护区或野生动物栖息地拍摄，如果干扰了野生动物的生活习性或破坏了它们的生存环境，将对生物多样性产生负面影响。

应对措施：

（1）了解周边环境及控制音量。在节目录制前，综艺节目制作方应了解周边环境、小区分布及距离，了解并遵守当地的噪音管理规定，必要的情况下要与当地社区进行沟通。录制时间尽量避开居民休息时段。如果是室内摄录的，采取隔音措施以降低噪音传播；如果是室外录制的，合理安排音响设备的位置和音量，尽可能降低对周边居民的干扰。

（2）废弃物的及时分类处理。现场提供的一次性用品要可降解、可回收，

摄录场地应设置垃圾投放点，有分类要求的地区要做到垃圾分类投放。摄录结束后，保洁人员要及时清理现场，清扫垃圾。对于有毒有害物质、化学品的废弃物，要专门收集，严禁随意排放、倾倒。

（3）自然环境的保护和复原。在野外特别是森林公园、保护区拍摄前，应获取相关管理部门的许可，了解并遵循环保要求及措施。拍摄过程中要尽量减少对树木、土壤、植被的伤害，垃圾要专门收集带走，拍摄结束后尽可能对临时改动的环境进行复原。拍摄过程不能干扰野生动物的正常生活和繁殖周期，应秉持尊重、共存的善良理念，不随意抓捕、惊吓、杀害、虐待动物，必要情况下请管理部门人员或专家进行指导。

（4）落实部门环保责任制度。将环保责任落实到各部门、各环节，做到有专人负责、专人监控。

十、综艺节目摄录阶段的保密风险

保密工作对于保障综艺节目制作方及其他合作方权益、吸引观众、确保成功播出具有非常重要的意义，在综艺节目的摄录阶段尤其如此。任何综艺节目在播出前都会对内容进行保密，以设置悬念，即便是释放信息也是有选择地逐步放出。任何综艺节目制作方规划外的信息泄露都会导致外界提前知晓部分内容，从而降低对该节目的期待感，并可能涉及合同违约。

比如，综艺节目的人员互动、竞赛结果、竞赛环节等内容如果提前泄露，会大大降低节目的悬念感、新鲜感、观赏性和吸引力，最终影响后续的收视率和市场价值；竞争对手也可能借机获取节目创意、文字、图片、音视频、游戏环节等元素，进行抄袭或模仿；如果综艺节目制作方与投资方有保密承诺，泄密可能导致违约责任甚至法律纠纷；演艺人士在节目中的一些言行、形象、遭遇的事件等若未经过后期剪辑而提前流出，可能影响其个人形象，甚至侵犯其隐私权。更重要的是，泄密会严重影响综艺节目制作方及其合作方的营销策略，甚至破坏原本精心策划的市场营销活动。

常见的泄密渠道通常包括记者偷拍、观众泄密、工作人员泄密、出镜人员泄密等。实践中，工作人员、出镜人员等签署的劳动、劳务、服务合同中通常会包含保密条款，并约定了相应的违约责任。曾经也发生过记者或者"狗仔队"为了获取独家新闻或者揭秘综艺节目内容，采取不当方式混入或远程进行偷拍的情况，这种行为违反了行业规范和职业道德，触犯相关法律法规，有可能被追究法律责任。

比较难以控制的是观众泄密问题。在很多综艺节目里，现场观众是必不可少的组成内容，一些户外综艺也难以杜绝围观者或场地管理人员的存在。这些观众及围观者（以下统称为"观众"）在节目正式播出前，一旦出于好奇、炫耀、博取流量等原因，将节目的内容、出镜人员、结果、环节等内容通过社交媒体、即时联络工具、口头传播等方式对外泄露，节目的后续收视效果和商业价值必定受到严重影响。而且随着科技进步、移动互联网的发展，偷拍偷录、私下传播的手段更趋多样化，加之观众通常人数众多，确定泄密者难度较大，这给综艺节目制作方提出了很高的挑战。

案例： 2018年，某练习生选秀节目在录制过程中，多次出现训练生排名、淘汰名单等敏感信息被提前泄露的情况，导致节目组不得不临时调整宣传策略。

应对措施：

（1）内部人员、合作方和演艺人士保密义务的设定。针对内部工作人员、合作方及演艺人士，在相应的劳动、劳务、服务及其他合作合同里签订保密协议，细化保密内容和保密期限，列明违约责任，设定相应的违约条款及违约金，确保相关人员知晓后果，严格遵守保密义务。

（2）内部信息管理的加强。加强对保密信息的管理，涉密文件专门存放，设立保密信息层级管理制度，并且落实保密责任制，对接触敏感信息的工作人员确保保密责任落实到位。

（3）现场保密措施的实施。限制无关人员进入，针对进入摄录场地的人员（特别是观众），实施严格的入场检查，并要求签署保密协议，暂存电子设备等。在节目开始前向观众强调保密纪律及法律后果的重要性。设置人力和监控设备，对于偷拍偷录的观众，要及时制止，必要的话请其离开场地。

（4）后续法律责任的追究。对于违规泄密的观众，以及任何泄露节目内容的侵权行为，一经发现，及时采取法律手段，依法追究法律责任。

十一、其他合规风险

综艺节目摄录阶段还有一些其他的风险，比如税务合规风险、消费者权益保护风险等。税务合规风险是指节目制作过程中涉及的成本核算、发票收取、税款缴纳等，如果处理不当，可能导致税务违规。消费者权益保护风险是指节目中一些涉及观众的互动环节可能侵犯消费者公平交易权、泄露消费者个人信息等情况，比如观众投票、现场抽奖、观众现场有奖问答、手机抽红包等，如果过程不透明、不公平，就可能引发纠纷或争议。

针对其他合规风险，综艺节目制作方应根据不同的风险制定风控措施，必要时引入专业人员协助。比如针对税务合规风险，综艺节目制作方除了建立健全财务管理制度，依法申报和纳税，还可以请税务专家协助税务合规。又如针对消费者权益保护风险，可以请法务人员参与制定公平、透明的活动规则，保护消费者个人信息安全，及时解决消费者争议。

第六章
综艺节目后期制作阶段的合规与风控

第一节　综艺节目后期制作阶段概述与流程

一、综艺节目后期制作概述

综艺节目后期制作是指在完成节目录制后，利用实际拍摄所得的素材，通过一系列的技术手段，进行剪辑、合成、包装等，最终制作出可以在电视或网络平台上播出的完整综艺节目的过程。作为综艺节目制作的最后一环，后期制作需要结合前期所有阶段对节目的最终整体效果呈现进行把控，对于前期阶段可能存在的零碎的、影响电视节目整体呈现效果的内容，通过剪辑等手段的后期制作来进行删减或增强效果。

后期制作通常包括素材收集与整理、粗剪、精剪、花字制作与动画设计、音乐音效混音、色彩校正与最终合成等多个环节。其中，剪辑师会根据节目台本、素材和节目需求，对拍摄素材进行筛选、拼接、调整，形成相对完整的节目内容；花字制作和动画设计人员利用技术手段增强节目的趣味性和视觉效果；混音师负责将各个元素进行混音处理以丰富节目的内容模式。

综艺节目后期制作是整个创作中必不可少的环节，同时也是一项技术性强、创意性高的工作，通过对镜头的切换、画面的选择、剪辑编辑等手段，使节目形成特有的风格，营造出特有的节目氛围，从而使观众获得完整的观看效果。这些工作体现了制作者的创造性劳动和个性化选择，需要后期制作团队具备专业的技能和丰富的经验。后期制作的重要性毋庸置疑，针对不同类型的综艺节目，其工作内容与要求也有差异。比如，相较于文化类综艺节目而言，娱乐类综艺节目所需的趣味性要求相对更高，更需要通过后期制作的花字、动画等来突出节目的综艺性、娱乐性和趣味性，所耗费的成本也更高，难度更大，制作出来的节目效果也往往更容易赢得受众的青睐。

综艺节目后期制作产业市场化程度较高，已发展成为标准化、规模化、规范化的行业，市场上存在大大小小的后期制作公司。目前，国内已经出现了包括幻维数码、星驰、千秋岁、大千影业等多家公司在内的实力雄厚的后期制作力量。除了市场化公司，湖南卫视、东方卫视、江苏卫视等电视台也有自己的后期制作团队，但主要服务于自己平台的综艺节目。

在制播分离的大环境下，考虑到自建团队的成本，绝大部分电视台的后期制作仍会选择市场化公司。鉴于后期制作公司的制作水平良莠不齐，后期制作公司的选择及合同条款设置就变得极为重要，需要进行风险控制。考虑到自建后期制作团队所涉及的法律风险基本可以被委托外部制作公司所涉及的法律风险所囊括，因此，本书在综艺节目后期制作阶段主要分析委托外部公司进行后期制作的法律风险与风控。

二、综艺节目后期团队构成及制作流程

（一）综艺节目后期团队人员构成

后期制作团队通常会包括以下人员：负责整个后期制作团队协调和管理，确保各个环节工作顺利进行的后期制作总监/统筹；负责根据节目构思及脚本对综艺节目录制的原始素材进行剪辑，并运用镜头语言对视频内容进行二次创作的剪辑师；负责调整综艺节目的色彩，通过调色处理，增强画面的质感和层次感，使画面更具观赏性和吸引力的调色师；负责根据节目需求，制作综艺节目中的特效镜头，提升节目视觉冲击力的特效师；负责综艺节目包括背景音乐等在内的音效设计和制作，确保音效与画面同步，营造出符合节目氛围的听觉体验的音效师；负责为综艺节目添加合适的字幕信息，确保字幕与画面风格相匹配，提升观感的字幕师；负责综艺节目的视觉包装，如片头片尾设计、主视觉LOGO动画等，并通过视觉元素的设计，增强节目的品牌

识别度和观赏性的包装设计师；等等。此外，综艺节目后期制作还可能需要其他专业人员，如动画师、合成师等，他们共同协作，确保节目呈现出高质量的视觉效果和听觉体验。

不同的节目基于后期工作量的差异，相应后期制作人员的组成也会有所差异，例如，《明星大侦探》委托某公司进行后期制作，后期人员名单中包含：后期总导演、后期总监、后期导演、制作统筹、制作协调、后期制片、剪辑指导、剪辑师、动画组长、动画花字、DIT（Digital Imaging Technician，数字影像工程师）、调色师、音频主管、混音师、对白剪辑、音效编辑。作为一档棚拍节目，其在对白及声音方面的剪辑量相对较小，因此在音效效果上仅配备了较少的人员，但在剪辑师及动画花字方面配备人员较多，通过捕捉、强调和创造笑点来增强节目效果。

而《爸爸去哪儿》的后期制作委托了两家公司，由于《爸爸去哪儿》存在很多外景拍摄，对于声音处理的难度相对更大，因此，从后期制作人员名单中可见其音效效果上配备了较多的人员，如声音后期制作总监、声音后期项目主管、同期声/群杂编辑、声音效果编辑、环境声编辑、音乐编辑、动效录音/编辑等岗位，以适配声音处理的工作量。

（二）综艺节目后期制作流程

实践中，后期人员除了扮演传统的后期创作环节中"技术掌控者"的角色，也出现了明显的功能"前置"。在当下的综艺节目创作中，很多后期团队已经不再满足于对既定素材的整合渲染，而是走向节目生产的前端，参与策划、拍摄、录制等环节，甚至全程跟进节目录制现场，在录制之前进行明确分工，哪一段落由谁重点剪辑，便重点负责所对应时间段。后期前置的一大优势是让节目制作更为精准，从后期思维出发来献计献策，也赋予了后期工作更多创作空间。但后期团队对于前期工作的参与通常仅是辅助性工作，其工作重点仍旧是在综艺节目录制完毕后。

综艺节目后期制作大致按照以下流程进行：

素材收集与整理。在录制阶段结束后，后期制作团队会收集所有的视频、音频素材，并进行分类整理。这些素材可能包括多个机位拍摄的画面、采访片段、现场实况等。

剪辑。剪辑分为粗剪及精剪，粗剪阶段剪辑师会开始初步剪辑，将收集到的素材进行筛选、拼接，形成初步的、相对完整的节目内容。此阶段主要是将无效的内容删减，将有效的镜头进行选择和组接。在粗剪的基础上，剪辑师会进一步对节目内容进行精修，调整时间线，优化节目节奏，找到精彩点并进行强调。同时还会添加背景音乐、音效等，以增强节目的观赏性和听感。对于后期来说，花字、特效等包装形式，如果运用恰当，可以为节目效果画龙点睛、锦上添花；但通过剪辑用素材讲好一个故事才是后期团队最基本最重要的能力，也是后期制作中最为关键的工作。

花字制作与动画设计。在节目内容确定后，花字制作人员会根据精剪内容进行花字文案的创作和制作，增加节目的趣味性和情感表达。动画设计师则根据节目需要，设计并制作各种动画效果，以增强节目的视觉效果。

观众笑声录制与混音。在完成花字和动画的合成后，节目组可能会邀请观众预观看节目，并进行笑声的录制。录制完成后，混音师会对录制的笑声进行混音处理，然后合成到节目中。

音乐音效与混音。与录制观众笑声同时进行的还有音乐音效和混音制作。混音师会对节目中的音乐、音效进行调整和混音，即使仅存在一秒钟的一个音效，混音师也可能需要用很长时间来进行匹配，确保它们在节目中的和谐统一。

色彩校正与最终合成。在以上步骤完成后，后期制作团队会进行色彩校正，确保节目画面的色彩风格一致且符合节目风格。最后，将所有元素合成到一起，形成最终的节目版本。

需要注意的是，综艺节目的后期制作流程可能因节目类型、制作团队、制作条件等因素而有所不同。但总体来说，以上步骤是大多数综艺节目后期制作阶段的基本流程。

第二节　综艺节目后期制作阶段的法律风险与风控

一、综艺节目后期制作公司合同签订阶段的风险

（一）后期制作公司选择不当的风险

目前仅部分卫视拥有自己的后期工作室，如湖南卫视的卞合江工作室。由于真人秀节目数量大爆发催生出的大量后期需求，湖南卫视制作的多档节目亦选择将部分节目的后期工作分包给商业后期制作公司来完成。考虑到不同的综艺节目后期制作的侧重点不同，对后期制作公司的要求也会有不同的侧重。例如，《创造营101》等选秀类综艺具有嘉宾人数多、现场录制周期和时间长、摄录片比大等特征，节目体量庞大，要求后期制作团队在相对有限的节目时长中选取选手的故事线，把控节目整体的走向，对剪辑师的要求相对其他类型的综艺节目会更高；而类似《向往的生活》这样的慢综艺则更多依靠花字制作与动画设计增光添彩。因此，不同的后期制作公司依据团队组建人员的不同，通常有自己更为擅长的节目制作类型，例如大千影业因参与制作多档经营类、情感类和慢综艺而闻名，如经营类节目《中餐厅》、《潮流合伙人》，律政职场类节目《令人心动的offer》以及户外旅行体验类真人秀《快乐再出发》都由大千影业参与制作；黑威兰影视文化传播公司（BKW Studio）更擅长处理情绪激烈冲突的节目，如旅行类节目《花儿与少年》、表演类节目《我就是演员》、旅行竞赛类节目《极速前进》以及选秀类节目《创造营101》等均由其进行后期制作。

然而，并非所有的后期制作公司都具有相应的能力，或其能力与拟委托的综艺节目类型相匹配。如果后期公司选择不当，可能会发生其制作无法达到制片方想要的效果的状况，最终影响成片节目的质量。

应对措施：

选择后期制作公司时，需要考虑如下几个关键因素，以确保找到能够满足节目制作需求并能提供优质服务的公司。

（1）从多方面考察公司实力。首先，需要了解公司的规模以及使用的设备和软件。大型公司的优势可能在于拥有更丰富的经验、更多的资源和人员储备、更先进的技术，中小型公司的优势可能在于能提供个性化的服务，但这都要求其使用的设备和软件能够满足项目需求。其次，考察该公司团队的经验和资质，可以要求后期制作公司提供作品集或之前的项目案例，这对于了解该公司的技术水平、创意能力、项目执行能力、曾处理过的项目类型、剪辑技巧、特效制作、音效处理、花字设计等是否能满足制作方的期望和要求等有很大的帮助。同时也需要了解团队成员是否具备相关的专业资质或认证。最后，对该公司进行详细的背景调查，确认其是否存在类似合同纠纷。

（2）了解服务流程。了解公司的服务流程，包括项目沟通方式、制作周期、修改反馈的响应时间等。确保其工作流程能够与项目需求相匹配，并能够在规定的时间内完成任务。

（3）沟通需求和期望。与后期制作公司进行深入沟通，明确项目需求、目标以及期望结果，确保后期制作公司充分理解制作方的意图和要求，要求其提供相应的解决方案。鼓励其提供创新和个性化的建议，以使项目更具吸引力。

总之，选择后期制作公司需要综合考虑多个因素。考虑到系列综艺节目为保持同一风格，通常由同一家后期制作公司制作，故在前期的选择阶段需仔细评估和比较，找到能够满足需求并提供优质服务的后期制作公司。

（二）后期制作合同约定不明风险

后期制作合同具有承揽合同的属性，根据《中华人民共和国民法典》第七百七十一条规定，承揽合同的内容一般包括承揽的标的、数量、质量、报酬、承揽方式、材料的提供、履行期限、验收标准和方法等条款。后期制作中通常涉及剪辑、特效、音效等后期制作服务，参照《中华人民共和国民法典》关于承揽合同的有关规定，所以后期制作合同要详细约定双方的权利义务、制作时间、验收标准、费用支付方式、违约责任等重要条款，以确保后期制作工作的顺利进行和及时完成。如果合同约定不明，会对后续的履行造成极大阻碍，甚至影响成品的交付及争议的解决。因此，在签订后期制作合同时，应认真拟定、审阅合同条款，确保各方理解并同意其中的内容，以维护各自的合法权益。

应对措施：

在合同签订时应注意以下条款内容。

（1）明确双方信息。合同应清晰列出双方的详细信息，明确提供服务的主体。

（2）详细的项目描述。合同中应包含对后期制作项目的详细描述，包括工作内容、任务分解、完成标准等。这样可以确保后期制作公司清楚地了解委托方的期望，相关要求也可以以附件的方式详细说明。

（3）明确合同期限。应明确规定项目的开始和结束时间，以及各个关键节点的完成时间，以确保项目按时进行，避免延误。

（4）拟定费用与支付方式。合同中应详细列出服务所对应的费用，包括费用结构、支付时间、支付方式等。综艺节目制作方尽量分阶段或分节点付款，这样服务质量相对更能得到保障。

（5）制定质量与验收标准。合同中应明确后期制作的质量标准和验收方式。委托方应提供明确的验收标准，避免"有创意""有质感""有冲击力"等主观、模糊的表述。同时应明确约定验收没有达到标准的处理方式。且关于处理方式的约定应当是可操作的，比如："在修改三次以后视频成片仍未达到甲方要求的，甲方有权解除本协议，甲方未支付的费用无需继续支付。甲方亦有权要求乙方退还所有已支付的费用。"

（6）约定保密条款。由于后期制作会涉及较多敏感信息，故合同应明确双方的保密义务，后期制作公司应对在工作中接触到的委托方信息及素材内容进行保密。

（7）约定知识产权条款。后期制作公司在剪辑制作时，应尊重委托方及第三方的知识产权，注意保证素材及成品的合法性。

(8) 约定违约责任与争议解决条款。合同应明确违约责任和争议解决方式，尤其注意违反重要义务时的解决方式。如无法及时完成交付、违反知识产权约定时如何赔偿，发生争议后的争议解决途径（如仲裁或诉讼，只能选择其一）等，以便在出现问题时能够有有效的解决措施。

(9) 约定合同的变更与解除条件。合同应规定在何种情况下可以变更或解除合同，以及变更或解除合同的程序。尤其应注意不可抗力及情势变更的相关情形，这有助于在实际情况发生变化时，双方能够灵活地调整合同内容。在商业地位允许的情况下，委托方可以设置单方解除权，比如：在后期制作公司没有按约履行时，可以直接解除合同；合同约定了分阶段验收或分阶段提交工作成果的，如果每个阶段未通过验收且经修改后仍无法通过验收时，委托方有权解除。

此外，合同签订时亦应考虑由于第三方原因（如嘉宾个人原因）导致后期工作量增加、制作期限延长等情况，并约定相应的责任承担，尽量保证后期制作公司能够在预算范围内提供服务。（详见第八章）

(三) 未及时签订合同的风险

在谈妥后期制作公司及合同细节后，应及时签订合同，避免因合同签订不及时导致耽误后续项目进展甚至需更换服务供应商。特别应注意避免在未签订书面合同的前提下先履行，再补签合同。

案例： 甲公司与乙公司于2019年就某节目后期制作合作事宜开始洽谈。2020年1月17日，双方就签订《某节目后期制作服务合同》（以下简称《服务合同》）达成一致意见，确定由乙公司提供后期制作服务，并商定由乙公司先完成合同盖章，由甲公司后盖章。2020年1月19日，乙公司向甲公司邮寄了单方盖章的合同，此后，由于受多重因素影响，甲公司未及时盖章并将合同寄回。2月27日，甲公司收到乙公司的《撤销要约通知书》，称因工作大量堆积，人手严重不足，无法按预期完成合同，鉴于甲公司尚未签署合同，撤销订立服务合同的要约。2月28日，甲公司向乙公司发送回函，告知已于

2月19日完成对合同的签章手续,合同早已成立并生效,乙公司提出撤销要约的主张不能成立,要求继续履行合同,否则需按照合同第九条的约定追究违约责任。同日,甲公司将双方均签署完毕的两份合同原件随回函一同寄给乙公司。3月22日,甲公司收到乙公司回复函,认为合同未成立及生效。为避免耽误节目录制及播出,甲公司紧急更换了新的服务供应商丙公司作为该节目的后期制作服务供应商。但是,由于丙公司缺乏制作乐队类节目的经验,节目的质量不如往期,甲公司对此提出了意见。此后,甲公司向人民法院提起诉讼,要求乙公司承担违约责任及因更换服务供应商造成的损失,最终经人民法院判决,认为由于其未及时完成对合同的盖章手续,乙公司的要约已撤销,双方之间的合同未成立,甲公司的诉讼请求被全部驳回。

二、后期制作阶段合同履行过程中的风险

(一)综艺节目后期素材泄露风险

对于综艺节目来说,节目内容的保密性越强,往往越能够得到观众的关注和期待。如果素材泄露导致节目内容提前曝光,那么观众对节目的期待值和关注度可能会降低,从而影响节目的收视率和口碑,同时,综艺节目市场竞争激烈,素材的泄露可能使竞争对手获得不应有的竞争优势,他们可能利用泄露的素材进行模仿或提前布局,从而损害原创节目的市场份额和观众基础,可能会对节目或者综艺节目制作方造成难以估量的损失。

就损失而言,一方面,素材的泄露会极大程度影响节目的收益。后期素材的泄露会破坏节目的新鲜感和神秘感,降低观众的期待。当观众提前知道节目内容或关键情节时,可能会失去对节目的好奇心和观看欲望,造成观众群体的流失,对节目的收视等造成极大影响,进而影响综艺节目制作方的收益。即使制作公司想临时调用其他素材进行替换,也可能因紧急调换导致无法在原定的播出日期前完成制作及审核,无法交播,如竞演类综艺节目排名之类的关键情节也无法进行素材调换,且若播出内容与泄露素材不一致,还可能引发观众对节目制作流程、真实性等方面的质疑,进一步损害节目的声

誉和口碑。

另一方面，素材的泄露也会使得制作方声誉降低，甚至遭受第三方索赔。由于很多真人秀综艺节目的拍摄方式都是不间断、全方位的，再加上综艺节目的录制周期较长，在长时间的录制过程中，演艺人士可能会因为疲劳、压力或其他原因而展现出与平常不同的状态，其中有可能记录到演艺人士一些不符合其荧幕形象的行为和言语，甚至可能有不小心暴露其隐私的画面，这些内容一旦泄露都会在一定程度上损害他们的公众形象。依照一般的演艺人士服务合同，演艺人士通常会要求综艺节目制作方保证其形象。这一部分素材的泄露，无论素材由谁流出，根据合同相对性原则，演艺人士方均可直接要求综艺节目制作方承担违约责任、赔偿损失，且该相关索赔金额是无法估量的。此外，由于演艺人士通常有其粉丝团体，还可能引发网络舆情危机等，给综艺节目制作方或后期制作公司造成极大的公关压力，甚至会丧失市场竞争力。该部分素材即使在综艺节目播出后也应严格做好技术处理措施，防止其外泄。

另外，随着数字技术的不断发展，综艺节目还面临越来越高的技术风险。如果技术防范措施不到位，可能导致素材被非法获取、复制或传播，进而引发各种纠纷。

应对措施：

（1）**加强内部管理**。后期制作团队应当建立完善的素材管理制度，确保后期素材的存储、传输和使用都受到严格控制。同时，制作团队应当加强对参与制作人员的保密教育和培训，提高参与制作人员的保密意识。

（2）**签订保密协议**。制作团队应当与所有参与后期制作的人员签订保密协议，明确保密义务和法律责任，并约定较高的违约责任来形成震慑力。保密协议应当详细规定禁止泄露的素材范围、保密期限以及违反保密协议的后果。对于违反保密协议的人员，应当依法追究其法律责任。

（3）**使用技术手段保护素材**。制作团队可以采用加密技术、水印技术等手段对后期素材进行保护，防止素材泄露和盗用。

（4）**及时应对泄露事件**。如果发生素材泄露事件，制作团队应当立即采取措施，如向相关部门报案、与泄露方协商等，以最大限度地减少损失和影响。同时，制作团队应当积极与受影响的嘉宾、观众等沟通，解释情况，及时道歉争取谅解，以维护节目声誉和形象。

（二）综艺节目后期制作的著作权风险

在后期制作过程中，后期制作团队可能会使用各种音乐、图像、视频片段等素材，如这些素材是未经授权擅自使用的，就可能会侵犯他人的版权，引发法律纠纷。

对他人原创内容的直接使用或替换，包括文案、场景、舞美、道具等，都可能构成侵权。即便对其中的某一细节进行修改，如对文案内容进行顺序调整，如果这种修改对表达没有实质性意义的改变，也可能被视为侵权。

背景音乐（BGM）的使用也是后期制作中常见的版权风险点。在后期制作过程中，经常会通过插入背景音乐的方式以实现烘托某一场景或突出演艺人士特定表现的目的。根据《中华人民共和国著作权法》的规定，"使用他人作品，应当支付报酬而未支付的""未经著作权人许可，复制、发行、表演、放映、广播、汇编、通过信息网络向公众传播其作品的"属于侵权行为，"应当根据情况，承担本法第五十二条规定的民事责任；侵权行为同时损害公共利益的，由主管著作权的部门责令停止侵权行为，予以警告，没收违法所得，没收、无害化销毁处理侵权复制品以及主要用于制作侵权复制品的材料、工具、设备等，违法经营额五万元以上的，可以并处违法经营额一倍以上五倍以下的罚款；没有违法经营额、违法经营额难以计算或者不足五万元的，可以并处二十五万元以下的罚款；构成犯罪的，依法追究刑事责任"。随着版权意识的觉醒，目前无论是行业内，还是大众，均对于使用他人的音乐作品（合理使用除外）需要获得著作权人的授权这一点有着明确认知。这种使用与音乐作品的长短无关，无论使用的部分多短，只要该部分单独构成作品，那么未经许可的使用行为就是侵权行为。根据北京市高级人民法院发布的《关于侵害知识产权及不正当竞争案件确定损害赔偿的指导意见及法定赔偿的裁判标准》第3.11条的规定，其将"使用的曲谱小节、歌词较少"规定为可酌情降低赔偿额的情形,说明即便使用素材的时间短,也构成侵权,只是有可能降低赔偿额而已。

除此之外,后期制作中的图片、动画元素等也有可能成为侵权的重灾区。在此情况下,某些综艺节目为避免相应的版权问题,后期制作团队甚至选择独立制作表情包和动画,运用的元素全部为原创作品,一方面减少版权纠纷风险,另一方面在贴合剧情和创新性上展现独特的优势,加深观众印象。

案例1:原告金某公司于2009年创作了某系列动漫卡通形象。某卫视频道未经授权许可,擅自在其制作播出的亲子综艺节目中大量使用金某公司享有著作权的某系列动漫形象,其在播出的场景画面上,为配合特定的情节进行配图,这些配图的形象与该系列动漫形象基本相同,构成实质性相似。某网站及该网站下属影音视频软件中提供了该节目的在线播放服务,同时侵犯了金某公司对该卡通形象享有的信息网络传播权。故诉至法院。法院认为,该节目中使用的卡通形象吸收了该卡通形象具有独创性的核心部分,与该卡通形象构成实质性相似。因此,该节目使用了与该卡通形象相似的卡通形象侵犯了金某公司对该卡通形象享有的复制权。最终法院判决:被告立即停止在该节目中使用涉案侵权卡通形象;某网站停止播放含涉案侵权卡通形象的节目;被告赔偿金某公司经济损失及诉讼合理支出共计二十万元;某网站赔偿金某公司经济损失及诉讼合理支出共计三万元。

案例2:某广播电视集团在其制作的某综艺节目中,未经某动画公司许可,使用了该动画公司享有著作权的音乐作品。法院判决要求其立即停止使用该动画公司音乐作品的行为,并赔偿该动画公司经济损失及为制止侵权行为所支付的合理支出。

前述案例中,金某公司与被告之间的争议值得注意,因为该案有一个细节:被告曾抗辩说,该节目的后期制作都是由Z公司完成的,所以相应责任应当由Z公司承担。法院针对该抗辩认为:被告作为委托人以及委托制作成果的接收人和权利人,应为委托事项对外承担法律责任,其与Z公司签订的《服务合同》不能对抗合同之外的第三人。

可以看出,根据合同相对性原则,即使综艺节目制作方与后期制作公司签订协议约定了知识产权条款及责任承担条款，但由于综艺节目制作方与后期制作公司之间的合同权利义务关系仅对合同双方具有约束力，不能产生对抗合同外第三方的法律效力，一旦与权利人产生纠纷，由于基于著作权产生的诉讼为侵权之诉，综艺节目制作方是无法转嫁责任的。因此，即使存在合同约定，为避免纠纷的产生及节目下架的后果，综艺节目制作方应在后期制作过程中履行好审核义务，对于后期制作阶段所使用的相应图案、背景音乐等进行审查，确保其存在授权依据或为自行创作。

应对措施：

（1）建立知识产权审查机制，确保使用合法授权素材。后期制作团队在后期制作过程中应确保使用的所有素材都有合法授权。对于无法确定知识产权归属的素材，应尽量避免使用或寻求明确授权。后期制作团队可以建立专门的知识产权审查机制，对所有使用的素材进行严格的知识产权审查，以确保使用的素材符合知识产权要求，降低知识产权风险。

（2）签订著作权协议。制作团队在与嘉宾、供应商等合作时，应签订著作权协议，明确双方对节目素材的版权归属和使用权限，避免后期因版权问题引发的纠纷。

（3）成品的再审核。节目制作方对相关服务进行外包的，应设置相应流程对成品进行再审核，避免因服务提供方的过错导致侵权素材被应用到成品中。

（4）基于成本及著作权双重考虑，可选择使用免费音乐。除了付费音乐以外，还存在包括公共版权音乐、免版税音乐以及CC0协议音乐（或CC协议歌曲）三大类别的免费音乐。公共版权音乐（Public Domain Music）指进入公共领域的作品，权利不为个人专有。免版税音乐（Royalty-Free）指免费或一次性付费取得音频后，无需再为该音频支付版权费用，包括商业使用。CC0协议音乐中的CC0是知识共享组织（Creative Commons）发布的一种版权声明工具，作者或创作者通过对特定作品声明知识共享，在法律允许的最大范围内，放弃其在该作品上的全部著作权和邻接权，将作品贡献于公共领域。但如果知识共享许可协议（Creative Commons license，CC协议）中注明授权要素为非商业性（No Commercial Purpose，NC），则不能商业使用。使用免费音乐时，同样应注意每个音乐的许可协议，确认要使用的音乐在什么范围内是免费使用的。

(三) 综艺节目后期内容合规风险

1. 禁止性内容法律风险

综艺节目作为大众娱乐产品，其内容应符合社会公德和法律法规的规定。后期制作中可能会涉及一些敏感话题或不当内容，如政治敏感、暴力血腥、低俗色情等，这些内容可能违反国家法律法规或社会道德规范，进而可能引发社会舆论谴责和法律风险。因此，尽管在综艺节目立项阶段、筹备阶段、摄录阶段已经对内容进行了风控，后期制作人员在剪辑节目内容时，仍应依据相关法律法规的规定，再度审核，保证综艺节目内容合规，防止因存在不当内容导致节目下架。

关于内容合规的要求，参见《互联网视听节目服务管理规定》第十六条规定："互联网视听节目服务单位提供的、网络运营单位接入的视听节目应当符合法律、行政法规、部门规章的规定。已播出的视听节目应至少完整保留60日。视听节目不得含有以下内容：(一) 反对宪法确定的基本原则的；(二) 危害国家统一、主权和领土完整的；(三) 泄露国家秘密、危害国家安全或者损害国家荣誉和利益的；(四) 煽动民族仇恨、民族歧视，破坏民族团结，或者侵害民族风俗、习惯的；(五) 宣扬邪教、迷信的；(六) 扰乱社会秩序，破坏社会稳定的；(七) 诱导未成年人违法犯罪和渲染暴力、色情、赌博、恐怖活动的；(八) 侮辱或者诽谤他人，侵害公民个人隐私等他人合法权益的；(九) 危害社会公德，损害民族优秀文化传统的；(十) 有关法律、行政法规和国家规定禁止的其他内容。"

2017年，中国网络视听节目服务协会为规范网络视听节目内容审核工作，服务网络视听节目创作，促进网络视听节目行业健康发展，根据《互联网视听节目服务管理规定》，发起制定《网络视听节目内容审核通则》，要求互联网视听节目服务相关单位认真遵守通则的规定。其中第八条对《互联网视听节目服务管理规定》第十六条的内容进行了细化规定："网络视听节目中含有下列内容或情节的，应予以剪截、删除后播出；问题严重的，整个节目不得播出：（一）不符合国情和社会制度，有损国家形象，危害国家统一和社会稳定：1. 贬损国家形象、国家制度和方针政策；2. 贬损、恶搞、损害革命领袖、英雄人物的形象、名誉；3. 损害人民军队、武装警察、国安、公安、司法人员等特定职业、群体，以及社会组织、团体的公众形象；4. 宣扬消极、颓废的人生观、世界观和价值观，渲染、夸大社会问题，过分表现、展示社会阴暗面；5. 贬低人民群众推动历史发展的作用；6. 以反面角色为主要表现对象，或为反动的、落后的、邪恶的、非法的社会势力、社会组织和人物立传、歌功颂德，着重表现其积极的一面；7. 宣扬中国历史上封建王朝对外的武力征服；8. 宣扬带有殖民主义色彩的台词、称谓、画面等；9. 脱离国情，缺乏基本的现实生活依据，宣扬奢华生活等。（二）有损民族团结：1. 含有伤害民族感情的情节、台词、称谓、人物形象、画面、音效等；2. 对独特的民族习俗和宗教信仰猎奇渲染，甚至丑化侮辱；3. 表现伤害民族感情的民族战争、历史事件；4. 将历史上民族间的征伐表现成国与国之间的战争等。（三）违背国家宗教政策：1. 宣扬宗教极端主义和邪教；2. 不恰当地比较不同宗教、教派的优劣，可能引发宗教、教派之间矛盾和冲突；3. 过多展示和宣扬宗教教义、教规、仪式等内容；4. 歪曲、诋毁或歧视宗教观念、宗教信仰和宗教称谓；5. 对宗教内容戏说和调侃等。（四）宣扬封建迷信，违背科学精神：1. 宣扬灵魂附体、转世轮回、巫术作法等封建迷信思想；2. 宣扬愚昧、邪恶、怪诞等封建文化糟粕。（五）渲染恐怖暴力，展示丑恶行为，甚至可能诱发犯罪：1. 渲染暴力、凶杀，表现黑恶势力的猖狂；2. 细致展现凶暴、残酷的犯罪过程，及肉体、精神虐待；3. 暴露侦查手段、侦破细节，可诱导罪犯掌握反侦查手段；4. 表现离奇、怪诞的犯罪案件；5. 对真假、善恶、美丑的价值判断模糊不清，混淆正义与非正义的基本界限；6. 详细展示吸毒、酗酒、赌博等不良行为；7. 展现过度的惊悚恐怖、生理痛苦、歇斯底里，造成强烈感官、精神刺激并可致人身心不适的画面、台词、音乐及音效等；8. 为宣扬以暴制暴，宣扬极端的复仇心理和行为。（六）渲染淫秽色情和庸俗低级趣味：1. 具体展现卖淫、嫖娼、淫乱、强奸、自慰等情节；2. 表现和展示非正常的性关系、性行为，如乱伦、同性恋、性变态、性侵犯、性虐待及性暴力等；3. 展示和宣扬不健康的婚恋观和婚恋状态，如婚外恋、一夜情、性自由、换妻等；4. 较长时间或较多给人以感官刺激的床上镜头、接吻、爱抚、淋浴，及类似的与性行为有关的间接表现或暗示；5. 有明显的性挑逗、性骚扰、性侮辱或类似效果的画面、台词、音乐及音效等；6. 展示男女性器官，或仅用肢体掩盖或用很小的遮盖物掩盖人体等隐秘部位及衣着过分暴露等；7. 含有未成年人不宜接受的涉性画面、台词、音乐、音效等；8. 使用粗俗语言等；9. 以成人电影、情色电影、三级片、偷拍、走光、露点及各种挑逗性文字或图片作为视频节目标题、分类或宣传推广。（七）侮辱或者诽谤他人：1. 损害重要历史人物及其他真实人物的形象、名誉，造成不良社会影响；2. 贬损他人的职业身份、社会地位或身体特征。（八）歪曲贬低民族优秀文化传统：1. 渲染、夸大或集中展示民族愚昧或社会落后方面；2. 违背基本史实，为已有定论的历史人物、历史事件'翻案'，或为尚存争议的历史人物、历史事件'正名'；3. 篡改名著，歪曲原著的精神实质；4. 违背基本的历史常识，缺乏基本的历史依据，任意曲解历史，不尊重人类文明、他国文明和风俗习惯等；5. 对历史尤其是革命历史进行过度娱乐和游戏式表现。（九）危害社会公德，对未成年人造成不良影响的：1. 以恶搞方式描绘重大自然灾害、意外事故、恐怖事件、战争等灾难场面；2. 以肯定、赞许的基调或引入模仿的方式表现打架斗殴、羞辱他人、污言秽语等；3. 表现未成年人早恋、抽烟酗酒、打架斗殴、滥用毒品等不良行为；4. 违反国务院广播影视行政部门有关规定的吸烟镜头和吸烟场景；5. 人物造型过分夸张怪异，对未成年人有不良影响；6. 展示未成年人或者未成年人形象的动画、动漫人物的性行为等；7. 含有其他有违社会公德的不文明行为。（十）法律、法规和国家规定禁止的其他内容：1. 违反国家有关规定，公开展示某专项工作的内部制度、程序；2. 可能引发国际纠纷或造成不良国际影响；3. 违反国家有关规定，滥用、错用特定标识、呼号、称谓、用语；4. 节目中的产品和服务信息植入违反国务院广播影视行政部门有关规定；5. 破坏生态环境，虐待动物，捕杀、食用国家保护类动物的内容；6. 侵犯个人隐私内容；7. 以抄袭、剽窃或未经许可翻拍等方式侵犯他人知识产权的节目；8. 从事损害我国国家尊严、荣誉和利益，危害社会稳定，伤害民族感情等活动的组织和个人制作或参与制作的节目；9. 其他有违法律、法规和国家规定的内容。"

如果不遵守相关法律法规的规定，未将相关片段予以删减，可能导致节目下架，进而造成对相应合作商的违约。

另外，根据《网络视听节目内容审核通则》第十四条的规定，互联网视听节目服务相关单位因违反本通则的规定，协会将视情节严重程度，对该机构以及直接责任人员进行通报批评、向全行业及社会公开；情节恶劣的，取消会员资格；涉嫌违法违规的，报告主管部门依法依规予以查处。

虽然《网络视听节目内容审核通则》属于中国网络视听节目服务协会行业自行发起制定的行业规范，无法律意义上的强制效力，但中国网络视听节目服务协会是国家广播电视总局主管的网络视听领域的行业组织，且相关规定系对《互联网视听节目服务管理规定》的细化，对于内容合规具有较强的参考价值。

2. 恶意剪辑风险

综艺节目为了吸引观众，通常会突出节目的高光点，实践中有的后期制作团队会为了吸引流量，以恶意剪辑的方式选取素材进行拼接，从而刻意制造戏剧冲突，误导观众。然而，此类手段虽然能够带来一时的流量，却容易引发观众的负面情绪和争议，且当节目中的冲突过于激烈、不合时宜，甚至可能会引发观众的强烈反感，一些过度渲染的冲突场景也可能引发观众对节目道德标准的质疑，从而影响节目的社会评价。这种负面评价不仅会影响节目的收视率和口碑，还可能对综艺节目制作方和出镜人员的形象造成损害。一些刻意制造的冲突如果把握不当，还可能触及法律底线、引发道德争议。

与此同时，综艺节目中的冲突可能会对嘉宾和参与者的心理健康产生一定影响。特别是对于一些缺乏经验和应对能力的嘉宾，过度暴露于冲突之中可能会对他们的心理造成长期影响，甚至可能酿成悲剧。

案例1：2020年，22岁的木村花参加了日本真人秀节目《双层公寓》。节目组为了制造话题点，通过恶意剪辑的方式，将木村花塑造成了暴躁易怒的强势摔跤手。木村花因此遭受了各种谩骂，甚至升级成了网络暴力，最终木村花因长期网络暴力在家中自杀，年仅22岁。①

案例2： 贾姓艺人在参加某档真人秀节目时被恶意剪辑，通过素材拼接等方式，节目被剪辑成所有人都在奔跑，只有贾姓艺人一人在睡觉。节目播出后使其遭受了耍大牌等质疑。贾姓艺人之后也在另外一档谈话节目回应了相关问题，确有节目组剪辑影响。

应对措施：

（1）加强后期审核。后期制作为节目制作的最后一道环节，在后期制作过程中，制作团队应当对所有内容严格把关，确保节目内容符合国家法律法规和社会道德规范。对于可能存在风险的内容，应当果断删减或修改。此外，可以考虑专门设置法律风险审查流程，强化法律专业人士在后期审核环节的作用。

（2）合理把握剪辑力度。后期制作应合理把握冲突的程度和方式，避免过度追求冲突和戏剧性效果，确保节目的质量和口碑。同时，尊重嘉宾和参与者的感受，关注其心理健康，杜绝恶意剪辑和虚假宣传，保持节目的真实性和公正性，避免对嘉宾和参与者造成不良影响。

（四）侵犯隐私权、肖像权风险

综艺节目通常会涉及嘉宾、观众、路人等人员的肖像和隐私。除在摄录阶段尽量获得出镜人士事先的授权（详见第五章），对于在后期制作阶段发现不小心入镜且未获得其授权的人员的镜头，应把控好最后一道关卡。

1. 隐私权侵权风险

根据《中华人民共和国民法典》第一千零三十二条的规定，自然人享有隐私权。任何组织或者个人不得以刺探、侵扰、泄露、公开等方式侵害他人的隐私权。隐私是自然人的私人生活安宁和不愿为他人知晓的私密空间、私密活动、私密信息。

---

① 《日本女摔跤手参加真人秀后自杀身亡，网暴立法呼声再起》，载新京报，https://www.bjnews.com.cn/detail/159058783715292.html，最后访问时间：2025年5月23日。

在综艺节目的录制过程中，路人可能会无意出现在镜头中，尤其是在公共场所。虽然这些公共场所本身具有一定的开放性，但路人的某些行为或状态可能属于私人范畴，如个人对话、私人活动等。如果节目制作方未经允许就将这些画面公开播放，就可能侵犯了路人的隐私权。此外，即使路人的肖像或行为被允许公开播放，但如果涉及他们的个人信息、家庭住址、联系方式等敏感信息的泄露，也可能构成对隐私权的侵犯。这些信息一旦被不法分子获取，可能会给路人带来不必要的麻烦和安全隐患。

2. 肖像权侵权风险

根据《中华人民共和国民法典》第一千零一十八条、第一千零一十九条的规定，自然人享有肖像权，未经肖像权人同意，不得制作、使用、公开肖像权人的肖像。在综艺节目中，如果制作方未经允许就使用路人的肖像，无论是作为背景、配角还是其他形式，都可能构成对路人肖像权的侵犯。

这种侵犯肖像权的行为可能导致路人的不满和投诉，甚至可能引发法律纠纷。在摄录环节，由于拍摄的连续性，很难完全避开以上全部敏感元素，更多依靠后期制作阶段的技术处理措施。

案例1：某卫视的一档相亲类节目。在该节目中，一位女嘉宾的前男友通过VCR的形式出现，并在节目中公开了他们之间的私密故事，包括恋爱细节和分手原因。这一行为引发了广泛的争议和批评，很多人认为该节目侵犯了女嘉宾的隐私权。

案例2：某素人恋爱观察类节目中，制作组对素人嘉宾进行了二十四小时不间断的跟踪拍摄，并在节目中公开了他们的私人生活和感情状态。一些嘉宾在节目中表现出了不愿意被拍摄和公开的态度，认为自己的隐私权受到了侵犯。

应对措施：

后期制作团队应尊重他人的隐私权和肖像权，为了降低相应侵权风险，综艺节目制作方可以采取以下措施：

对于已经拍摄到的素材，应进行严格的筛选和处理，确保不泄露路人的个人信息和隐私。应与相关出镜人员取得联系并征得他们的同意后再使用相关素材。对于不愿意出镜但素材又无法删除的情况，可对路人或观众采取例如打码等技术手段或措施，避免侵权行为的发生。

(五) 演艺人士相关风险

针对演艺人士的风控，本书将在第八章中详细说明。本节仅涉及因为演艺人士本身的问题导致节目播出前需要紧急处理时通过后期手段来紧急操作的情形。

对于敏感的或发生争议的演艺人士，通常会在素材中删除其形象，在素材已经无法删除的情况下，常见的技术手段是打码。打码需要后期制作团队在短时间内完成，这无疑增加了技术难度和制作成本。时间紧迫可能会导致打码效果不尽如人意，对节目整体的视觉效果造成不良影响，甚至可能出现错误或遗漏。同时，如果打码方式不够精细或者位置选择不当，还可能会让观众感到突兀，破坏原本的节目氛围，另外，对主要的演艺人士进行打码处理还有可能造成剪辑的不连贯，从而影响观众的观看体验。

再者，虽然打码处理可以尽量避免直接展示涉事艺人的形象，但也可能引发公众和媒体的关注和讨论，进一步放大涉事艺人的问题。如果处理不当，可能会引发更大的公关危机，对节目和平台的声誉造成更大损害。

案例 1：2023 年 6 月底，有媒体人士爆出蔡姓艺人与某女士打胎的传闻，然后发布多个与蔡姓艺人私生活有关的细节，引发网友谴责，随后，某节目连续两个星期宣布停播，后期团队紧急对蔡姓艺人的影像进行处理，没有选择简单的贴图打码，而是完完全全把其抠图"一剪没"。

案例 2：某综艺节目播出期间，霍姓艺人和音乐界人士李先生相继因为私生活等问题出现争议，此后节目组进行了模糊处理，直接以马赛克方式对二人进行打码。

应对措施：

由于相关问题主要是演艺人士造成，因此，详细的应对措施见第八章，此处主要考虑因增加的工作量及造成的项目延误所对应的处理措施。

(1) 预设相关情形，在合同中预先规定。在与后期制作公司的合同签订阶段，应提前考虑相关情况，可将其列为合同变更的条件之一。同时应选择具备专业的技术和经验的后期制作团队，确保其能够高效、准确地完成打码任务。

（2）专业人士进行评估。在进行紧急打码或删除处理前，应向专业人士咨询，评估打码方式是否可能侵犯演艺人士的肖像权、名誉权，是否可能造成违约，以避免引发法律纠纷。

（3）保证剪辑连贯性。无论采取何种方式处理，应尽量在保持节目连贯性和完整性的前提下进行，避免对观众的观感造成过大影响。

（4）建立备份与恢复机制。对原始素材和修改后的素材进行备份，以备查核，并防止出现技术故障或数据丢失，在出现问题时能够迅速恢复素材及数据。

三、节目验收环节的风险

后期制作成品的交付及其质量直接关系节目的播出安排和最终呈现效果，如果后期制作过程中出现技术问题、画面失真等情况，必然会影响节目的观赏性及口碑，因此节目验收属于关键环节。节目验收是委托方对后期制作团队提供的后期制作成果进行质量和效果上的评估流程，目的是确保最终呈现的节目符合合同约定的要求和标准。在本环节，主要存在如下风险点。

1. 验收标准约定不明

如果在合同中没有约定明确的、可操作的合同验收标准，即可能构成验收标准约定不明。验收标准约定不明可能使后期制作团队在项目执行过程中缺乏明确的指导，难以准确把握综艺节目制作方的各项要求，并进而导致节目在制作过程中偏离预期目标，最终无法满足观众的期望和市场的需求。此外，验收标准约定不明还可能增加项目延期和成本超支的风险。由于标准不明确，制作方可能需要反复修改和调整节目内容，以符合验收方的要求，这不仅会延长项目的制作周期，还可能增加不必要的制作成本。

2. 成品的质量达不到要求

在验收阶段，最主要的风险是节目成品的质量问题，包括画面质量、音效质量、剪辑流畅性等方面。如果后期制作中出现技术问题，如画面模糊、音效失真、剪辑不连贯等，必然会影响节目的整体观感，进而影响观众体验。此外，内容是否符合节目定位、是否满足观众预期也是验收阶段需要重点考虑的成品质量风险。

3. 技术风险

后期制作涉及大量技术操作，如视频剪辑、音效处理、特效制作等。如果在验收阶段发现成品存在技术问题，如视频格式不兼容、音频失真、特效效果不佳等，必然导致节目无法通过验收。此外，技术问题还可能导致节目制作进度延误，增加制作成本。

应对措施：

（1）明确节目的验收标准和流程。在签订后期制作合同时，后期制作团队和节目制作方双方应明确约定节目验收的标准，包括明确节目内容、形式、效果等方面的要求，并在合同中详细列明具体的验收流程和评判标准。同时，双方应就这些标准和指标进行充分的沟通和确认，确保双方对节目要求的理解达成一致。

（2）合同履行过程中分节点把关。在项目执行过程中，后期制作团队应严格按照验收标准进行节目制作，节目制作方根据约定的节点进行验收，这有利于后期制作过程中及时发现问题，并进行改进或补正，以确保节目质量符合预期。同时，节目制作方应根据项目进展情况及时给予反馈和指导，帮助后期制作团队更好地把握节目制作的方向和要求。

（3）确保客观性和公正性。在验收环节，验收方应严格按照既定的标准和流程进行验收，确保验收结果的客观性和公正性。对于不符合标准的节目内容，及时提出修改意见并要求后期制作团队进行改进。如果有任何争议或分歧，双方应依据合同条款进行协商和沟通，寻求妥善解决。如果协商无果，可以依据合同约定的争议解决方式及时起诉或仲裁。

第七章
综艺节目宣发阶段的合规与风控

第一节 综艺节目宣发阶段概述与流程

综艺节目宣发,即综艺节目的宣传和发行。其中宣传主要是通过各种线上线下渠道,包括但不限于电视、广播、互联网平台等提升综艺节目的知名度,塑造作品的品牌形象和口碑,以吸引更多关注度与话题讨论;发行则与综艺节目的商业推广与播放密切关联,发行方会与各大电视台、网络平台等合作,将作品推向市场,并通过广告植入等方式获取商业回报。发行公司要综合考虑市场需求、受众偏好、竞争环境等诸多方面,制定出行之有效的分销战略,使其在各大电视台和网络平台等营销途径上获得符合预期的商业回报。宣发活动还能够带动相关衍生品等周边产业的发展,为整个产业链创造更多经济价值。可以说,宣发活动对于综艺节目成功与否和受欢迎程度起到了至关重要的作用。

一、综艺节目的宣发概述

(一)宣传的方式

1. 媒体宣传。综艺节目制作方可以通过电视、广播、报纸、杂志等传统媒体进行宣传报道,如发布节目的预告片、精彩片段,披露剧照、图片、精彩简介等,吸引观众的关注。电视媒体是综艺节目最主要的传播渠道之一,综艺节目制作方可以将节目投放到各大电视台进行播放,通过电视广告、宣传片等方式提高节目的知名度和关注度。

2. 网络平台宣传。随着互联网的普及和发展，官方网站、社交媒体平台、视频分享网站成为综艺节目宣传的重要渠道。制作方通过微博、微信、微视频和一些其他平台的客户端与海外媒体构建节目宣发矩阵，发布节目物料、预告、剧照、花絮等信息，利用互联网的传播优势，扩大节目的受众范围，提高节目的曝光度和关注度。

3. 节目在播放平台宣传。播放平台会对节目进行审核，提出修改意见和建议。综艺节目制作方根据这些意见进行相应的修改，以确保节目符合播放平台的播出标准。节目经过审核修改后，播放平台会利用自身的资源和渠道进行节目推广，提高节目的知名度和影响力。综艺节目制作方也可以配合播放平台进行宣传和推广活动。

4. 线下活动。线下活动是综艺节目宣发不可或缺的重要渠道。综艺节目制作方可以组织粉丝见面会、发布会、路演等线下活动，与观众面对面交流，提高节目的影响力和粉丝黏性。

5. 合作推广。综艺节目制作方还可以与其他品牌、企业合作，通过赞助、联名等方式推广节目，扩大节目的影响力和受众群体；或是以台网联动的方式，将电视端、移动终端与PC端绑定，实现综艺节目内容台网共享，通过融合媒体传播链达成更广泛传播的营销目的。

此外，随着技术的发展，一些新的宣发方式也逐渐兴起，例如虚拟现实（VR）和增强现实（AR）技术的应用，可以让观众更深入地体验节目内容；大数据和人工智能的应用，可以帮助宣发团队更精准地定位目标受众，制定更有效的宣传策略。总之，综艺节目宣发需要灵活运用各种渠道，根据节目的特点和目标受众制定合适的宣发策略，提高节目的知名度和影响力。

（二）发行

1. 内容发行。内容发行是综艺节目发行的核心部分，包括但不限于将综艺节目的完整内容、剪辑版本以及与该节目有关的附属内容通过合适的平台渠道，如电视台、网络视频平台等，进行播放。

2. 版权发行。在内容发行之前，综艺节目应完成版权交易和各项授权的取得。综艺节目制作方需要将节目的版权出售或授权给电视台、网络视频平台等播放机构，确保他们有权播放该节目。同时，综艺节目制作方也需要保护自己的版权，防止未经授权的盗播和盗版行为。

3. 发行渠道的开发与维护。制作方首先需要明确发行方式，是直接与播放平台合作，还是通过发行公司进行合作，一些知名的发行公司兼具强大的制作和发行能力，并拥有丰富的行业经验和资源；还有一些专注于特定领域或地域的综艺节目发行公司，如专注于网络综艺的发行公司等，以上发行公司应根据实际需求加以选择。

除了发行公司的选择，还要注重适合该综艺节目的发行渠道的选择，如传统电视台、各大视频网站等。通过电视台播放，综艺节目能够覆盖广大的观众群体，实现节目的广泛传播。通过各大在线视频平台，如腾讯视频、爱奇艺、优酷等进行播放，这些平台可以提供丰富的内容资源和用户基础。

在确定了发行公司和相关发行渠道后，综艺节目制作方需与发行公司或播放平台签订合作协议，维护这些渠道的关系，确保节目的顺利播出和推广。

4. 发行策略的制定与执行。发行方或播放平台需要根据节目的类型、目标受众和市场环境等因素，制定合适的发行策略。包括确定发行的时间、频率、价格等，以及通过广告、宣传等手段提升节目的知名度和影响力。

5. 收益管理与结算。各方主体需要测算节目发行费用（发行费用取决于节目的类型、规模、制作成本、市场需求以及发行渠道等多个因素），管理节目的收益，包括与播放机构的版权费用、广告收入等。同时，他们还需要负责收益的结算工作，确保双方的权益得到保障。

综上所述，综艺节目的发行是一个复杂且重要的过程，需要发行方具备丰富的行业经验和敏锐的市场洞察力。通过有效的发行策略和执行，可以推动节目的广泛传播和取得良好的市场效果。

二、综艺节目宣发流程

综艺节目的宣发流程通常包含多个环节，目的在于有效地推广节目，吸引观众并提升节目知名度。典型的综艺节目宣发流程可能包含以下环节：

1. 节目策划环节的宣发策划。在节目立项阶段，即确定节目主题、风格和目标受众；制定宣传策略，包括宣传的重点、渠道和预期效果。

2. 节目制作阶段的宣发策划。综艺节目制作方在录制、剪辑和后期制作过程中即开始准备宣传素材，如预告片、海报、宣传博文稿件文案等。

3. 节目发行沟通环节。综艺节目制作方与发行方进行接洽和谈判，就节目的发行条件、费用分配、播出时间等细节进行协商，并签订发行合同。合同签订后，发行方开始安排节目的发行工作，包括与播出平台协调播出时间、制定宣传策略和推广计划等。发行方还会负责节目的市场推广，通过各种渠道吸引观众关注和观看。

4. 节目预热宣传。在节目正式播出前，通过社交媒体、网络平台和传统媒体发布预告片和宣传信息，引发观众期待；与嘉宾或明星进行互动，通过他们的粉丝群体扩大宣传范围。

5. 播出期间宣传。节目在合同约定的时间通过电视台、在线视频平台等渠道播出。发行方会根据播出效果和市场反馈，协商综艺节目制作方对节目内容进行调整和优化，以提高收视率。节目播出期间，通过定期发布节目亮点、嘉宾互动和观众反馈等内容保持话题热度，或利用社交媒体和观众进行实时互动，如在微博热搜中剧情向话题、互动向话题、角色向话题、CP（一对）向话题等进行话题营销，又或者配合近期发生的一些新闻、八卦、娱乐事项进行事件营销，增强观众参与感。

案例： 某明星相亲节目中，艺人吴某与潘某某在节目中，两人被塑造成了一对寻找爱情的情侣，尽管起初有些尴尬，但他们之间逐渐产生的甜蜜互动赢得了观众的喜爱。节目播出后，粉丝们亲切地称他们为"小熊CP"，尽管最终证明这更多是为了节目效果，但无疑在宣传期间成功地吸引了大量关注和讨论。

一些成功的综艺节目炒CP宣发案例会充分利用明星效应和观众对情感话题的关注，通过精心策划和呈现，成功地将节目中的明星配对转化为具有话题性和吸引力的宣传点。可以说，在综艺节目宣发中，准确把握观众心理和情感需求，以及巧妙运用明星效应，是实现成功宣发的关键。

6. 合作与推广。与其他媒体、品牌或机构进行合作，共同推广节目，扩大受众群体；参与各类行业活动、颁奖典礼，进行冠名等，提升节目宣传影响力。

7. 节目后续宣传。节目播出结束后，宣发团队一般会通过一些精彩瞬间、搞笑瞬间或煽情瞬间等作为引导，进行回顾和总结，发布相关视频和文章，延续节目影响力；对于表现优秀的选手或嘉宾，进行后续报道和宣传，提升他们的知名度。对于口碑有滑坡的剧情内容，则通过制造热点，分散舆论，维护剧集口碑。

在整个宣发流程中，数据分析和反馈调整是非常重要的一环。通过收集和分析观众反馈、观看数据等信息，可以了解宣传效果，及时调整宣传策略，以达到更好的宣传效果。此外需要注意的是，不同综艺节目因其主题、风格和受众群体的不同，宣发流程也会有所差异。因此，在制定宣发流程时，需要充分考虑节目的特点和市场需求，制定针对性的宣传策略。

第二节 综艺节目的后期衍生产品和 IP 维护

一、综艺节目衍生开发综述

（一）衍生开发概述

衍生开发是指基于一个现有作品、品牌、概念或其他创造性成果，通过创意扩展、改编或再创作，形成新的产品或内容的过程。在影视、动漫、音乐和综艺节目等领域，衍生开发常指创作与原作品相关联的新作品或产品，比如电影的续集、前传、番外篇，动漫的周边商品（如玩具、服饰）以及综艺节目的特别篇、品牌合作产品等。这些衍生产品旨在利用原作的知名度和粉丝基础，开拓新的市场和盈利渠道。

综艺节目衍生开发的具体实施方法涉及多个层面，通过拓展节目内容、形式和商业模式，实现节目价值的最大化。具体的实施方法包括以下几种。

1. 内容衍生

内容衍生的一种情形是衍生节目，即基于原节目主题或人物，开发新的节目形式。比如《爸爸去哪儿》后推出了亲子旅游节目《妈妈是超人》，《明星大侦探（第二季）》同步推出了仅供 VIP 会员观看的还原案件真相的衍生节目《名侦探俱乐部》，《演员请就位》衍生出了《导演请指教》《演员这碗饭》《演员排练室》等。另一种情形是故事线延续，即通过续集、前传或特别篇等形式，延续原节目的故事线和角色发展，增强观众的期待感。

2. 商品开发

商品开发的一种情形为衍生品销售，即设计并销售与原节目相关的商品，如节目主题 T 恤、周边玩具、纪念品等，通过线上线下渠道销售，满足粉丝的收藏和纪念需求。另一种情形为合作品牌联名，即与知名品牌合作，推出联名商品或活动，扩大节目影响力，同时实现商业价值的提升。

3. 线上线下活动

线上线下活动的主要情形包括：（1）粉丝见面会，即组织节目嘉宾与粉丝的见面会，增强粉丝与节目的互动和黏性。（2）主题展览，如举办与原节目主题相关的展览活动，展示节目道具、场景、图片等，吸引观众参观。

4. 游戏与 App 开发

这种方式包括：（1）开发综艺节目游戏，即基于节目内容开发手机游戏或桌面游戏，增加观众的娱乐体验。（2）开发节目专属 App，提供节目观看、互动、投票等功能，提升观众参与度。

5. 跨平台合作

跨平台合作包括：（1）与其他媒体合作，如电视台、视频网站、社交媒体等，实现节目内容的多渠道传播。（2）跨行业合作，与旅游、餐饮、娱乐等行业合作，推出与节目相关的特色服务和产品。

6. 知识产权保护与运营

知识产权保护与运营包括：（1）商标注册。对节目名称、LOGO 等进行商标注册，保护节目的知识产权。（2）版权运营。通过授权、转让等方式，对节目内容进行商业化运营，获取更多的商业价值。前述衍生品开发方式中，就商标的衍生开发、节目内部元素的衍生开发，本节在后文进行说明。

（二）衍生开发注意事项

综艺节目衍生开发需要注意以下几点：

1. 保持与原节目的关联性。衍生产品应与原节目保持一定的关联性，以便利用原节目的知名度和粉丝基础。

2. 创新性和差异化。在衍生开发中，在保留与原节目的关联性的同时，也要注重创新性和差异化，以吸引新的观众群体。

3. 市场调研与定位。在衍生开发前，要进行充分的市场调研，了解目标受众的需求和喜好，确保衍生产品符合市场需求，同时避免与市场上的类似产品产生竞争。

4. 合理定价与营销策略。要充分考虑产品的成本、市场定位和目标受众的支付能力，制定合理的定价方案，设计有效的营销策略，提高产品的市场竞争力。

二、综艺节目的商标衍生开发

（一）综艺节目商标衍生开发的重要性

综艺节目宣发的目的在于通过对品牌和产品进行营销、引流进而提升市场营销份额，同步拉高综艺节目制作方、播放平台等各方主体的收入。综艺节目商标的衍生开发便是市场开拓的重要一环。综艺节目衍生商标是指由综艺节目产生的、与节目内容或名称相关的商标。这些商标通常用于保护节目的知识产权，同时也可以在商业活动中为节目带来额外的收益。

综艺节目衍生商标注册的重要性体现在多个方面。首先，从法律层面上，商标注册为综艺节目衍生产品提供了法律保障。商标是企业的知识产权防护盾，只有注册了商标，才能受到法律的保护，防止他人侵权。一旦注册了商标，商标权人便享有商标专用权，有权禁止他人在相同或类似商品上使用相同或近似的商标，可以有效维护企业的合法权益。其次，从市场角度看，商标注册有助于提升综艺节目衍生产品的知名度和竞争力。商标是区分各个企业的商品或服务的标志，具有标识性和显著性。消费者有认牌购货的习惯，声誉好的商标能够让消费者在选择商品或服务时产生信赖，进而提升购买意愿，故注册商标有助于树立综艺节目的品牌形象，有助于综艺节目衍生产品的市场推广和宣传，提高衍生产品的市场占有率。最后，从长远发展的角度看，商标注册是综艺节目衍生产品增值和持续发展的必然要求。随着企业的发展，商标作为企业的无形资产，其价值也会不断提升。因此，及时注册商标，不仅是对企业当前利益的保障，也是对未来发展的投资。

（二）综艺节目商标衍生开发的选择

综艺节目在商标注册时，一般会选择与其核心内容、形式以及可能衍生的产品与服务相关的类别进行注册。我国商标注册的商品和服务分类，依据国家知识产权局制定的《类似商品和服务区分表》（该表基于《商标注册用商品和服务国际分类》（尼斯分类）编制。建议在具体办理商标注册申请时，以国家知识产权局发布的最新版本《类似商品和服务区分表》为准[①]）。若不进行全品类注册，综艺节目注册商标可重点考虑以下类别：

1. 第41类。第41类商标是服务商标，服务经营范围有：教育；提供培训；娱乐；文体活动。其中服务类别包含了电视播放、电视节目制作以及电视文娱节目等与电视节目直接相关的服务。第41类是综艺节目商标注册的首选。

2. 第35类。第35类商标主要涉及商业管理顾问、广告、商业赞助以及公共关系等服务，这些都是与品牌形象塑造和维护密切相关的领域。通过注册第35类商标，综艺节目制作方能够保护其品牌形象，防止他人恶意利用其品牌声誉，从而确保品牌形象的一致性和独特性。鉴于综艺节目可能涉及节目推广、商业合作等方面的活动，故注册该类别是有益的。

3. 第38类。此类别主要涉及电信业务，如电视信号的发送和接收。虽然

[①] 可关注国家知识产权局商标局官网（中国商标网）最新信息，https://sbj.cnipa.gov.cn/sbj/index.html。

与节目本身的内容没有直接关联，但对于通过电视或网络播放的综艺节目来说，这一类别也是值得考虑的。

根据节目内容和可能的衍生产品，综艺节目制作方还可以考虑在其他相关类别上进行商标注册，例如：

1. 食品、饮料类（如第29类、第30类、第32类、第33类等）。如果节目中有特色食品或饮料出现，或计划推出与节目相关的食品、饮料产品，那么在这些类别上注册商标是必要的。

2. 服装、鞋帽、日用品类（如第25类）。如果节目有特定的服装或道具，或者计划推出与节目相关的服装、日用品，那么在这些类别上注册商标也是明智的选择。

3. 游戏软件类（如第9类、第42类等）。如果节目有相关的游戏或App，那么在游戏软件类别上注册商标也是必要的。

另外，为了防止他人搭便车，综艺节目制作方还可以在其他类目上注册防御性商标。

三、综艺节目内部元素的衍生开发

综艺节目属于著作权法意义上的视听作品。《中华人民共和国著作权法》第十七条第一款规定，视听作品中的电影作品、电视剧作品的著作权由制作者享有，但编剧、导演、摄影、作词、作曲等作者享有署名权，并有权按照与制作者签订的合同获得报酬。作为视听作品，其本身即由诸多单独作品构成，如美术作品、音乐作品、摄影作品，而这些作品往往都是可用于宣发、收益的重要内容。

（一）美术作品

综艺节目中涉及的美术作品多种多样，它们为节目增添了视觉上的艺术感和创意。这些美术作品主要包括：

1. 节目LOGO与视觉标识。节目LOGO与视觉标识是最常见的综艺节目美术作品。LOGO与视觉标识系通过设计师发挥艺术创造力和审美判断，作出创意构思、图形绘制、色彩搭配，最终设计而成。在此过程中，设计师需要运用线条、形状、色彩等视觉元素，将节目的主题、风格、形象等信息以直观、生动的方式表达出来，形成具有独创性、辨识度的标识。其中，节目LOGO通常是在节目名称文字基础上进行美术加工，创造性地设立一个标识，不仅用于节目的片头片尾，也常用于节目中的各个环节和宣传物料，以强化节目的品牌形象，提升观众对节目的认知度和记忆度，是节目与观众之间建立情感连接的重要纽带。

从法律层面来看，LOGO与视觉标识作为原创性的图形设计作品，符合美术作品的基本定义。美术作品是指绘画、书法、雕塑等以线条、色彩或者其他方式构成的有审美意义的平面或者立体的造型艺术作品。LOGO与视觉标识作为以图形为主要表现形式的作品，因其独特的艺术创造性和审美价值，以及作为节目品牌形象的重要载体，自然可以纳入美术作品的范畴，任何未经授权的使用都可能构成侵权行为。

2. 场景与道具设计。综艺节目的录制现场、舞台布景、道具等也可以被认为是美术作品。场景与道具设计需要跟随节目的主题、风格进行设计，用以营造氛围与视觉效果。这些设计往往包含了丰富的细节和元素，通过色彩、形状、材质等多种方式，共同构建出节目独有的视觉形象。

从功能上看，场景与道具设计能够营造出与节目主题相契合的氛围，还能够辅助节目任务的完成，推动节目情节的发展。例如，一些真人秀节目中的置景型道具，就是在游戏任务发生前，事先布置的与游戏任务相关的道具，它们能够弥补置景对细节设置的不足，同时增加场景的美感。此外，场景与道具设计作为美术作品，还体现了创作者的个性和情感。每一个设计都是创作者根据节目的需求和自身的审美观念，经过深思熟虑和精心制作而成的。它们不仅具有实用性，更具有艺术性和审美价值，应当被视为美术作品。

3. 插画与动画。插画通常是以手绘或数字工具创作的独特图像，用于增强文字或其他媒体的表达效果；而动画则是通过一系列连续播放的图像来创造出运动效果，使画面更加生动和立体。在综艺节目中，插画和动画经常出现，属于常见的视觉元素，不仅可以用于解释规则、展示流程或增强节目效果，还可以用来装饰和美化节目画面，提升观众的视觉体验，更可以通过独特的艺术风格和创意构思来传达节目的主题和情感，增强节目的感染力和吸引力。这些插画和动画可以根据节目的需要进行创作，风格多样，通过视觉艺术的形式来传达信息和表达创意。

作为美术作品，插画和动画具有独特的艺术性和创造性。它们需要艺术家发挥自己的想象力和创造力，通过线条、色彩、形状等视觉元素来创作出具有独特魅力和风格的图像，不仅具有审美价值，还能够引发观众的共鸣和情感投射。

前述综艺节目中出现的美术作品可以通过多种方式进行衍生开发：

1. 衍生商品开发。基于节目中的美术作品，可以开发出系列衍生品，如节目 LOGO 的纪念 T 恤、道具的复制品；将美术作品应用于家具设计、文具设计，笔记本、笔、书签等。这些衍生商品不仅具有收藏价值，还可以作为节目的宣传品，扩大节目的影响力。

2. 数字产品开发。利用数字技术，将节目中的美术作品转化为数字产品，如手机 App、电子壁纸、动态表情包等，或是开发以美术作品为主题的手机应用、游戏或虚拟现实体验，为观众提供全新的互动方式，以满足观众的个性化需求，增加节目的互动性和传播性。

3. 线下活动应用。在线下活动中，可以运用节目中的美术作品进行场地布置、装饰等，为活动营造独特的氛围。同时，也可以举办与美术作品相关的主题活动或展览，吸引更多观众参与。

（二）摄影作品

综艺节目摄影作品包括节目中拍摄的各种静态和动态画面，这些作品包括但不限于嘉宾的特写镜头、场景的全景照片、活动的实时记录以及一些精彩瞬间等，通过专业的摄影技术和后期艺术处理，展现出节目的独特魅力和视觉效果。通过镜头捕捉和记录节目中的精彩瞬间，为观众呈现出生动、真实的节目内容。

综艺节目摄影作品可以通过多种方式进行衍生开发：

1. 摄影作品集出版。将节目中的精彩摄影作品结集成册，出版成摄影作品集。这样的作品集既可以作为节目的衍生品进行销售，为节目制作方带来额外的经济收益，也可以作为粉丝和观众的收藏品，满足他们对节目美好瞬间的留恋和回忆。

2. 图片发行。将节目中的精彩图片打印出来，做成签名照片或明信片、纪念照等。不仅可以作为节目的衍生品进行销售，为节目带来额外的经济收益，同时也能为粉丝和观众提供收藏和纪念的选择。

3. 展览展示。在艺术展览馆、商业空间或线上平台对摄影作品进行展览展示，将节目中的精彩瞬间以更直观、更生动的方式呈现给观众，提升节目的知名度和影响力。

4. 数字产品开发。将摄影作品转化为数字产品，如电子相册、数字艺术画作等。这些产品可以在线上平台进行销售或作为节目的赠品，满足观众的个性化需求。

5. 跨界合作推广。与其他产业进行跨界合作，共同推广综艺节目摄影作品。例如，与时尚品牌合作推出联名款服装或配饰，将摄影作品中的元素融入产品设计中；与旅游机构合作推出节目拍摄地旅游线路，吸引观众前往实地体验节目中的场景和氛围。

（三）音乐作品

综艺节目中的音乐作品类型丰富多样，包括原创歌曲、翻唱曲目、主题曲、插曲等，这些音乐作品为节目增添了独特的魅力和情感色彩。综艺节目中的音乐作品版权归属问题相对复杂，需要具体情况具体分析。一般而言，音乐作品的版权归属于其创作者，包括作曲者、作词者等。在综艺节目中，如果使用了已有的音乐作品，通常需要获得版权所有者的授权或许可，以确保合法使用。此部分内容，在本书别的章节中已有阐述，在此不再赘述。

关于音乐作品的衍生开发，在确保知识产权合规的前提下，有多种方式可以实现其价值的最大化。首先，可以将音乐作品录制后发行，通过数字音乐平台、实体唱片等途径销售，获取经济收益。其次，可以将音乐作品用于其他媒体形式，如电影、电视剧、网络剧等，扩大音乐作品的影响力和传播范围。最后，还可以将音乐作品与商品结合，推出与音乐相关的主题商品，如音乐盒、发声玩具等，以此吸引粉丝购买，增加节目的商业收入。通过与各种媒体和产业的跨界合作，可以实现音乐作品的多元化开发和利用，为综艺节目带来更多的商业价值和影响力。

第三节　综艺节目宣发阶段的法律风险和风控

一、宣发阶段知识产权合规风险

（一）宣发及后续衍生的商标法律风险

综艺节目可以利用节目的知名度和商标形象，开发一系列与节目主题、特色或品牌相关的商品，这些商品可能包括服装、饰品、文具、玩具、家居用品等，通过设计独特的商标图案和节目元素，将节目品牌与商品相结合，增加商品的附加值和市场竞争力。综艺衍生商标是综艺节目知识产权保护和市场开发的重要手段之一，可以为节目的商业运营和品牌塑造提供有力支持。综艺节目在商标方面的法律风险如商标抢注、驳回等在前面章节已有详述，在此不再赘言。关于宣发过程中可能出现的商标相关法律风险，下文进行简要介绍。

1. 已注册商标长期不使用导致商标被撤销的风险。由于商标专用权的授权遵循先申请原则，即商标专用权授予最先申请的人，而不是最先使用的人。因此一般综艺节目会在筹备期甚至更早的时间节点完成商标注册申请，防止他人在节目播出后抢注商标。商标是企业品牌形象的重要组成部分，长时间不使用可能导致消费者对品牌的记忆淡化，甚至遗忘。这可能会削弱企业的市场竞争力，影响企业的长期发展。

根据《中华人民共和国商标法》第四十九条的规定，注册商标没有正当理由连续三年不使用的，任何单位或者个人可以向商标局申请撤销该注册商标。这意味着在已注册商标的基础上，如综艺节目制作方连续三年以上未使用的，该商标可能面临被撤销的风险，综艺节目制作方也将失去对商标的专有权。而且商标长时间未被使用也可能导致其他市场主体误认为该商标已被放弃或不再使用，从而开始使用该商标或与其相似的商标，可能导致消费者产生混淆，损害原商标所有人的利益。一旦侵权行为发生，原商标所有人需要投入大量时间和精力来维护自己的权益，甚至可能面临法律纠纷。

2. 商标未及时续展导致注销的法律风险。《中华人民共和国商标法》第三十九条规定注册商标的有效期为十年，自核准注册之日起计算。注册商标有效期满，需要继续使用的，商标注册人应当在期满前十二个月内按照规定办理续展手续；在此期间未能办理的，可以给予六个月的宽展期。每次续展注册的有效期为十年，自该商标上一届有效期满次日起计算。期满未办理续展手续的，注销其注册商标。

3. 商标使用不当的法律风险。商标权的取得以商标注册程序的完成作为起点，以获得商标注册证书为权利标志。在商标获准注册后，权利人自然享有在该商标核定使用的商品上使用商标的权利。实务中综艺节目制作方有时会在取得商标注册后掉以轻心，认为自己作为权利人有随意使用的权利。根据《中华人民共和国商标法》第五十六条的规定，注册商标的专用权，以核准注册的商标和核定使用的商品为限。综艺节目制作方以下行为都可能属于商标使用不当，甚至可能导致侵犯他人商标权利。

（1）在使用的过程中改变商标的外观特征或者样式。对所注册商标的文字、图形或其组合改变显著特征、拆分使用，将多个注册商标不当叠加或组合使用，通过文字处理，弱化或淡化商标中部分文字或图片，并对前述调整过的商标仍然加注原注册商标标记等行为；

（2）商标注册有效期满，原注册人没有申请续展仍然继续使用并加注册商标标记的行为；

（3）商标注册主体发生分立、合并、转制或更名等主体变更时，未及时办理商标转让或者更名；

（4）自行将注册商标转给他人并以他人名义使用的行为。

4. 商标许可、转让相关法律风险。《中华人民共和国商标法》第四十二条规定，转让注册商标的转让人和受让人应当签订转让协议，并共同向商标局提出申请，经商标局批准后予以公告。《中华人民共和国商标法实施条例》第六十九条规定，许可他人使用其注册商标的，许可人应当在许可合同有效期内向商标局备案并报送备案材料。《中华人民共和国商标法》第四十三条规定，商标注册人可以通过签订商标使用许可合同，许可他人使用其注册商标。许可人应当监督被许可人使用其注册商标的商品质量，被许可人应当保证使用该注册商标的商品质量。

基于前述法律法规的规定，综艺节目制作方如需转让、受让或许可他人使用商标时，如果忽略我国法律对商标转让和许可的强制性要求，导致出现未经核准、备案、未履行监督义务风险，可能会出现行政处罚法律风险和民事侵犯侵权法律风险。

5. 注册商标被侵权风险。综艺节目制作方所注册商标一般与节目或其衍生产品息息相关，其知名度较高，故容易遭受其他市场主体的"碰瓷"，如注册相似的商标试图混淆消费者认知等。综艺节目制作方如遭受商标侵权，面临的不仅是经济利益的损失，还有消费者对品牌、节目产生的混淆和误解，即同时遭受经济损失和商誉损失。

应对措施：

（1）长期保持稳定使用注册商标的状态。综艺节目制作方应当做到确保在注册商标核定使用的商品或服务上实际使用商标，在宣传材料、广告、网站等显著位置展示商标，保持长期使用的稳定状态。

（2）建立商标使用档案。在日常使用过程中保留所有与使用名下注册商标有关的文件，建立商标使用档案（如对广告宣传材料、合同、新闻报道、节目视频等的使用痕迹材料进行存档保留），以便在需要时能够快速提供证据证明商标的持续使用。

（3）注意维护、更新商标注册信息。获得商标权后，要加强商标的维护与管理，定期对商标进行续展、变更等手续，确保商标的有效性。

（4）进行商标许可或转让应当做好背调并签署合同：如果综艺节目制作

方暂时不需要使用名下注册商标，可以考虑将商标许可给其他主体使用。这不仅可以确保商标的持续使用，还可以带来一定的经济收益。如果综艺节目制作方决定放弃商标，可以考虑将其转让给其他企业或个人，以避免商标因未使用而被撤销。针对商标许可与转让事宜应当签订合同进行详细约定。

①在签署合同前，受让、出让双方应确保商标是有效的，没有被撤销、注销或处于其他不利状态。同时进行背调，看该商标是否存在质押、许可使用等限制条件，保证该受让商标不存在侵犯他人在先权利的情形，防止导致该受让注册商标无法正常使用甚至被宣告无效，以避免未来产生纠纷。

②合同签署时应当确保双方（转让方和受让方）都明确了解并同意合同的内容。合同应明确商标的详细信息（如商标名称、注册号、图样等），以及转让的条款和条件，如价格、支付方式、转让日期等。根据法律规定，商标转让应连同其在同一种或类似商品或服务上注册的其他相同或者近似商标一起转让给同一受让人。受让方应确保获得商标的完整权利，包括所有相关的注册证书、申请文件等。

③在签署合同后，双方应及时向商标局申请转让手续。受让方应确保按照合同约定的时间和方式支付转让费用，并及时办理商标变更注册手续。

（5）加强商标监测和管理：有条件的综艺节目制作方应当建立专门的商标管理部门，或委托专业机构专门负责商标管理，定期进行商标监测。密切关注市场动态，及时发现并处理商标侵权行为，以维护节目的品牌权益。一旦综艺节目制作方发现其他企业或个人在未经许可的情况下使用自己的商标，要及时采取行动维护自己的权益。商标权作为一种无形财产，在商标被侵权的情况下，应当及时寻求专业法务团队的支持，固定侵权证据，制定维权方案，积极投诉、起诉，以维护综艺节目制作方的合法权益。

（二）节目信息网络传播权被侵权法律风险

综艺节目的信息网络传播权是指综艺节目制作方以有线或者无线方式向公众提供综艺节目，使公众可以在其个人选定的时间和地点获得该节目的权利。这种权利的具体使用形式包括但不限于网络点播、直播、轮播、下载、

IPTV、数字电视等现有各种使用形式及授权期限内因科技发展新出的其他使用形式等。观众可以通过手机、电脑、平板电脑、机顶盒、车载电视、航空器电视、互联网电视接收终端和显示终端形式等方式收看节目。

综艺节目信息网络传播权被侵犯的案例屡见不鲜，实务中，法院认定构成信息网络传播权侵权的要件为：未经权利人许可；被诉人将作品置于信息网络中；公众能在个人选定的时间和地点获得该作品。常见的三种侵犯信息网络传播权的情形如下：

1. 未经许可的在线传播。未经版权所有者的许可，综艺节目被擅自上传至信息网络平台（如视频网站、社交媒体、网盘等）供一般不特定公众在线观看或下载，或通过IPTV、数字电视等新型传播方式传播综艺节目，使用形式包括但不限于节目的网络点播、直播、轮播等。以上均构成对权利人信息网络传播权的侵犯。

2. 未经许可的下载服务。实践中，许多网站或平台在未获得版权所有者授权的前提下，提供综艺节目的下载服务，这也构成了对信息网络传播权的侵犯。

3. 盗链行为。盗链是网络服务提供者不在自身的服务器中存储内容，在未经权利人许可情况下，擅自将他人的视频内容链接到自己的网站或平台上，使用户可以在该侵权网络服务提供者的网站或平台上直接观看或下载他人的视频内容或者骗取用户的浏览与点击。这种盗链行为侵犯了原视频权利人的信息网络传播权。

案例：某集团发现某公司开发的某视频软件设置了影视点播功能，对该集团所属卫视的诸多综艺节目进行编辑、整理、分类处理，可以直接向平台用户播放视频资源，平台用户可以在任意的时间、地点获取作品。该公司的行为本质是对服务器的利用，是以服务器传播涉案节目的行为。该公司未经合法授权擅自并持续性地提供涉案节目点播服务的行为，客观上存在提供行为，违反了《中华人民共和国著作权法》《信息网络传播权保护条例》，严重侵害了该集团的著作权。

应对措施：

（1）主动监控，固定证据。综艺节目制作方与节目发行方、平台方可利用技术手段，对节目进行实时监测，及时发现侵权行为。同时，也可以通过设置举报、投诉等渠道窗口，发动公众获取侵权信息。一旦发现侵权行为，应当及时通过公证、区块链存证、时间戳存证等方式固定相关证据。

（2）依法维权。综艺节目制作方首先可以考虑向侵权方发出警告函，与侵权人建立沟通渠道寻求解决方案，看能否促成解决。如无法通过协商手段解决问题，则可考虑提起诉讼。

（3）建立知识产权保护联动机制。综艺节目制作方可与各大视频平台、社交媒体等建立日常合作关系，构建知识产权保护共同体，共同打击侵权行为。同时，也可以通过公开渠道向公众宣传版权知识，提高公众的版权意识。

（三）侵犯他人知识产权法律风险

尽管综艺节目立项阶段、筹备阶段、招商阶段、摄录阶段、后期制作阶段均会采取措施降低知识产权侵权风险，但播出和宣发阶段仍然需要重视侵犯他人知识产权的风险。

综艺节目作品的知识产权侵权是娱乐产业中频繁出现的问题。无论是为了降低制作成本，还是单纯基于法律意识的薄弱，综艺节目制作方忽视知识产权合规的情形时有发生。随着网络与新媒体的快速发展，观众现在可以通过互联网、手机移动端等收看综艺节目，一旦相关节目侵犯他人知识产权，传播与影响的范围会更大，公众基于对版权的尊重，对原创内容的支持，以及对侵权行为的不满，必然认为节目制作方缺乏职业道德，不尊重他人的劳动成果，进而对节目产生强烈的负面评价，节目的品牌形象也会受到严重损害。

应对措施：

（1）立即停止侵权行为。一旦发现存在侵犯他人的知识产权情况，综艺节目制作方应在最短的时间内评估侵权情况，包括具体的侵权内容、影响程度以及可能涉及的法律责任等，同时立即停止相关内容的宣传与发行。在有条件的情况下，还应对已发行的内容进行调整、修改、替换，避免进一步损害权利人的权益。

（2）积极与权利人沟通。综艺节目制作方应主动与权利人进行沟通，积极寻求和解或签署授权协议。

（3）寻求专业支持。如果无法与权利人达成和解或签署授权协议，综艺节目制作方应寻求专业法律支持，了解相关法律规定，制定应对策略。如果权利人向相关部门投诉或提起诉讼，综艺节目制作方应请专业律师介入，收集证据，寻求利益最大化的解决思路。

（4）做好舆论公关。通过舆论公关减轻负面影响并维护品牌形象是极为重要的手段。如果综艺节目确实侵权，且无法在短期内通过协商方式解决的，综艺节目制作方不能敷衍塞责，应当向社会公众展现对知识产权的尊重，通过社交媒体平台发布正面信息，引导舆论走向，减少负面舆论的影响。

（5）及时整改，避免再次侵权。在解决侵权问题的同时，综艺节目制作方应对综艺节目进行整改，确保不再侵犯他人的知识产权。同时，综艺节目制作方应针对之前出现的漏洞，加强内部管理和审核机制，建立健全内部知识产权管理制度，聘用专业人士负责版权的甄别和获取，确保节目制作有效规避侵权风险，避免在今后的其他节目制作中再次发生类似的侵权行为。

二、宣发阶段侵犯肖像权、名誉权风险

如前章节所述，除了综艺节目摄录及后期制作阶段需要对参与嘉宾、演艺人士或其他相关人员的肖像、名誉权进行保护以外，在综艺节目的宣传和推广过程中，也要注意肖像权、名誉权侵权风险。未经他人同意或授权，使用涉及他人名誉或肖像的内容，可能对他人的名誉和肖像权造成损害。其法律风险如下。

（1）未经授权使用包括肖像在内的个人信息。在节目宣发过程中，综艺节目制作方或宣传团队可能会使用参与嘉宾、演艺人士或其他相关人员的个人信息（如姓名、肖像、隐私等）进行宣传，如在海报、宣传册、广告、社交媒体等渠道使用。如果未经前述人士同意或授权，擅自使用，可能导致前述人士的名誉权及肖像权受到侵犯。

（2）恶意毁损或丑化肖像。即使获得了肖像权人的授权，但在使用过程

中恶意毁损或丑化肖像，也可能构成侵权。如果为节目效果或吸引观众眼球，对参演人士肖像进行恶意P图或编辑，比如将有一头茂密头发的人士编辑成秃头、丑化其面部特征等，导致肖像与原图存在显著差距，且这种差距具有贬损、丑化效果，这种行为自然对其形象造成负面影响，构成侵权。

(3) 忽视权利人的合理要求。在宣发过程中，如果权利人提出合理的要求，如要求综艺节目制作方在宣传过程中更正、删除或限制使用其个人信息（如姓名、肖像、隐私等），但综艺节目制作方或宣传团队未予理睬或拒绝配合的，也可能构成侵权。

(4) 综艺节目制作方不实宣传风险。有时宣发团队为吸引观众或提高节目关注度，可能会夸大或捏造事实，对节目内容或嘉宾进行不实宣传，或为了制造话题或引起争议，宣发团队通过剪辑将不同时间、不同情境下的片段拼接在一起，误导观众。如果因综艺节目制作方原因，通过恶意剪辑、捏造事实、歪曲事实或散布虚假信息等手段传播了关于节目参演人员或他人的不实信息，导致公众对该人评价降低，将构成对他人名誉权的侵犯。观众可能因为对某些片段的误解而对嘉宾或参与者进行攻击，造成不良影响，甚至可能引发针对该人的网络暴力。

应对措施：

(1) 在节目发行前充分审查。在节目播出前，综艺节目制作方应对所有涉及肖像、言论、名誉的内容进行充分审查，在宣发过程中对宣传内容进行严格把关，确保所发布的信息真实、准确、完整，避免夸大或捏造事实。在使用任何人员的肖像、个人信息前，务必获得其明确授权，并签订书面协议明确双方权利和义务，确保已经获得了所有必要的授权。无论是嘉宾、工作人员、路人还是任何在节目中出现的个人，均应获得权利人授权。

(2) 发生侵权事宜后积极应对。综艺节目制作方一旦意识到或发现、被指出节目内容可能侵犯了他人的肖像权、名誉权，应立即进行内部自查自纠，如确有其事，则考虑停止播放、传播或发布相关内容，立即通过技术手段进行后期修正，避免进一步扩大影响。

(3) 应当谨慎配合处理肖像权人、名誉权人的合理要求，积极协商，寻求解决方案。如果发生侵权纠纷，综艺节目制作方应积极与权利人沟通，寻求和解或补偿方案。可以考虑通过适当的渠道向被侵权人道歉，并采取措施消除侵权行为造成的不良影响。如在节目中澄清事实、发布道歉声明或采取其他补救措施等。如无法协商解决，应尊重法律程序，包括删除侵权内容、公开道歉、赔偿损失等，以最大限度地减少侵权带来的负面影响。如有需要，还应配合相关部门的调查和处理。

三、宣发阶段的政策变化风险

近年来，我国综艺节目迅猛发展，除传统电视综艺节目热播之外，网络综艺节目亦涌现出一大批制作精良、寓意深远、高质量的节目。综艺节目的繁荣兴盛离不开我国相关文化政策的引导与扶持。然而政策如同"双刃剑"，既可以为综艺节目制作方带来机遇，也可能会因为政策调整导致节目播出遭遇新的困难。综艺节目宣发阶段如发生文化娱乐产业相关政策的调整或变动，将直接或间接影响到节目的宣传发行工作。具体政策变化风险如下：

（一）内容审查政策的变化

综艺节目内容审查政策是指有关部门对综艺节目内容进行监管和审查的一系列规定和措施。这些政策旨在确保综艺节目内容健康、积极、符合社会主义核心价值观，避免传播不良信息、违规内容或对社会造成负面影响。综艺节目内容审查政策可能因地区的不同有所差异，整体而言，在制定和执行这些政策时，有关部门通常都会考虑到文化、社会、道德和法律等多方面的因素，对综艺节目的主题、情节和表现方式进行审查，以确保综艺节目导向符合社会主义核心价值观、符合道德规范和法律法规。比如：严禁涉及违法违规、伦理道德问题的节目内容；防范泛娱乐化、低俗、庸俗等不良风气的出现；参演人员除知名度与影响力之外，应当着重审查其道德品质；同时应当限制广告时长和植入方式；防止过度商业化；等等，均是公众熟知的内容审查政策，目的是确保节目内容的完整性和观众的观看感受。综艺节目播出时间的管理也是政策关注的内容之一，通过限制黄金时段播出的综艺节目类型，达到避免过度娱乐化、确保播出内容与社会氛围相适应的目的。

政府对于文化娱乐内容的管理政策可能会依据实际情况进行调整，如果政策收紧，可能会导致已经制作完成的节目内容需要进行修改或删减，甚至可能导致节目无法播出。这种政策变化会给节目的宣发工作带来很大的不确定性，需要综艺节目制作方及时调整策略。

（二）版权保护政策的强化

综艺节目的版权保护政策是确保节目制作者、创作者以及投资方的合法权益得到有效维护的一系列法律法规和措施。随着社会大众知识产权保护意识的提高，政府对版权侵权行为的打击力度也可能逐步加大。因此，综艺节目的制作方、投资方以及有关从业人员都应密切关注政策动态，以确保自身权益得到最大限度的保护。

在综艺节目宣传与发行的过程中，如因政策法规变动导致原本可能不属于侵权范畴的行为被纳入监管范畴，可能就会面临增加的法律风险。因此，综艺节目制作方需要加强对版权政策变化的关注。

（三）税收政策的变动

基于国家经济发展的客观情况，以及我国面临的外部环境，国家整体税收政策有时会进行调整。同时，在特定期间，国家可能会对某一行业加以促进或加强监管，故单一产业政策和相对应的税收征管制度亦可能会进行调整。综艺节目面临的税收政策的变动可能是基于国家整体税收政策的变化，也可能是基于文化产业政策以及税收征管制度的改革。

综艺节目制作方与相关从业人员均应加强税务管理，确保合规经营，同时密切关注税收政策的变化，及时调整经营策略和重新进行税务规划，以降低税务风险。例如，增值税税率的调整可能会影响综艺节目制作方的成本和税负；而个人所得税政策的调整则可能影响从业人员的收入和税负情况；税收监管的加强意味着税务机关可能会加强税务检查和审计，严格查账，确保税收政策的执行和落地。这就要求有关主体要做到税务合规。

应对措施：

综艺节目制作方应当密切关注有关部门发布的政策文件，及时了解政策变动情况。建立完善的风险评估机制，对可能受到政策影响的环节进行定期评估。制定灵活多样的宣发策略，以适应不同政策环境下的市场需求。同时加强与政府部门、行业协会等的沟通与协作，争取政策支持和指导。必要的话聘请专业人员进行法律、知识产权、税务方面的审查与规划。

通过以上措施，综艺节目制作方可以更好地应对政策变更风险，确保综艺节目的顺利宣发和播出。

四、宣发阶段所涉合同的注意事项

在综艺节目宣发过程中，综艺节目制作方需要签署各类型合作合同以明确各自的权益和责任。然而，如果合同条款不明确或缺少关键条款，易导致纠纷的发生。笔者就综艺节目宣发阶段中所涉部分合同的注意事项阐述如下，供综艺节目制作方参考。

（一）综艺节目发行合作合同

综艺节目发行合作合同（以下简称发行合同）通常由综艺节目制作方（或版权方）与发行方（如电视台、网络平台等）签署，旨在确保节目的顺利发行，明确综艺节目发行过程中合作双方的权利、义务、责任以及利益分配等事项，并保障双方的合法权益。发行合同需注意的重点事项如下：

1. 合同应明确节目内容与形式。发行合同应详细描述节目的名称、性质、形式和内容，前述内容亦包括节目的主题、嘉宾阵容、场地布置、节目时长等，确保双方对节目的理解一致，避免后续产生歧义或引发纠纷。

2. 合同应明确发行范围与期限。合同应明确节目的发行范围（如地域、平台等）和期限，以及发行方在相应区域和期限内享有的发行权利。同时应注意以下问题：

①审慎选择合作方与发行渠道。合同签署前，综艺节目制作方应评估不

同渠道的受众覆盖率和影响力，评估发行方的市场资源和发行能力，包括其在目标市场的渠道网络、推广经验等，确认其资质情况，选择与节目定位相匹配、具备较强发行能力的合作方签署合作合同，以确保节目的有效传播。合同中要约定清楚所选择的发行渠道，如电视台、在线视频平台、社交媒体等。

②预留续约条款与谈判空间。通过在合同中设置续约条款，为双方未来的合作留下谈判空间。根据节目表现和市场变化，适时进行续约谈判，以延长发行期限或调整发行策略。

3. 明确版权归属与授权。合同应明确节目中所涉及的作品、素材、肖像等的版权归属和使用权。综艺节目制作方应确保拥有节目的完整版权，并有权将节目发行给发行方；双方应就版权使用、转授权等事项进行明确约定，以避免侵权风险。合作双方均应确保宣发的内容素材是合法的，不侵犯他人的知识产权及其他合法权益。如果内容违法或侵犯他人权益，综艺节目制作方和播放平台都可能面临法律责任。因此，在签订合同前，双方应对节目内容进行充分的审查和确认。

4. 详细列出发行费用与分成。合同中应详细列出发行费用及支付方式，以及双方在收益方面的分成比例和方式，确保双方在经济效益方面的公平和合理。

发行费用取决于节目的类型、规模、制作成本、市场需求以及发行渠道等多个因素。不同类型的综艺节目在发行费用上会有所不同。例如，大型真人秀、竞技类节目通常制作成本较高，因此发行费用也会相应增加。而一些小型、轻松幽默的综艺节目则可能制作成本较低，发行费用也会相对较低。市场需求也是决定发行费用的重要因素，如果节目受到市场的热烈追捧，发行方可能会提高发行费用以获取更高的收益；相反，如果市场需求不高，发行费用可能会相对较低。发行渠道的选择也会对发行费用产生影响，不同的发行渠道可能有不同的收费标准和合作方式。因此，发行方需要根据节目的特点和目标受众选择合适的发行渠道，通过商业谈判确定合适的金额，对分成和收益等进行合理约定。

5. 根据业务需求设置保密条款。综艺节目往往涉及商业秘密和敏感信息，因此合同中应包含保密条款，约定双方对涉及节目的商业秘密和敏感信息进行保密，不得擅自泄露或向第三方披露。

(二) 综艺节目宣传推广合同

此类合同通常由综艺节目制作方与宣传公司或媒体机构签订，旨在明确双方在节目推广和宣传方面的责任、权益和合作方式。合同内容通常包括宣传策略、宣传内容、宣传渠道、宣传费用等条款，以下是一些需要注意的重点条款：

1. 合同签订前应当审核宣传方的资质

①合同签订之前，应核实宣传方的资质和可能需要的授权，确保其有签订合同的合法资格。

②综艺节目制作方可以对宣传方的以往业绩情况、宣发能力进行背调，或要求对方提供以供己方参考。

2. 明确宣传范围、方式

①合同中应当列明该综艺节目宣传的具体渠道（如电视、网络、社交媒体等）和方式（如广告、宣传片、推文、短视频等）。设定具体的宣传目标，如提高收视率、增加网络点击量等，并约定如何衡量这些目标的达成情况的标准。

②合同应当明确宣传的地理范围和时间周期，确保推广活动的全面覆盖和有效性。

③合同应当明确宣发素材的提供、审核与使用的细则。明确宣传素材由谁提供，提供种类（包括图片、视频、文字介绍）等，同时约定素材的审核流程，规定宣传素材的使用范围和使用方式等。

3. 明确宣传推广费用与支付方式

①合同应当明确宣传推广的总费用预算及各项费用的明细。双方可根据宣传活动的规模、范围和目标共同制定预算方案，确保预算的合理性和有效性。在合同执行过程中，如遇到不可预见的情况或市场变化，双方可协商对

预算进行适当调整。调整应遵循公平、合理原则，确保调整后的预算仍然符合合同约定的宣传目标和要求。

②合同应当确定宣传推广费用的具体支付方式和支付时间，以及相应的支付条件。合同中应清楚约定双方如何进行费用结算，包括结算周期、结算方式以及所需提供的结算凭证等，并约定逾期支付的违约责任以及发生争议的解决方式。

4. 根据业务需求设置保密条款

约定双方在合同履行过程中及合同终止后需要保密的信息范围和保密期限，明确违反保密条款的责任和处罚措施。

5. 设置知识产权条款

通过该条款，约定双方在宣传推广过程中涉及的知识产权归属和使用权，比如明确未经授权不得擅自使用、复制、传播对方的知识产权。

（三）商标许可合同

商标许可合同也称为商标使用许可合同，是商标权人同意被许可人按约定使用其商标的合同，被许可人需要支付使用费。在商标许可合同中，商标权人是许可人，使用商标的人是被许可人。综艺节目制作方如考虑将名下注册商标转让他人使用，或受让他人商标，应注意如下重点事项。

1. 合同应明确许可人和被许可人的身份。

确保合同里许可人和被许可人的名称、地址等信息准确无误。

2. 清晰定义授权范围。

①明确商标使用的模式。商标权许可的模式包括普通许可、排他许可和独占许可。在普通许可模式下，商标权人允许被许可人在约定的条件下使用其商标，同时保留自己使用该商标以及授予其他第三方使用该商标的权利，这意味着可能存在多个被许可人同时在市场上使用同一商标的情况。在排他许可模式下，商标权人保留自己使用该商标的权利，但承诺不再将该商标的使用权授予除当前被许可人以外的任何第三方，被许可人享有独家使用权，可以排除所有其他第三方（不包括商标权人）在同一条件下的使用。在独占

许可模式下，被许可人不仅获得了在特定区域和时间内独家使用商标的权利，而且在此期间内，即便是商标权人自己也不得使用该商标，被许可人拥有该商标在约定范围内的全部使用权，包括排斥商标权人和其他任何第三方的使用权。

②详细列明许可使用的商标信息，包括注册号、类别、注册有效期等。明确许可使用的商品或服务范围，确保不超出商标注册证书上核定的范围，同时明确许可使用的地域范围和许可期间。

③明确该商标许可合同是否需要向商标局进行备案，并在合同中注明办理备案的时间与流程细节。

3. 根据业务需求设置保密条款。如果需要，可以在合同中设定保密条款，要求被许可人对涉及商标的信息进行保密。

4. 费用与支付方式。合同中应当就商标许可的费用金额、支付方式以及支付时间进行明确等。

5. 合同期限与终止。

明确合同的起始日期和终止日期，以及双方在何种情况下可以提前终止合同，合同终止后，被许可人应采取什么措施，如停止使用许可商标，并销毁或归还与商标相关的所有资料等。

（四）商标转让合同

商标转让合同是指注册商标所有人在法律允许的范围内，根据自己的意志，按一定的条件，并通过必要的形式将其拥有的商标专用权转移给他人所有并由他人专用的合同。以下要点应特别注意：

1. 合同签订前应确认商标的状态。在签订商标转让合同前，应确保商标是有效的，未被撤销、无效宣告或存在异议等。此外，还需要确认该目标商标是否已被许可使用或抵押，以及是否存在其他可能影响商标转让的第三方权利。

2. 明确商标转让范围。合同应明确商标转让的具体范围，包括商标的图样、名称、注册证号、核定使用的商品或服务项目等。同时，还需要明确商标的转让方式，例如永久转让、有期限转让、附条件转让等。在商标转让过程中，转让方需要确保已无保留地将合同约定的所有与商标相关的权利和义务全部转让给受让方。

3. 明确转让费用及支付方式。商标转让合同中应明确转让费用及支付方式，包括转让费用的金额、支付时间、支付条件、支付方式等。

4. 综艺节目制作方可根据业务需求设置保密条款。

此外，综艺节目制作方如系受让方，需注意在接收商标后及时进行商标变更登记，确保商标的权利得到法律认可和保护。

（五）综艺节目衍生品开发授权合同

衍生品开发授权合同是在消费者的消费能力不断提高、内容产业高速增长、衍生品市场开发潜力巨大的环境下，依托明星与综艺节目的影响力，合作开发周边产品的一种新型合作方式。衍生品开发授权合同用于约定综艺节目衍生产品开发、制作、推广和销售等过程中的各方权益和义务，确保合作的顺利进行。以下是一些需要注意的重点条款：

1. 明确衍生开发内容。衍生品开发授权合同应详细描述综艺节目衍生开发的具体内容，包括但不限于衍生产品的种类、设计、开发计划、制作标准、市场推广策略等。

2. 明确知识产权归属。衍生品产业系从具有一定影响力或商业潜力的内容资源中挖掘可衍生元素，通过商业化手段开发周边产品投入市场，从而实现影视作品、综艺节目、文化艺术等与商品的跨界融合，其核心与前提在于知识产权合规和上游资源方的合法授权。故在合同中明确约定综艺节目及其衍生产品的知识产权（包括商标、著作权、专利权等）归属至关重要。

3. 对使用权与许可进行细化规定。合同应对被许可方在合同期限内对综艺节目衍生产品的使用权和许可范围进行细化约定，包括使用权的具体内容、使用期限、使用地域、是否独家等，授权方应考虑被授权方的需求，有针对性地进行授权。

4. 确定具体时限。合同应确定衍生开发合作的起止时间，以及合同到期后是否可以续签等相关事宜。

5. 双方利益分配方式。衍生产品所产生的利益的分配通常要基于双方的投入和贡献来协商确定。授权方可以要求最低保证金/授权保底费用及收入分成相结合的方式，其中最低保证金/授权保底费用是经双方协商后在合同文本中确定的保底金额，被授权方必须支付且不予退还。收入分成一般以销售总收入或总利润的一定比例计算。

在实践中，对于授权方所应收取的费用，不管是最低保证金/授权保底费用还是收入分成，建议均明确为授权费用。如果约定为其他名目，可能会产生歧义。比如，有的合同将部分授权费用细化为策划费用、营销运营费用等名目，这很有可能被法院认定为需要履行其他合同义务才可收取此款项。

6. 根据业务需求设置保密条款。综艺节目制作方可通过约定保密条款，规定双方在合作期间及合作结束后对综艺节目及其衍生产品的相关信息和资料负有保密义务，防止衍生品相关内容被他人知悉。

第八章
针对演艺人士的风控

第一节 演艺人士参与综艺节目的方式及流程

本文所称的演艺人士,是指扮演某个角色的表演者,或参加戏曲、戏剧、电影、电视剧、舞蹈、曲艺等表演的专业人员,也就是演员,行业内称之为艺人。

时至今日,艺人不仅指传统参演影视剧的演员,还包括歌手、主播、UP主、自媒体等在内的各类文化艺术工作者。而网络媒体的兴起、自媒体平台的发展令各行各业被进一步细分,新名词不断涌现,艺人群体也被投资方、部分自媒体及网民划分成多个种类,比如"艺人、素人、达人、KOL、KOC",这些名词并未得到官方认可,却在一定范围内广泛传播,具体网络含义如下。

1. 艺人:专指明星艺人。

2. 素人:原指业余人士,自媒体亦指为粉丝数在五千以下的创作者、博主。

3. 达人:在网络中是指在某一领域非常专业,出类拔萃的人。在自媒体中指粉丝数在五千至一万的创作者、博主。粉丝数超过一万的又分为尾部达人(粉丝数在一万至十万之间的创作者、博主)、腰部达人(粉丝数在十万至百万之间的创作者、博主)、头部达人(粉丝数在百万以上的博主)。

4. KOL:英文全称"Key Opinion Leader",意为关键意见领袖,某个领域的专家,对某一群体的购买行为有较大影响力的人。

5. KOC:英文全称"Key Opinion Consumer",关键意见消费者,是指能影响自己周边的朋友、粉丝,产生消费行为的人。

综艺节目的参与者通常为明星艺人，或者专业的表演者，可以统称为艺人。考虑网络媒体和自媒体对艺人群体的划分，为了避免歧义，本书统一将综艺节目的参演者称为演艺人士或演艺人员。

一、演艺人士参演综艺节目的方式

有名气、有流量的演艺人士由于受关注度高、能够吸引观众，且具备相对专业的表演能力，通常参加综艺节目的概率比其他人高。对节目组而言，演艺人士参加综艺节目可以带来话题和收视率；对演艺人士而言，参加综艺节目可以获取报酬、增加露面机会、展现实力、表演才艺、进行宣传，甚至制造话题。故演艺人士参加综艺节目，在正常情况下对个人和节目组而言可以达到双赢。

演艺人士参与综艺节目的方式较多，常见的如演艺人士作为导师、评委出现；作为主持人或嘉宾出现；作为表演者出现；作为幕后策划或其他职务出现。当然，演艺人士参与综艺节目时并非限于前述几种方式中的一种，而是可能同时存在两种及以上方式。比如，演艺人士担任选秀节目的评委时，可能还需要表演节目；又如演艺人士同时担任主持人和表演者；再如演艺人士作为节目的策划、编导的同时，可能还担任节目主持人。

二、演艺人士参演综艺节目的流程

不同的综艺节目形式不同、环节设置不同，对演艺人士的要求也相应不同，流程存在差异。整体来讲可以大体分为两种情况。

第一种情况为演艺人士未参与节目的策划、编导。此种情况下，演艺人士与该节目制作团队之间是单纯的服务合同关系。过程通常包括：

1. 前期的谈判和沟通。演艺人士在此期间会详细了解节目信息、自己的服务内容、时长、报酬、待遇等。

2. 签署表演服务合同。双方达成一致后，签署表演合同，以书面形式对双方权利义务进行确定，除前述服务内容、报酬等事项外，还会对演艺人士前后期参与宣传、争议解决等细节予以约定。

3. 前期工作。演艺人士在签署合同后，基于合同约定，按照节目组的要求参与前期的宣传（如拍摄宣传照和宣传片、发微博等），以及其他合同约定的在录制节目前应做的工作。

4. 准备及录制工作。演艺人士基于合同约定，提前到达节目录制现场，熟悉环境和设备，了解节目内容，参与彩排走位和节目正式录制。

5. 节目后期工作。包括补录、参与宣传，报酬结算等。

第二种情况为演艺人士本身即节目的策划编导人员。此种情况常见于演艺人士与电视台、制作公司、网络视频平台有长期合作关系（或劳动关系）的情形，演艺人士利用自身资源和电视台、制作公司、网络视频平台的制作能力，策划、制作节目，并将制作完成的节目在电视台、网络平台播出。在此情况下，演艺人士会从事较多幕后工作，但也不排除在完成幕后工作的同时，也担任节目的主持人、表演者等，参与节目录制。其过程依据演艺人士实际担任的职务类型而有所区别。

总体而言，演艺人士参与综艺节目的基本流程如下图所示。

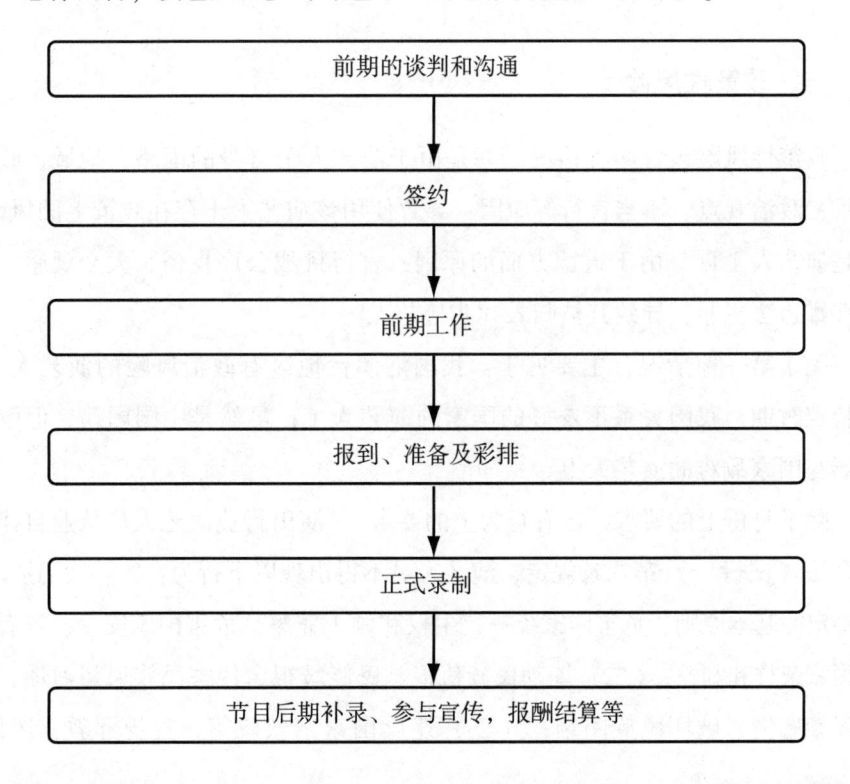

```
┌──────────────────────┐
│    前期的谈判和沟通    │
└──────────┬───────────┘
           ↓
┌──────────────────────┐
│         签约          │
└──────────┬───────────┘
           ↓
┌──────────────────────┐
│       前期工作        │
└──────────┬───────────┘
           ↓
┌──────────────────────┐
│   报到、准备及彩排    │
└──────────┬───────────┘
           ↓
┌──────────────────────┐
│       正式录制        │
└──────────┬───────────┘
           ↓
┌──────────────────────────────────┐
│ 节目后期补录、参与宣传，报酬结算等 │
└──────────────────────────────────┘
```

第二节 演艺人士参加综艺节目的常见风险

本书所说的风险，包括演艺人士参与综艺节目前后过程中存在的政策性风险、争议性话题风险、民事法律风险（如合同违约风险、人身伤害风险等）。

综艺节目邀请或聘请演艺人士参演，首先面临的就是对演艺人士的风险管控问题。演艺人士通常有一定知名度，代表了一定的（甚至是巨额的）财产利益，其人身安全状况、言行举止既可能为综艺节目带来流量、影响力和收益，也可能带来不利后果，使综艺节目陷入负面影响甚至灭顶之灾。现实中，综艺节目与演艺人士之间发生争议甚至陷入对抗，综艺节目被演艺人士拖累被迫下架、停播的事例并不罕见，国内综艺节目对演艺人士的风险管理是一个长期无法忽视的话题。

一、政策性风险

政策性风险包含两种情况。一是由于演艺人士自身的国籍、地域、政治背景、政治观点、不当言行等原因，导致使用该演艺人士存在政策上的风险；二是演艺人士自身由于道德方面的原因，言行挑战公序良俗、大众观感，甚至涉嫌违法犯罪，导致其被归入"劣迹艺人"。

关于第一种情况，主要见于：我国港澳台地区有政治风险的演艺人士；在特定时期与我国关系不友好的国家的演艺人士；虽然是中国国籍，但政治立场与国家敌对的演艺人士。

除了身份上的要求，还有行为上的要求。《演出行业演艺人员从业自律管理办法（试行）》第八条规定，演艺人员不得出现以下行为："（一）违反宪法确定的基本原则，危害国家统一、主权和领土完整，危害国家安全，或者损害国家荣誉和利益；（二）煽动民族仇恨、民族歧视，侵害民族风俗习惯，伤害民族感情，破坏民族团结；（三）违反国家宗教政策，宣扬邪教、迷信；

（四）组织、参与、宣扬涉及淫秽、色情、赌博、毒品、暴力、恐怖或者黑恶势力等非法活动；（五）因酒驾、无证驾驶、肇事逃逸、恶意滋事等扰乱公共秩序，造成恶劣社会影响；（六）危害社会公德或者损害民族优秀文化传统；（七）在营业性演出中以假唱、假演奏等手段欺骗观众，或者以违背伦理道德、违反公序良俗的方式进行演出吸引观众；（八）表演方式恐怖、残忍，利用人体缺陷，或者以展示人体变异等方式招徕观众；（九）以欺骗、隐瞒等方式恶意违反或不履行合同，非因不可抗力原因取消演出、不履行合同，或者擅自变更已经审核批准的演出内容；（十）发表违反法律法规、违背社会公序良俗、歪曲历史事实、侮辱、诽谤英雄烈士等不当言论，或者发布不实信息，煽动他人扰乱公共秩序，影响社会稳定；（十一）以侮辱、诽谤等方式损害他人名誉等合法权益；（十二）违反广告代言相关法律法规，或以虚假宣传、引人误解的方式欺骗、误导消费者；（十三）通过违反保密协议、伪造变造材料等不正当手段谋取利益，或者利用职业之便谋取不正当利益；（十四）其他违背伦理道德或者社会公序良俗造成严重不良社会影响的情形；（十五）法律、行政法规明文禁止的其他情形。"一旦有了上述行为，与该演艺人士合作即存在政策上的风险。

此类演艺人士参演综艺节目，将使综艺节目面临主管部门的严格审查，可能导致综艺节目被抵制、要求整改、删减镜头、下架乃至停止播出，并可能被后续追责。

案例1：2017年1月，某卫视歌手竞技类节目的全新一季进行了首期节目的录制。节目尚未播出前的推广阶段，因曾有不当政治言论的歌手张某某的加盟，引发了公众质疑和大规模抵制，形成了舆论风波。1月13日晚间，该节目官方微博删光所有有关张某某的消息，将张某某在节目中的画面删除干净，节目方得以播出。

案例2：我国香港地区艺人王某曾应邀参与某真人秀，节目录制完成后，有群众举报王某在社交网站上曾发表大量羞辱内地、污蔑先贤的言论，引发观众抵制。节目编导查实后主动删除王某参与录制的戏份，删不掉的被全程打上马赛克。

关于第二种情况，常见于演艺人士在日常行为中基于主观故意从事违法犯罪行为，或挑战社会主流价值观的行为。一旦演艺人士发生了此等行为，就有可能被归入"劣迹艺人"或类似的负面艺人，使用该演艺人士的综艺节目也会因此承担政策性风险。

广播影视作品是传播社会主义先进文化、弘扬社会主义核心价值观的重要载体。总局历来倡导广播影视从业人员遵纪守法，自觉践行社会主义道德，抵制庸俗、低俗、媚俗之风；历来倡导广播影视文艺工作者追求德艺双馨，通过优秀作品和良好形象在社会上传播正能量。

2021年2月5日，中国演出行业协会发布《演出行业演艺人员从业自律管理办法（试行）》。根据办法第十五条、第十八条，"劣迹艺人"将受到协会会员单位一年期限至永久期限的联合抵制，且须在联合抵制期限届满前三个月内提出申请，经同意后才可继续从事演出活动。

2022年4月15日，中央网信办发布《关于开展"清朗·整治网络直播、短视频领域乱象"专项行动的通知》，通知指出："坚决遏制劣迹艺人违规复出，从严整治'跨平台注册''引流到站外'等被封账号变相转世行为。"

可见，在管理层面，主管部门或行业协会对演艺人士的态度非常明确，一旦被认定为"劣迹艺人"，即面临全网封杀的后果，该演艺人士参与的综艺节目亦不得制作，不得播出。这意味着综艺节目的前期投入及后续可能的收益都会因为演艺人士的政策性风险而严重受损，甚至付诸东流。

案例： 2021年10月，北京市朝阳公安分局发布通报称，接群众举报，有人在朝阳某小区卖淫嫖娼，警方将卖淫违法人员陈女和嫖娼违法人员李某男查获，上述人员对违法事实供认不讳，均已被朝阳公安分局依法行政拘留。事发当天，有李某男参加的综艺节目火速删减了李某男的镜头，不能删减的全部打码。当晚，该综艺节目前七期节目全部下架，只能从第八期开始观看。

二、争议性话题风险

争议性话题风险包含两种情况，一种是演艺人士出现道德瑕疵后陷入负面评价，这里所说的道德瑕疵不限于家暴、出轨、弃养、虚假捐赠、撒谎、履历造假等。另一种是演艺人士因言论或行为陷入争议性话题，引发其在部分群体中的评价陷于负面，自身陷于舆论风波。此两种情形均有可能导致综艺节目陷入舆论风暴，遭受部分群体的网络围攻。

关于第一种情况，演艺人士的道德风险并不局限于家暴、出轨等方面（演艺人士在自媒体上也不会主动发布自己这方面的信息），还包括对公序良俗的遵守，对真相的维护，对正面价值观的敬畏。演艺人士在生活中的言行一旦与社会主流价值观相悖，被打上"负面"标签，综艺节目坚持继续使用该演艺人士就有了"为其站台"之嫌，从而自身也陷入争议。

案例： 2019年4月，演艺人士赵某某在微博发表言论称"日本人占领北京八年，为什么没有抢走故宫里的文物并且烧掉故宫？这符合侵略者的本性吗？"此言论因有为侵略者"洗地"的嫌疑引发巨大争议。赵某某被紫光阁、共青团中央等公开点名批评后，不得不公开道歉，并注销账号。其新剧播出时也全部用AI技术将其形象替换为其他演员。

第二种情况可能无关道德，更趋向于理念之争。演艺人士作为社会的一员，对于一些公共话题和热点话题有自己的观点实属正常，对一些话题发表自己的意见也是合法的权利。然而演艺人士作为有一定社会影响力（或希望成为有一定社会影响力）的人，发表意见时需要顾及社会感受（包括社会的整体感受及特定群体的感受），避免陷入争议性话题。

争议性话题，主要产生于特定领域及特定群体之间，话题正反双方均有固定的群体支持，并且很难被对方说服。有时是因为理念，有时是基于利益，部分争议性话题的讨论逐渐有脱离理性讨论轨道的趋势，小至"豆腐脑吃甜吃咸""春节是不是一定要吃饺子"，大至"环保"、国家大政方针，均有可能引发群体性、地域性争论乃至对立。时至今日，政治观点、种族歧视、民族宗教、极端动保等已经成为高危话题，演艺人士如发表涉及争议性话题的言论，极易被与其观点相对立的一方关注，对方群体中有意"碰瓷"以获取关注者亦不鲜见。演艺人士一旦陷入争议性话题的舆论风暴中，可能会遭受"网络围攻""人肉起底"等网络暴力，乃至线下人身安全受到威胁。其参与的综艺节目亦将遭受"池鱼之殃"，甚至会承受相关群体主要的怒火与攻击。

三、民事法律风险

演艺人士参与综艺节目录制，可能会经历以下单项或多项事项：长途交通出行；肢体动作表演；脑力劳动；通宵工作；膳食及用餐环境；灯光、烟雾及噪声污染；危险动作及环境；等等。演艺人士在参加综艺节目过程中发生意外事件以及产生争议的案例并不少见。常见的综艺节目制作方与演艺人士发生民事争议的事项包括：膳食与住宿标准；报到时间；摄录环境；工作时长；报酬的结算；人身及财产安全；等等，其中大部分可以在合同中进行约定。当然，合同进行了约定并不能确保风险不存在，在实际摄录过程中，综艺节目制作方稍有不慎，便可能遇到未知的或者突发的意外情况。

案例1：1993年6月，我国著名乐队组合的主唱黄先生到日本某电视台录制一个游戏节目。在节目舞台的中央有一个巨大的水池，水池里有一个旋转的浮桥。节目录制了十几分钟之后，因为不断有人落水，舞台地面变得相当湿滑，而舞台周围的背景墙只是装饰用的很薄的背景板。黄先生和节目主持人不慎一起从三米高的舞台上摔下，没有戴安全帽的黄先生后脑先着地，一代传奇巨星黄先生在日本东京去世。

案例2：2004年，韩国著名配音演员张某某参加韩国综艺时，在舞台上挑战吃长条年糕，中途因为忍不住想笑场说话，导致年糕落入呼吸道被当场噎死，享年五十一岁。

以上案例，均是在综艺节目录制过程中出现意外导致演艺人士死亡的情况。综艺节目的特点是部门多、环节多，任何一个环节出了问题，或者各部门衔接不畅，或出现工具故障等突发状况，均有可能导致演艺人士遭遇人身伤害。不同于影视拍摄，综艺节目的剧本不会精确到每句台词、每个表情动作，演艺人士参与综艺节目需要一定的自由发挥，这在一定程度上增加了意外情况发生的概率。

第三节　综艺节目全流程对演艺人士的风险管控

不同综艺节目在合同签署前和签署过程中，对演艺人士的风险管控有相通之处，故本书进行统一的论述。

综艺节目对演艺人士的风险管控，不可避免地会涉及演艺人士与综艺节目制作方之间的权利义务平衡、利益平衡，故风控过程需要商业智慧及法律智慧。综艺节目制作方需要考虑双方商业地位的强弱，在力所能及的范围内做到利益最大化，努力争取，适当妥协，求同存异，力求解决问题，不要扩大矛盾。

一、对演艺人士的事前合规审查

综艺节目制作方有了拟邀请的演艺人士目标后，首先需要做的就是对该演艺人士的背景进行初步尽职调查。尽职调查内容包括：

（1）该演艺人士的基本资料信息（如曾用名、年龄、国籍、民族、联系方式、婚姻状况等）。

（2）该演艺人士有无公开可查的不良记录（如违法、犯罪记录等）。

（3）该演艺人士有无公开可查的道德瑕疵（如家暴、出轨及其他可能引发负面影响的言行）。

（4）该演艺人士有无政治性言论，有无争议性言论。

（5）该演艺人士是否与其他方正在存在或存在过经济纠纷或其他民事纠纷。

（6）该演艺人士的经纪公司签约情况。

（7）该演艺人士参加本综艺节目是否与该演艺人士所属经纪公司的经营范围相悖。

（8）该演艺人士自身广告代言情况、节目的冠名商是否与演艺人士现有代言合同相冲突等，特别是要避免其代言合同的品牌方与节目冠名商是竞争关系。其代言品牌是否存在政治风险等也需纳入考量范围。

（9）该演艺人士是否有特殊疾病、过敏史或其他健康问题。

（10）其他能够从公开渠道了解到的相关信息。

需要说明，本阶段的尽职调查也需手段合规，只能依据公开可获得信息进行收集，考虑到演艺人士的道德瑕疵多属于隐私范畴，经纪公司内部经营涉及商业机密，故此阶段的尽职调查并不能完全排除风险，目的是在力所能及的范围内降低风险。

除此之外，制作方也应对演艺人士以往参与其他综艺节目的情况进行一定的调查和了解，注重其他综艺节目制作方、主创人员、媒体人士等对该演艺人士的评价，注重其在拍摄时是否有过不恰当的表现（如迟到早退，不配合现场工作人员指挥）等。

二、通过合同条款进行风控

综艺节目制作方和演艺人士（或其经纪公司）协商达成一致后，会签署《节目表演演出服务合同》或《委托表演合同》等合同文件（名称不固定），不同制作方使用的合同文本有所不同，但主要内容应包括：

①节目的基本情况；

②演艺人士在本节目中的角色、内容、要求；

③录制周期；

④双方权利义务及违约条款；

⑤伤病及突发事件处理条款；

⑥知识产权条款、肖像权合理使用条款、道德约束条款；

⑦不可抗力条款；

⑧保密条款；

⑨争议解决及法律适用条款；

⑩其他条款及附件。

制作方与演艺人士和/或其经纪公司签署的《表演服务合同》（或《节目表演演出服务合同》《委托表演合同》等，以下统称为《表演服务合同》）

是调整制作方与演艺人士和/或其经纪公司的权利义务的最重要文件,合同条款设置的详尽与否、向哪一方倾斜,直接影响后续综艺节目的摄录,以及发生争议后的争议解决。

合同之所以存在,是为了划分权责,防止潜在的矛盾。综艺节目制作是一种生产性活动,也是一种商业行为,双方追求的应该是共赢,所以彼此应当换位思考,理解对方的关切。若发生争议,应抱着解决问题而非扩大矛盾的态度,适当进行妥协,求同存异。

为减少争议,控制风险,综艺节目制作方需要对《表演服务合同》的条款进行细化,使之具有可操作性,知晓并管理合同的风险所在。这个过程也涉及谈判技术、谈判尺度的把握。在摄录过程中及前后,对合同中未解决的风险加以合理注意,保留证据并积极沟通。如争议无法通过协商解决,应由专业律师介入,进行谈判或诉讼/仲裁。

在前文列举的条款中,"双方权利义务及违约条款""伤病及突发事件处理条款""肖像权合理使用条款""争议解决及法律适用条款"均易产生争议,然而在实践中,很多合同对这些条款约定甚为笼统甚至没有约定,以至于发生争议后没有可操作性的解决条款。如某公司使用的合同里,对违约条款是这么约定的:

"如一方违反本合同任何一条义务,导致另一方在拍摄过程中遭受损失的,应承担违约责任,并赔偿另一方的损失。"

这样的条款似乎约定了违约责任,但真若发生纠纷,就会发现"漏洞百出",缺乏可操作性。比如,违反合同义务应承担什么样的违约责任?如何承担违约责任?损失的范围为何?如何证明存在的损失?另外,该条款的表述也并不规范,这样的合同条款对任何一方的保护作用都不大,对后续维权能起到的作用只是"形式"上的。

综艺节目制作方在起草合同或接到演艺人士一方发来的合同后,应认真阅读,结合自己的业务知识判断风险点,必要时应寻求专业法律人士的协助。关于节目的基本情况、演艺人士在本节目中的角色、节目内容、节目要求等条款,在此不再赘述。在所有的合同条款中,应特别注意如下条款:

（一）双方权利义务及违约条款

1. 双方权利义务的设定

商业合同中最重要的就是当事方权利义务的确定。民事法律秉持意思自治原则，在法律允许范围内，任何一方均有意愿设置条款，增加己方的权利，减少己方的义务，增加对方的义务，限制对方的权利，以求条款设置总体上倾向于己方。实践中，一些有流量的或者比较热门的演艺人士基于自身商业地位，会对自身的义务、违约责任作从轻处理、笼统处理，甚至不做约定，对制片方的义务、违约责任则设置较重。

出于双方各自利益的考量，争议有时难以避免。要减少争议，就需要对《表演服务合同》的条款进行细化，使之公平且具有可操作性，这样能最大限度地降低争议发生的概率。

在已经确定节目的基本情况、演艺人士在本节目中的角色、节目内容、节目要求等条款情况下，双方权利义务的设置，应包含如下内容：

（1）纪律要求。比如，何时进组，应遵守何等规章（如不得迟到早退、无故罢演、中途辍演）等。

（2）制作方及栏目组管理权利。这期间要特别注意对不可预见情况的提前约定，如合理变更摄制计划；对人物、情节等进行合理修改；等等。

（3）制作方及栏目组义务。这里应注意相关义务应该是合理的，可操作性的。比如，可以约定对演艺人士提供何等标准的膳食标准、住宿标准，但也要约定膳食和住宿的安排要尊重当地实际情况（例如，当地没有五星级酒店，自然无法安排）。

（4）演艺人士方权利。如应享受的食宿行待遇，每日最长工作时间等。

（5）演艺人士方义务。如遵守剧组管理，尽职表演，生病应提供医院病假单，守法及道德条款等。

此类条款是合同的核心内容，条款组织、遣词用句均需用心斟酌。综艺节目制作方应尽可能对此类条款进行细化，争取条款达成平衡。对于一些基于双方商业地位高低无法修改的条款，做到提前知晓风险，心中有数，才能在摄制过程中有针对性地加以注意和避险。

特别需要注意的是：双方的权利义务不仅仅局限于合同"甲方的权利义务"及"乙方的权利义务"中，可能会有设置权利义务的条款分散于其他的条款（如保密条款、不可抗力条款、送达条款等）中。综艺节目制作方在阅读合同时应注意其他条款中隐含的权利义务约定。

2. 违约条款的约定

违约条款的重要性及如何设置，本书第四章已经做出阐述，在此不再赘述。针对演艺人士的合同实务中，综艺节目制作方应当重点关注：

（1）违反某一义务后，要承担何种违约责任；

（2）该违约责任约定得是否合理；

（3）双方对于同类违约行为所承担的违约责任是否对等及公平；

（4）有无只约定单方违约责任。

综艺节目制作方应尽可能使违约金标准在自己承受范围之内，如果基于商业地位难以修改的，在后续的节目摄录中就要加以合理注意，避免违约情形的发生。

（二）知识产权条款、肖像权合理使用条款、道德约束条款

综艺节目涉及方方面面的知识产权，如演出作品的著作权、参演艺人的表演者权、演出名称的商标权和道具的专利权等。综艺节目制作方在和演艺人士/经纪公司签订《表演服务合同》时，应明确演出内容知识产权的归属和使用、表演者权的授权形式，并以此作为演出费用的对价。

综艺节目制作方首先应要求演艺人士保证其在知识产权上的合规，包括：自备服装、自选造型、自带表演节目的组成元素或整体不侵犯任何第三方的知识产权。

其次，综艺节目制作方应保证自己对演艺人士相关知识产权的合理使用。

演艺人士对其表演的内容享有表演者权，在参加综艺节目的过程中，无论是表演自己的原创作品，还是根据举办单位提供的剧本表演他人作品，表演过程本身若具备独创性的，应受到《中华人民共和国著作权法》保护。这

种保护不仅限于正式表演过程，每一次的彩排、录像、花絮等，不管内容是否相同，都能成为被保护对象。

根据 2020 年 4 月 28 日生效的《视听表演北京条约》，表演者对其表演拥有精神权利与经济权利，其中精神权利包括：（1）除非另有规定，应承认其系表演的表演者；（2）在对视听录制品的特点予以适当考虑的前提下，反对任何对其表演进行的将有损其声誉的歪曲、篡改或其他修改。表演者拥有的经济权利包括：（1）对其尚未录制的表演应享有专有权，可授权广播和向公众传播其尚未录制的表演（该表演本身已属广播表演的除外）、录制其尚未录制的表演；（2）复制权；（3）发行权；（4）出租权；（5）提供已录制表演的权利；（6）广播和向公众传播的权利。

另外，2020 年 11 月 11 日修改的《中华人民共和国著作权法》第三十九条第一款第五项，在原《中华人民共和国著作权法》第三十八条第一款第五项"许可他人复制、发行录有其表演的录音录像制品，并获得报酬"的基础上除了"复制、发行"之外，另增加了"出租"的权利，这实际上与已生效的《视听表演北京条约》相呼应，表明国家进一步增强表演者权利保护的决心。

对于综艺节目来说，制作方拥有对整个综艺节目的知识产权，而演艺人士可能作为综艺节目中自己演出部分的著作权人（虽然表演者权仅包含前述六种权利），所以综艺节目制作方要保证自身对综艺节目拥有完整的著作权，对著作权利的行使不受阻碍，也要保证演艺人士表演者权的行使不能妨害综艺节目制作方对整个综艺节目的著作权。比如：演艺人士拥有提供已录制表演的权利和向公众传播的权利，但将自己在综艺节目中演出的片段提供给他人进行传播，应当取得综艺节目制作方的许可。

所以，综艺节目制作方应通过合同条款，确认己方支付的对价已经包含了表演者权中的财产权利的授权费用，确认自己已经取得了演艺人士一方对前述财产权利的授权，并且限制演艺人士一方对相关权利的使用范围。

（三）争议解决及法律适用条款

选择什么样的争议解决方式，以及选择什么地区的什么争议解决机构进行争议解决常常被合同各方所忽略。实践中，一旦争议进入诉讼或仲裁，申请管辖权异议是常见的诉讼手段。这就要求此类条款必须清楚、准确、无歧义。

在确定争议解决方式和机构的同时，准据法也必须明确。特别是中外合拍影视剧，或艺人是外国国籍的情况下，适用中国法还是外国法应明确。

在适用中华人民共和国法律（不包含中国台湾地区、中国香港地区、中国澳门地区法律）的前提下，如果约定仲裁作为争议解决方式，那么仲裁机构必须明确。实践中因约定不明导致仲裁不被受理的情况包括：

（1）在合同中约定了仲裁地点但没有约定仲裁机构，或虽然有约定，但约定的仲裁机构名称的方式、术语不规范。比如，"发生争议在合同签订地（履行地）仲裁解决""争议在当地仲裁委员会仲裁""争议由××市经济合同仲裁委员会仲裁"等。以上这些约定，在申请仲裁时，会被认为约定不明确而不予受理。

（2）在合同中同时约定两个仲裁机构。仲裁协议约定两个以上仲裁机构的，当事人可以协议选择其中的一个仲裁机构申请仲裁；当事人不能就仲裁机构选择达成一致的，仲裁协议无效。

这里需要特别指出适用英美法的情况。

综艺节目请外籍演艺人士参演时，双方可能会签署中英文版本的表演服务合同，并且可能会适用外国法。这时对仲裁条款效力的认定便不能依前述标准，而要结合适用的外国法来认定。比如，争议解决和法律适用条款约定为"arbitration in Singapore, apply to English law"（新加坡仲裁，适用英国法）时，尽管没有约定具体的仲裁机构，但大部分中国法院通常认为这样的条款在英国法下是有效的，并会因此拒绝立案。

三、肖像权合理使用条款的设定

肖像权是指自然人所享有的对自己的肖像上所体现的以人格利益为主要内容的一种人格权，是公民的基本权利。根据《中华人民共和国民法典》第一千零一十九条的规定，任何组织或者个人不得以丑化、污损，或者利用信息技术手段伪造等方式侵害他人的肖像权。未经肖像权人同意，不得制作、使用、公开肖像权人的肖像，但是法律另有规定的除外。未经肖像权人同意，肖像作品权利人不得以发表、复制、发行、出租、展览等方式使用或者公开肖像权人的肖像。如果受害者的肖像被擅自使用，且该种使用不符合法律规定的合理情形的，属于侵权行为，应承担侵权责任。

综艺节目录制期间、开播之前、播出过程中，综艺节目制作方为了增加节目的曝光率和关注度，会进行配套的宣传、推广，包括文字、图片、视频（如定妆照、剧照、花絮、宣传片、海报）等，其间可能会涉及对演艺人士肖像的大量商业使用。通常演艺人士会按照合同要求，配合综艺节目制作方拍摄或自行提供自己的肖像用于节目宣传，根据演艺人士与综艺节目制作方签订的合同，以及表演服务的性质，可以推定该演艺人士已经同意综艺节目制作方使用其肖像。

然而，在合同未作约定的前提下，综艺节目制作方将照片授权第三方使用的情形并不罕见。综艺节目制作方为了节目的商业利益，会尽可能进行节目的宣传、推广，此等宣传推广除了自有渠道，还会委托第三方专业推广公司，甚至与其他公司合作推广宣传。此时被委托的专业推广公司或合作公司就取得了在授权范围内使用演艺人士肖像的权利。一旦综艺节目制作方、被委托的专业推广公司或合作公司对演艺人士肖像的使用与演艺人士理解的许可使用的范围不符，就会产生纠纷。

更加复杂的是，有的文字、图片、视频系综艺节目制作方拍摄、制作而成，综艺节目制作方对之享有著作权，演艺人士的肖像权和综艺节目制作方的著作权之间亦存在潜在的冲突。因此，合同中对肖像使用的范围和方式作出详细约定，将演艺人士肖像的使用合法、合理化，是综艺节目制作方必须重视的问题。

四、道德约束条款的设定

近年来，演艺人士陷入负面影响或争议的情形并不少见。综合近年来的众多明星危机事件，可以看出，演艺人士陷入负面影响或争议的情形分布广泛，堪称"步步惊心"。有因私生活传闻引发的道德贬损：如出轨、劈腿、嫖娼、家暴、弃养等；有因违反法律法规引发的社会评价下降：如吸毒、斗殴、酒驾、寻衅滋事、偷逃税款及其他违法犯罪等；有因挑战公众情感、违背公序良俗引发批评乃至抵制：如因涉政治、民族、历史、宗教的不当言论导致被封杀等；有因陷入争议性话题导致被网暴的：如对动物保护等话题发表意见而被意见对立群体围攻等。

案例： 2018年年底，因浙江某市流浪狗连续伤人，政府机关对流浪犬只进行捕获，多名演艺人士以爱狗为名加以反对，其中某演艺人士"在我眼中，杀狗等于杀人……请当局抱持善念处理，善有善报"的言论引发公众舆论反弹，并被质问愿不愿意承担被流浪狗无故咬伤者的医疗费。

还有两种情形比较特殊：一种是被打着自己旗号的粉丝群体连累，为该群体的不当言行买单；另一种是被不喜欢该演艺人士或者其他演艺人士的粉丝（有时被称为"黑粉"）蓄意攻击或造谣，引发舆论危机，如被传耍大牌、被传整容等。

随着时代的进步，新的技术手段和传播媒介出现，演艺人士与公众之间的交流已经从单向输出转化为双向交流，任何人均有机会在演艺人士的微博、直播间内留言，与演艺人士进行互动。这种互动增加了演艺人士日常出错的风险。比如，演艺人士在直播间里遇到"黑粉"挑衅时，一旦控制不住脾气，与对方发生冲突，就有可能因"言行不当"而陷入舆论风波。

社会舆论中经常存在对立性言论，而且演艺人士的职业和身份具有特殊性，具有舆论中心"体质"，有时演艺人士无心的言论或者未经仔细斟酌的言论可能会带来争议性的后果。作为综艺节目制作方，如果演艺人士商业价值降低，花钱请他/她来参与节目的目的就不能实现；如果演艺人士口碑下降，或者卷入争议话题，导致综艺节目被攻击，被连累处于社会舆论的风口浪尖，那么综艺节目制作方不但达不到目的，还可能会遭受损失。

常见的演艺人士遇到负面影响或争议，可能影响其所参与的综艺节目的情形包括：

（1）违反国家法律法规。此种情形需要结合我国的法律法规进行说明。

《中华人民共和国刑法》无需赘言。其他法律包括全国人大通过的各类规范自然人权利义务的法律，如《中华人民共和国治安管理处罚法》《中华人民共和国个人所得税法》等。法规指国家机关制定的规范性文件，如我国国务院制定和颁布的行政法规，省、自治区、直辖市人大及其常委会制定和公布的地方性法规等。

　　法律是道德的底线，道德是法律的高标准。遵守中华人民共和国的法律法规，是中华人民共和国境内每一个自然人（包括中国公民、中国境内的外国公民）最基本的义务。作为公众人物，演艺人士的言行对公众有巨大的示范效应和引导效应，故守法合规是演艺人士应持守的底线。演艺人士言行一旦违反了国家法律法规，其实就等同于突破了道德的底线，其面临的后果自然极其严重。演艺人士必须了解：违反《中华人民共和国宪法》确定的基本原则，煽动抗拒或者破坏宪法、法律、法规实施，危害国家统一、主权和领土完整，泄露国家秘密，危害国家安全，损害国家尊严、荣誉和利益，宣扬恐怖主义、极端主义等违法行为是高压线，绝对不能触碰。

　　现实中，演艺人士违反国家法律法规的情形通常包括以下情况：

　　①触犯《中华人民共和国刑法》规定的罪名。比如，容留他人吸食、注射毒品，故意伤害，故意杀人，寻衅滋事，侮辱诽谤，醉驾，袭警等。

　　②触犯《中华人民共和国治安管理处罚法》。比如，吸食毒品、嫖娼、卖淫等。

　　③触犯其他法律法规，比如，偷逃税款尚不构成犯罪的等。

　　案例：2021年，演艺人士吴某某前女友都某曝光吴某某私生活丑闻后，吴某某同时以强奸罪和聚众淫乱罪被判刑，全网下架有关吴某某的视听资料，某侦探类综艺节目因播放了吴某某音乐作品作为背景音乐，不得不下架，另一真人秀类综艺节目则因多次提及其有关梗、名字、歌词，也遭下架。

　　（2）违反国家民族大义。这种情形主要是指由损害民族情感、挑战群体性认知的言行引发的危机。所谓民族情感，是指对与本民族有关的客观事物持一定态度而产生的内心体验，具体表现为对本民族的热爱，对本民族利益、语言、居住地域、历史习俗等的亲近、喜爱和维护，对本民族的敌人和出卖民族利益的败类的憎恶、鄙视。

我国历史悠久，民族众多，文化灿烂，但与此同时，亦有众多惨痛的记忆。对苦难历史的铭记和对古今业绩的自豪，是中国公民的基本情感。在此情况下，挑战民族伤痛记忆，或者贬损民族自豪感之类的行为很可能会引起众怒。

在实践中，违反民族大义有时也体现为诋毁中华优秀传统文化，煽动民族仇恨、民族歧视，侵害民族风俗习惯，歪曲民族历史或者民族历史人物，伤害民族感情，破坏民族团结，歪曲、丑化、亵渎、否定革命文化、英雄烈士事迹和精神等。

可以说，演艺人士在本质上是依托于公众的喜爱与支持而存在的，一旦挑战绝大多数公众的民族情感，或者挑战主流价值，就必然要承担失去公众支持的后果。

（3）违反公众朴素道德标准。这种情形常见于日常生活中，演艺人士的言行不符合公众具有普遍共识的道德标准，从而引发舆论危机，并进而影响演艺人士现实生活。如危害社会公德，基于种族、国籍、地域、性别、职业、身心缺陷等理由对特定群体进行攻击或嘲笑，具体言行挑战公序良俗、挑战公众认知的价值观等。

这类情形的特点在于，其虽然挑战了公序良俗，但是达不到法律处罚标准。因无法被法律处罚，故经常会被掩饰为"不违法"或"有权表达观点"。然而，虽然个体在同一事物上可能会有不同观点，但是公众、社会是有主流价值观的，一旦演艺人士的言行被认为挑战了主流价值观，可能就会引发大范围的舆论反弹。比如，在社会主流道德观中，介入夫妻感情、破坏他人婚姻、成为"小三"是不道德的，即便世事复杂可能有许多"内情"，但这些无法成为"借口"。

（4）人设崩塌。俗称"塌房"，主要指演艺人士的言行被发现与其精心展现、打造的社会形象存在较大的负面反差，从而引发公众反感的情形。这种情形的特点在于，演艺人士之前打造的人设通常是较为美好的、正面的或令人同情的，一旦发现现实并非如此，会给特定公众群体造成"幻灭感"，感觉受到了欺骗,这时候反应最激烈的往往是之前对人设较为认可的群体。比如,某男演艺人士之前一直以"爱护妻子、忠于家庭的中年男神"形象出现,那么"爱家好男人"即为其"人设"。然而某一天被发现其实际上对妻子并不好,反而经常夜不归宿,妻子生病也不管不顾,这时其"爱家好男人"的人设便"崩塌"了。公众会认为该演艺人士虚伪无情,原来因人设对其表示支持的群体会立刻转为声讨,演艺人士会转而陷入舆论危机。现实中,所谓"人设崩塌"的案例还有伪造学历、考试舞弊等,在此不再赘述。

(5)其他原因。这里所说的"其他原因"较多,如前所述,有因陷入争议性话题导致被网暴的,有被粉丝连累的,有被蓄意抹黑的,不一而足。在种种原因中,争议性话题需要重点关注。因为是否陷入争议性话题是演艺人士可以控制的。

社会中存在不同的群体、不同的观点。依据不同的观点而划分的群体中,又包含相对主流的群体和特定的少数群体。从理论上讲,不同的群体和观点理应共存,然而因观点不同、民族不同、宗教不同、地域不同、阶层不同引发争论乃至形成冲突的情况并不罕见。特别需要说明的是,虽然特定的少数群体人数不多,其舆论动员能力未必弱势。

在世界范围内,部分话题属于能够产生激烈冲突的争议性话题,如性别对立、极端动物保护、极端环保、肤色等,部分话题参与方有天然的炒作欲望乃至碰瓷欲望,以引发争论、获取公众注意并进而获利为目的,有时甚至会主动制造冲突。

演艺人士作为有公众舆论关注度的人,一旦主动或被动介入争议性话题,进行表态,必然招致持对立观点的群体的攻击。特别需要说明的是,既然是"争议性话题",正反双方的舆论动员能力都相当强大。演艺人士一旦陷入争议性话题,被贴上标签,将面临相当猛烈的攻击,甚至会持续很长时间。其参与的综艺节目必然会遭受"池鱼之殃",遭到攻击,比如"你们必须撤换这名演艺人士,否则就是支持他/她的观点"。

在此情况下,社会舆论、行业协会及监管机构对演艺人士的要求也越来越高,对"有不良社会影响"的演艺人士的制裁,已经从一开始的"限制"

"禁播"走向制度化、规则化。一旦演艺人士被认定为"有不良社会影响"，影响的不仅仅是自己，还会连累自己参与的节目不能"播"。综艺节目制作耗时长久，涉及的利益方广泛，投资额巨大，因为一个演艺人士被认定为"有不良社会影响"导致节目不能播出或下架，这对于综艺节目制作方而言等同于"灭顶之灾"。

应对措施：

综艺节目制作方应该在合同中要求演艺人士：

（1）陈述并保证在合同签订之前，演艺人士从未作出有可能降低自身社会形象与社会评价从而影响品牌方形象的行为；

（2）陈述并保证在合同签订之后应保持自律，注意维护自身的社会形象与社会评价；

（3）保证不参与争议性话题，避免出现刺激特定群体的言论；

（4）一旦演艺人士方违反上述约定，综艺节目制作方有权采取发布声明、解除合同、撤换相关宣传等措施，同时要求演艺人士方退还佣金、赔偿综艺节目制作方为此支付的合理费用与其造成的损失。

五、在摄录及后期制作环节对演艺人士的风控

如前所述，本书将综艺节目分为晚会类综艺节目、真人秀（包括选秀）类综艺节目、知识问答类综艺节目、生活类综艺节目、时尚类综艺节目、脱口秀类综艺节目、情感类综艺节目、户外旅游类综艺节目等。大部分综艺节目在摄录及后期制作环节的风控措施，可以通过前述事前合规审查、合同条款设定等方式达到目的；部分综艺节目对演艺人士的风控措施需要结合不同综艺节目的特性分别说明。

（一）晚会类综艺节目、脱口秀类综艺节目、选秀类综艺节目

此类节目的特点在于场地、环节、顺序均事先设置，甚至对演艺人士的表达内容、方式、走位路线或范围均有要求。演艺人士参加此类综艺节目，一般需要按照导演的要求进行主持或表演。脱口秀类综艺节目存在一定的即

兴发挥，但也是在设定好的主题范围内，主要内容仍是事先设定好的；选秀类综艺节目中演艺人士的表达内容、方式等自行发挥的空间较大。

演艺人士参加此类节目可能给综艺节目制作方带来以下风险：

1. 人身损害

晚会及脱口秀类综艺节目的基本硬件要求是有一个舞台，用于主持人主持及演艺人士表演。而一个完整的舞台除了平台之外，还包括电力系统、灯光系统、特效设备、信号系统、音响系统、背景布置等，每个系统均由复杂的不同设备组成。除此之外，舞台四周可能会架设桁架，舞台上可能会设置升降系统、移动系统。舞台上下四周或附近可能会设置烟花特效。以上设备纷繁复杂，共同组成了一个复杂的舞台表演系统。此外，舞台表面因表演需要也会有高低差。乐队在台上现场伴奏或表演时，会有线缆连接。

整个舞台系统的任何一环节出现问题，都会对演艺人士构成直接人身威胁。比如，吊灯坠落、桁架不牢固、电线裸露、过于强烈的灯光和噪声，粉尘污染等。有的晚会类综艺节目在室外露天举行，则该日该时的天气状况也会对舞台上人员的人身安全造成影响，如狂风导致的物件坠落，下雨引发的湿滑等。

晚会及脱口秀类综艺节目观众的个人素质也成为演艺人士人身安全的不确定因素。观众过分热情造成的围堵、投掷物品、冲上台、强行搂抱亲吻、激光笔照射等行为均会直接威胁演艺人士的人身安全，个别极端的粉丝甚至可能会对演艺人士采取暴力行为，安保压力较大。

案例： 2018年8月，在某综艺录制现场，一名男粉丝突然冲上舞台对演艺人士李小姐实施了强抱并企图强吻，这一行为吓到了李小姐。后保安上台将该男子制服带走。

2. 疾病

此处指演艺人士在主持、表演过程中疾病发作的情况。演艺人士疾病发作有三种情况：第一种系基于自身原因疾病发作；第二种是由于工作导致原有慢性疾病复发；第三种指演艺人士在录制过程中发生新的疾病。

综艺节目现场人员聚集，特别是参加室内节目时，空气状况相对较差；

节目现场灯光强度、音响音量均高于日常正常数值；加之演艺人士可能出现的紧张等心理状况，有可能导致演艺人士疾病发作。录制现场的客观环境也可能引发新的疾病，如在高温、寒冷环境下进行表演引发的中暑或感冒、在高原表演引发的肺水肿等。

3. 工作时间超时

在实践中，为了更加满意的节目效果，节目录制时间延长并不罕见。一些现场直播的晚会类综艺节目由于前面节目过长等客观原因会延长时间，需要演艺人士工作时间延长的现象较为普遍。

应对措施：

就晚会类综艺节目、脱口秀类综艺节目、选秀类综艺节目，综艺节目制作方针对演艺人士面临的及可能造成的风险，应有以下几点举措：

（1）选择专业的供应商提供相应的设备及服务，签署相关的质保协议，约定供应商的担责范围及赔偿范围。此举措之目的在于迫使供应商、外聘团队提供的设备符合要求、安全可靠，提供的服务符合约定，人员专业，以最大限度降低因设备故障、人员失误导致演艺人士受到人身伤害或拍摄时间超期等情况发生的可能性。

（2）严格安全制度。确保节目组各部门权责明晰，各司其职，任务具体到人，任何一个部门的疏忽、硬件上的不足及管理不善均可以追责到具体人员。此举措之目的在于让综艺节目制作方的工作人员和雇员可以有效配合，彼此衔接，最大限度降低漏洞的出现，从而间接降低因配合不足、环节漏洞等原因导致演艺人士受到人身伤害或拍摄时间超期等情况发生的可能性。

（3）聘请专业的安保团队。不专业的安保团队有时不但不能及时处理突发事件，还有可能形成新的舆论事件，比如占路、殴打场外人士等。聘请专业安保团队之目的在于让综艺节目的工作人员和演艺人士可以在人身安全、财产安全有保障的情况下摄录、演出，同时可以防止不专业的安保公司与观众、记者、场外人士等其他方产生言语及肢体冲突。即便发生突发事件，专业的安保团队也可以采取合法合规的专业手段处理，并与有关部门形成配合。

（4）合同条款细化。对演艺人士的待遇、工作时长、医疗费用承担、录制失误导致的损失等一切可能产生争议的点提前梳理，在合同中详细列明违约责任承担方式及解决途径。此举措之目的在于让综艺节目制作方和演艺人士之间权利义务明晰，发生任何争议均可以依照合同条款处理，最大限度地约束双方，并降低纷争发生的概率。

（5）及时安排后勤保障及辅助。如妥善安排食物、水、医疗等，提前规划交通路线、急救措施等。此举措之目的在于最大限度防止意外的发生，以及一旦发生突发事件，如演艺人士受伤等情形，可以以最高的效率、最低的成本进行处置。

（二）竞技类及户外类综艺节目（户外旅游类、户外真人秀类、户外竞技类）

竞技类及户外类综艺节目的特点在于环节、顺序由导演组事先设计，演艺人士在此过程中有较大的临场发挥余地。然而，基于竞技类节目的体力对抗性，以及户外类节目的户外（甚至野外）环境，演艺人士参加此类节目主要面临的风险是人身损害及疾病。其他合同类风险可参照前文对合同风险的论述，在此不再赘述。

1. 人身损害

竞技类及户外类综艺节目有一定的体力对抗性，对参与者的身体状况、反应灵敏程度、运动能力、忍耐力等有较高要求。通常此类节目设置的环节有一定的惊险性和刺激性，需要完成体力上的挑战，有的还会设置失败的惩罚机制（如挑战失败会跌入水池、要接受浇冰水的惩罚等）。有的户外旅游类及真人秀类综艺节目拍摄时间长，地域跨度大，有时还要考验参与者的野外生存能力等。

因此，演艺人士参加竞技类及户外类综艺节目时的人身损害风险远高于其他综艺节目。对抗中的疏忽、挑战项目及环节设置的不合理、交通意外、不熟悉的户外环境、野外环境自身的危险性均有可能导致演艺人士的人身损害。在综艺节目竞争激烈的环境下，有的制作方过度追求挑战性和刺激性，忽视演艺人士安全，或过分轻信能够避免安全事故，不顾及人体生理极限，乃至单日长时间拍摄，更增加了演艺人士的人身损害风险。

案例1：2019年11月，演艺人士高先生参与某卫视的竞技类综艺节目录制，节目录制期间存在长时间、高强度的工作安排，高先生在录制过程中猝死。

案例2：2018年3月，演艺人士张先生参与录制某喜剧竞技类节目，其中一项游戏为使用玻璃吸管吹乒乓球，要求参与者通过吸管吹动乒乓球，以测试他们的肺活量。由于游戏设置的强度过大，张先生因大脑缺氧而晕倒，并在摔倒时脸部撞到了椅子，造成了面部瘀青。

2. 疾病

演艺人士自身原有疾病发作的风险可参照之前对其他综艺节目的演艺人士风险分析，在此不再赘述。

演艺人士参加户外类综艺节目时发生新的疾病的风险高于其他综艺节目，如感染因当地流行的传染病、野外细菌感染引发疾病、水土不服、过敏等。如果综艺节目是在恶劣和危险的环境下录制，特别是在很偏僻和遥远的山区，医疗条件本来就不好，就更容易造成无法及时就医的风险。

3. 泄露演艺人士个人及家人的隐私

隐私是自然人的私人生活安宁和不愿为他人知晓的私密空间、私密活动、私密信息。具体来说，隐私是与公共利益、群体利益无关，当事人不愿让他人知道或他人不便知道的个人信息（只能公开于法律法规规定的主体、有保密义务的人等），当事人不愿让他人干涉或他人不便干涉的个人私事，以及当事人不愿让他人侵入或他人不便侵入的个人领域。

部分竞技类及户外类综艺节目的参与者不局限于演艺人士个人，还包括演艺人士的家人、朋友，有的还包括未成年人。在节目录制过程中，可能会无意中暴露演艺人士或其家人的隐私，如日记内容、通信秘密、身体的隐蔽部位、夫妻关系、家庭住址、未成年人的就读学校等。如某以跳水竞技为主要内容的综艺节目，就曾发生女演艺人士跳水时动作幅度过大以致暴露身体隐蔽部位的情形。又如，节目中演艺人士手机中的内容被无意中拍到，导致隐私泄露等。

应对措施：

针对竞技类及户外类综艺节目，综艺节目制作方针对演艺人士面临的及可能造成的风险，应当做到以下几点：

（1）合理设置挑战项目及环节，确保项目及环节的科学性和安全性，尽量避免极限挑战。

（2）合理选择户外环境、野外环境，对环境的危险性进行控制。

（3）与医疗专家合作，合理评估参演演艺人士的身体健康状况、人体生理极限。

（4）与公安、消防、当地管理部门事先联系。此举措之目的在于一旦节目摄录过程中发生意外，需要来自政府层面的救援，相关部门能够及时响应，避免耽搁。

（5）严格落实安全措施，禁止挑战项目、环节、地点之外的带有危险性的自由发挥，无论该发挥来自演艺人士的想法，还是节目组的临时创意。此举措的意义在于，户外环境、野外环境本身就有危险性，需要综艺节目制作方制定安全措施，如果在原定拍摄台本以外临时增加情节、动作、环节，其危险性便完全不可控，并且容易造成后续的争议。比如，节目录制过程中，参演嘉宾一时兴起去爬树，却从树上摔了下来。禁止挑战项目、环节、地点之外的带有危险性的自由发挥，可以最大限度降低危险发生的可能性。

（6）选择专业的供应商提供相应的设备及服务，签署相关的质保协议，约定供应商的担责范围及赔偿范围。此举措如前所述，目的在于迫使供应商、外聘团队提供的设备符合要求、安全可靠，提供的服务符合约定，人员专业，以最大限度降低因设备故障、人员失误导致演艺人士受到人身伤害或拍摄时间超期等情况发生的可能性。

（7）合同条款细化，对艺人的待遇、工作时长、医疗费用承担、录制失误导致的损失等一切可能产生争议的点提前梳理，在合同中详细列明解决方式。此举措如前所述，目的在于让综艺节目制作方和演艺人士之间权责明晰，发生任何争议均可以依照合同条款处理，最大限度地约束双方，并降低纷争发生的概率。

(8) 控制拍摄时长。此举措不仅可以降低合同违约风险，也可以降低因演艺人士过度疲劳引发疾病之风险。

(9) 及时安排后勤保障及辅助，如食物、水、医疗等，备好常备药物，了解演艺人士的过敏史，知晓最近的医院及其医疗水平，规划突发状况下的应急预案、交通工具。此举措如前所述，目的在于最大限度降低意外的发生，以及一旦发生突发事件，如演艺人士受伤等情形下，可以以最高的效率、最低的成本进行处置。

(10) 事后剪辑过程中对隐私信息、敏感信息的审核、屏蔽。

六、发生争议后的处理

在综艺节目摄录过程中及后期制作、播出过程中，综艺节目制作方一旦与演艺人士发生争议，争议的协商、诉讼、仲裁等必须建立在证据的基础上。取证及保留证据是比较专业的行为，只有符合真实、合法、关联性要求的证据才是有效的证据。

综艺节目制作方及其工作人员并非专业的法律人员，不了解司法实践中的证据规则，不具备专业取证能力，也不清楚如何将零散的证据组织成证据链。笔者在此提出几个原则：

1. 合同正本原则。综艺节目制作方应确保手里持有《表演服务合同》签字盖章版本的正本。假如双方是通过邮件、微信、QQ等方式达成合意，应坚持让对方发送有效盖章/签字的《表演服务合同》版本（邮寄正本，如实在不能邮寄，也要让对方发送签字盖章版本的图片、PDF文件等），以证实合同关系的成立。

2. 保留书面原则。综艺节目制作方的工作人员发送每日的通告，通知任何事项，均应通过文字（如微信文字、邮件）、拍照、拍视频等方式发送，不要为了省事而口头告知。

3. 及时记录原则。综艺节目制作方的工作人员应通过拍照、拍视频等及时记录片场的情况。一旦发生意外或突发事故，无论现场机位能否拍摄到全部情况，都必须有专门的人员另外拍摄全过程。

4. 严禁删除原则。工作手机记录的聊天记录、现场状况、图片及视频应长期保留，或者备份保存，里面发送的文件及时点开保存，万勿随意删除记录，或者因更换手机导致原来的记录遗失。

5. 及时主张原则。对于演艺人士及其助理出现的与合同约定不符的情况，应及时通过微信等手段与演艺人士本人、其经纪人、其经纪公司等进行文字沟通，提出问题，寻求解决。依照证据规则，微信聊天记录可作为证据使用，故该沟通可以表明综艺节目制作方不认同演艺人士一方的做法，避免被推论为"事实上默认"。

6. 法务及时介入原则。如争议无法通过协商解决，一旦摄录现场有意外状况发生，或有争议产生，由专业法务人员或律师介入，严禁工作人员擅自通过微信、QQ、邮件、短信等任何方式以任何文字形式承认或否认任何事。需要说明的是，这样的承认或否认也不可以通过电话作出，以防止对方录音。专业法务人员或律师及时介入，才能最有效率地厘清事实、收集证据、形成思路、促进解决。

附录一

合规/风控体系思维导图

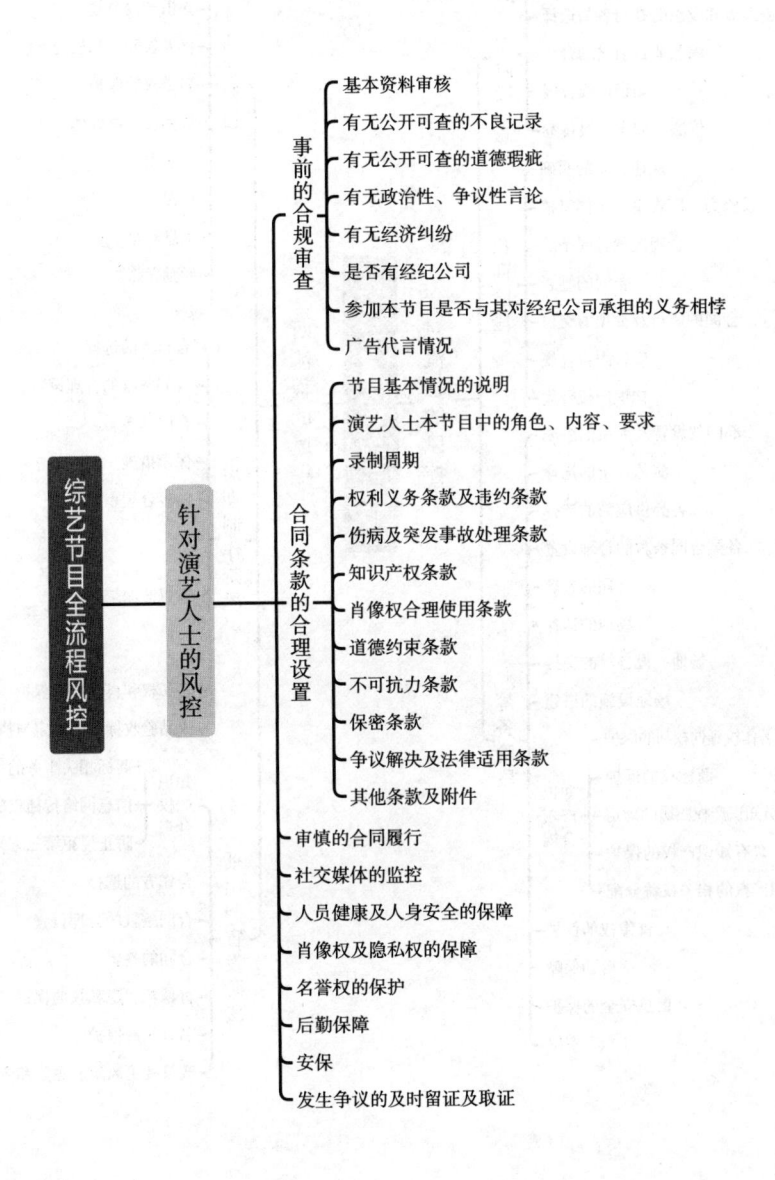

综艺节目全流程风控
└─ 针对演艺人士的风控
   ├─ 事前的合规审查
   │ ├─ 基本资料审核
   │ ├─ 有无公开可查的不良记录
   │ ├─ 有无公开可查的道德瑕疵
   │ ├─ 有无政治性、争议性言论
   │ ├─ 有无经济纠纷
   │ ├─ 是否有经纪公司
   │ ├─ 参加本节目是否与其对经纪公司承担的义务相悖
   │ └─ 广告代言情况
   ├─ 合同条款的合理设置
   │ ├─ 节目基本情况的说明
   │ ├─ 演艺人士本节目中的角色、内容、要求
   │ ├─ 录制周期
   │ ├─ 权利义务条款及违约条款
   │ ├─ 伤病及突发事故处理条款
   │ ├─ 知识产权条款
   │ ├─ 肖像权合理使用条款
   │ ├─ 道德约束条款
   │ ├─ 不可抗力条款
   │ ├─ 保密条款
   │ ├─ 争议解决及法律适用条款
   │ └─ 其他条款及附件
   ├─ 审慎的合同履行
   ├─ 社交媒体的监控
   ├─ 人员健康及人身安全的保障
   ├─ 肖像权及隐私权的保障
   ├─ 名誉权的保护
   ├─ 后勤保障
   ├─ 安保
   └─ 发生争议的及时留证及取证

综艺节目全流程风控

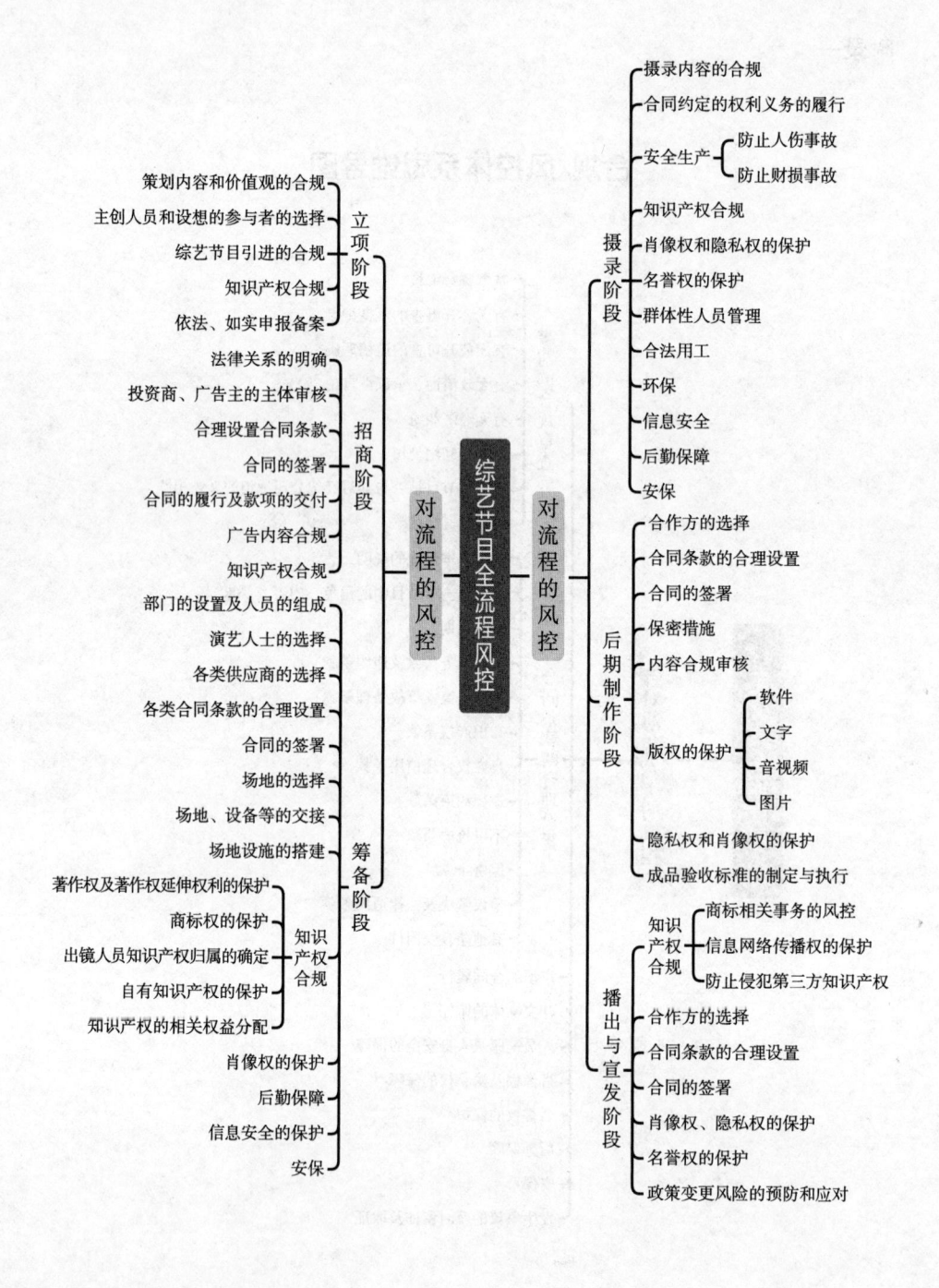

对流程的风控

立项阶段
- 策划内容和价值观的合规
- 主创人员和设想的参与者的选择
- 综艺节目引进的合规
- 知识产权合规
- 依法、如实申报备案

招商阶段
- 法律关系的明确
- 投资商、广告主的主体审核
- 合理设置合同条款
- 合同的签署
- 合同的履行及款项的交付
- 广告内容合规
- 知识产权合规

筹备阶段
- 部门的设置及人员的组成
- 演艺人士的选择
- 各类供应商的选择
- 各类合同条款的合理设置
- 合同的签署
- 场地的选择
- 场地、设备等的交接
- 场地设施的搭建
- 知识产权合规
  - 著作权及著作权延伸权利的保护
  - 商标权的保护
  - 出镜人员知识产权归属的确定
  - 自有知识产权的保护
  - 知识产权的相关权益分配
- 肖像权的保护
- 后勤保障
- 信息安全的保护
- 安保

摄录阶段
- 摄录内容的合规
- 合同约定的权利义务的履行
- 安全生产
  - 防止人伤事故
  - 防止财损事故
- 知识产权合规
- 肖像权和隐私权的保护
- 名誉权的保护
- 群体性人员管理
- 合法用工
- 环保
- 信息安全
- 后勤保障
- 安保

后期制作阶段
- 合作方的选择
- 合同条款的合理设置
- 合同的签署
- 保密措施
- 内容合规审核
- 版权的保护
  - 软件
  - 文字
  - 音视频
  - 图片
- 隐私权和肖像权的保护
- 成品验收标准的制定与执行

播出与宣发阶段
- 知识产权合规
  - 商标相关事务的风控
  - 信息网络传播权的保护
  - 防止侵犯第三方知识产权
- 合作方的选择
- 合同条款的合理设置
- 合同的签署
- 肖像权、隐私权的保护
- 名誉权的保护
- 政策变更风险的预防和应对

附录二

关于综艺节目主要法律法规与政策性文件摘录

一、法律

中华人民共和国民法典（节录）

（2020年5月28日第十三届全国人民代表大会第三次会议通过　2020年5月28日中华人民共和国主席令第45号公布　自2021年1月1日起施行）

第一编　总　则

第一章　基本规定

第一条　【立法目的和依据】*　为了保护民事主体的合法权益，调整民事关系，维护社会和经济秩序，适应中国特色社会主义发展要求，弘扬社会主义核心价值观，根据宪法，制定本法。

第二条　【调整范围】民法调整平等主体的自然人、法人和非法人组织之间的人身关系和财产关系。

第三条　【民事权利及其他合法权益受法律保护】民事主体的人身权利、财产权利以及其他合法权益受法律保护，任何组织或者个人不得侵犯。

第四条　【平等原则】民事主体在民事活动中的法律地位一律平等。

第五条　【自愿原则】民事主体从事民事活动，应当遵循自愿原则，按照自己的意思设立、变更、终止民事法律关系。

---

* 条文主旨为编者所加，下同。

第六条 【公平原则】民事主体从事民事活动,应当遵循公平原则,合理确定各方的权利和义务。

第七条 【诚信原则】民事主体从事民事活动,应当遵循诚信原则,秉持诚实,恪守承诺。

第八条 【守法与公序良俗原则】民事主体从事民事活动,不得违反法律,不得违背公序良俗。

第九条 【绿色原则】民事主体从事民事活动,应当有利于节约资源、保护生态环境。

第十条 【处理民事纠纷的依据】处理民事纠纷,应当依照法律;法律没有规定的,可以适用习惯,但是不得违背公序良俗。

第十一条 【特别法优先】其他法律对民事关系有特别规定的,依照其规定。

第十二条 【民法的效力范围】中华人民共和国领域内的民事活动,适用中华人民共和国法律。法律另有规定的,依照其规定。

第二章 自 然 人

第一节 民事权利能力和民事行为能力

第十三条 【自然人民事权利能力的起止时间】自然人从出生时起到死亡时止,具有民事权利能力,依法享有民事权利,承担民事义务。

第十四条 【民事权利能力平等】自然人的民事权利能力一律平等。

……

第十七条 【成年时间】十八周岁以上的自然人为成年人。不满十八周岁的自然人为未成年人。

……

第二十五条 【自然人的住所】自然人以户籍登记或者其他有效身份登记记载的居所为住所;经常居所与住所不一致的,经常居所视为住所。

第二节 监 护

第二十六条 【父母子女之间的法律义务】父母对未成年子女负有抚养、教育和保护的义务。

成年子女对父母负有赡养、扶助和保护的义务。

第二十七条 【未成年人的监护人】父母是未成年子女的监护人。

未成年人的父母已经死亡或者没有监护能力的，由下列有监护能力的人按顺序担任监护人：

（一）祖父母、外祖父母；

（二）兄、姐；

（三）其他愿意担任监护人的个人或者组织，但是须经未成年人住所地的居民委员会、村民委员会或者民政部门同意。

……

第三十九条 【监护关系的终止】有下列情形之一的，监护关系终止：

（一）被监护人取得或者恢复完全民事行为能力；

（二）监护人丧失监护能力；

（三）被监护人或者监护人死亡；

（四）人民法院认定监护关系终止的其他情形。

监护关系终止后，被监护人仍然需要监护的，应当依法另行确定监护人。

……

第三章 法 人

第一节 一般规定

第五十七条 【法人的定义】法人是具有民事权利能力和民事行为能力，依法独立享有民事权利和承担民事义务的组织。

第五十八条 【法人的成立】法人应当依法成立。

法人应当有自己的名称、组织机构、住所、财产或者经费。法人成立的具体条件和程序，依照法律、行政法规的规定。

设立法人，法律、行政法规规定须经有关机关批准的，依照其规定。

第五十九条 【法人的民事权利能力和民事行为能力】法人的民事权利能力和民事行为能力，从法人成立时产生，到法人终止时消灭。

第六十条　【法人的民事责任承担】法人以其全部财产独立承担民事责任。

第六十一条　【法定代表人】依照法律或者法人章程的规定，代表法人从事民事活动的负责人，为法人的法定代表人。

法定代表人以法人名义从事的民事活动，其法律后果由法人承受。

法人章程或者法人权力机构对法定代表人代表权的限制，不得对抗善意相对人。

第六十二条　【法定代表人职务行为的法律责任】法定代表人因执行职务造成他人损害的，由法人承担民事责任。

法人承担民事责任后，依照法律或者法人章程的规定，可以向有过错的法定代表人追偿。

第六十三条　【法人的住所】法人以其主要办事机构所在地为住所。依法需要办理法人登记的，应当将主要办事机构所在地登记为住所。

第六十四条　【法人的变更登记】法人存续期间登记事项发生变化的，应当依法向登记机关申请变更登记。

第六十五条　【法人登记的对抗效力】法人的实际情况与登记的事项不一致的，不得对抗善意相对人。

第六十六条　【法人登记公示制度】登记机关应当依法及时公示法人登记的有关信息。

第六十七条　【法人合并、分立后的权利义务承担】法人合并的，其权利和义务由合并后的法人享有和承担。

法人分立的，其权利和义务由分立后的法人享有连带债权，承担连带债务，但是债权人和债务人另有约定的除外。

第六十八条　【法人的终止】有下列原因之一并依法完成清算、注销登记的，法人终止：

（一）法人解散；

（二）法人被宣告破产；

（三）法律规定的其他原因。

法人终止，法律、行政法规规定须经有关机关批准的，依照其规定。

第六十九条　【法人的解散】有下列情形之一的，法人解散：

（一）法人章程规定的存续期间届满或者法人章程规定的其他解散事由出现；

(二) 法人的权力机构决议解散;

(三) 因法人合并或者分立需要解散;

(四) 法人依法被吊销营业执照、登记证书,被责令关闭或者被撤销;

(五) 法律规定的其他情形。

……

第二节 营利法人

第七十六条 【营利法人的定义和类型】以取得利润并分配给股东等出资人为目的成立的法人,为营利法人。

营利法人包括有限责任公司、股份有限公司和其他企业法人等。

第七十七条 【营利法人的成立】营利法人经依法登记成立。

第七十八条 【营利法人的营业执照】依法设立的营利法人,由登记机关发给营利法人营业执照。营业执照签发日期为营利法人的成立日期。

第七十九条 【营利法人的章程】设立营利法人应当依法制定法人章程。

第八十条 【营利法人的权力机构】营利法人应当设权力机构。

权力机构行使修改法人章程,选举或者更换执行机构、监督机构成员,以及法人章程规定的其他职权。

第八十一条 【营利法人的执行机构】营利法人应当设执行机构。

执行机构行使召集权力机构会议,决定法人的经营计划和投资方案,决定法人内部管理机构的设置,以及法人章程规定的其他职权。

执行机构为董事会或者执行董事的,董事长、执行董事或者经理按照法人章程的规定担任法定代表人;未设董事会或者执行董事的,法人章程规定的主要负责人为其执行机构和法定代表人。

第八十二条 【营利法人的监督机构】营利法人设监事会或者监事等监督机构的,监督机构依法行使检查法人财务,监督执行机构成员、高级管理人员执行法人职务的行为,以及法人章程规定的其他职权。

……

第三节 非营利法人

第八十七条 【非营利法人的定义和范围】为公益目的或者其他非营利目的

成立，不向出资人、设立人或者会员分配所取得利润的法人，为非营利法人。

非营利法人包括事业单位、社会团体、基金会、社会服务机构等。

……

第五章 民事权利

第一百零九条 【一般人格权】自然人的人身自由、人格尊严受法律保护。

第一百一十条 【民事主体的人格权】自然人享有生命权、身体权、健康权、姓名权、肖像权、名誉权、荣誉权、隐私权、婚姻自主权等权利。

法人、非法人组织享有名称权、名誉权和荣誉权。

第一百一十一条 【个人信息受法律保护】自然人的个人信息受法律保护。任何组织或者个人需要获取他人个人信息的，应当依法取得并确保信息安全，不得非法收集、使用、加工、传输他人个人信息，不得非法买卖、提供或者公开他人个人信息。

第一百一十二条 【婚姻家庭关系等产生的人身权利】自然人因婚姻家庭关系等产生的人身权利受法律保护。

第一百一十三条 【财产权受法律平等保护】民事主体的财产权利受法律平等保护。

第一百一十四条 【物权的定义及类型】民事主体依法享有物权。

物权是权利人依法对特定的物享有直接支配和排他的权利，包括所有权、用益物权和担保物权。

第一百一十五条 【物权的客体】物包括不动产和动产。法律规定权利作为物权客体的，依照其规定。

第一百一十六条 【物权法定原则】物权的种类和内容，由法律规定。

第一百一十七条 【征收与征用】为了公共利益的需要，依照法律规定的权限和程序征收、征用不动产或者动产的，应当给予公平、合理的补偿。

第一百一十八条 【债权的定义】民事主体依法享有债权。

债权是因合同、侵权行为、无因管理、不当得利以及法律的其他规定，权利人请求特定义务人为或者不为一定行为的权利。

第一百一十九条 【合同之债】依法成立的合同，对当事人具有法律约束力。

第一百二十条 【侵权之债】民事权益受到侵害的,被侵权人有权请求侵权人承担侵权责任。

第一百二十一条 【无因管理之债】没有法定的或者约定的义务,为避免他人利益受损失而进行管理的人,有权请求受益人偿还由此支出的必要费用。

第一百二十二条 【不当得利之债】因他人没有法律根据,取得不当利益,受损失的人有权请求其返还不当利益。

第一百二十三条 【知识产权及其客体】民事主体依法享有知识产权。

知识产权是权利人依法就下列客体享有的专有的权利:

(一) 作品;

(二) 发明、实用新型、外观设计;

(三) 商标;

(四) 地理标志;

(五) 商业秘密;

(六) 集成电路布图设计;

(七) 植物新品种;

(八) 法律规定的其他客体。

第一百二十四条 【继承权及其客体】自然人依法享有继承权。

自然人合法的私有财产,可以依法继承。

第一百二十五条 【投资性权利】民事主体依法享有股权和其他投资性权利。

第一百二十六条 【其他民事权益】民事主体享有法律规定的其他民事权利和利益。

第一百二十七条 【对数据和网络虚拟财产的保护】法律对数据、网络虚拟财产的保护有规定的,依照其规定。

第一百二十八条 【对弱势群体的特别保护】法律对未成年人、老年人、残疾人、妇女、消费者等的民事权利保护有特别规定的,依照其规定。

第一百二十九条 【民事权利的取得方式】民事权利可以依据民事法律行为、事实行为、法律规定的事件或者法律规定的其他方式取得。

第一百三十条 【权利行使的自愿原则】民事主体按照自己的意愿依法行使民事权利,不受干涉。

第一百三十一条 【权利人的义务履行】民事主体行使权利时,应当履行法律规定的和当事人约定的义务。

第一百三十二条 【禁止权利滥用】民事主体不得滥用民事权利损害国家利益、社会公共利益或者他人合法权益。

第六章　民事法律行为

第一节　一般规定

第一百三十三条 【民事法律行为的定义】民事法律行为是民事主体通过意思表示设立、变更、终止民事法律关系的行为。

第一百三十四条 【民事法律行为的成立】民事法律行为可以基于双方或者多方的意思表示一致成立，也可以基于单方的意思表示成立。

法人、非法人组织依照法律或者章程规定的议事方式和表决程序作出决议的，该决议行为成立。

第一百三十五条 【民事法律行为的形式】民事法律行为可以采用书面形式、口头形式或者其他形式；法律、行政法规规定或者当事人约定采用特定形式的，应当采用特定形式。

第一百三十六条 【民事法律行为的生效】民事法律行为自成立时生效，但是法律另有规定或者当事人另有约定的除外。

行为人非依法律规定或者未经对方同意，不得擅自变更或者解除民事法律行为。

第二节　意思表示

……

第一百四十条 【意思表示的方式】行为人可以明示或者默示作出意思表示。

沉默只有在有法律规定、当事人约定或者符合当事人之间的交易习惯时，才可以视为意思表示。

第一百四十一条 【意思表示的撤回】行为人可以撤回意思表示。撤回意思表示的通知应当在意思表示到达相对人前或者与意思表示同时到达相对人。

……

第三节 民事法律行为的效力

第一百四十三条 【民事法律行为的有效条件】具备下列条件的民事法律行为有效：

（一）行为人具有相应的民事行为能力；

（二）意思表示真实；

（三）不违反法律、行政法规的强制性规定，不违背公序良俗。

……

第一百四十六条 【虚假表示与隐藏行为效力】行为人与相对人以虚假的意思表示实施的民事法律行为无效。

以虚假的意思表示隐藏的民事法律行为的效力，依照有关法律规定处理。

第一百四十七条 【重大误解】基于重大误解实施的民事法律行为，行为人有权请求人民法院或者仲裁机构予以撤销。

第一百四十八条 【欺诈】一方以欺诈手段，使对方在违背真实意思的情况下实施的民事法律行为，受欺诈方有权请求人民法院或者仲裁机构予以撤销。

第一百四十九条 【第三人欺诈】第三人实施欺诈行为，使一方在违背真实意思的情况下实施的民事法律行为，对方知道或者应当知道该欺诈行为的，受欺诈方有权请求人民法院或者仲裁机构予以撤销。

第一百五十条 【胁迫】一方或者第三人以胁迫手段，使对方在违背真实意思的情况下实施的民事法律行为，受胁迫方有权请求人民法院或者仲裁机构予以撤销。

第一百五十一条 【乘人之危导致的显失公平】一方利用对方处于危困状态、缺乏判断能力等情形，致使民事法律行为成立时显失公平的，受损害方有权请求人民法院或者仲裁机构予以撤销。

第一百五十二条 【撤销权的消灭期间】有下列情形之一的，撤销权消灭：

（一）当事人自知道或者应当知道撤销事由之日起一年内、重大误解的当事人自知道或者应当知道撤销事由之日起九十日内没有行使撤销权；

（二）当事人受胁迫，自胁迫行为终止之日起一年内没有行使撤销权；

（三）当事人知道撤销事由后明确表示或者以自己的行为表明放弃撤销权。

当事人自民事法律行为发生之日起五年内没有行使撤销权的，撤销权消灭。

第一百五十三条 【违反强制性规定及违背公序良俗的民事法律行为的效力】违反法律、行政法规的强制性规定的民事法律行为无效。但是，该强制性规定不导致该民事法律行为无效的除外。

违背公序良俗的民事法律行为无效。

第一百五十四条 【恶意串通】行为人与相对人恶意串通，损害他人合法权益的民事法律行为无效。

第一百五十五条 【无效或者被撤销民事法律行为自始无效】无效的或者被撤销的民事法律行为自始没有法律约束力。

第一百五十六条 【民事法律行为部分无效】民事法律行为部分无效，不影响其他部分效力的，其他部分仍然有效。

第一百五十七条 【民事法律行为无效、被撤销、不生效力的法律后果】民事法律行为无效、被撤销或者确定不发生效力后，行为人因该行为取得的财产，应当予以返还；不能返还或者没有必要返还的，应当折价补偿。有过错的一方应当赔偿对方由此所受到的损失；各方都有过错的，应当各自承担相应的责任。法律另有规定的，依照其规定。

第四节 民事法律行为的附条件和附期限

第一百五十八条 【附条件的民事法律行为】民事法律行为可以附条件，但是根据其性质不得附条件的除外。附生效条件的民事法律行为，自条件成就时生效。附解除条件的民事法律行为，自条件成就时失效。

第一百五十九条 【条件成就或不成就的拟制】附条件的民事法律行为，当事人为自己的利益不正当地阻止条件成就的，视为条件已经成就；不正当地促成条件成就的，视为条件不成就。

第一百六十条 【附期限的民事法律行为】民事法律行为可以附期限，但是根据其性质不得附期限的除外。附生效期限的民事法律行为，自期限届至时生效。附终止期限的民事法律行为，自期限届满时失效。

第七章 代 理

第一节 一 般 规 定

第一百六十一条 【代理的适用范围】民事主体可以通过代理人实施民事法

律行为。

依照法律规定、当事人约定或者民事法律行为的性质，应当由本人亲自实施的民事法律行为，不得代理。

第一百六十二条　【代理的效力】代理人在代理权限内，以被代理人名义实施的民事法律行为，对被代理人发生效力。

第一百六十三条　【代理的类型】代理包括委托代理和法定代理。

委托代理人按照被代理人的委托行使代理权。法定代理人依照法律的规定行使代理权。

第一百六十四条　【不当代理的民事责任】代理人不履行或者不完全履行职责，造成被代理人损害的，应当承担民事责任。

代理人和相对人恶意串通，损害被代理人合法权益的，代理人和相对人应当承担连带责任。

第二节　委托代理

第一百六十五条　【授权委托书】委托代理授权采用书面形式的，授权委托书应当载明代理人的姓名或者名称、代理事项、权限和期限，并由被代理人签名或者盖章。

第一百六十六条　【共同代理】数人为同一代理事项的代理人的，应当共同行使代理权，但是当事人另有约定的除外。

第一百六十七条　【违法代理的责任承担】代理人知道或者应当知道代理事项违法仍然实施代理行为，或者被代理人知道或者应当知道代理人的代理行为违法未作反对表示的，被代理人和代理人应当承担连带责任。

第一百六十八条　【禁止自己代理和双方代理】代理人不得以被代理人的名义与自己实施民事法律行为，但是被代理人同意或者追认的除外。

代理人不得以被代理人的名义与自己同时代理的其他人实施民事法律行为，但是被代理的双方同意或者追认的除外。

第一百六十九条　【复代理】代理人需要转委托第三人代理的，应当取得被代理人的同意或者追认。

转委托代理经被代理人同意或者追认的，被代理人可以就代理事务直接指示转委托的第三人，代理人仅就第三人的选任以及对第三人的指示承担责任。

转委托代理未经被代理人同意或者追认的，代理人应当对转委托的第三人的行为承担责任；但是，在紧急情况下代理人为了维护被代理人的利益需要转委托第三人代理的除外。

第一百七十条 【职务代理】执行法人或者非法人组织工作任务的人员，就其职权范围内的事项，以法人或者非法人组织的名义实施的民事法律行为，对法人或者非法人组织发生效力。

法人或者非法人组织对执行其工作任务的人员职权范围的限制，不得对抗善意相对人。

第一百七十一条 【无权代理】行为人没有代理权、超越代理权或者代理权终止后，仍然实施代理行为，未经被代理人追认的，对被代理人不发生效力。

相对人可以催告被代理人自收到通知之日起三十日内予以追认。被代理人未作表示的，视为拒绝追认。行为人实施的行为被追认前，善意相对人有撤销的权利。撤销应当以通知的方式作出。

行为人实施的行为未被追认的，善意相对人有权请求行为人履行债务或者就其受到的损害请求行为人赔偿。但是，赔偿的范围不得超过被代理人追认时相对人所能获得的利益。

相对人知道或者应当知道行为人无权代理的，相对人和行为人按照各自的过错承担责任。

第一百七十二条 【表见代理】行为人没有代理权、超越代理权或者代理权终止后，仍然实施代理行为，相对人有理由相信行为人有代理权的，代理行为有效。

第三节 代理终止

第一百七十三条 【委托代理的终止】有下列情形之一的，委托代理终止：
（一）代理期限届满或者代理事务完成；
（二）被代理人取消委托或者代理人辞去委托；
（三）代理人丧失民事行为能力；
（四）代理人或者被代理人死亡；
（五）作为代理人或者被代理人的法人、非法人组织终止。

第一百七十四条 【委托代理终止的例外】被代理人死亡后，有下列情形之一的，委托代理人实施的代理行为有效：

（一）代理人不知道且不应当知道被代理人死亡；

（二）被代理人的继承人予以承认；

（三）授权中明确代理权在代理事务完成时终止；

（四）被代理人死亡前已经实施，为了被代理人的继承人的利益继续代理。

作为被代理人的法人、非法人组织终止的，参照适用前款规定。

第一百七十五条 【法定代理的终止】有下列情形之一的，法定代理终止：

（一）被代理人取得或者恢复完全民事行为能力；

（二）代理人丧失民事行为能力；

（三）代理人或者被代理人死亡；

（四）法律规定的其他情形。

第八章 民事责任

第一百七十六条 【民事责任】民事主体依照法律规定或者按照当事人约定，履行民事义务，承担民事责任。

第一百七十七条 【按份责任】二人以上依法承担按份责任，能够确定责任大小的，各自承担相应的责任；难以确定责任大小的，平均承担责任。

第一百七十八条 【连带责任】二人以上依法承担连带责任的，权利人有权请求部分或者全部连带责任人承担责任。

连带责任人的责任份额根据各自责任大小确定；难以确定责任大小的，平均承担责任。实际承担责任超过自己责任份额的连带责任人，有权向其他连带责任人追偿。

连带责任，由法律规定或者当事人约定。

第一百七十九条 【民事责任的承担方式】承担民事责任的方式主要有：

（一）停止侵害；

（二）排除妨碍；

（三）消除危险；

（四）返还财产；

（五）恢复原状；

（六）修理、重作、更换；

（七）继续履行；

（八）赔偿损失；

（九）支付违约金；

（十）消除影响、恢复名誉；

（十一）赔礼道歉。

法律规定惩罚性赔偿的，依照其规定。

本条规定的承担民事责任的方式，可以单独适用，也可以合并适用。

第一百八十条　【不可抗力】因不可抗力不能履行民事义务的，不承担民事责任。法律另有规定的，依照其规定。

不可抗力是不能预见、不能避免且不能克服的客观情况。

第一百八十一条　【正当防卫】因正当防卫造成损害的，不承担民事责任。

正当防卫超过必要的限度，造成不应有的损害的，正当防卫人应当承担适当的民事责任。

第一百八十二条　【紧急避险】因紧急避险造成损害的，由引起险情发生的人承担民事责任。

危险由自然原因引起的，紧急避险人不承担民事责任，可以给予适当补偿。

紧急避险采取措施不当或者超过必要的限度，造成不应有的损害的，紧急避险人应当承担适当的民事责任。

第一百八十三条　【因保护他人民事权益而受损的责任承担】因保护他人民事权益使自己受到损害的，由侵权人承担民事责任，受益人可以给予适当补偿。没有侵权人、侵权人逃逸或者无力承担民事责任，受害人请求补偿的，受益人应当给予适当补偿。

第一百八十四条　【紧急救助的责任豁免】因自愿实施紧急救助行为造成受助人损害的，救助人不承担民事责任。

第一百八十五条　【英雄烈士人格利益的保护】侵害英雄烈士等的姓名、肖像、名誉、荣誉，损害社会公共利益的，应当承担民事责任。

第一百八十六条　【违约责任与侵权责任的竞合】因当事人一方的违约行为，损害对方人身权益、财产权益的，受损害方有权选择请求其承担违约责任或者侵权责任。

第一百八十七条 【民事责任优先】民事主体因同一行为应当承担民事责任、行政责任和刑事责任的,承担行政责任或者刑事责任不影响承担民事责任;民事主体的财产不足以支付的,优先用于承担民事责任。

……

第三编 合　　同

第一分编 通　　则

第一章 一　般　规　定

第四百六十三条 【合同编的调整范围】本编调整因合同产生的民事关系。

第四百六十四条 【合同的定义及身份关系协议的法律适用】合同是民事主体之间设立、变更、终止民事法律关系的协议。

婚姻、收养、监护等有关身份关系的协议,适用有关该身份关系的法律规定;没有规定的,可以根据其性质参照适用本编规定。

第四百六十五条 【依法成立的合同受法律保护及合同相对性原则】依法成立的合同,受法律保护。

依法成立的合同,仅对当事人具有法律约束力,但是法律另有规定的除外。

第四百六十六条 【合同的解释规则】当事人对合同条款的理解有争议的,应当依据本法第一百四十二条第一款的规定,确定争议条款的含义。

合同文本采用两种以上文字订立并约定具有同等效力的,对各文本使用的词句推定具有相同含义。各文本使用的词句不一致的,应当根据合同的相关条款、性质、目的以及诚信原则等予以解释。

第四百六十七条 【非典型合同及特定涉外合同的法律适用】本法或者其他法律没有明文规定的合同,适用本编通则的规定,并可以参照适用本编或者其他法律最相类似合同的规定。

在中华人民共和国境内履行的中外合资经营企业合同、中外合作经营企业合同、中外合作勘探开发自然资源合同,适用中华人民共和国法律。

第四百六十八条　【非合同之债的法律适用】非因合同产生的债权债务关系,适用有关该债权债务关系的法律规定;没有规定的,适用本编通则的有关规定,但是根据其性质不能适用的除外。

第二章　合同的订立

第四百六十九条　【合同形式】当事人订立合同,可以采用书面形式、口头形式或者其他形式。

书面形式是合同书、信件、电报、电传、传真等可以有形地表现所载内容的形式。

以电子数据交换、电子邮件等方式能够有形地表现所载内容,并可以随时调取查用的数据电文,视为书面形式。

第四百七十条　【合同主要条款及示范文本】合同的内容由当事人约定,一般包括下列条款:

(一)当事人的姓名或者名称和住所;

(二)标的;

(三)数量;

(四)质量;

(五)价款或者报酬;

(六)履行期限、地点和方式;

(七)违约责任;

(八)解决争议的方法。

当事人可以参照各类合同的示范文本订立合同。

第四百七十一条　【订立合同的方式】当事人订立合同,可以采取要约、承诺方式或者其他方式。

第四百七十二条　【要约的定义及其构成】要约是希望与他人订立合同的意思表示,该意思表示应当符合下列条件:

(一)内容具体确定;

(二)表明经受要约人承诺,要约人即受该意思表示约束。

第四百七十三条　【要约邀请】要约邀请是希望他人向自己发出要约的表

示。拍卖公告、招标公告、招股说明书、债券募集办法、基金招募说明书、商业广告和宣传、寄送的价目表等为要约邀请。

商业广告和宣传的内容符合要约条件的，构成要约。

第四百七十四条　【要约的生效时间】要约生效的时间适用本法第一百三十七条的规定。

第四百七十五条　【要约的撤回】要约可以撤回。要约的撤回适用本法第一百四十一条的规定。

第四百七十六条　【要约不得撤销情形】要约可以撤销，但是有下列情形之一的除外：

（一）要约人以确定承诺期限或者其他形式明示要约不可撤销；

（二）受要约人有理由认为要约是不可撤销的，并已经为履行合同做了合理准备工作。

第四百七十七条　【要约撤销条件】撤销要约的意思表示以对话方式作出的，该意思表示的内容应当在受要约人作出承诺之前为受要约人所知道；撤销要约的意思表示以非对话方式作出的，应当在受要约人作出承诺之前到达受要约人。

第四百七十八条　【要约失效】有下列情形之一的，要约失效：

（一）要约被拒绝；

（二）要约被依法撤销；

（三）承诺期限届满，受要约人未作出承诺；

（四）受要约人对要约的内容作出实质性变更。

第四百七十九条　【承诺的定义】承诺是受要约人同意要约的意思表示。

第四百八十条　【承诺的方式】承诺应当以通知的方式作出；但是，根据交易习惯或者要约表明可以通过行为作出承诺的除外。

第四百八十一条　【承诺的期限】承诺应当在要约确定的期限内到达要约人。

要约没有确定承诺期限的，承诺应当依照下列规定到达：

（一）要约以对话方式作出的，应当即时作出承诺；

（二）要约以非对话方式作出的，承诺应当在合理期限内到达。

第四百八十二条　【承诺期限的起算】要约以信件或者电报作出的，承诺期限自信件载明的日期或者电报交发之日开始计算。信件未载明日期的，自投寄该信件的邮戳日期开始计算。要约以电话、传真、电子邮件等快速通讯方式作出的，承诺期限自要约到达受要约人时开始计算。

第四百八十三条　【合同成立时间】承诺生效时合同成立，但是法律另有规定或者当事人另有约定的除外。

第四百八十四条　【承诺生效时间】以通知方式作出的承诺，生效的时间适用本法第一百三十七条的规定。

承诺不需要通知的，根据交易习惯或者要约的要求作出承诺的行为时生效。

第四百八十五条　【承诺的撤回】承诺可以撤回。承诺的撤回适用本法第一百四十一条的规定。

第四百八十六条　【逾期承诺及效果】受要约人超过承诺期限发出承诺，或者在承诺期限内发出承诺，按照通常情形不能及时到达要约人的，为新要约；但是，要约人及时通知受要约人该承诺有效的除外。

第四百八十七条　【迟到的承诺】受要约人在承诺期限内发出承诺，按照通常情形能够及时到达要约人，但是因其他原因致使承诺到达要约人时超过承诺期限的，除要约人及时通知受要约人因承诺超过期限不接受该承诺外，该承诺有效。

第四百八十八条　【承诺对要约内容的实质性变更】承诺的内容应当与要约的内容一致。受要约人对要约的内容作出实质性变更的，为新要约。有关合同标的、数量、质量、价款或者报酬、履行期限、履行地点和方式、违约责任和解决争议方法等的变更，是对要约内容的实质性变更。

第四百八十九条　【承诺对要约内容的非实质性变更】承诺对要约的内容作出非实质性变更的，除要约人及时表示反对或者要约表明承诺不得对要约的内容作出任何变更外，该承诺有效，合同的内容以承诺的内容为准。

第四百九十条　【采用书面形式订立合同的成立时间】当事人采用合同书形式订立合同的，自当事人均签名、盖章或者按指印时合同成立。在签名、盖章或者按指印之前，当事人一方已经履行主要义务，对方接受时，该合同成立。

法律、行政法规规定或者当事人约定合同应当采用书面形式订立，当事人未采用书面形式但是一方已经履行主要义务，对方接受时，该合同成立。

第四百九十一条　【签订确认书的合同及电子合同成立时间】当事人采用信件、数据电文等形式订立合同要求签订确认书的，签订确认书时合同成立。

当事人一方通过互联网等信息网络发布的商品或者服务信息符合要约条件的，对方选择该商品或者服务并提交订单成功时合同成立，但是当事人另有约定的除外。

第四百九十二条　【合同成立的地点】 承诺生效的地点为合同成立的地点。

采用数据电文形式订立合同的，收件人的主营业地为合同成立的地点；没有主营业地的，其住所地为合同成立的地点。当事人另有约定的，按照其约定。

第四百九十三条　【采用合同书订立合同的成立地点】 当事人采用合同书形式订立合同的，最后签名、盖章或者按指印的地点为合同成立的地点，但是当事人另有约定的除外。

第四百九十四条　【强制缔约义务】 国家根据抢险救灾、疫情防控或者其他需要下达国家订货任务、指令性任务的，有关民事主体之间应当依照有关法律、行政法规规定的权利和义务订立合同。

依照法律、行政法规的规定负有发出要约义务的当事人，应当及时发出合理的要约。

依照法律、行政法规的规定负有作出承诺义务的当事人，不得拒绝对方合理的订立合同要求。

第四百九十五条　【预约合同】 当事人约定在将来一定期限内订立合同的认购书、订购书、预订书等，构成预约合同。

当事人一方不履行预约合同约定的订立合同义务的，对方可以请求其承担预约合同的违约责任。

第四百九十六条　【格式条款】 格式条款是当事人为了重复使用而预先拟定，并在订立合同时未与对方协商的条款。

采用格式条款订立合同的，提供格式条款的一方应当遵循公平原则确定当事人之间的权利和义务，并采取合理的方式提示对方注意免除或者减轻其责任等与对方有重大利害关系的条款，按照对方的要求，对该条款予以说明。提供格式条款的一方未履行提示或者说明义务，致使对方没有注意或者理解与其有重大利害关系的条款的，对方可以主张该条款不成为合同的内容。

第四百九十七条　【格式条款无效的情形】 有下列情形之一的，该格式条款无效：

（一）具有本法第一编第六章第三节和本法第五百零六条规定的无效情形；

（二）提供格式条款一方不合理地免除或者减轻其责任、加重对方责任、限制对方主要权利；

（三）提供格式条款一方排除对方主要权利。

第四百九十八条 【格式条款的解释方法】对格式条款的理解发生争议的，应当按照通常理解予以解释。对格式条款有两种以上解释的，应当作出不利于提供格式条款一方的解释。格式条款和非格式条款不一致的，应当采用非格式条款。

第四百九十九条 【悬赏广告】悬赏人以公开方式声明对完成特定行为的人支付报酬的，完成该行为的人可以请求其支付。

第五百条 【缔约过失责任】当事人在订立合同过程中有下列情形之一，造成对方损失的，应当承担赔偿责任：

（一）假借订立合同，恶意进行磋商；

（二）故意隐瞒与订立合同有关的重要事实或者提供虚假情况；

（三）有其他违背诚信原则的行为。

第五百零一条 【合同缔结人的保密义务】当事人在订立合同过程中知悉的商业秘密或者其他应当保密的信息，无论合同是否成立，不得泄露或者不正当地使用；泄露、不正当地使用该商业秘密或者信息，造成对方损失的，应当承担赔偿责任。

第三章　合同的效力

第五百零二条 【合同生效时间及未办理批准手续的处理规则】依法成立的合同，自成立时生效，但是法律另有规定或者当事人另有约定的除外。

依照法律、行政法规的规定，合同应当办理批准等手续的，依照其规定。未办理批准等手续影响合同生效的，不影响合同中履行报批等义务条款以及相关条款的效力。应当办理申请批准等手续的当事人未履行义务的，对方可以请求其承担违反该义务的责任。

依照法律、行政法规的规定，合同的变更、转让、解除等情形应当办理批准等手续的，适用前款规定。

第五百零三条 【被代理人以默示方式追认无权代理】无权代理人以被代理人的名义订立合同，被代理人已经开始履行合同义务或者接受相对人履行的，视为对合同的追认。

第五百零四条 【超越权限订立合同的效力】法人的法定代表人或者非法人组织的负责人超越权限订立的合同，除相对人知道或者应当知道其超越权限外，该代表行为有效，订立的合同对法人或者非法人组织发生效力。

第五百零五条 【超越经营范围订立的合同效力】当事人超越经营范围订立的合同的效力，应当依照本法第一编第六章第三节和本编的有关规定确定，不得仅以超越经营范围确认合同无效。

第五百零六条 【免责条款无效情形】合同中的下列免责条款无效：

（一）造成对方人身损害的；

（二）因故意或者重大过失造成对方财产损失的。

第五百零七条 【争议解决条款的独立性】合同不生效、无效、被撤销或者终止的，不影响合同中有关解决争议方法的条款的效力。

第五百零八条 【合同效力适用指引】本编对合同的效力没有规定的，适用本法第一编第六章的有关规定。

第四章　合同的履行

第五百零九条 【合同履行的原则】当事人应当按照约定全面履行自己的义务。

当事人应当遵循诚信原则，根据合同的性质、目的和交易习惯履行通知、协助、保密等义务。

当事人在履行合同过程中，应当避免浪费资源、污染环境和破坏生态。

第五百一十条 【约定不明时合同内容的确定】合同生效后，当事人就质量、价款或者报酬、履行地点等内容没有约定或者约定不明确的，可以协议补充；不能达成补充协议的，按照合同相关条款或者交易习惯确定。

第五百一十一条 【质量、价款、履行地点等内容的确定】当事人就有关合同内容约定不明确，依据前条规定仍不能确定的，适用下列规定：

（一）质量要求不明确的，按照强制性国家标准履行；没有强制性国家标准的，按照推荐性国家标准履行；没有推荐性国家标准的，按照行业标准履行；没有国家标准、行业标准的，按照通常标准或者符合合同目的的特定标准履行。

（二）价款或者报酬不明确的，按照订立合同时履行地的市场价格履行；依法应当执行政府定价或者政府指导价的，依照规定履行。

（三）履行地点不明确，给付货币的，在接受货币一方所在地履行；交付不动产的，在不动产所在地履行；其他标的，在履行义务一方所在地履行。

（四）履行期限不明确的，债务人可以随时履行，债权人也可以随时请求履行，但是应当给对方必要的准备时间。

（五）履行方式不明确的，按照有利于实现合同目的的方式履行。

（六）履行费用的负担不明确的，由履行义务一方负担；因债权人原因增加的履行费用，由债权人负担。

第五百一十二条 【电子合同交付时间的认定】通过互联网等信息网络订立的电子合同的标的为交付商品并采用快递物流方式交付的，收货人的签收时间为交付时间。电子合同的标的为提供服务的，生成的电子凭证或者实物凭证中载明的时间为提供服务时间；前述凭证没有载明时间或者载明时间与实际提供服务时间不一致的，以实际提供服务的时间为准。

电子合同的标的物为采用在线传输方式交付的，合同标的物进入对方当事人指定的特定系统且能够检索识别的时间为交付时间。

电子合同当事人对交付商品或者提供服务的方式、时间另有约定的，按照其约定。

第五百一十三条 【执行政府定价或指导价的合同价格确定】执行政府定价或者政府指导价的，在合同约定的交付期限内政府价格调整时，按照交付时的价格计价。逾期交付标的物的，遇价格上涨时，按照原价格执行；价格下降时，按照新价格执行。逾期提取标的物或者逾期付款的，遇价格上涨时，按照新价格执行；价格下降时，按照原价格执行。

第五百一十四条 【金钱之债给付货币的确定规则】以支付金钱为内容的债，除法律另有规定或者当事人另有约定外，债权人可以请求债务人以实际履行地的法定货币履行。

第五百一十五条 【选择之债中债务人的选择权】标的有多项而债务人只需履行其中一项的，债务人享有选择权；但是，法律另有规定、当事人另有约定或者另有交易习惯的除外。

享有选择权的当事人在约定期限内或者履行期限届满未作选择，经催告后在合理期限内仍未选择的，选择权转移至对方。

第五百一十六条 【选择权的行使】当事人行使选择权应当及时通知对方，通知到达对方时，标的确定。标的确定后不得变更，但是经对方同意的除外。

可选择的标的发生不能履行情形的，享有选择权的当事人不得选择不能履行的标的，但是该不能履行的情形是由对方造成的除外。

第五百一十七条 【按份债权与按份债务】债权人为二人以上，标的可分，按照份额各自享有债权的，为按份债权；债务人为二人以上，标的可分，按照份额各自负担债务的，为按份债务。

按份债权人或者按份债务人的份额难以确定的，视为份额相同。

第五百一十八条 【连带债权与连带债务】债权人为二人以上，部分或者全部债权人均可以请求债务人履行债务的，为连带债权；债务人为二人以上，债权人可以请求部分或者全部债务人履行全部债务的，为连带债务。

连带债权或者连带债务，由法律规定或者当事人约定。

第五百一十九条 【连带债务份额的确定及追偿】连带债务人之间的份额难以确定的，视为份额相同。

实际承担债务超过自己份额的连带债务人，有权就超出部分在其他连带债务人未履行的份额范围内向其追偿，并相应地享有债权人的权利，但是不得损害债权人的利益。其他连带债务人对债权人的抗辩，可以向该债务人主张。

被追偿的连带债务人不能履行其应分担份额的，其他连带债务人应当在相应范围内按比例分担。

第五百二十条 【连带债务人之一所生事项涉他效力】部分连带债务人履行、抵销债务或者提存标的物的，其他债务人对债权人的债务在相应范围内消灭；该债务人可以依据前条规定向其他债务人追偿。

部分连带债务人的债务被债权人免除的，在该连带债务人应当承担的份额范围内，其他债务人对债权人的债务消灭。

部分连带债务人的债务与债权人的债权同归于一人的，在扣除该债务人应当承担的份额后，债权人对其他债务人的债权继续存在。

债权人对部分连带债务人的给付受领迟延的，对其他连带债务人发生效力。

第五百二十一条 【连带债权内外部关系】连带债权人之间的份额难以确定的，视为份额相同。

实际受领债权的连带债权人，应当按比例向其他连带债权人返还。

连带债权参照适用本章连带债务的有关规定。

第五百二十二条　【向第三人履行】当事人约定由债务人向第三人履行债务，债务人未向第三人履行债务或者履行债务不符合约定的，应当向债权人承担违约责任。

法律规定或者当事人约定第三人可以直接请求债务人向其履行债务，第三人未在合理期限内明确拒绝，债务人未向第三人履行债务或者履行债务不符合约定的，第三人可以请求债务人承担违约责任；债务人对债权人的抗辩，可以向第三人主张。

第五百二十三条　【第三人履行】当事人约定由第三人向债权人履行债务，第三人不履行债务或者履行债务不符合约定的，债务人应当向债权人承担违约责任。

第五百二十四条　【第三人代为履行】债务人不履行债务，第三人对履行该债务具有合法利益的，第三人有权向债权人代为履行；但是，根据债务性质、按照当事人约定或者依照法律规定只能由债务人履行的除外。

债权人接受第三人履行后，其对债务人的债权转让给第三人，但是债务人和第三人另有约定的除外。

第五百二十五条　【同时履行抗辩权】当事人互负债务，没有先后履行顺序的，应当同时履行。一方在对方履行之前有权拒绝其履行请求。一方在对方履行债务不符合约定时，有权拒绝其相应的履行请求。

第五百二十六条　【后履行抗辩权】当事人互负债务，有先后履行顺序，应当先履行债务一方未履行的，后履行一方有权拒绝其履行请求。先履行一方履行债务不符合约定的，后履行一方有权拒绝其相应的履行请求。

第五百二十七条　【不安抗辩权】应当先履行债务的当事人，有确切证据证明对方有下列情形之一的，可以中止履行：

（一）经营状况严重恶化；

（二）转移财产、抽逃资金，以逃避债务；

（三）丧失商业信誉；

（四）有丧失或者可能丧失履行债务能力的其他情形。

当事人没有确切证据中止履行的，应当承担违约责任。

第五百二十八条 【不安抗辩权的行使】当事人依据前条规定中止履行的，应当及时通知对方。对方提供适当担保的，应当恢复履行。中止履行后，对方在合理期限内未恢复履行能力且未提供适当担保的，视为以自己的行为表明不履行主要债务，中止履行的一方可以解除合同并可以请求对方承担违约责任。

第五百二十九条 【因债权人原因致债务履行困难的处理】债权人分立、合并或者变更住所没有通知债务人，致使履行债务发生困难的，债务人可以中止履行或者将标的物提存。

第五百三十条 【债务人提前履行债务】债权人可以拒绝债务人提前履行债务，但是提前履行不损害债权人利益的除外。

债务人提前履行债务给债权人增加的费用，由债务人负担。

第五百三十一条 【债务人部分履行债务】债权人可以拒绝债务人部分履行债务，但是部分履行不损害债权人利益的除外。

债务人部分履行债务给债权人增加的费用，由债务人负担。

第五百三十二条 【当事人变化不影响合同效力】合同生效后，当事人不得因姓名、名称的变更或者法定代表人、负责人、承办人的变动而不履行合同义务。

第五百三十三条 【情势变更】合同成立后，合同的基础条件发生了当事人在订立合同时无法预见的、不属于商业风险的重大变化，继续履行合同对于当事人一方明显不公平的，受不利影响的当事人可以与对方重新协商；在合理期限内协商不成的，当事人可以请求人民法院或者仲裁机构变更或者解除合同。

人民法院或者仲裁机构应当结合案件的实际情况，根据公平原则变更或者解除合同。

第五百三十四条 【合同监督】对当事人利用合同实施危害国家利益、社会公共利益行为的，市场监督管理和其他有关行政主管部门依照法律、行政法规的规定负责监督处理。

……

第七章　合同的权利义务终止

第五百五十七条 【债权债务终止的法定情形】有下列情形之一的，债权债务终止：

（一）债务已经履行；

（二）债务相互抵销；

（三）债务人依法将标的物提存；

（四）债权人免除债务；

（五）债权债务同归于一人；

（六）法律规定或者当事人约定终止的其他情形。

合同解除的，该合同的权利义务关系终止。

第五百五十八条 【后合同义务】债权债务终止后，当事人应当遵循诚信等原则，根据交易习惯履行通知、协助、保密、旧物回收等义务。

第五百五十九条 【从权利消灭】债权债务终止时，债权的从权利同时消灭，但是法律另有规定或者当事人另有约定的除外。

第五百六十条 【数项债务的清偿抵充顺序】债务人对同一债权人负担的数项债务种类相同，债务人的给付不足以清偿全部债务的，除当事人另有约定外，由债务人在清偿时指定其履行的债务。

债务人未作指定的，应当优先履行已经到期的债务；数项债务均到期的，优先履行对债权人缺乏担保或者担保最少的债务；均无担保或者担保相等的，优先履行债务人负担较重的债务；负担相同的，按照债务到期的先后顺序履行；到期时间相同的，按照债务比例履行。

第五百六十一条 【费用、利息和主债务的清偿抵充顺序】债务人在履行主债务外还应当支付利息和实现债权的有关费用，其给付不足以清偿全部债务的，除当事人另有约定外，应当按照下列顺序履行：

（一）实现债权的有关费用；

（二）利息；

（三）主债务。

第五百六十二条 【合同的约定解除】当事人协商一致，可以解除合同。

当事人可以约定一方解除合同的事由。解除合同的事由发生时，解除权人可以解除合同。

第五百六十三条 【合同的法定解除】有下列情形之一的，当事人可以解除合同：

（一）因不可抗力致使不能实现合同目的；

（二）在履行期限届满前，当事人一方明确表示或者以自己的行为表明不履行主要债务；

（三）当事人一方迟延履行主要债务，经催告后在合理期限内仍未履行；

（四）当事人一方迟延履行债务或者有其他违约行为致使不能实现合同目的；

（五）法律规定的其他情形。

以持续履行的债务为内容的不定期合同，当事人可以随时解除合同，但是应当在合理期限之前通知对方。

第五百六十四条 【解除权行使期限】法律规定或者当事人约定解除权行使期限，期限届满当事人不行使的，该权利消灭。

法律没有规定或者当事人没有约定解除权行使期限，自解除权人知道或者应当知道解除事由之日起一年内不行使，或者经对方催告后在合理期限内不行使的，该权利消灭。

第五百六十五条 【合同解除权的行使规则】当事人一方依法主张解除合同的，应当通知对方。合同自通知到达对方时解除；通知载明债务人在一定期限内不履行债务则合同自动解除，债务人在该期限内未履行债务的，合同自通知载明的期限届满时解除。对方对解除合同有异议的，任何一方当事人均可以请求人民法院或者仲裁机构确认解除行为的效力。

当事人一方未通知对方，直接以提起诉讼或者申请仲裁的方式依法主张解除合同，人民法院或者仲裁机构确认该主张的，合同自起诉状副本或者仲裁申请书副本送达对方时解除。

第五百六十六条 【合同解除的法律后果】合同解除后，尚未履行的，终止履行；已经履行的，根据履行情况和合同性质，当事人可以请求恢复原状或者采取其他补救措施，并有权请求赔偿损失。

合同因违约解除的，解除权人可以请求违约方承担违约责任，但是当事人另有约定的除外。

主合同解除后，担保人对债务人应当承担的民事责任仍应当承担担保责任，但是担保合同另有约定的除外。

第五百六十七条 【结算、清理条款效力的独立性】合同的权利义务关系终止，不影响合同中结算和清理条款的效力。

第五百六十八条 【法定抵销】当事人互负债务，该债务的标的物种类、品质相同的，任何一方可以将自己的债务与对方的到期债务抵销；但是，根据债务性质、按照当事人约定或者依照法律规定不得抵销的除外。

当事人主张抵销的，应当通知对方。通知自到达对方时生效。抵销不得附条件或者附期限。

第五百六十九条　【约定抵销】当事人互负债务，标的物种类、品质不相同的，经协商一致，也可以抵销。

第五百七十条　【提存的条件】有下列情形之一，难以履行债务的，债务人可以将标的物提存：

（一）债权人无正当理由拒绝受领；

（二）债权人下落不明；

（三）债权人死亡未确定继承人、遗产管理人，或者丧失民事行为能力未确定监护人；

（四）法律规定的其他情形。

标的物不适于提存或者提存费用过高的，债务人依法可以拍卖或者变卖标的物，提存所得的价款。

第五百七十一条　【提存的成立】债务人将标的物或者将标的物依法拍卖、变卖所得价款交付提存部门时，提存成立。

提存成立的，视为债务人在其提存范围内已经交付标的物。

第五百七十二条　【提存的通知】标的物提存后，债务人应当及时通知债权人或者债权人的继承人、遗产管理人、监护人、财产代管人。

第五百七十三条　【提存期间风险、孳息和提存费用负担】标的物提存后，毁损、灭失的风险由债权人承担。提存期间，标的物的孳息归债权人所有。提存费用由债权人负担。

第五百七十四条　【提存物的领取与取回】债权人可以随时领取提存物。但是，债权人对债务人负有到期债务的，在债权人未履行债务或者提供担保之前，提存部门根据债务人的要求应当拒绝其领取提存物。

债权人领取提存物的权利，自提存之日起五年内不行使而消灭，提存物扣除提存费用后归国家所有。但是，债权人未履行对债务人的到期债务，或者债权人向提存部门书面表示放弃领取提存物权利的，债务人负担提存费用后有权取回提存物。

第五百七十五条 【债的免除】债权人免除债务人部分或者全部债务的，债权债务部分或者全部终止，但是债务人在合理期限内拒绝的除外。

第五百七十六条 【债权债务混同的处理】债权和债务同归于一人的，债权债务终止，但是损害第三人利益的除外。

第八章 违约责任

第五百七十七条 【违约责任的种类】当事人一方不履行合同义务或者履行合同义务不符合约定的，应当承担继续履行、采取补救措施或者赔偿损失等违约责任。

第五百七十八条 【预期违约责任】当事人一方明确表示或者以自己的行为表明不履行合同义务的，对方可以在履行期限届满前请求其承担违约责任。

第五百七十九条 【金钱债务的继续履行】当事人一方未支付价款、报酬、租金、利息，或者不履行其他金钱债务的，对方可以请求其支付。

第五百八十条 【非金钱债务的继续履行】当事人一方不履行非金钱债务或者履行非金钱债务不符合约定的，对方可以请求履行，但是有下列情形之一的除外：

（一）法律上或者事实上不能履行；

（二）债务的标的不适于强制履行或者履行费用过高；

（三）债权人在合理期限内未请求履行。

有前款规定的除外情形之一，致使不能实现合同目的的，人民法院或者仲裁机构可以根据当事人的请求终止合同权利义务关系，但是不影响违约责任的承担。

第五百八十一条 【替代履行】当事人一方不履行债务或者履行债务不符合约定，根据债务的性质不得强制履行的，对方可以请求其负担由第三人替代履行的费用。

第五百八十二条 【瑕疵履行违约责任】履行不符合约定的，应当按照当事人的约定承担违约责任。对违约责任没有约定或者约定不明确，依据本法第五百一十条的规定仍不能确定的，受损害方根据标的的性质以及损失的大小，可以合理选择请求对方承担修理、重作、更换、退货、减少价款或者报酬等违约责任。

第五百八十三条 【违约损害赔偿责任】当事人一方不履行合同义务或者履行合同义务不符合约定的，在履行义务或者采取补救措施后，对方还有其他损失的，应当赔偿损失。

第五百八十四条 【法定的违约赔偿损失】当事人一方不履行合同义务或者履行合同义务不符合约定，造成对方损失的，损失赔偿额应当相当于因违约所造成的损失，包括合同履行后可以获得的利益；但是，不得超过违约一方订立合同时预见到或者应当预见到的因违约可能造成的损失。

第五百八十五条 【违约金的约定】当事人可以约定一方违约时应当根据违约情况向对方支付一定数额的违约金，也可以约定因违约产生的损失赔偿额的计算方法。

约定的违约金低于造成的损失的，人民法院或者仲裁机构可以根据当事人的请求予以增加；约定的违约金过分高于造成的损失的，人民法院或者仲裁机构可以根据当事人的请求予以适当减少。

当事人就迟延履行约定违约金的，违约方支付违约金后，还应当履行债务。

第五百八十六条 【定金】当事人可以约定一方向对方给付定金作为债权的担保。定金合同自实际交付定金时成立。

定金的数额由当事人约定；但是，不得超过主合同标的额的百分之二十，超过部分不产生定金的效力。实际交付的定金数额多于或者少于约定数额的，视为变更约定的定金数额。

第五百八十七条 【定金罚则】债务人履行债务的，定金应当抵作价款或者收回。给付定金的一方不履行债务或者履行债务不符合约定，致使不能实现合同目的的，无权请求返还定金；收受定金的一方不履行债务或者履行债务不符合约定，致使不能实现合同目的的，应当双倍返还定金。

第五百八十八条 【违约金与定金竞合选择权】当事人既约定违约金，又约定定金的，一方违约时，对方可以选择适用违约金或者定金条款。

定金不足以弥补一方违约造成的损失的，对方可以请求赔偿超过定金数额的损失。

第五百八十九条 【债权人受领迟延】债务人按照约定履行债务，债权人无正当理由拒绝受领的，债务人可以请求债权人赔偿增加的费用。

在债权人受领迟延期间，债务人无须支付利息。

第五百九十条 【因不可抗力不能履行合同】当事人一方因不可抗力不能履行合同的，根据不可抗力的影响，部分或者全部免除责任，但是法律另有规定的除外。因不可抗力不能履行合同的，应当及时通知对方，以减轻可能给对方造成的损失，并应当在合理期限内提供证明。

当事人迟延履行后发生不可抗力的，不免除其违约责任。

第五百九十一条 【非违约方防止损失扩大义务】当事人一方违约后，对方应当采取适当措施防止损失的扩大；没有采取适当措施致使损失扩大的，不得就扩大的损失请求赔偿。

当事人因防止损失扩大而支出的合理费用，由违约方负担。

第五百九十二条 【双方违约和与有过错规则】当事人都违反合同的，应当各自承担相应的责任。

当事人一方违约造成对方损失，对方对损失的发生有过错的，可以减少相应的损失赔偿额。

第五百九十三条 【因第三人原因造成违约情况下的责任承担】当事人一方因第三人的原因造成违约的，应当依法向对方承担违约责任。当事人一方和第三人之间的纠纷，依照法律规定或者按照约定处理。

第五百九十四条 【国际贸易合同诉讼时效和仲裁时效】因国际货物买卖合同和技术进出口合同争议提起诉讼或者申请仲裁的时效期间为四年。

第二分编 典型合同

第九章 买卖合同

第五百九十五条 【买卖合同的概念】买卖合同是出卖人转移标的物的所有权于买受人，买受人支付价款的合同。

第五百九十六条 【买卖合同条款】买卖合同的内容一般包括标的物的名称、数量、质量、价款、履行期限、履行地点和方式、包装方式、检验标准和方法、结算方式、合同使用的文字及其效力等条款。

第五百九十七条 【无权处分的违约责任】因出卖人未取得处分权致使标的物所有权不能转移的，买受人可以解除合同并请求出卖人承担违约责任。

法律、行政法规禁止或者限制转让的标的物，依照其规定。

第五百九十八条 【出卖人基本义务】出卖人应当履行向买受人交付标的物或者交付提取标的物的单证，并转移标的物所有权的义务。

第五百九十九条 【出卖人义务：交付单证、交付资料】出卖人应当按照约定或者交易习惯向买受人交付提取标的物单证以外的有关单证和资料。

第六百条 【买卖合同知识产权保留条款】出卖具有知识产权的标的物的，除法律另有规定或者当事人另有约定外，该标的物的知识产权不属于买受人。

第六百零一条 【出卖人义务：交付期间】出卖人应当按照约定的时间交付标的物。约定交付期限的，出卖人可以在该交付期限内的任何时间交付。

第六百零二条 【标的物交付期限不明时的处理】当事人没有约定标的物的交付期限或者约定不明确的，适用本法第五百一十条、第五百一十一条第四项的规定。

第六百零三条 【买卖合同标的物的交付地点】出卖人应当按照约定的地点交付标的物。

当事人没有约定交付地点或者约定不明确，依据本法第五百一十条的规定仍不能确定的，适用下列规定：

（一）标的物需要运输的，出卖人应当将标的物交付给第一承运人以运交给买受人；

（二）标的物不需要运输，出卖人和买受人订立合同时知道标的物在某一地点的，出卖人应当在该地点交付标的物；不知道标的物在某一地点的，应当在出卖人订立合同时的营业地交付标的物。

第六百零四条 【标的物的风险承担】标的物毁损、灭失的风险，在标的物交付之前由出卖人承担，交付之后由买受人承担，但是法律另有规定或者当事人另有约定的除外。

第六百零五条 【迟延交付标的物的风险负担】因买受人的原因致使标的物未按照约定的期限交付的，买受人应当自违反约定时起承担标的物毁损、灭失的风险。

第六百零六条 【路货买卖中的标的物风险转移】出卖人出卖交由承运人运输的在途标的物，除当事人另有约定外，毁损、灭失的风险自合同成立时起由买受人承担。

第六百零七条 【需要运输的标的物风险负担】出卖人按照约定将标的物运送至买受人指定地点并交付给承运人后,标的物毁损、灭失的风险由买受人承担。

当事人没有约定交付地点或者约定不明确,依据本法第六百零三条第二款第一项的规定标的物需要运输的,出卖人将标的物交付给第一承运人后,标的物毁损、灭失的风险由买受人承担。

第六百零八条 【买受人不履行接受标的物义务的风险负担】出卖人按照约定或者依据本法第六百零三条第二款第二项的规定将标的物置于交付地点,买受人违反约定没有收取的,标的物毁损、灭失的风险自违反约定时起由买受人承担。

第六百零九条 【未交付单证、资料的风险负担】出卖人按照约定未交付有关标的物的单证和资料的,不影响标的物毁损、灭失风险的转移。

第六百一十条 【根本违约】因标的物不符合质量要求,致使不能实现合同目的的,买受人可以拒绝接受标的物或者解除合同。买受人拒绝接受标的物或者解除合同的,标的物毁损、灭失的风险由出卖人承担。

第六百一十一条 【买受人承担风险与出卖人违约责任关系】标的物毁损、灭失的风险由买受人承担的,不影响因出卖人履行义务不符合约定,买受人请求其承担违约责任的权利。

第六百一十二条 【出卖人的权利瑕疵担保义务】出卖人就交付的标的物,负有保证第三人对该标的物不享有任何权利的义务,但是法律另有规定的除外。

第六百一十三条 【权利瑕疵担保责任之免除】买受人订立合同时知道或者应当知道第三人对买卖的标的物享有权利的,出卖人不承担前条规定的义务。

第六百一十四条 【买受人的中止支付价款权】买受人有确切证据证明第三人对标的物享有权利的,可以中止支付相应的价款,但是出卖人提供适当担保的除外。

第六百一十五条 【买卖标的物的质量瑕疵担保】出卖人应当按照约定的质量要求交付标的物。出卖人提供有关标的物质量说明的,交付的标的物应当符合该说明的质量要求。

第六百一十六条 【标的物法定质量担保义务】当事人对标的物的质量要求没有约定或者约定不明确,依据本法第五百一十条的规定仍不能确定的,适用本法第五百一十一条第一项的规定。

第六百一十七条 【质量瑕疵担保责任】出卖人交付的标的物不符合质量要

求的，买受人可以依据本法第五百八十二条至第五百八十四条的规定请求承担违约责任。

第六百一十八条 【标的物瑕疵担保责任减免的特约效力】当事人约定减轻或者免除出卖人对标的物瑕疵承担的责任，因出卖人故意或者重大过失不告知买受人标的物瑕疵的，出卖人无权主张减轻或者免除责任。

第六百一十九条 【标的物的包装方式】出卖人应当按照约定的包装方式交付标的物。对包装方式没有约定或者约定不明确，依据本法第五百一十条的规定仍不能确定的，应当按照通用的方式包装；没有通用方式的，应当采取足以保护标的物且有利于节约资源、保护生态环境的包装方式。

第六百二十条 【买受人的检验义务】买受人收到标的物时应当在约定的检验期限内检验。没有约定检验期限的，应当及时检验。

第六百二十一条 【买受人检验标的物的异议通知】当事人约定检验期限的，买受人应当在检验期限内将标的物的数量或者质量不符合约定的情形通知出卖人。买受人怠于通知的，视为标的物的数量或者质量符合约定。

当事人没有约定检验期限的，买受人应当在发现或者应当发现标的物的数量或者质量不符合约定的合理期限内通知出卖人。买受人在合理期限内未通知或者自收到标的物之日起二年内未通知出卖人的，视为标的物的数量或者质量符合约定；但是，对标的物有质量保证期的，适用质量保证期，不适用该二年的规定。

出卖人知道或者应当知道提供的标的物不符合约定的，买受人不受前两款规定的通知时间的限制。

第六百二十二条 【检验期限或质量保证期过短的处理】当事人约定的检验期限过短，根据标的物的性质和交易习惯，买受人在检验期限内难以完成全面检验的，该期限仅视为买受人对标的物的外观瑕疵提出异议的期限。

约定的检验期限或者质量保证期短于法律、行政法规规定期限的，应当以法律、行政法规规定的期限为准。

第六百二十三条 【标的物数量和外观瑕疵检验】当事人对检验期限未作约定，买受人签收的送货单、确认单等载明标的物数量、型号、规格的，推定买受人已经对数量和外观瑕疵进行检验，但是有相关证据足以推翻的除外。

第六百二十四条 【向第三人履行情形的检验标准】出卖人依照买受人的指示向第三人交付标的物，出卖人和买受人约定的检验标准与买受人和第三人约定的检验标准不一致的，以出卖人和买受人约定的检验标准为准。

第六百二十五条　【出卖人的回收义务】依照法律、行政法规的规定或者按照当事人的约定，标的物在有效使用年限届满后应予回收的，出卖人负有自行或者委托第三人对标的物予以回收的义务。

第六百二十六条　【买受人支付价款及方式】买受人应当按照约定的数额和支付方式支付价款。对价款的数额和支付方式没有约定或者约定不明确的，适用本法第五百一十条、第五百一十一条第二项和第五项的规定。

第六百二十七条　【买受人支付价款的地点】买受人应当按照约定的地点支付价款。对支付地点没有约定或者约定不明确，依据本法第五百一十条的规定仍不能确定的，买受人应当在出卖人的营业地支付；但是，约定支付价款以交付标的物或者交付提取标的物单证为条件的，在交付标的物或者交付提取标的物单证的所在地支付。

第六百二十八条　【买受人支付价款的时间】买受人应当按照约定的时间支付价款。对支付时间没有约定或者约定不明确，依据本法第五百一十条的规定仍不能确定的，买受人应当在收到标的物或者提取标的物单证的同时支付。

第六百二十九条　【出卖人多交标的物的处理】出卖人多交标的物的，买受人可以接收或者拒绝接收多交的部分。买受人接收多交部分的，按照约定的价格支付价款；买受人拒绝接收多交部分的，应当及时通知出卖人。

第六百三十条　【买卖合同标的物孳息的归属】标的物在交付之前产生的孳息，归出卖人所有；交付之后产生的孳息，归买受人所有。但是，当事人另有约定的除外。

第六百三十一条　【主物与从物在解除合同时的效力】因标的物的主物不符合约定而解除合同的，解除合同的效力及于从物。因标的物的从物不符合约定被解除的，解除的效力不及于主物。

第六百三十二条　【数物买卖合同的解除】标的物为数物，其中一物不符合约定的，买受人可以就该物解除。但是，该物与他物分离使标的物的价值显受损害的，买受人可以就数物解除合同。

第六百三十三条　【分批交付标的物的情况下解除合同的情形】出卖人分批交付标的物的，出卖人对其中一批标的物不交付或者交付不符合约定，致使该批标的物不能实现合同目的的，买受人可以就该批标的物解除。

出卖人不交付其中一批标的物或者交付不符合约定，致使之后其他各批标的物的交付不能实现合同目的的，买受人可以就该批以及之后其他各批标的物解除。

买受人如果就其中一批标的物解除，该批标的物与其他各批标的物相互依存的，可以就已经交付和未交付的各批标的物解除。

第六百三十四条　【分期付款买卖】分期付款的买受人未支付到期价款的数额达到全部价款的五分之一，经催告后在合理期限内仍未支付到期价款的，出卖人可以请求买受人支付全部价款或者解除合同。

出卖人解除合同的，可以向买受人请求支付该标的物的使用费。

第六百三十五条　【凭样品买卖合同】凭样品买卖的当事人应当封存样品，并可以对样品质量予以说明。出卖人交付的标的物应当与样品及其说明的质量相同。

第六百三十六条　【凭样品买卖合同样品存在隐蔽瑕疵的处理】凭样品买卖的买受人不知道样品有隐蔽瑕疵的，即使交付的标的物与样品相同，出卖人交付的标的物的质量仍然应当符合同种物的通常标准。

第六百三十七条　【试用买卖的试用期限】试用买卖的当事人可以约定标的物的试用期限。对试用期限没有约定或者约定不明确，依据本法第五百一十条的规定仍不能确定的，由出卖人确定。

第六百三十八条　【试用买卖合同买受人对标的物购买选择权】试用买卖的买受人在试用期内可以购买标的物，也可以拒绝购买。试用期限届满，买受人对是否购买标的物未作表示的，视为购买。

试用买卖的买受人在试用期内已经支付部分价款或者对标的物实施出卖、出租、设立担保物权等行为的，视为同意购买。

第六百三十九条　【试用买卖使用费】试用买卖的当事人对标的物使用费没有约定或者约定不明确的，出卖人无权请求买受人支付。

第六百四十条　【试用买卖中的风险承担】标的物在试用期内毁损、灭失的风险由出卖人承担。

第六百四十一条　【标的物所有权保留条款】当事人可以在买卖合同中约定买受人未履行支付价款或者其他义务的，标的物的所有权属于出卖人。

出卖人对标的物保留的所有权，未经登记，不得对抗善意第三人。

第六百四十二条 【所有权保留中出卖人的取回权】当事人约定出卖人保留合同标的物的所有权,在标的物所有权转移前,买受人有下列情形之一,造成出卖人损害的,除当事人另有约定外,出卖人有权取回标的物:

(一)未按照约定支付价款,经催告后在合理期限内仍未支付;

(二)未按照约定完成特定条件;

(三)将标的物出卖、出质或者作出其他不当处分。

出卖人可以与买受人协商取回标的物;协商不成的,可以参照适用担保物权的实现程序。

第六百四十三条 【买受人回赎权及出卖人再出卖权】出卖人依据前条第一款的规定取回标的物后,买受人在双方约定或者出卖人指定的合理回赎期限内,消除出卖人取回标的物的事由的,可以请求回赎标的物。

买受人在回赎期限内没有回赎标的物,出卖人可以以合理价格将标的物出卖给第三人,出卖所得价款扣除买受人未支付的价款以及必要费用后仍有剩余的,应当返还买受人;不足部分由买受人清偿。

第六百四十四条 【招标投标买卖的法律适用】招标投标买卖的当事人的权利和义务以及招标投标程序等,依照有关法律、行政法规的规定。

第六百四十五条 【拍卖的法律适用】拍卖的当事人的权利和义务以及拍卖程序等,依照有关法律、行政法规的规定。

第六百四十六条 【买卖合同准用于有偿合同】法律对其他有偿合同有规定的,依照其规定;没有规定的,参照适用买卖合同的有关规定。

第六百四十七条 【易货交易的法律适用】当事人约定易货交易,转移标的物的所有权的,参照适用买卖合同的有关规定。

第十章 供用电、水、气、热力合同

第六百四十八条 【供用电合同概念及强制缔约义务】供用电合同是供电人向用电人供电,用电人支付电费的合同。

向社会公众供电的供电人,不得拒绝用电人合理的订立合同要求。

第六百四十九条 【供用电合同的内容】供用电合同的内容一般包括供电的方式、质量、时间、用电容量、地址、性质、计量方式、电价、电费的结算方式,供用电设施的维护责任等条款。

第六百五十条 【供用电合同的履行地点】供用电合同的履行地点，按照当事人约定；当事人没有约定或者约定不明确的，供电设施的产权分界处为履行地点。

第六百五十一条 【供电人的安全供电义务】供电人应当按照国家规定的供电质量标准和约定安全供电。供电人未按照国家规定的供电质量标准和约定安全供电，造成用电人损失的，应当承担赔偿责任。

第六百五十二条 【供电人中断供电时的通知义务】供电人因供电设施计划检修、临时检修、依法限电或者用电人违法用电等原因，需要中断供电时，应当按照国家有关规定事先通知用电人；未事先通知用电人中断供电，造成用电人损失的，应当承担赔偿责任。

第六百五十三条 【供电人抢修义务】因自然灾害等原因断电，供电人应当按照国家有关规定及时抢修；未及时抢修，造成用电人损失的，应当承担赔偿责任。

第六百五十四条 【用电人支付电费的义务】用电人应当按照国家有关规定和当事人的约定及时支付电费。用电人逾期不支付电费的，应当按照约定支付违约金。经催告用电人在合理期限内仍不支付电费和违约金的，供电人可以按照国家规定的程序中止供电。

供电人依据前款规定中止供电的，应当事先通知用电人。

第六百五十五条 【用电人安全用电义务】用电人应当按照国家有关规定和当事人的约定安全、节约和计划用电。用电人未按照国家有关规定和当事人的约定用电，造成供电人损失的，应当承担赔偿责任。

第六百五十六条 【供用水、气、热力合同参照适用供用电合同】供用水、供用气、供用热力合同，参照适用供用电合同的有关规定。

第十一章 赠 与 合 同

第六百五十七条 【赠与合同的概念】赠与合同是赠与人将自己的财产无偿给予受赠人，受赠人表示接受赠与的合同。

第六百五十八条 【赠与的任意撤销及限制】赠与人在赠与财产的权利转移

之前可以撤销赠与。

经过公证的赠与合同或者依法不得撤销的具有救灾、扶贫、助残等公益、道德义务性质的赠与合同，不适用前款规定。

第六百五十九条　【赠与特殊财产需要办理有关法律手续】 赠与的财产依法需要办理登记或者其他手续的，应当办理有关手续。

第六百六十条　【法定不得撤销赠与的赠与人不交付赠与财产的责任】 经过公证的赠与合同或者依法不得撤销的具有救灾、扶贫、助残等公益、道德义务性质的赠与合同，赠与人不交付赠与财产的，受赠人可以请求交付。

依据前款规定应当交付的赠与财产因赠与人故意或者重大过失致使毁损、灭失的，赠与人应当承担赔偿责任。

第六百六十一条　【附义务的赠与合同】 赠与可以附义务。

赠与附义务的，受赠人应当按照约定履行义务。

第六百六十二条　【赠与财产的瑕疵担保责任】 赠与的财产有瑕疵的，赠与人不承担责任。附义务的赠与，赠与的财产有瑕疵的，赠与人在附义务的限度内承担与出卖人相同的责任。

赠与人故意不告知瑕疵或者保证无瑕疵，造成受赠人损失的，应当承担赔偿责任。

第六百六十三条　【赠与人的法定撤销情形及撤销权行使期间】 受赠人有下列情形之一的，赠与人可以撤销赠与：

（一）严重侵害赠与人或者赠与人近亲属的合法权益；

（二）对赠与人有扶养义务而不履行；

（三）不履行赠与合同约定的义务。

赠与人的撤销权，自知道或者应当知道撤销事由之日起一年内行使。

第六百六十四条　【赠与人的继承人或法定代理人的撤销权】 因受赠人的违法行为致使赠与人死亡或者丧失民事行为能力的，赠与人的继承人或者法定代理人可以撤销赠与。

赠与人的继承人或者法定代理人的撤销权，自知道或者应当知道撤销事由之日起六个月内行使。

第六百六十五条　【撤销赠与的效力】 撤销权人撤销赠与的，可以向受赠人请求返还赠与的财产。

第六百六十六条　【赠与义务的免除】赠与人的经济状况显著恶化，严重影响其生产经营或者家庭生活的，可以不再履行赠与义务。

第十二章　借款合同

第六百六十七条　【借款合同的定义】借款合同是借款人向贷款人借款，到期返还借款并支付利息的合同。

第六百六十八条　【借款合同的形式和内容】借款合同应当采用书面形式，但是自然人之间借款另有约定的除外。

借款合同的内容一般包括借款种类、币种、用途、数额、利率、期限和还款方式等条款。

第六百六十九条　【借款合同借款人的告知义务】订立借款合同，借款人应当按照贷款人的要求提供与借款有关的业务活动和财务状况的真实情况。

第六百七十条　【借款利息不得预先扣除】借款的利息不得预先在本金中扣除。利息预先在本金中扣除的，应当按照实际借款数额返还借款并计算利息。

第六百七十一条　【提供及收取借款迟延责任】贷款人未按照约定的日期、数额提供借款，造成借款人损失的，应当赔偿损失。

借款人未按照约定的日期、数额收取借款的，应当按照约定的日期、数额支付利息。

第六百七十二条　【贷款人对借款使用情况检查、监督的权利】贷款人按照约定可以检查、监督借款的使用情况。借款人应当按照约定向贷款人定期提供有关财务会计报表或者其他资料。

第六百七十三条　【借款人违约使用借款的后果】借款人未按照约定的借款用途使用借款的，贷款人可以停止发放借款、提前收回借款或者解除合同。

第六百七十四条　【借款利息支付期限的确定】借款人应当按照约定的期限支付利息。对支付利息的期限没有约定或者约定不明确，依据本法第五百一十条的规定仍不能确定，借款期间不满一年的，应当在返还借款时一并支付；借款期间一年以上的，应当在每届满一年时支付，剩余期间不满一年的，应当在返还借款时一并支付。

第六百七十五条　【还款期限的确定】借款人应当按照约定的期限返还借

款。对借款期限没有约定或者约定不明确，依据本法第五百一十条的规定仍不能确定的，借款人可以随时返还；贷款人可以催告借款人在合理期限内返还。

第六百七十六条　【借款合同违约责任承担】借款人未按照约定的期限返还借款的，应当按照约定或者国家有关规定支付逾期利息。

第六百七十七条　【提前偿还借款】借款人提前返还借款的，除当事人另有约定外，应当按照实际借款的期间计算利息。

第六百七十八条　【借款展期】借款人可以在还款期限届满前向贷款人申请展期；贷款人同意的，可以展期。

第六百七十九条　【自然人之间借款合同的成立】自然人之间的借款合同，自贷款人提供借款时成立。

第六百八十条　【借款利率和利息】禁止高利放贷，借款的利率不得违反国家有关规定。

借款合同对支付利息没有约定的，视为没有利息。

借款合同对支付利息约定不明确，当事人不能达成补充协议的，按照当地或者当事人的交易方式、交易习惯、市场利率等因素确定利息；自然人之间借款的，视为没有利息。

……

第十四章　租赁合同

第七百零三条　【租赁合同的概念】租赁合同是出租人将租赁物交付承租人使用、收益，承租人支付租金的合同。

第七百零四条　【租赁合同的内容】租赁合同的内容一般包括租赁物的名称、数量、用途、租赁期限、租金及其支付期限和方式、租赁物维修等条款。

第七百零五条　【租赁期限的最高限制】租赁期限不得超过二十年。超过二十年的，超过部分无效。

租赁期限届满，当事人可以续订租赁合同；但是，约定的租赁期限自续订之日起不得超过二十年。

第七百零六条　【租赁合同登记对合同效力影响】当事人未依照法律、行政法规规定办理租赁合同登记备案手续的，不影响合同的效力。

第七百零七条　【租赁合同形式】租赁期限六个月以上的，应当采用书面形式。当事人未采用书面形式，无法确定租赁期限的，视为不定期租赁。

第七百零八条　【出租人义务】出租人应当按照约定将租赁物交付承租人，并在租赁期限内保持租赁物符合约定的用途。

第七百零九条　【承租人义务】承租人应当按照约定的方法使用租赁物。对租赁物的使用方法没有约定或者约定不明确，依据本法第五百一十条的规定仍不能确定的，应当根据租赁物的性质使用。

第七百一十条　【承租人合理使用租赁物的免责】承租人按照约定的方法或者根据租赁物的性质使用租赁物，致使租赁物受到损耗的，不承担赔偿责任。

第七百一十一条　【承租人未合理使用租赁物的责任】承租人未按照约定的方法或者未根据租赁物的性质使用租赁物，致使租赁物受到损失的，出租人可以解除合同并请求赔偿损失。

第七百一十二条　【出租人的维修义务】出租人应当履行租赁物的维修义务，但是当事人另有约定的除外。

第七百一十三条　【租赁物的维修和维修费负担】承租人在租赁物需要维修时可以请求出租人在合理期限内维修。出租人未履行维修义务的，承租人可以自行维修，维修费用由出租人负担。因维修租赁物影响承租人使用的，应当相应减少租金或者延长租期。

因承租人的过错致使租赁物需要维修的，出租人不承担前款规定的维修义务。

第七百一十四条　【承租人的租赁物妥善保管义务】承租人应当妥善保管租赁物，因保管不善造成租赁物毁损、灭失的，应当承担赔偿责任。

第七百一十五条　【承租人对租赁物进行改善或增设他物】承租人经出租人同意，可以对租赁物进行改善或者增设他物。

承租人未经出租人同意，对租赁物进行改善或者增设他物的，出租人可以请求承租人恢复原状或者赔偿损失。

第七百一十六条　【转租】承租人经出租人同意，可以将租赁物转租给第三人。承租人转租的，承租人与出租人之间的租赁合同继续有效；第三人造成租赁物损失的，承租人应当赔偿损失。

承租人未经出租人同意转租的，出租人可以解除合同。

第七百一十七条　【转租期限】承租人经出租人同意将租赁物转租给第三人，转租期限超过承租人剩余租赁期限的，超过部分的约定对出租人不具有法律约束力，但是出租人与承租人另有约定的除外。

第七百一十八条　【出租人同意转租的推定】出租人知道或者应当知道承租人转租，但是在六个月内未提出异议的，视为出租人同意转租。

第七百一十九条　【次承租人的代为清偿权】承租人拖欠租金的，次承租人可以代承租人支付其欠付的租金和违约金，但是转租合同对出租人不具有法律约束力的除外。

次承租人代为支付的租金和违约金，可以充抵次承租人应当向承租人支付的租金；超出其应付的租金数额的，可以向承租人追偿。

第七百二十条　【租赁物的收益归属】在租赁期限内因占有、使用租赁物获得的收益，归承租人所有，但是当事人另有约定的除外。

第七百二十一条　【租金支付期限】承租人应当按照约定的期限支付租金。对支付租金的期限没有约定或者约定不明确，依据本法第五百一十条的规定仍不能确定，租赁期限不满一年的，应当在租赁期限届满时支付；租赁期限一年以上的，应当在每届满一年时支付，剩余期限不满一年的，应当在租赁期限届满时支付。

第七百二十二条　【承租人的租金支付义务】承租人无正当理由未支付或者迟延支付租金的，出租人可以请求承租人在合理期限内支付；承租人逾期不支付的，出租人可以解除合同。

第七百二十三条　【出租人的权利瑕疵担保责任】因第三人主张权利，致使承租人不能对租赁物使用、收益的，承租人可以请求减少租金或者不支付租金。

第三人主张权利的，承租人应当及时通知出租人。

第七百二十四条　【承租人解除合同的法定情形】有下列情形之一，非因承租人原因致使租赁物无法使用的，承租人可以解除合同：

（一）租赁物被司法机关或者行政机关依法查封、扣押；

（二）租赁物权属有争议；

（三）租赁物具有违反法律、行政法规关于使用条件的强制性规定情形。

第七百二十五条　【买卖不破租赁】租赁物在承租人按照租赁合同占有期限内发生所有权变动的，不影响租赁合同的效力。

第七百二十六条 【房屋承租人的优先购买权】出租人出卖租赁房屋的，应当在出卖之前的合理期限内通知承租人，承租人享有以同等条件优先购买的权利；但是，房屋按份共有人行使优先购买权或者出租人将房屋出卖给近亲属的除外。

出租人履行通知义务后，承租人在十五日内未明确表示购买的，视为承租人放弃优先购买权。

第七百二十七条 【承租人对拍卖房屋的优先购买权】出租人委托拍卖人拍卖租赁房屋的，应当在拍卖五日前通知承租人。承租人未参加拍卖的，视为放弃优先购买权。

第七百二十八条 【妨害承租人优先购买权的赔偿责任】出租人未通知承租人或者有其他妨害承租人行使优先购买权情形的，承租人可以请求出租人承担赔偿责任。但是，出租人与第三人订立的房屋买卖合同的效力不受影响。

第七百二十九条 【租赁物毁损、灭失的法律后果】因不可归责于承租人的事由，致使租赁物部分或者全部毁损、灭失的，承租人可以请求减少租金或者不支付租金；因租赁物部分或者全部毁损、灭失，致使不能实现合同目的的，承租人可以解除合同。

第七百三十条 【租期不明的处理】当事人对租赁期限没有约定或者约定不明确，依据本法第五百一十条的规定仍不能确定的，视为不定期租赁；当事人可以随时解除合同，但是应当在合理期限之前通知对方。

第七百三十一条 【租赁物质量不合格时承租人的解除权】租赁物危及承租人的安全或者健康的，即使承租人订立合同时明知该租赁物质量不合格，承租人仍然可以随时解除合同。

第七百三十二条 【房屋承租人死亡时租赁关系的处理】承租人在房屋租赁期限内死亡的，与其生前共同居住的人或者共同经营人可以按照原租赁合同租赁该房屋。

第七百三十三条 【租赁物的返还】租赁期限届满，承租人应当返还租赁物。返还的租赁物应当符合按照约定或者根据租赁物的性质使用后的状态。

第七百三十四条 【租赁期限届满的续租及优先承租权】租赁期限届满，承租人继续使用租赁物，出租人没有提出异议的，原租赁合同继续有效，但是租赁期限为不定期。

租赁期限届满，房屋承租人享有以同等条件优先承租的权利。

……

第十七章　承　揽　合　同

第七百七十条　【承揽合同的定义及类型】承揽合同是承揽人按照定作人的要求完成工作，交付工作成果，定作人支付报酬的合同。

承揽包括加工、定作、修理、复制、测试、检验等工作。

第七百七十一条　【承揽合同的主要条款】承揽合同的内容一般包括承揽的标的、数量、质量、报酬，承揽方式，材料的提供，履行期限，验收标准和方法等条款。

第七百七十二条　【承揽人独立完成主要工作】承揽人应当以自己的设备、技术和劳力，完成主要工作，但是当事人另有约定的除外。

承揽人将其承揽的主要工作交由第三人完成的，应当就该第三人完成的工作成果向定作人负责；未经定作人同意的，定作人也可以解除合同。

第七百七十三条　【承揽人对辅助性工作的责任】承揽人可以将其承揽的辅助工作交由第三人完成。承揽人将其承揽的辅助工作交由第三人完成的，应当就该第三人完成的工作成果向定作人负责。

第七百七十四条　【承揽人提供材料时的主要义务】承揽人提供材料的，应当按照约定选用材料，并接受定作人检验。

第七百七十五条　【定作人提供材料时双方当事人的义务】定作人提供材料的，应当按照约定提供材料。承揽人对定作人提供的材料应当及时检验，发现不符合约定时，应当及时通知定作人更换、补齐或者采取其他补救措施。

承揽人不得擅自更换定作人提供的材料，不得更换不需要修理的零部件。

第七百七十六条　【定作人要求不合理时双方当事人的义务】承揽人发现定作人提供的图纸或者技术要求不合理的，应当及时通知定作人。因定作人怠于答复等原因造成承揽人损失的，应当赔偿损失。

第七百七十七条　【中途变更工作要求的责任】定作人中途变更承揽工作的要求，造成承揽人损失的，应当赔偿损失。

第七百七十八条　【定作人的协助义务】承揽工作需要定作人协助的，定作人有协助的义务。定作人不履行协助义务致使承揽工作不能完成的，承揽人可以催告定作人在合理期限内履行义务，并可以顺延履行期限；定作人逾期不履行的，承揽人可以解除合同。

第七百七十九条　【定作人监督检验承揽工作】承揽人在工作期间，应当接受定作人必要的监督检验。定作人不得因监督检验妨碍承揽人的正常工作。

第七百八十条　【工作成果交付】承揽人完成工作的，应当向定作人交付工作成果，并提交必要的技术资料和有关质量证明。定作人应当验收该工作成果。

第七百八十一条　【工作成果质量不合约定的责任】承揽人交付的工作成果不符合质量要求的，定作人可以合理选择请求承揽人承担修理、重作、减少报酬、赔偿损失等违约责任。

第七百八十二条　【支付报酬期限】定作人应当按照约定的期限支付报酬。对支付报酬的期限没有约定或者约定不明确，依据本法第五百一十条的规定仍不能确定的，定作人应当在承揽人交付工作成果时支付；工作成果部分交付的，定作人应当相应支付。

第七百八十三条　【承揽人的留置权及同时履行抗辩权】定作人未向承揽人支付报酬或者材料费等价款的，承揽人对完成的工作成果享有留置权或者有权拒绝交付，但是当事人另有约定的除外。

第七百八十四条　【承揽人保管义务】承揽人应当妥善保管定作人提供的材料以及完成的工作成果，因保管不善造成毁损、灭失的，应当承担赔偿责任。

第七百八十五条　【承揽人的保密义务】承揽人应当按照定作人的要求保守秘密，未经定作人许可，不得留存复制品或者技术资料。

第七百八十六条　【共同承揽】共同承揽人对定作人承担连带责任，但是当事人另有约定的除外。

第七百八十七条　【定作人的任意解除权】定作人在承揽人完成工作前可以随时解除合同，造成承揽人损失的，应当赔偿损失。

……

第二十一章　保 管 合 同

第八百八十八条　【保管合同的定义】保管合同是保管人保管寄存人交付的

保管物，并返还该物的合同。

寄存人到保管人处从事购物、就餐、住宿等活动，将物品存放在指定场所的，视为保管，但是当事人另有约定或者另有交易习惯的除外。

第八百八十九条　【保管合同的报酬】寄存人应当按照约定向保管人支付保管费。

当事人对保管费没有约定或者约定不明确，依据本法第五百一十条的规定仍不能确定的，视为无偿保管。

第八百九十条　【保管合同的成立】保管合同自保管物交付时成立，但是当事人另有约定的除外。

第八百九十一条　【保管人给付保管凭证的义务】寄存人向保管人交付保管物的，保管人应当出具保管凭证，但是另有交易习惯的除外。

第八百九十二条　【保管人对保管物的妥善保管义务】保管人应当妥善保管保管物。

当事人可以约定保管场所或者方法。除紧急情况或者为维护寄存人利益外，不得擅自改变保管场所或者方法。

第八百九十三条　【寄存人如实告知义务】寄存人交付的保管物有瑕疵或者根据保管物的性质需要采取特殊保管措施的，寄存人应当将有关情况告知保管人。寄存人未告知，致使保管物受损失的，保管人不承担赔偿责任；保管人因此受损失的，除保管人知道或者应当知道且未采取补救措施外，寄存人应当承担赔偿责任。

第八百九十四条　【保管人亲自保管义务】保管人不得将保管物转交第三人保管，但是当事人另有约定的除外。

保管人违反前款规定，将保管物转交第三人保管，造成保管物损失的，应当承担赔偿责任。

第八百九十五条　【保管人不得使用或许可他人使用保管物义务】保管人不得使用或者许可第三人使用保管物，但是当事人另有约定的除外。

第八百九十六条　【保管人返还保管物的义务及危险通知义务】第三人对保管物主张权利的，除依法对保管物采取保全或者执行措施外，保管人应当履行向寄存人返还保管物的义务。

第三人对保管人提起诉讼或者对保管物申请扣押的，保管人应当及时通知寄存人。

第八百九十七条 【保管物毁损灭失责任】保管期内，因保管人保管不善造成保管物毁损、灭失的，保管人应当承担赔偿责任。但是，无偿保管人证明自己没有故意或者重大过失的，不承担赔偿责任。

第八百九十八条 【寄存贵重物品的声明义务】寄存人寄存货币、有价证券或者其他贵重物品的，应当向保管人声明，由保管人验收或者封存；寄存人未声明的，该物品毁损、灭失后，保管人可以按照一般物品予以赔偿。

第八百九十九条 【保管物的领取及领取时间】寄存人可以随时领取保管物。

当事人对保管期限没有约定或者约定不明确的，保管人可以随时请求寄存人领取保管物；约定保管期限的，保管人无特别事由，不得请求寄存人提前领取保管物。

第九百条 【保管人归还原物及孳息的义务】保管期限届满或者寄存人提前领取保管物的，保管人应当将原物及其孳息归还寄存人。

第九百零一条 【消费保管】保管人保管货币的，可以返还相同种类、数量的货币；保管其他可替代物的，可以按照约定返还相同种类、品质、数量的物品。

第九百零二条 【保管费的支付期限】有偿的保管合同，寄存人应当按照约定的期限向保管人支付保管费。

当事人对支付期限没有约定或者约定不明确，依据本法第五百一十条的规定仍不能确定的，应当在领取保管物的同时支付。

第九百零三条 【保管人的留置权】寄存人未按照约定支付保管费或者其他费用的，保管人对保管物享有留置权，但是当事人另有约定的除外。

……

第二十三章 委托合同

第九百一十九条 【委托合同的概念】委托合同是委托人和受托人约定，由受托人处理委托人事务的合同。

第九百二十条 【委托权限】委托人可以特别委托受托人处理一项或者数项事务，也可以概括委托受托人处理一切事务。

第九百二十一条 【处理委托事务的费用】委托人应当预付处理委托事务的费用。受托人为处理委托事务垫付的必要费用，委托人应当偿还该费用并支付利息。

第九百二十二条 【受托人服从指示的义务】受托人应当按照委托人的指示处理委托事务。需要变更委托人指示的，应当经委托人同意；因情况紧急，难以和委托人取得联系的，受托人应当妥善处理委托事务，但是事后应当将该情况及时报告委托人。

第九百二十三条 【受托人亲自处理委托事务】受托人应当亲自处理委托事务。经委托人同意，受托人可以转委托。转委托经同意或者追认的，委托人可以就委托事务直接指示转委托的第三人，受托人仅就第三人的选任及其对第三人的指示承担责任。转委托未经同意或者追认的，委托人应当对转委托的第三人的行为承担责任；但是，在紧急情况下受托人为了维护委托人的利益需要转委托第三人的除外。

第九百二十四条 【受托人的报告义务】受托人应当按照委托人的要求，报告委托事务的处理情况。委托合同终止时，受托人应当报告委托事务的结果。

第九百二十五条 【受托人以自己名义从事受托事务的法律效果】受托人以自己的名义，在委托人的授权范围内与第三人订立的合同，第三人在订立合同时知道受托人与委托人之间的代理关系的，该合同直接约束委托人和第三人；但是，有确切证据证明该合同只约束受托人和第三人的除外。

第九百二十六条 【委托人的介入权与第三人的选择权】受托人以自己的名义与第三人订立合同时，第三人不知道受托人与委托人之间的代理关系的，受托人因第三人的原因对委托人不履行义务，受托人应当向委托人披露第三人，委托人因此可以行使受托人对第三人的权利。但是，第三人与受托人订立合同时如果知道该委托人就不会订立合同的除外。

受托人因委托人的原因对第三人不履行义务，受托人应当向第三人披露委托人，第三人因此可以选择受托人或者委托人作为相对人主张其权利，但是第三人不得变更选定的相对人。

委托人行使受托人对第三人的权利的，第三人可以向委托人主张其对受托人的抗辩。第三人选定委托人作为其相对人的，委托人可以向第三人主张其对受托人的抗辩以及受托人对第三人的抗辩。

第九百二十七条 【受托人转移所得利益的义务】受托人处理委托事务取得的财产，应当转交给委托人。

第九百二十八条 【委托人支付报酬的义务】受托人完成委托事务的，委托人应当按照约定向其支付报酬。

因不可归责于受托人的事由，委托合同解除或者委托事务不能完成的，委托人应当向受托人支付相应的报酬。当事人另有约定的，按照其约定。

第九百二十九条 【因受托人过错致委托人损失的赔偿责任】有偿的委托合同，因受托人的过错造成委托人损失的，委托人可以请求赔偿损失。无偿的委托合同，因受托人的故意或者重大过失造成委托人损失的，委托人可以请求赔偿损失。

受托人超越权限造成委托人损失的，应当赔偿损失。

第九百三十条 【委托人的赔偿责任】受托人处理委托事务时，因不可归责于自己的事由受到损失的，可以向委托人请求赔偿损失。

第九百三十一条 【委托人另行委托他人处理事务】委托人经受托人同意，可以在受托人之外委托第三人处理委托事务。因此造成受托人损失的，受托人可以向委托人请求赔偿损失。

第九百三十二条 【共同委托】两个以上的受托人共同处理委托事务的，对委托人承担连带责任。

第九百三十三条 【任意解除权】委托人或者受托人可以随时解除委托合同。因解除合同造成对方损失的，除不可归责于该当事人的事由外，无偿委托合同的解除方应当赔偿因解除时间不当造成的直接损失，有偿委托合同的解除方应当赔偿对方的直接损失和合同履行后可以获得的利益。

第九百三十四条 【委托合同的终止】委托人死亡、终止或者受托人死亡、丧失民事行为能力、终止的，委托合同终止；但是，当事人另有约定或者根据委托事务的性质不宜终止的除外。

第九百三十五条 【受托人继续处理委托事务】因委托人死亡或者被宣告破产、解散，致使委托合同终止将损害委托人利益的，在委托人的继承人、遗产管理人或者清算人承受委托事务之前，受托人应当继续处理委托事务。

第九百三十六条 【受托人死亡后其继承人等的义务】因受托人死亡、丧失民事行为能力或者被宣告破产、解散，致使委托合同终止的，受托人的继承人、遗产管理人、法定代理人或者清算人应当及时通知委托人。因委托合同终止将损害委托人利益的，在委托人作出善后处理之前，受托人的继承人、遗产管理人、法定代理人或者清算人应当采取必要措施。

……

第二十五章　行纪合同

第九百五十一条　【行纪合同的概念】行纪合同是行纪人以自己的名义为委托人从事贸易活动，委托人支付报酬的合同。

第九百五十二条　【行纪人的费用负担】行纪人处理委托事务支出的费用，由行纪人负担，但是当事人另有约定的除外。

第九百五十三条　【行纪人保管义务】行纪人占有委托物的，应当妥善保管委托物。

第九百五十四条　【行纪人处置委托物义务】委托物交付给行纪人时有瑕疵或者容易腐烂、变质的，经委托人同意，行纪人可以处分该物；不能与委托人及时取得联系的，行纪人可以合理处分。

第九百五十五条　【行纪人按指定价格买卖的义务】行纪人低于委托人指定的价格卖出或者高于委托人指定的价格买入的，应当经委托人同意；未经委托人同意，行纪人补偿其差额的，该买卖对委托人发生效力。

行纪人高于委托人指定的价格卖出或者低于委托人指定的价格买入的，可以按照约定增加报酬；没有约定或者约定不明确，依据本法第五百一十条的规定仍不能确定的，该利益属于委托人。

委托人对价格有特别指示的，行纪人不得违背该指示卖出或者买入。

第九百五十六条　【行纪人的介入权】行纪人卖出或者买入具有市场定价的商品，除委托人有相反的意思表示外，行纪人自己可以作为买受人或者出卖人。

行纪人有前款规定情形的，仍然可以请求委托人支付报酬。

第九百五十七条　【委托人受领、取回义务及行纪人提存委托物】行纪人按照约定买入委托物，委托人应当及时受领。经行纪人催告，委托人无正当理由拒绝受领的，行纪人依法可以提存委托物。

委托物不能卖出或者委托人撤回出卖，经行纪人催告，委托人不取回或者不处分该物的，行纪人依法可以提存委托物。

第九百五十八条　【行纪人的直接履行义务】行纪人与第三人订立合同的，行纪人对该合同直接享有权利、承担义务。

第三人不履行义务致使委托人受到损害的，行纪人应当承担赔偿责任，但是行纪人与委托人另有约定的除外。

第九百五十九条　【行纪人的报酬请求权及留置权】行纪人完成或者部分完成委托事务的，委托人应当向其支付相应的报酬。委托人逾期不支付报酬的，行纪人对委托物享有留置权，但是当事人另有约定的除外。

第九百六十条　【参照适用委托合同的规定】本章没有规定的，参照适用委托合同的有关规定。

第二十六章　中介合同

第九百六十一条　【中介合同的概念】中介合同是中介人向委托人报告订立合同的机会或者提供订立合同的媒介服务，委托人支付报酬的合同。

第九百六十二条　【中介人的如实报告义务】中介人应当就有关订立合同的事项向委托人如实报告。

中介人故意隐瞒与订立合同有关的重要事实或者提供虚假情况，损害委托人利益的，不得请求支付报酬并应当承担赔偿责任。

第九百六十三条　【中介人的报酬请求权】中介人促成合同成立的，委托人应当按照约定支付报酬。对中介人的报酬没有约定或者约定不明确，依据本法第五百一十条的规定仍不能确定的，根据中介人的劳务合理确定。因中介人提供订立合同的媒介服务而促成合同成立的，由该合同的当事人平均负担中介人的报酬。

中介人促成合同成立的，中介活动的费用，由中介人负担。

第九百六十四条　【中介人的中介费用】中介人未促成合同成立的，不得请求支付报酬；但是，可以按照约定请求委托人支付从事中介活动支出的必要费用。

第九百六十五条　【委托人"跳单"应支付中介报酬】委托人在接受中介人的服务后，利用中介人提供的交易机会或者媒介服务，绕开中介人直接订立合同的，应当向中介人支付报酬。

第九百六十六条 【参照适用委托合同的规定】本章没有规定的，参照适用委托合同的有关规定。

第二十七章 合伙合同

第九百六十七条 【合伙合同的定义】合伙合同是两个以上合伙人为了共同的事业目的，订立的共享利益、共担风险的协议。

第九百六十八条 【合伙人的出资义务】合伙人应当按照约定的出资方式、数额和缴付期限，履行出资义务。

第九百六十九条 【合伙财产的定义】合伙人的出资、因合伙事务依法取得的收益和其他财产，属于合伙财产。

合伙合同终止前，合伙人不得请求分割合伙财产。

第九百七十条 【合伙事务的执行】合伙人就合伙事务作出决定的，除合伙合同另有约定外，应当经全体合伙人一致同意。

合伙事务由全体合伙人共同执行。按照合伙合同的约定或者全体合伙人的决定，可以委托一个或者数个合伙人执行合伙事务；其他合伙人不再执行合伙事务，但是有权监督执行情况。

合伙人分别执行合伙事务的，执行事务合伙人可以对其他合伙人执行的事务提出异议；提出异议后，其他合伙人应当暂停该项事务的执行。

第九百七十一条 【合伙人执行合伙事务不得请求支付报酬】合伙人不得因执行合伙事务而请求支付报酬，但是合伙合同另有约定的除外。

第九百七十二条 【合伙的利润分配和亏损分担】合伙的利润分配和亏损分担，按照合伙合同的约定办理；合伙合同没有约定或者约定不明确的，由合伙人协商决定；协商不成的，由合伙人按照实缴出资比例分配、分担；无法确定出资比例的，由合伙人平均分配、分担。

第九百七十三条 【合伙人对合伙债务的连带责任及追偿权】合伙人对合伙债务承担连带责任。清偿合伙债务超过自己应当承担份额的合伙人，有权向其他合伙人追偿。

第九百七十四条 【合伙人转让财产份额的要求】除合伙合同另有约定外，合伙人向合伙人以外的人转让其全部或者部分财产份额的，须经其他合伙人一致同意。

第九百七十五条 【合伙人债权人代位行使权利的限制】合伙人的债权人不得代位行使合伙人依照本章规定和合伙合同享有的权利，但是合伙人享有的利益分配请求权除外。

第九百七十六条 【合伙期限的推定】合伙人对合伙期限没有约定或者约定不明确，依据本法第五百一十条的规定仍不能确定的，视为不定期合伙。

合伙期限届满，合伙人继续执行合伙事务，其他合伙人没有提出异议的，原合伙合同继续有效，但是合伙期限为不定期。

合伙人可以随时解除不定期合伙合同，但是应当在合理期限之前通知其他合伙人。

第九百七十七条 【合伙人死亡、民事行为能力丧失或终止时合伙合同的效力】合伙人死亡、丧失民事行为能力或者终止的，合伙合同终止；但是，合伙合同另有约定或者根据合伙事务的性质不宜终止的除外。

第九百七十八条 【合伙合同终止后剩余财产的分配规则】合伙合同终止后，合伙财产在支付因终止而产生的费用以及清偿合伙债务后有剩余的，依据本法第九百七十二条的规定进行分配。

……

第四编 人 格 权

第一章 一 般 规 定

第九百八十九条 【人格权编的调整范围】本编调整因人格权的享有和保护产生的民事关系。

第九百九十条 【人格权类型】人格权是民事主体享有的生命权、身体权、健康权、姓名权、名称权、肖像权、名誉权、荣誉权、隐私权等权利。

除前款规定的人格权外，自然人享有基于人身自由、人格尊严产生的其他人格权益。

第九百九十一条 【人格权受法律保护】民事主体的人格权受法律保护，任何组织或者个人不得侵害。

第九百九十二条 【人格权不得放弃、转让、继承】人格权不得放弃、转让或者继承。

第九百九十三条 【人格利益的许可使用】民事主体可以将自己的姓名、名称、肖像等许可他人使用，但是依照法律规定或者根据其性质不得许可的除外。

第九百九十四条 【死者人格利益保护】死者的姓名、肖像、名誉、荣誉、隐私、遗体等受到侵害的，其配偶、子女、父母有权依法请求行为人承担民事责任；死者没有配偶、子女且父母已经死亡的，其他近亲属有权依法请求行为人承担民事责任。

第九百九十五条 【人格权保护的请求权】人格权受到侵害的，受害人有权依照本法和其他法律的规定请求行为人承担民事责任。受害人的停止侵害、排除妨碍、消除危险、消除影响、恢复名誉、赔礼道歉请求权，不适用诉讼时效的规定。

第九百九十六条 【人格权责任竞合下的精神损害赔偿】因当事人一方的违约行为，损害对方人格权并造成严重精神损害，受损害方选择请求其承担违约责任的，不影响受损害方请求精神损害赔偿。

第九百九十七条 【申请法院责令停止侵害】民事主体有证据证明行为人正在实施或者即将实施侵害其人格权的违法行为，不及时制止将使其合法权益受到难以弥补的损害的，有权依法向人民法院申请采取责令行为人停止有关行为的措施。

第九百九十八条 【认定行为人承担责任时的考量因素】认定行为人承担侵害除生命权、身体权和健康权外的人格权的民事责任，应当考虑行为人和受害人的职业、影响范围、过错程度，以及行为的目的、方式、后果等因素。

第九百九十九条 【人格利益的合理使用】为公共利益实施新闻报道、舆论监督等行为的，可以合理使用民事主体的姓名、名称、肖像、个人信息等；使用不合理侵害民事主体人格权的，应当依法承担民事责任。

第一千条 【消除影响、恢复名誉、赔礼道歉责任方式】行为人因侵害人格权承担消除影响、恢复名誉、赔礼道歉等民事责任的，应当与行为的具体方式和造成的影响范围相当。

行为人拒不承担前款规定的民事责任的，人民法院可以采取在报刊、网络等媒体上发布公告或者公布生效裁判文书等方式执行，产生的费用由行为人负担。

第一千零一条 【自然人身份权利保护的参照】对自然人因婚姻家庭关系等产生的身份权利的保护，适用本法第一编、第五编和其他法律的相关规定；没有规定的，可以根据其性质参照适用本编人格权保护的有关规定。

第二章　生命权、身体权和健康权

第一千零二条　【生命权】自然人享有生命权。自然人的生命安全和生命尊严受法律保护。任何组织或者个人不得侵害他人的生命权。

第一千零三条　【身体权】自然人享有身体权。自然人的身体完整和行动自由受法律保护。任何组织或者个人不得侵害他人的身体权。

第一千零四条　【健康权】自然人享有健康权。自然人的身心健康受法律保护。任何组织或者个人不得侵害他人的健康权。

第一千零五条　【法定救助义务】自然人的生命权、身体权、健康权受到侵害或者处于其他危难情形的，负有法定救助义务的组织或者个人应当及时施救。

第一千零六条　【人体捐献】完全民事行为能力人有权依法自主决定无偿捐献其人体细胞、人体组织、人体器官、遗体。任何组织或者个人不得强迫、欺骗、利诱其捐献。

完全民事行为能力人依据前款规定同意捐献的，应当采用书面形式，也可以订立遗嘱。

自然人生前未表示不同意捐献的，该自然人死亡后，其配偶、成年子女、父母可以共同决定捐献，决定捐献应当采用书面形式。

第一千零七条　【禁止买卖人体细胞、组织、器官和遗体】禁止以任何形式买卖人体细胞、人体组织、人体器官、遗体。

违反前款规定的买卖行为无效。

第一千零八条　【人体临床试验】为研制新药、医疗器械或者发展新的预防和治疗方法，需要进行临床试验的，应当依法经相关主管部门批准并经伦理委员会审查同意，向受试者或者受试者的监护人告知试验目的、用途和可能产生的风险等详细情况，并经其书面同意。

进行临床试验的，不得向受试者收取试验费用。

第一千零九条　【从事人体基因、胚胎等医学和科研活动的法定限制】从事与人体基因、人体胚胎等有关的医学和科研活动，应当遵守法律、行政法规和国家有关规定，不得危害人体健康，不得违背伦理道德，不得损害公共利益。

第一千零一十条　【性骚扰】违背他人意愿，以言语、文字、图像、肢体行为等方式对他人实施性骚扰的，受害人有权依法请求行为人承担民事责任。

机关、企业、学校等单位应当采取合理的预防、受理投诉、调查处置等措施，防止和制止利用职权、从属关系等实施性骚扰。

第一千零一十一条 【非法剥夺、限制他人行动自由和非法搜查他人身体】以非法拘禁等方式剥夺、限制他人的行动自由，或者非法搜查他人身体的，受害人有权依法请求行为人承担民事责任。

第三章 姓名权和名称权

第一千零一十二条 【姓名权】自然人享有姓名权，有权依法决定、使用、变更或者许可他人使用自己的姓名，但是不得违背公序良俗。

第一千零一十三条 【名称权】法人、非法人组织享有名称权，有权依法决定、使用、变更、转让或者许可他人使用自己的名称。

第一千零一十四条 【禁止侵害他人的姓名或名称】任何组织或者个人不得以干涉、盗用、假冒等方式侵害他人的姓名权或者名称权。

第一千零一十五条 【自然人姓氏的选取】自然人应当随父姓或者母姓，但是有下列情形之一的，可以在父姓和母姓之外选取姓氏：

（一）选取其他直系长辈血亲的姓氏；

（二）因由法定扶养人以外的人扶养而选取扶养人姓氏；

（三）有不违背公序良俗的其他正当理由。

少数民族自然人的姓氏可以遵从本民族的文化传统和风俗习惯。

第一千零一十六条 【决定、变更姓名、名称及转让名称的规定】自然人决定、变更姓名，或者法人、非法人组织决定、变更、转让名称的，应当依法向有关机关办理登记手续，但是法律另有规定的除外。

民事主体变更姓名、名称的，变更前实施的民事法律行为对其具有法律约束力。

第一千零一十七条 【姓名与名称的扩展保护】具有一定社会知名度，被他人使用足以造成公众混淆的笔名、艺名、网名、译名、字号、姓名和名称的简称等，参照适用姓名权和名称权保护的有关规定。

第四章 肖像权

第一千零一十八条 【肖像权及肖像】自然人享有肖像权，有权依法制作、使用、公开或者许可他人使用自己的肖像。

肖像是通过影像、雕塑、绘画等方式在一定载体上所反映的特定自然人可以被识别的外部形象。

第一千零一十九条 【肖像权的保护】任何组织或者个人不得以丑化、污损，或者利用信息技术手段伪造等方式侵害他人的肖像权。未经肖像权人同意，不得制作、使用、公开肖像权人的肖像，但是法律另有规定的除外。

未经肖像权人同意，肖像作品权利人不得以发表、复制、发行、出租、展览等方式使用或者公开肖像权人的肖像。

第一千零二十条 【肖像权的合理使用】合理实施下列行为的，可以不经肖像权人同意：

（一）为个人学习、艺术欣赏、课堂教学或者科学研究，在必要范围内使用肖像权人已经公开的肖像；

（二）为实施新闻报道，不可避免地制作、使用、公开肖像权人的肖像；

（三）为依法履行职责，国家机关在必要范围内制作、使用、公开肖像权人的肖像；

（四）为展示特定公共环境，不可避免地制作、使用、公开肖像权人的肖像；

（五）为维护公共利益或者肖像权人合法权益，制作、使用、公开肖像权人的肖像的其他行为。

第一千零二十一条 【肖像许可使用合同的解释】当事人对肖像许可使用合同中关于肖像使用条款的理解有争议的，应当作出有利于肖像权人的解释。

第一千零二十二条 【肖像许可使用合同期限】当事人对肖像许可使用期限没有约定或者约定不明确的，任何一方当事人可以随时解除肖像许可使用合同，但是应当在合理期限之前通知对方。

当事人对肖像许可使用期限有明确约定，肖像权人有正当理由的，可以解除肖像许可使用合同，但是应当在合理期限之前通知对方。因解除合同造成对方损失的，除不可归责于肖像权人的事由外，应当赔偿损失。

第一千零二十三条 【姓名、声音等的许可使用参照肖像许可使用】对姓名等的许可使用,参照适用肖像许可使用的有关规定。

对自然人声音的保护,参照适用肖像权保护的有关规定。

第五章 名誉权和荣誉权

第一千零二十四条 【名誉权及名誉】民事主体享有名誉权。任何组织或者个人不得以侮辱、诽谤等方式侵害他人的名誉权。

名誉是对民事主体的品德、声望、才能、信用等的社会评价。

第一千零二十五条 【新闻报道、舆论监督与保护名誉权关系问题】行为人为公共利益实施新闻报道、舆论监督等行为,影响他人名誉的,不承担民事责任,但是有下列情形之一的除外:

(一)捏造、歪曲事实;

(二)对他人提供的严重失实内容未尽到合理核实义务;

(三)使用侮辱性言辞等贬损他人名誉。

第一千零二十六条 【认定是否尽到合理核实义务的考虑因素】认定行为人是否尽到前条第二项规定的合理核实义务,应当考虑下列因素:

(一)内容来源的可信度;

(二)对明显可能引发争议的内容是否进行了必要的调查;

(三)内容的时限性;

(四)内容与公序良俗的关联性;

(五)受害人名誉受贬损的可能性;

(六)核实能力和核实成本。

第一千零二十七条 【文学、艺术作品侵害名誉权的认定与例外】行为人发表的文学、艺术作品以真人真事或者特定人为描述对象,含有侮辱、诽谤内容,侵害他人名誉权的,受害人有权依法请求该行为人承担民事责任。

行为人发表的文学、艺术作品不以特定人为描述对象,仅其中的情节与该特定人的情况相似的,不承担民事责任。

第一千零二十八条 【名誉权人更正权】民事主体有证据证明报刊、网络等媒体报道的内容失实,侵害其名誉权的,有权请求该媒体及时采取更正或者删除等必要措施。

第一千零二十九条 【信用评价】民事主体可以依法查询自己的信用评价；发现信用评价不当的，有权提出异议并请求采取更正、删除等必要措施。信用评价人应当及时核查，经核查属实的，应当及时采取必要措施。

第一千零三十条 【处理信用信息的法律适用】民事主体与征信机构等信用信息处理者之间的关系，适用本编有关个人信息保护的规定和其他法律、行政法规的有关规定。

第一千零三十一条 【荣誉权】民事主体享有荣誉权。任何组织或者个人不得非法剥夺他人的荣誉称号，不得诋毁、贬损他人的荣誉。

获得的荣誉称号应当记载而没有记载的，民事主体可以请求记载；获得的荣誉称号记载错误的，民事主体可以请求更正。

第六章　隐私权和个人信息保护

第一千零三十二条 【隐私权及隐私】自然人享有隐私权。任何组织或者个人不得以刺探、侵扰、泄露、公开等方式侵害他人的隐私权。

隐私是自然人的私人生活安宁和不愿为他人知晓的私密空间、私密活动、私密信息。

第一千零三十三条 【侵害隐私权的行为】除法律另有规定或者权利人明确同意外，任何组织或者个人不得实施下列行为：

（一）以电话、短信、即时通讯工具、电子邮件、传单等方式侵扰他人的私人生活安宁；

（二）进入、拍摄、窥视他人的住宅、宾馆房间等私密空间；

（三）拍摄、窥视、窃听、公开他人的私密活动；

（四）拍摄、窥视他人身体的私密部位；

（五）处理他人的私密信息；

（六）以其他方式侵害他人的隐私权。

第一千零三十四条 【个人信息保护】自然人的个人信息受法律保护。

个人信息是以电子或者其他方式记录的能够单独或者与其他信息结合识别特定自然人的各种信息，包括自然人的姓名、出生日期、身份证件号码、生物识别信息、住址、电话号码、电子邮箱、健康信息、行踪信息等。

个人信息中的私密信息，适用有关隐私权的规定；没有规定的，适用有关个人信息保护的规定。

第一千零三十五条　【个人信息处理的原则】处理个人信息的，应当遵循合法、正当、必要原则，不得过度处理，并符合下列条件：

（一）征得该自然人或者其监护人同意，但是法律、行政法规另有规定的除外；

（二）公开处理信息的规则；

（三）明示处理信息的目的、方式和范围；

（四）不违反法律、行政法规的规定和双方的约定。

个人信息的处理包括个人信息的收集、存储、使用、加工、传输、提供、公开等。

第一千零三十六条　【处理个人信息的免责事由】处理个人信息，有下列情形之一的，行为人不承担民事责任：

（一）在该自然人或者其监护人同意的范围内合理实施的行为；

（二）合理处理该自然人自行公开的或者其他已经合法公开的信息，但是该自然人明确拒绝或者处理该信息侵害其重大利益的除外；

（三）为维护公共利益或者该自然人合法权益，合理实施的其他行为。

第一千零三十七条　【个人信息主体的权利】自然人可以依法向信息处理者查阅或者复制其个人信息；发现信息有错误的，有权提出异议并请求及时采取更正等必要措施。

自然人发现信息处理者违反法律、行政法规的规定或者双方的约定处理其个人信息的，有权请求信息处理者及时删除。

第一千零三十八条　【个人信息安全】信息处理者不得泄露或者篡改其收集、存储的个人信息；未经自然人同意，不得向他人非法提供其个人信息，但是经过加工无法识别特定个人且不能复原的除外。

信息处理者应当采取技术措施和其他必要措施，确保其收集、存储的个人信息安全，防止信息泄露、篡改、丢失；发生或者可能发生个人信息泄露、篡改、丢失的，应当及时采取补救措施，按照规定告知自然人并向有关主管部门报告。

第一千零三十九条　【国家机关及其工作人员对个人信息的保密义务】国家

机关、承担行政职能的法定机构及其工作人员对于履行职责过程中知悉的自然人的隐私和个人信息，应当予以保密，不得泄露或者向他人非法提供。

……

第七编　侵权责任

第一章　一般规定

第一千一百六十四条　【侵权责任编的调整范围】本编调整因侵害民事权益产生的民事关系。

第一千一百六十五条　【过错责任原则与过错推定责任】行为人因过错侵害他人民事权益造成损害的，应当承担侵权责任。

依照法律规定推定行为人有过错，其不能证明自己没有过错的，应当承担侵权责任。

第一千一百六十六条　【无过错责任】行为人造成他人民事权益损害，不论行为人有无过错，法律规定应当承担侵权责任的，依照其规定。

第一千一百六十七条　【危及他人人身、财产安全的责任承担方式】侵权行为危及他人人身、财产安全的，被侵权人有权请求侵权人承担停止侵害、排除妨碍、消除危险等侵权责任。

第一千一百六十八条　【共同侵权】二人以上共同实施侵权行为，造成他人损害的，应当承担连带责任。

第一千一百六十九条　【教唆侵权、帮助侵权】教唆、帮助他人实施侵权行为的，应当与行为人承担连带责任。

教唆、帮助无民事行为能力人、限制民事行为能力人实施侵权行为的，应当承担侵权责任；该无民事行为能力人、限制民事行为能力人的监护人未尽到监护职责的，应当承担相应的责任。

第一千一百七十条　【共同危险行为】二人以上实施危及他人人身、财产安全的行为，其中一人或者数人的行为造成他人损害，能够确定具体侵权人的，由侵权人承担责任；不能确定具体侵权人的，行为人承担连带责任。

第一千一百七十一条　【分别侵权的连带责任】二人以上分别实施侵权行

为造成同一损害，每个人的侵权行为都足以造成全部损害的，行为人承担连带责任。

第一千一百七十二条　【分别侵权的按份责任】二人以上分别实施侵权行为造成同一损害，能够确定责任大小的，各自承担相应的责任；难以确定责任大小的，平均承担责任。

第一千一百七十三条　【与有过错】被侵权人对同一损害的发生或者扩大有过错的，可以减轻侵权人的责任。

第一千一百七十四条　【受害人故意】损害是因受害人故意造成的，行为人不承担责任。

第一千一百七十五条　【第三人过错】损害是因第三人造成的，第三人应当承担侵权责任。

第一千一百七十六条　【自甘风险】自愿参加具有一定风险的文体活动，因其他参加者的行为受到损害的，受害人不得请求其他参加者承担侵权责任；但是，其他参加者对损害的发生有故意或者重大过失的除外。

活动组织者的责任适用本法第一千一百九十八条至第一千二百零一条的规定。

第一千一百七十七条　【自力救济】合法权益受到侵害，情况紧迫且不能及时获得国家机关保护，不立即采取措施将使其合法权益受到难以弥补的损害的，受害人可以在保护自己合法权益的必要范围内采取扣留侵权人的财物等合理措施；但是，应当立即请求有关国家机关处理。

受害人采取的措施不当造成他人损害的，应当承担侵权责任。

第一千一百七十八条　【特别规定优先适用】本法和其他法律对不承担责任或者减轻责任的情形另有规定的，依照其规定。

第二章　损害赔偿

第一千一百七十九条　【人身损害赔偿范围】侵害他人造成人身损害的，应当赔偿医疗费、护理费、交通费、营养费、住院伙食补助费等为治疗和康复支出的合理费用，以及因误工减少的收入。造成残疾的，还应当赔偿辅助器具费和残疾赔偿金；造成死亡的，还应当赔偿丧葬费和死亡赔偿金。

第一千一百八十条 【以相同数额确定死亡赔偿金】因同一侵权行为造成多人死亡的，可以以相同数额确定死亡赔偿金。

第一千一百八十一条 【被侵权人死亡时请求权主体的确定】被侵权人死亡的，其近亲属有权请求侵权人承担侵权责任。被侵权人为组织，该组织分立、合并的，承继权利的组织有权请求侵权人承担侵权责任。

被侵权人死亡的，支付被侵权人医疗费、丧葬费等合理费用的人有权请求侵权人赔偿费用，但是侵权人已经支付该费用的除外。

第一千一百八十二条 【侵害他人人身权益造成财产损失的赔偿计算方式】侵害他人人身权益造成财产损失的，按照被侵权人因此受到的损失或者侵权人因此获得的利益赔偿；被侵权人因此受到的损失以及侵权人因此获得的利益难以确定，被侵权人和侵权人就赔偿数额协商不一致，向人民法院提起诉讼的，由人民法院根据实际情况确定赔偿数额。

第一千一百八十三条 【精神损害赔偿】侵害自然人人身权益造成严重精神损害的，被侵权人有权请求精神损害赔偿。

因故意或者重大过失侵害自然人具有人身意义的特定物造成严重精神损害的，被侵权人有权请求精神损害赔偿。

第一千一百八十四条 【财产损失的计算】侵害他人财产的，财产损失按照损失发生时的市场价格或者其他合理方式计算。

第一千一百八十五条 【故意侵害知识产权的惩罚性赔偿责任】故意侵害他人知识产权，情节严重的，被侵权人有权请求相应的惩罚性赔偿。

第一千一百八十六条 【公平分担损失】受害人和行为人对损害的发生都没有过错的，依照法律的规定由双方分担损失。

第一千一百八十七条 【赔偿费用的支付方式】损害发生后，当事人可以协商赔偿费用的支付方式。协商不一致的，赔偿费用应当一次性支付；一次性支付确有困难的，可以分期支付，但是被侵权人有权请求提供相应的担保。

第三章 责任主体的特殊规定

……

第一千一百九十一条 【用人单位责任和劳务派遣单位、劳务用工单位责任】用人单位的工作人员因执行工作任务造成他人损害的，由用人单位承担侵权责任。用人单位承担侵权责任后，可以向有故意或者重大过失的工作人员追偿。

劳务派遣期间，被派遣的工作人员因执行工作任务造成他人损害的，由接受劳务派遣的用工单位承担侵权责任；劳务派遣单位有过错的，承担相应的责任。

第一千一百九十二条　【个人劳务关系中的侵权责任】个人之间形成劳务关系，提供劳务一方因劳务造成他人损害的，由接受劳务一方承担侵权责任。接受劳务一方承担侵权责任后，可以向有故意或者重大过失的提供劳务一方追偿。提供劳务一方因劳务受到损害的，根据双方各自的过错承担相应的责任。

提供劳务期间，因第三人的行为造成提供劳务一方损害的，提供劳务一方有权请求第三人承担侵权责任，也有权请求接受劳务一方给予补偿。接受劳务一方补偿后，可以向第三人追偿。

第一千一百九十三条　【承揽关系中的侵权责任】承揽人在完成工作过程中造成第三人损害或者自己损害的，定作人不承担侵权责任。但是，定作人对定作、指示或者选任有过错的，应当承担相应的责任。

第一千一百九十四条　【网络侵权责任】网络用户、网络服务提供者利用网络侵害他人民事权益的，应当承担侵权责任。法律另有规定的，依照其规定。

第一千一百九十五条　【"通知与取下"制度】网络用户利用网络服务实施侵权行为的，权利人有权通知网络服务提供者采取删除、屏蔽、断开链接等必要措施。通知应当包括构成侵权的初步证据及权利人的真实身份信息。

网络服务提供者接到通知后，应当及时将该通知转送相关网络用户，并根据构成侵权的初步证据和服务类型采取必要措施；未及时采取必要措施的，对损害的扩大部分与该网络用户承担连带责任。

权利人因错误通知造成网络用户或者网络服务提供者损害的，应当承担侵权责任。法律另有规定的，依照其规定。

第一千一百九十六条　【"反通知"制度】网络用户接到转送的通知后，可以向网络服务提供者提交不存在侵权行为的声明。声明应当包括不存在侵权行为的初步证据及网络用户的真实身份信息。

网络服务提供者接到声明后，应当将该声明转送发出通知的权利人，并告知其可以向有关部门投诉或者向人民法院提起诉讼。网络服务提供者在转送声明到达权利人后的合理期限内，未收到权利人已经投诉或者提起诉讼通知的，应当及时终止所采取的措施。

第一千一百九十七条　【网络服务提供者与网络用户的连带责任】网络服务提供者知道或者应当知道网络用户利用其网络服务侵害他人民事权益，未采取必要措施的，与该网络用户承担连带责任。

第一千一百九十八条　【违反安全保障义务的侵权责任】宾馆、商场、银行、车站、机场、体育场馆、娱乐场所等经营场所、公共场所的经营者、管理者或者群众性活动的组织者，未尽到安全保障义务，造成他人损害的，应当承担侵权责任。

因第三人的行为造成他人损害的，由第三人承担侵权责任；经营者、管理者或者组织者未尽到安全保障义务的，承担相应的补充责任。经营者、管理者或者组织者承担补充责任后，可以向第三人追偿。

……

第七章　环境污染和生态破坏责任

第一千二百二十九条　【环境污染和生态破坏侵权责任】因污染环境、破坏生态造成他人损害的，侵权人应当承担侵权责任。

第一千二百三十条　【环境污染、生态破坏侵权举证责任】因污染环境、破坏生态发生纠纷，行为人应当就法律规定的不承担责任或者减轻责任的情形及其行为与损害之间不存在因果关系承担举证责任。

……

第一千二百三十四条　【生态环境损害修复责任】违反国家规定造成生态环境损害，生态环境能够修复的，国家规定的机关或者法律规定的组织有权请求侵权人在合理期限内承担修复责任。侵权人在期限内未修复的，国家规定的机关或者法律规定的组织可以自行或者委托他人进行修复，所需费用由侵权人负担。

第一千二百三十五条　【生态环境损害赔偿的范围】违反国家规定造成生态环境损害的，国家规定的机关或者法律规定的组织有权请求侵权人赔偿下列损失和费用：

（一）生态环境受到损害至修复完成期间服务功能丧失导致的损失；

（二）生态环境功能永久性损害造成的损失；

（三）生态环境损害调查、鉴定评估等费用；

（四）清除污染、修复生态环境费用；

（五）防止损害的发生和扩大所支出的合理费用。

……

中华人民共和国著作权法

（1990年9月7日第七届全国人民代表大会常务委员会第十五次会议通过　根据2001年10月27日第九届全国人民代表大会常务委员会第二十四次会议《关于修改〈中华人民共和国著作权法〉的决定》第一次修正　根据2010年2月26日第十一届全国人民代表大会常务委员会第十三次会议《关于修改〈中华人民共和国著作权法〉的决定》第二次修正　根据2020年11月11日第十三届全国人民代表大会常务委员会第二十三次会议《关于修改〈中华人民共和国著作权法〉的决定》第三次修正）

第一章　总　　则

第一条　为保护文学、艺术和科学作品作者的著作权，以及与著作权有关的权益，鼓励有益于社会主义精神文明、物质文明建设的作品的创作和传播，促进社会主义文化和科学事业的发展与繁荣，根据宪法制定本法。

第二条　中国公民、法人或者非法人组织的作品，不论是否发表，依照本法享有著作权。

外国人、无国籍人的作品根据其作者所属国或者经常居住地国同中国签订的协议或者共同参加的国际条约享有的著作权，受本法保护。

外国人、无国籍人的作品首先在中国境内出版的，依照本法享有著作权。

未与中国签订协议或者共同参加国际条约的国家的作者以及无国籍人的作品首次在中国参加的国际条约的成员国出版的，或者在成员国和非成员国同时出版的，受本法保护。

第三条 本法所称的作品，是指文学、艺术和科学领域内具有独创性并能以一定形式表现的智力成果，包括：

（一）文字作品；

（二）口述作品；

（三）音乐、戏剧、曲艺、舞蹈、杂技艺术作品；

（四）美术、建筑作品；

（五）摄影作品；

（六）视听作品；

（七）工程设计图、产品设计图、地图、示意图等图形作品和模型作品；

（八）计算机软件；

（九）符合作品特征的其他智力成果。

第四条 著作权人和与著作权有关的权利人行使权利，不得违反宪法和法律，不得损害公共利益。国家对作品的出版、传播依法进行监督管理。

第五条 本法不适用于：

（一）法律、法规，国家机关的决议、决定、命令和其他具有立法、行政、司法性质的文件，及其官方正式译文；

（二）单纯事实消息；

（三）历法、通用数表、通用表格和公式。

第六条 民间文学艺术作品的著作权保护办法由国务院另行规定。

第七条 国家著作权主管部门负责全国的著作权管理工作；县级以上地方主管著作权的部门负责本行政区域的著作权管理工作。

第八条 著作权人和与著作权有关的权利人可以授权著作权集体管理组织行使著作权或者与著作权有关的权利。依法设立的著作权集体管理组织是非营利法人，被授权后可以以自己的名义为著作权人和与著作权有关的权利人主张权利，并可以作为当事人进行涉及著作权或者与著作权有关的权利的诉讼、仲裁、调解活动。

著作权集体管理组织根据授权向使用者收取使用费。使用费的收取标准由著作权集体管理组织和使用者代表协商确定，协商不成的，可以向国家著作权主管部门申请裁决，对裁决不服的，可以向人民法院提起诉讼；当事人也可以直接向人民法院提起诉讼。

著作权集体管理组织应当将使用费的收取和转付、管理费的提取和使用、使用费的未分配部分等总体情况定期向社会公布,并应当建立权利信息查询系统,供权利人和使用者查询。国家著作权主管部门应当依法对著作权集体管理组织进行监督、管理。

著作权集体管理组织的设立方式、权利义务、使用费的收取和分配,以及对其监督和管理等由国务院另行规定。

第二章 著 作 权

第一节 著作权人及其权利

第九条 著作权人包括:

(一)作者;

(二)其他依照本法享有著作权的自然人、法人或者非法人组织。

第十条 著作权包括下列人身权和财产权:

(一)发表权,即决定作品是否公之于众的权利;

(二)署名权,即表明作者身份,在作品上署名的权利;

(三)修改权,即修改或者授权他人修改作品的权利;

(四)保护作品完整权,即保护作品不受歪曲、篡改的权利;

(五)复制权,即以印刷、复印、拓印、录音、录像、翻录、翻拍、数字化等方式将作品制作一份或者多份的权利;

(六)发行权,即以出售或者赠与方式向公众提供作品的原件或者复制件的权利;

(七)出租权,即有偿许可他人临时使用视听作品、计算机软件的原件或者复制件的权利,计算机软件不是出租的主要标的的除外;

(八)展览权,即公开陈列美术作品、摄影作品的原件或者复制件的权利;

(九)表演权,即公开表演作品,以及用各种手段公开播送作品的表演的权利;

(十)放映权,即通过放映机、幻灯机等技术设备公开再现美术、摄影、视听作品等的权利;

（十一）广播权，即以有线或者无线方式公开传播或者转播作品，以及通过扩音器或者其他传送符号、声音、图像的类似工具向公众传播广播的作品的权利，但不包括本款第十二项规定的权利；

（十二）信息网络传播权，即以有线或者无线方式向公众提供，使公众可以在其选定的时间和地点获得作品的权利；

（十三）摄制权，即以摄制视听作品的方法将作品固定在载体上的权利；

（十四）改编权，即改变作品，创作出具有独创性的新作品的权利；

（十五）翻译权，即将作品从一种语言文字转换成另一种语言文字的权利；

（十六）汇编权，即将作品或者作品的片段通过选择或者编排，汇集成新作品的权利；

（十七）应当由著作权人享有的其他权利。

著作权人可以许可他人行使前款第五项至第十七项规定的权利，并依照约定或者本法有关规定获得报酬。

著作权人可以全部或者部分转让本条第一款第五项至第十七项规定的权利，并依照约定或者本法有关规定获得报酬。

第二节 著作权归属

第十一条 著作权属于作者，本法另有规定的除外。

创作作品的自然人是作者。

由法人或者非法人组织主持，代表法人或者非法人组织意志创作，并由法人或者非法人组织承担责任的作品，法人或者非法人组织视为作者。

第十二条 在作品上署名的自然人、法人或者非法人组织为作者，且该作品上存在相应权利，但有相反证明的除外。

作者等著作权人可以向国家著作权主管部门认定的登记机构办理作品登记。

与著作权有关的权利参照适用前两款规定。

第十三条 改编、翻译、注释、整理已有作品而产生的作品，其著作权由改编、翻译、注释、整理人享有，但行使著作权时不得侵犯原作品的著作权。

第十四条 两人以上合作创作的作品，著作权由合作作者共同享有。没有参加创作的人，不能成为合作作者。

合作作品的著作权由合作作者通过协商一致行使；不能协商一致，又无正当理由的，任何一方不得阻止他方行使除转让、许可他人专有使用、出质以外的其他权利，但是所得收益应当合理分配给所有合作作者。

合作作品可以分割使用的，作者对各自创作的部分可以单独享有著作权，但行使著作权时不得侵犯合作作品整体的著作权。

第十五条　汇编若干作品、作品的片段或者不构成作品的数据或者其他材料，对其内容的选择或者编排体现独创性的作品，为汇编作品，其著作权由汇编人享有，但行使著作权时，不得侵犯原作品的著作权。

第十六条　使用改编、翻译、注释、整理、汇编已有作品而产生的作品进行出版、演出和制作录音录像制品，应当取得该作品的著作权人和原作品的著作权人许可，并支付报酬。

第十七条　视听作品中的电影作品、电视剧作品的著作权由制作者享有，但编剧、导演、摄影、作词、作曲等作者享有署名权，并有权按照与制作者签订的合同获得报酬。

前款规定以外的视听作品的著作权归属由当事人约定；没有约定或者约定不明确的，由制作者享有，但作者享有署名权和获得报酬的权利。

视听作品中的剧本、音乐等可以单独使用的作品的作者有权单独行使其著作权。

第十八条　自然人为完成法人或者非法人组织工作任务所创作的作品是职务作品，除本条第二款的规定以外，著作权由作者享有，但法人或者非法人组织有权在其业务范围内优先使用。作品完成两年内，未经单位同意，作者不得许可第三人以与单位使用的相同方式使用该作品。

有下列情形之一的职务作品，作者享有署名权，著作权的其他权利由法人或者非法人组织享有，法人或者非法人组织可以给予作者奖励：

（一）主要是利用法人或者非法人组织的物质技术条件创作，并由法人或者非法人组织承担责任的工程设计图、产品设计图、地图、示意图、计算机软件等职务作品；

（二）报社、期刊社、通讯社、广播电台、电视台的工作人员创作的职务作品；

（三）法律、行政法规规定或者合同约定著作权由法人或者非法人组织享有的职务作品。

第十九条 受委托创作的作品，著作权的归属由委托人和受托人通过合同约定。合同未作明确约定或者没有订立合同的，著作权属于受托人。

第二十条 作品原件所有权的转移，不改变作品著作权的归属，但美术、摄影作品原件的展览权由原件所有人享有。

作者将未发表的美术、摄影作品的原件所有权转让给他人，受让人展览该原件不构成对作者发表权的侵犯。

第二十一条 著作权属于自然人的，自然人死亡后，其本法第十条第一款第五项至第十七项规定的权利在本法规定的保护期内，依法转移。

著作权属于法人或者非法人组织的，法人或者非法人组织变更、终止后，其本法第十条第一款第五项至第十七项规定的权利在本法规定的保护期内，由承受其权利义务的法人或者非法人组织享有；没有承受其权利义务的法人或者非法人组织的，由国家享有。

第三节 权利的保护期

第二十二条 作者的署名权、修改权、保护作品完整权的保护期不受限制。

第二十三条 自然人的作品，其发表权、本法第十条第一款第五项至第十七项规定的权利的保护期为作者终生及其死亡后五十年，截止于作者死亡后第五十年的12月31日；如果是合作作品，截止于最后死亡的作者死亡后第五十年的12月31日。

法人或者非法人组织的作品、著作权（署名权除外）由法人或者非法人组织享有的职务作品，其发表权的保护期为五十年，截止于作品创作完成后第五十年的12月31日；本法第十条第一款第五项至第十七项规定的权利的保护期为五十年，截止于作品首次发表后第五十年的12月31日，但作品自创作完成后五十年内未发表的，本法不再保护。

视听作品，其发表权的保护期为五十年，截止于作品创作完成后第五十年的12月31日；本法第十条第一款第五项至第十七项规定的权利的保护期为五十年，截止于作品首次发表后第五十年的12月31日，但作品自创作完成后五十年内未发表的，本法不再保护。

第四节 权利的限制

第二十四条 在下列情况下使用作品，可以不经著作权人许可，不向其支付报酬，但应当指明作者姓名或者名称、作品名称，并且不得影响该作品的正常使用，也不得不合理地损害著作权人的合法权益：

（一）为个人学习、研究或者欣赏，使用他人已经发表的作品；

（二）为介绍、评论某一作品或者说明某一问题，在作品中适当引用他人已经发表的作品；

（三）为报道新闻，在报纸、期刊、广播电台、电视台等媒体中不可避免地再现或者引用已经发表的作品；

（四）报纸、期刊、广播电台、电视台等媒体刊登或者播放其他报纸、期刊、广播电台、电视台等媒体已经发表的关于政治、经济、宗教问题的时事性文章，但著作权人声明不许刊登、播放的除外；

（五）报纸、期刊、广播电台、电视台等媒体刊登或者播放在公众集会上发表的讲话，但作者声明不许刊登、播放的除外；

（六）为学校课堂教学或者科学研究，翻译、改编、汇编、播放或者少量复制已经发表的作品，供教学或者科研人员使用，但不得出版发行；

（七）国家机关为执行公务在合理范围内使用已经发表的作品；

（八）图书馆、档案馆、纪念馆、博物馆、美术馆、文化馆等为陈列或者保存版本的需要，复制本馆收藏的作品；

（九）免费表演已经发表的作品，该表演未向公众收取费用，也未向表演者支付报酬，且不以营利为目的；

（十）对设置或者陈列在公共场所的艺术作品进行临摹、绘画、摄影、录像；

（十一）将中国公民、法人或者非法人组织已经发表的以国家通用语言文字创作的作品翻译成少数民族语言文字作品在国内出版发行；

（十二）以阅读障碍者能够感知的无障碍方式向其提供已经发表的作品；

（十三）法律、行政法规规定的其他情形。

前款规定适用于对与著作权有关的权利的限制。

第二十五条 为实施义务教育和国家教育规划而编写出版教科书，可以不经著作权人许可，在教科书中汇编已经发表的作品片段或者短小的文字作品、音乐作品或者单幅的美术作品、摄影作品、图形作品，但应当按照规定向著作权人支付报酬，指明作者姓名或者名称、作品名称，并且不得侵犯著作权人依照本法享有的其他权利。

前款规定适用于对与著作权有关的权利的限制。

第三章　著作权许可使用和转让合同

第二十六条　使用他人作品应当同著作权人订立许可使用合同，本法规定可以不经许可的除外。

许可使用合同包括下列主要内容：

（一）许可使用的权利种类；

（二）许可使用的权利是专有使用权或者非专有使用权；

（三）许可使用的地域范围、期间；

（四）付酬标准和办法；

（五）违约责任；

（六）双方认为需要约定的其他内容。

第二十七条　转让本法第十条第一款第五项至第十七项规定的权利，应当订立书面合同。

权利转让合同包括下列主要内容：

（一）作品的名称；

（二）转让的权利种类、地域范围；

（三）转让价金；

（四）交付转让价金的日期和方式；

（五）违约责任；

（六）双方认为需要约定的其他内容。

第二十八条　以著作权中的财产权出质的，由出质人和质权人依法办理出质登记。

第二十九条　许可使用合同和转让合同中著作权人未明确许可、转让的权利，未经著作权人同意，另一方当事人不得行使。

第三十条　使用作品的付酬标准可以由当事人约定，也可以按照国家著作权主管部门会同有关部门制定的付酬标准支付报酬。当事人约定不明确的，按照国家著作权主管部门会同有关部门制定的付酬标准支付报酬。

第三十一条　出版者、表演者、录音录像制作者、广播电台、电视台等依照本法有关规定使用他人作品的，不得侵犯作者的署名权、修改权、保护作品完整权和获得报酬的权利。

第四章　与著作权有关的权利

第一节　图书、报刊的出版

第三十二条　图书出版者出版图书应当和著作权人订立出版合同，并支付报酬。

第三十三条　图书出版者对著作权人交付出版的作品，按照合同约定享有的专有出版权受法律保护，他人不得出版该作品。

第三十四条　著作权人应当按照合同约定期限交付作品。图书出版者应当按照合同约定的出版质量、期限出版图书。

图书出版者不按照合同约定期限出版，应当依照本法第六十一条的规定承担民事责任。

图书出版者重印、再版作品的，应当通知著作权人，并支付报酬。图书脱销后，图书出版者拒绝重印、再版的，著作权人有权终止合同。

第三十五条　著作权人向报社、期刊社投稿的，自稿件发出之日起十五日内未收到报社通知决定刊登的，或者自稿件发出之日起三十日内未收到期刊社通知决定刊登的，可以将同一作品向其他报社、期刊社投稿。双方另有约定的除外。

作品刊登后，除著作权人声明不得转载、摘编的外，其他报刊可以转载或者作为文摘、资料刊登，但应当按照规定向著作权人支付报酬。

第三十六条　图书出版者经作者许可，可以对作品修改、删节。

报社、期刊社可以对作品作文字性修改、删节。对内容的修改，应当经作者许可。

第三十七条　出版者有权许可或者禁止他人使用其出版的图书、期刊的版式设计。

前款规定的权利的保护期为十年，截止于使用该版式设计的图书、期刊首次出版后第十年的 12 月 31 日。

第二节 表　演

第三十八条　使用他人作品演出，表演者应当取得著作权人许可，并支付报酬。演出组织者组织演出，由该组织者取得著作权人许可，并支付报酬。

第三十九条　表演者对其表演享有下列权利：

（一）表明表演者身份；

（二）保护表演形象不受歪曲；

（三）许可他人从现场直播和公开传送其现场表演，并获得报酬；

（四）许可他人录音录像，并获得报酬；

（五）许可他人复制、发行、出租录有其表演的录音录像制品，并获得报酬；

（六）许可他人通过信息网络向公众传播其表演，并获得报酬。

被许可人以前款第三项至第六项规定的方式使用作品，还应当取得著作权人许可，并支付报酬。

第四十条　演员为完成本演出单位的演出任务进行的表演为职务表演，演员享有表明身份和保护表演形象不受歪曲的权利，其他权利归属由当事人约定。当事人没有约定或者约定不明确的，职务表演的权利由演出单位享有。

职务表演的权利由演员享有的，演出单位可以在其业务范围内免费使用该表演。

第四十一条　本法第三十九条第一款第一项、第二项规定的权利的保护期不受限制。

本法第三十九条第一款第三项至第六项规定的权利的保护期为五十年，截止于该表演发生后第五十年的 12 月 31 日。

第三节　录音录像

第四十二条　录音录像制作者使用他人作品制作录音录像制品，应当取得著作权人许可，并支付报酬。

录音制作者使用他人已经合法录制为录音制品的音乐作品制作录音制品，可以不经著作权人许可，但应当按照规定支付报酬；著作权人声明不许使用的不得使用。

第四十三条 录音录像制作者制作录音录像制品，应当同表演者订立合同，并支付报酬。

第四十四条 录音录像制作者对其制作的录音录像制品，享有许可他人复制、发行、出租、通过信息网络向公众传播并获得报酬的权利；权利的保护期为五十年，截止于该制品首次制作完成后第五十年的12月31日。

被许可人复制、发行、通过信息网络向公众传播录音录像制品，应当同时取得著作权人、表演者许可，并支付报酬；被许可人出租录音录像制品，还应当取得表演者许可，并支付报酬。

第四十五条 将录音制品用于有线或者无线公开传播，或者通过传送声音的技术设备向公众公开播送的，应当向录音制作者支付报酬。

第四节　广播电台、电视台播放

第四十六条 广播电台、电视台播放他人未发表的作品，应当取得著作权人许可，并支付报酬。

广播电台、电视台播放他人已发表的作品，可以不经著作权人许可，但应当按照规定支付报酬。

第四十七条 广播电台、电视台有权禁止未经其许可的下列行为：

（一）将其播放的广播、电视以有线或者无线方式转播；

（二）将其播放的广播、电视录制以及复制；

（三）将其播放的广播、电视通过信息网络向公众传播。

广播电台、电视台行使前款规定的权利，不得影响、限制或者侵害他人行使著作权或者与著作权有关的权利。

本条第一款规定的权利的保护期为五十年，截止于该广播、电视首次播放后第五十年的12月31日。

第四十八条 电视台播放他人的视听作品、录像制品，应当取得视听作品著作权人或者录像制作者许可，并支付报酬；播放他人的录像制品，还应当取得著作权人许可，并支付报酬。

第五章　著作权和与著作权有关的权利的保护

第四十九条　为保护著作权和与著作权有关的权利，权利人可以采取技术措施。

未经权利人许可，任何组织或者个人不得故意避开或者破坏技术措施，不得以避开或者破坏技术措施为目的制造、进口或者向公众提供有关装置或者部件，不得故意为他人避开或者破坏技术措施提供技术服务。但是，法律、行政法规规定可以避开的情形除外。

本法所称的技术措施，是指用于防止、限制未经权利人许可浏览、欣赏作品、表演、录音录像制品或者通过信息网络向公众提供作品、表演、录音录像制品的有效技术、装置或者部件。

第五十条　下列情形可以避开技术措施，但不得向他人提供避开技术措施的技术、装置或者部件，不得侵犯权利人依法享有的其他权利：

（一）为学校课堂教学或者科学研究，提供少量已经发表的作品，供教学或者科研人员使用，而该作品无法通过正常途径获取；

（二）不以营利为目的，以阅读障碍者能够感知的无障碍方式向其提供已经发表的作品，而该作品无法通过正常途径获取；

（三）国家机关依照行政、监察、司法程序执行公务；

（四）对计算机及其系统或者网络的安全性能进行测试；

（五）进行加密研究或者计算机软件反向工程研究。

前款规定适用于对与著作权有关的权利的限制。

第五十一条　未经权利人许可，不得进行下列行为：

（一）故意删除或者改变作品、版式设计、表演、录音录像制品或者广播、电视上的权利管理信息，但由于技术上的原因无法避免的除外；

（二）知道或者应当知道作品、版式设计、表演、录音录像制品或者广播、电视上的权利管理信息未经许可被删除或者改变，仍然向公众提供。

第五十二条　有下列侵权行为的，应当根据情况，承担停止侵害、消除影响、赔礼道歉、赔偿损失等民事责任：

（一）未经著作权人许可，发表其作品的；

（二）未经合作作者许可，将与他人合作创作的作品当作自己单独创作的作品发表的；

（三）没有参加创作，为谋取个人名利，在他人作品上署名的；

（四）歪曲、篡改他人作品的；

（五）剽窃他人作品的；

（六）未经著作权人许可，以展览、摄制视听作品的方法使用作品，或者以改编、翻译、注释等方式使用作品的，本法另有规定的除外；

（七）使用他人作品，应当支付报酬而未支付的；

（八）未经视听作品、计算机软件、录音录像制品的著作权人、表演者或者录音录像制作者许可，出租其作品或者录音录像制品的原件或者复制件的，本法另有规定的除外；

（九）未经出版者许可，使用其出版的图书、期刊的版式设计的；

（十）未经表演者许可，从现场直播或者公开传送其现场表演，或者录制其表演的；

（十一）其他侵犯著作权以及与著作权有关的权利的行为。

第五十三条　有下列侵权行为的，应当根据情况，承担本法第五十二条规定的民事责任；侵权行为同时损害公共利益的，由主管著作权的部门责令停止侵权行为，予以警告，没收违法所得，没收、无害化销毁处理侵权复制品以及主要用于制作侵权复制品的材料、工具、设备等，违法经营额五万元以上的，可以并处违法经营额一倍以上五倍以下的罚款；没有违法经营额、违法经营额难以计算或者不足五万元的，可以并处二十五万元以下的罚款；构成犯罪的，依法追究刑事责任：

（一）未经著作权人许可，复制、发行、表演、放映、广播、汇编、通过信息网络向公众传播其作品的，本法另有规定的除外；

（二）出版他人享有专有出版权的图书的；

（三）未经表演者许可，复制、发行录有其表演的录音录像制品，或者通过信息网络向公众传播其表演的，本法另有规定的除外；

（四）未经录音录像制作者许可，复制、发行、通过信息网络向公众传播其制作的录音录像制品的，本法另有规定的除外；

（五）未经许可，播放、复制或者通过信息网络向公众传播广播、电视的，本法另有规定的除外；

（六）未经著作权人或者与著作权有关的权利人许可，故意避开或者破坏技术措施的，故意制造、进口或者向他人提供主要用于避开、破坏技术措施的装置或者部件的，或者故意为他人避开或者破坏技术措施提供技术服务的，法律、行政法规另有规定的除外；

（七）未经著作权人或者与著作权有关的权利人许可，故意删除或者改变作品、版式设计、表演、录音录像制品或者广播、电视上的权利管理信息的，知道或者应当知道作品、版式设计、表演、录音录像制品或者广播、电视上的权利管理信息未经许可被删除或者改变，仍然向公众提供的，法律、行政法规另有规定的除外；

（八）制作、出售假冒他人署名的作品的。

第五十四条　侵犯著作权或者与著作权有关的权利的，侵权人应当按照权利人因此受到的实际损失或者侵权人的违法所得给予赔偿；权利人的实际损失或者侵权人的违法所得难以计算的，可以参照该权利使用费给予赔偿。对故意侵犯著作权或者与著作权有关的权利，情节严重的，可以在按照上述方法确定数额的一倍以上五倍以下给予赔偿。

权利人的实际损失、侵权人的违法所得、权利使用费难以计算的，由人民法院根据侵权行为的情节，判决给予五百元以上五百万元以下的赔偿。

赔偿数额还应当包括权利人为制止侵权行为所支付的合理开支。

人民法院为确定赔偿数额，在权利人已经尽了必要举证责任，而与侵权行为相关的账簿、资料等主要由侵权人掌握的，可以责令侵权人提供与侵权行为相关的账簿、资料等；侵权人不提供，或者提供虚假的账簿、资料等的，人民法院可以参考权利人的主张和提供的证据确定赔偿数额。

人民法院审理著作权纠纷案件，应权利人请求，对侵权复制品，除特殊情况外，责令销毁；对主要用于制造侵权复制品的材料、工具、设备等，责令销毁，且不予补偿；或者在特殊情况下，责令禁止前述材料、工具、设备等进入商业渠道，且不予补偿。

第五十五条　主管著作权的部门对涉嫌侵犯著作权和与著作权有关的权利的行为进行查处时，可以询问有关当事人，调查与涉嫌违法行为有关的情况；对当事人涉嫌违法行为的场所和物品实施现场检查；查阅、复制与涉嫌违法行为有关的合同、发票、账簿以及其他有关资料；对于涉嫌违法行为的场所和物品，可以查封或者扣押。

主管著作权的部门依法行使前款规定的职权时，当事人应当予以协助、配合，不得拒绝、阻挠。

第五十六条 著作权人或者与著作权有关的权利人有证据证明他人正在实施或者即将实施侵犯其权利、妨碍其实现权利的行为，如不及时制止将会使其合法权益受到难以弥补的损害的，可以在起诉前依法向人民法院申请采取财产保全、责令作出一定行为或者禁止作出一定行为等措施。

第五十七条 为制止侵权行为，在证据可能灭失或者以后难以取得的情况下，著作权人或者与著作权有关的权利人可以在起诉前依法向人民法院申请保全证据。

第五十八条 人民法院审理案件，对于侵犯著作权或者与著作权有关的权利的，可以没收违法所得、侵权复制品以及进行违法活动的财物。

第五十九条 复制品的出版者、制作者不能证明其出版、制作有合法授权的，复制品的发行者或者视听作品、计算机软件、录音录像制品的复制品的出租者不能证明其发行、出租的复制品有合法来源的，应当承担法律责任。

在诉讼程序中，被诉侵权人主张其不承担侵权责任的，应当提供证据证明已经取得权利人的许可，或者具有本法规定的不经权利人许可而可以使用的情形。

第六十条 著作权纠纷可以调解，也可以根据当事人达成的书面仲裁协议或者著作权合同中的仲裁条款，向仲裁机构申请仲裁。

当事人没有书面仲裁协议，也没有在著作权合同中订立仲裁条款的，可以直接向人民法院起诉。

第六十一条 当事人因不履行合同义务或者履行合同义务不符合约定而承担民事责任，以及当事人行使诉讼权利、申请保全等，适用有关法律的规定。

第六章 附 则

第六十二条 本法所称的著作权即版权。

第六十三条 本法第二条所称的出版，指作品的复制、发行。

第六十四条 计算机软件、信息网络传播权的保护办法由国务院另行规定。

第六十五条 摄影作品，其发表权、本法第十条第一款第五项至第十七项规定的权利的保护期在 2021 年 6 月 1 日前已经届满，但依据本法第二十三条第一款的规定仍在保护期内的，不再保护。

第六十六条 本法规定的著作权人和出版者、表演者、录音录像制作者、广播电台、电视台的权利，在本法施行之日尚未超过本法规定的保护期的，依照本法予以保护。

本法施行前发生的侵权或者违约行为，依照侵权或者违约行为发生时的有关规定处理。

第六十七条 本法自 1991 年 6 月 1 日起施行。

中华人民共和国商标法

（1982 年 8 月 23 日第五届全国人民代表大会常务委员会第二十四次会议通过 根据 1993 年 2 月 22 日第七届全国人民代表大会常务委员会第三十次会议《关于修改〈中华人民共和国商标法〉的决定》第一次修正 根据 2001 年 10 月 27 日第九届全国人民代表大会常务委员会第二十四次会议《关于修改〈中华人民共和国商标法〉的决定》第二次修正 根据 2013 年 8 月 30 日第十二届全国人民代表大会常务委员会第四次会议《关于修改〈中华人民共和国商标法〉的决定》第三次修正 根据 2019 年 4 月 23 日第十三届全国人民代表大会常务委员会第十次会议《关于修改〈中华人民共和国建筑法〉等八部法律的决定》第四次修正）

第一章 总　　则

第一条 为了加强商标管理，保护商标专用权，促使生产、经营者保证商品和服务质量，维护商标信誉，以保障消费者和生产、经营者的利益，促进社会主义市场经济的发展，特制定本法。

第二条 国务院工商行政管理部门商标局主管全国商标注册和管理的工作。

国务院工商行政管理部门设立商标评审委员会，负责处理商标争议事宜。

第三条 经商标局核准注册的商标为注册商标，包括商品商标、服务商标和集体商标、证明商标；商标注册人享有商标专用权，受法律保护。

本法所称集体商标，是指以团体、协会或者其他组织名义注册，供该组织成员在商事活动中使用，以表明使用者在该组织中的成员资格的标志。

本法所称证明商标，是指由对某种商品或者服务具有监督能力的组织所控制，而由该组织以外的单位或者个人使用于其商品或者服务，用以证明该商品或者服务的原产地、原料、制造方法、质量或者其他特定品质的标志。

集体商标、证明商标注册和管理的特殊事项，由国务院工商行政管理部门规定。

第四条 自然人、法人或者其他组织在生产经营活动中，对其商品或者服务需要取得商标专用权的，应当向商标局申请商标注册。不以使用为目的的恶意商标注册申请，应当予以驳回。

本法有关商品商标的规定，适用于服务商标。

第五条 两个以上的自然人、法人或者其他组织可以共同向商标局申请注册同一商标，共同享有和行使该商标专用权。

第六条 法律、行政法规规定必须使用注册商标的商品，必须申请商标注册，未经核准注册的，不得在市场销售。

第七条 申请注册和使用商标，应当遵循诚实信用原则。

商标使用人应当对其使用商标的商品质量负责。各级工商行政管理部门应当通过商标管理，制止欺骗消费者的行为。

第八条 任何能够将自然人、法人或者其他组织的商品与他人的商品区别开的标志，包括文字、图形、字母、数字、三维标志、颜色组合和声音等，以及上述要素的组合，均可以作为商标申请注册。

第九条 申请注册的商标，应当有显著特征，便于识别，并不得与他人在先取得的合法权利相冲突。

商标注册人有权标明"注册商标"或者注册标记。

第十条 下列标志不得作为商标使用：

（一）同中华人民共和国的国家名称、国旗、国徽、国歌、军旗、军徽、军歌、勋章等相同或者近似的，以及同中央国家机关的名称、标志、所在地特定地点的名称或者标志性建筑物的名称、图形相同的；

（二）同外国的国家名称、国旗、国徽、军旗等相同或者近似的，但经该国政府同意的除外；

（三）同政府间国际组织的名称、旗帜、徽记等相同或者近似的，但经该组织同意或者不易误导公众的除外；

（四）与表明实施控制、予以保证的官方标志、检验印记相同或者近似的，但经授权的除外；

（五）同"红十字"、"红新月"的名称、标志相同或者近似的；

（六）带有民族歧视性的；

（七）带有欺骗性，容易使公众对商品的质量等特点或者产地产生误认的；

（八）有害于社会主义道德风尚或者有其他不良影响的。

县级以上行政区划的地名或者公众知晓的外国地名，不得作为商标。但是，地名具有其他含义或者作为集体商标、证明商标组成部分的除外；已经注册的使用地名的商标继续有效。

第十一条 下列标志不得作为商标注册：

（一）仅有本商品的通用名称、图形、型号的；

（二）仅直接表示商品的质量、主要原料、功能、用途、重量、数量及其他特点的；

（三）其他缺乏显著特征的。

前款所列标志经过使用取得显著特征，并便于识别的，可以作为商标注册。

第十二条 以三维标志申请注册商标的，仅由商品自身的性质产生的形状、为获得技术效果而需有的商品形状或者使商品具有实质性价值的形状，不得注册。

第十三条 为相关公众所熟知的商标，持有人认为其权利受到侵害时，可以依照本法规定请求驰名商标保护。

就相同或者类似商品申请注册的商标是复制、摹仿或者翻译他人未在中国注册的驰名商标，容易导致混淆的，不予注册并禁止使用。

就不相同或者不相类似商品申请注册的商标是复制、摹仿或者翻译他人已经在中国注册的驰名商标，误导公众，致使该驰名商标注册人的利益可能受到损害的，不予注册并禁止使用。

第十四条 驰名商标应当根据当事人的请求，作为处理涉及商标案件需要认定的事实进行认定。认定驰名商标应当考虑下列因素：

（一）相关公众对该商标的知晓程度；
（二）该商标使用的持续时间；
（三）该商标的任何宣传工作的持续时间、程度和地理范围；
（四）该商标作为驰名商标受保护的记录；
（五）该商标驰名的其他因素。

在商标注册审查、工商行政管理部门查处商标违法案件过程中，当事人依照本法第十三条规定主张权利的，商标局根据审查、处理案件的需要，可以对商标驰名情况作出认定。

在商标争议处理过程中，当事人依照本法第十三条规定主张权利的，商标评审委员会根据处理案件的需要，可以对商标驰名情况作出认定。

在商标民事、行政案件审理过程中，当事人依照本法第十三条规定主张权利的，最高人民法院指定的人民法院根据审理案件的需要，可以对商标驰名情况作出认定。

生产、经营者不得将"驰名商标"字样用于商品、商品包装或者容器上，或者用于广告宣传、展览以及其他商业活动中。

第十五条 未经授权，代理人或者代表人以自己的名义将被代理人或者被代表人的商标进行注册，被代理人或者被代表人提出异议的，不予注册并禁止使用。

就同一种商品或者类似商品申请注册的商标与他人在先使用的未注册商标相同或者近似，申请人与该他人具有前款规定以外的合同、业务往来关系或者其他关系而明知该他人商标存在，该他人提出异议的，不予注册。

第十六条 商标中有商品的地理标志，而该商品并非来源于该标志所标示的地区，误导公众的，不予注册并禁止使用；但是，已经善意取得注册的继续有效。

前款所称地理标志，是指标示某商品来源于某地区，该商品的特定质量、信誉或者其他特征，主要由该地区的自然因素或者人文因素所决定的标志。

第十七条 外国人或者外国企业在中国申请商标注册的，应当按其所属国和中华人民共和国签订的协议或者共同参加的国际条约办理，或者按对等原则办理。

第十八条 申请商标注册或者办理其他商标事宜，可以自行办理，也可以委托依法设立的商标代理机构办理。

外国人或者外国企业在中国申请商标注册和办理其他商标事宜的，应当委托依法设立的商标代理机构办理。

第十九条 商标代理机构应当遵循诚实信用原则，遵守法律、行政法规，按照被代理人的委托办理商标注册申请或者其他商标事宜；对在代理过程中知悉的被代理人的商业秘密，负有保密义务。

委托人申请注册的商标可能存在本法规定不得注册情形的，商标代理机构应当明确告知委托人。

商标代理机构知道或者应当知道委托人申请注册的商标属于本法第四条、第十五条和第三十二条规定情形的，不得接受其委托。

商标代理机构除对其代理服务申请商标注册外，不得申请注册其他商标。

第二十条 商标代理行业组织应当按照章程规定，严格执行吸纳会员的条件，对违反行业自律规范的会员实行惩戒。商标代理行业组织对其吸纳的会员和对会员的惩戒情况，应当及时向社会公布。

第二十一条 商标国际注册遵循中华人民共和国缔结或者参加的有关国际条约确立的制度，具体办法由国务院规定。

第二章 商标注册的申请

第二十二条 商标注册申请人应当按规定的商品分类表填报使用商标的商品类别和商品名称，提出注册申请。

商标注册申请人可以通过一份申请就多个类别的商品申请注册同一商标。

商标注册申请等有关文件，可以以书面方式或者数据电文方式提出。

第二十三条 注册商标需要在核定使用范围之外的商品上取得商标专用权的，应当另行提出注册申请。

第二十四条 注册商标需要改变其标志的，应当重新提出注册申请。

第二十五条 商标注册申请人自其商标在外国第一次提出商标注册申请之日起六个月内，又在中国就相同商品以同一商标提出商标注册申请的，依照该外国同中国签订的协议或者共同参加的国际条约，或者按照相互承认优先权的原则，可以享有优先权。

依照前款要求优先权的，应当在提出商标注册申请的时候提出书面声明，并且在三个月内提交第一次提出的商标注册申请文件的副本；未提出书面声明或者逾期未提交商标注册申请文件副本的,视为未要求优先权。

第二十六条 商标在中国政府主办的或者承认的国际展览会展出的商品上首次使用的,自该商品展出之日起六个月内,该商标的注册申请人可以享有优先权。

依照前款要求优先权的,应当在提出商标注册申请的时候提出书面声明,并且在三个月内提交展出其商品的展览会名称、在展出商品上使用该商标的证据、展出日期等证明文件;未提出书面声明或者逾期未提交证明文件的,视为未要求优先权。

第二十七条 为申请商标注册所申报的事项和所提供的材料应当真实、准确、完整。

第三章 商标注册的审查和核准

第二十八条 对申请注册的商标,商标局应当自收到商标注册申请文件之日起九个月内审查完毕,符合本法有关规定的,予以初步审定公告。

第二十九条 在审查过程中,商标局认为商标注册申请内容需要说明或者修正的,可以要求申请人做出说明或者修正。申请人未做出说明或者修正的,不影响商标局做出审查决定。

第三十条 申请注册的商标,凡不符合本法有关规定或者同他人在同一种商品或者类似商品上已经注册的或者初步审定的商标相同或者近似的,由商标局驳回申请,不予公告。

第三十一条 两个或者两个以上的商标注册申请人,在同一种商品或者类似商品上,以相同或者近似的商标申请注册的,初步审定并公告申请在先的商标;同一天申请的,初步审定并公告使用在先的商标,驳回其他人的申请,不予公告。

第三十二条 申请商标注册不得损害他人现有的在先权利,也不得以不正当手段抢先注册他人已经使用并有一定影响的商标。

第三十三条 对初步审定公告的商标,自公告之日起三个月内,在先权利人、利害关系人认为违反本法第十三条第二款和第三款、第十五条、第十六条第一款、第三十条、第三十一条、第三十二条规定的,或者任何人认为违反本法第四条、第十条、第十一条、第十二条、第十九条第四款规定的,可以向商标局提出异议。公告期满无异议的,予以核准注册,发给商标注册证,并予公告。

第三十四条 对驳回申请、不予公告的商标，商标局应当书面通知商标注册申请人。商标注册申请人不服的，可以自收到通知之日起十五日内向商标评审委员会申请复审。商标评审委员会应当自收到申请之日起九个月内做出决定，并书面通知申请人。有特殊情况需要延长的，经国务院工商行政管理部门批准，可以延长三个月。当事人对商标评审委员会的决定不服的，可以自收到通知之日起三十日内向人民法院起诉。

第三十五条 对初步审定公告的商标提出异议的，商标局应当听取异议人和被异议人陈述事实和理由，经调查核实后，自公告期满之日起十二个月内做出是否准予注册的决定，并书面通知异议人和被异议人。有特殊情况需要延长的，经国务院工商行政管理部门批准，可以延长六个月。

商标局做出准予注册决定的，发给商标注册证，并予公告。异议人不服的，可以依照本法第四十四条、第四十五条的规定向商标评审委员会请求宣告该注册商标无效。

商标局做出不予注册决定，被异议人不服的，可以自收到通知之日起十五日内向商标评审委员会申请复审。商标评审委员会应当自收到申请之日起十二个月内做出复审决定，并书面通知异议人和被异议人。有特殊情况需要延长的，经国务院工商行政管理部门批准，可以延长六个月。被异议人对商标评审委员会的决定不服的，可以自收到通知之日起三十日内向人民法院起诉。人民法院应当通知异议人作为第三人参加诉讼。

商标评审委员会在依照前款规定进行复审的过程中，所涉及的在先权利的确定必须以人民法院正在审理或者行政机关正在处理的另一案件的结果为依据的，可以中止审查。中止原因消除后，应当恢复审查程序。

第三十六条 法定期限届满，当事人对商标局做出的驳回申请决定、不予注册决定不申请复审或者对商标评审委员会做出的复审决定不向人民法院起诉的，驳回申请决定、不予注册决定或者复审决定生效。

经审查异议不成立而准予注册的商标，商标注册申请人取得商标专用权的时间自初步审定公告三个月期满之日起计算。自该商标公告期满之日起至准予注册决定做出前，对他人在同一种或者类似商品上使用与该商标相同或者近似的标志的行为不具有追溯力；但是，因该使用人的恶意给商标注册人造成的损失，应当给予赔偿。

第三十七条 对商标注册申请和商标复审申请应当及时进行审查。

第三十八条 商标注册申请人或者注册人发现商标申请文件或者注册文件有明显错误的，可以申请更正。商标局依法在其职权范围内作出更正，并通知当事人。

前款所称更正错误不涉及商标申请文件或者注册文件的实质性内容。

第四章 注册商标的续展、变更、转让和使用许可

第三十九条 注册商标的有效期为十年，自核准注册之日起计算。

第四十条 注册商标有效期满，需要继续使用的，商标注册人应当在期满前十二个月内按照规定办理续展手续；在此期间未能办理的，可以给予六个月的宽展期。每次续展注册的有效期为十年，自该商标上一届有效期满次日起计算。期满未办理续展手续的，注销其注册商标。

商标局应当对续展注册的商标予以公告。

第四十一条 注册商标需要变更注册人的名义、地址或者其他注册事项的，应当提出变更申请。

第四十二条 转让注册商标的，转让人和受让人应当签订转让协议，并共同向商标局提出申请。受让人应当保证使用该注册商标的商品质量。

转让注册商标的，商标注册人对其在同一种商品上注册的近似的商标，或者在类似商品上注册的相同或者近似的商标，应当一并转让。

对容易导致混淆或者有其他不良影响的转让，商标局不予核准，书面通知申请人并说明理由。

转让注册商标经核准后，予以公告。受让人自公告之日起享有商标专用权。

第四十三条 商标注册人可以通过签订商标使用许可合同，许可他人使用其注册商标。许可人应当监督被许可人使用其注册商标的商品质量。被许可人应当保证使用该注册商标的商品质量。

经许可使用他人注册商标的，必须在使用该注册商标的商品上标明被许可人的名称和商品产地。

许可他人使用其注册商标的，许可人应当将其商标使用许可报商标局备案，由商标局公告。商标使用许可未经备案不得对抗善意第三人。

第五章　注册商标的无效宣告

第四十四条　已经注册的商标，违反本法第四条、第十条、第十一条、第十二条、第十九条第四款规定的，或者是以欺骗手段或者其他不正当手段取得注册的，由商标局宣告该注册商标无效；其他单位或者个人可以请求商标评审委员会宣告该注册商标无效。

商标局做出宣告注册商标无效的决定，应当书面通知当事人。当事人对商标局的决定不服的，可以自收到通知之日起十五日内向商标评审委员会申请复审。商标评审委员会应当自收到申请之日起九个月内做出决定，并书面通知当事人。有特殊情况需要延长的，经国务院工商行政管理部门批准，可以延长三个月。当事人对商标评审委员会的决定不服的，可以自收到通知之日起三十日内向人民法院起诉。

其他单位或者个人请求商标评审委员会宣告注册商标无效的，商标评审委员会收到申请后，应当书面通知有关当事人，并限期提出答辩。商标评审委员会应当自收到申请之日起九个月内做出维持注册商标或者宣告注册商标无效的裁定，并书面通知当事人。有特殊情况需要延长的，经国务院工商行政管理部门批准，可以延长三个月。当事人对商标评审委员会的裁定不服的，可以自收到通知之日起三十日内向人民法院起诉。人民法院应当通知商标裁定程序的对方当事人作为第三人参加诉讼。

第四十五条　已经注册的商标，违反本法第十三条第二款和第三款、第十五条、第十六条第一款、第三十条、第三十一条、第三十二条规定的，自商标注册之日起五年内，在先权利人或者利害关系人可以请求商标评审委员会宣告该注册商标无效。对恶意注册的，驰名商标所有人不受五年的时间限制。

商标评审委员会收到宣告注册商标无效的申请后，应当书面通知有关当事人，并限期提出答辩。商标评审委员会应当自收到申请之日起十二个月内做出维持注册商标或者宣告注册商标无效的裁定，并书面通知当事人。有特殊情况需要延长的，经国务院工商行政管理部门批准，可以延长六个月。当事人对商标评审委员会的裁定不服的，可以自收到通知之日起三十日内向人民法院起诉。人民法院应当通知商标裁定程序的对方当事人作为第三人参加诉讼。

商标评审委员会在依照前款规定对无效宣告请求进行审查的过程中，所涉及的在先权利的确定必须以人民法院正在审理或者行政机关正在处理的另一案件的结果为依据的，可以中止审查。中止原因消除后，应当恢复审查程序。

第四十六条　法定期限届满，当事人对商标局宣告注册商标无效的决定不申请复审或者对商标评审委员会的复审决定、维持注册商标或者宣告注册商标无效的裁定不向人民法院起诉的，商标局的决定或者商标评审委员会的复审决定、裁定生效。

第四十七条　依照本法第四十四条、第四十五条的规定宣告无效的注册商标，由商标局予以公告，该注册商标专用权视为自始即不存在。

宣告注册商标无效的决定或者裁定，对宣告无效前人民法院做出并已执行的商标侵权案件的判决、裁定、调解书和工商行政管理部门做出并已执行的商标侵权案件的处理决定以及已经履行的商标转让或者使用许可合同不具有追溯力。但是，因商标注册人的恶意给他人造成的损失，应当给予赔偿。

依照前款规定不返还商标侵权赔偿金、商标转让费、商标使用费，明显违反公平原则的，应当全部或者部分返还。

第六章　商标使用的管理

第四十八条　本法所称商标的使用，是指将商标用于商品、商品包装或者容器以及商品交易文书上，或者将商标用于广告宣传、展览以及其他商业活动中，用于识别商品来源的行为。

第四十九条　商标注册人在使用注册商标的过程中，自行改变注册商标、注册人名义、地址或者其他注册事项的，由地方工商行政管理部门责令限期改正；期满不改正的，由商标局撤销其注册商标。

注册商标成为其核定使用的商品的通用名称或者没有正当理由连续三年不使用的，任何单位或者个人可以向商标局申请撤销该注册商标。商标局应当自收到申请之日起九个月内做出决定。有特殊情况需要延长的，经国务院工商行政管理部门批准，可以延长三个月。

第五十条　注册商标被撤销、被宣告无效或者期满不再续展的，自撤销、宣告无效或者注销之日起一年内，商标局对与该商标相同或者近似的商标注册申请，不予核准。

第五十一条　违反本法第六条规定的，由地方工商行政管理部门责令限期申请注册，违法经营额五万元以上的，可以处违法经营额百分之二十以下的罚款，没有违法经营额或者违法经营额不足五万元的，可以处一万元以下的罚款。

第五十二条　将未注册商标冒充注册商标使用的，或者使用未注册商标违反本法第十条规定的，由地方工商行政管理部门予以制止，限期改正，并可以予以通报，违法经营额五万元以上的，可以处违法经营额百分之二十以下的罚款，没有违法经营额或者违法经营额不足五万元的，可以处一万元以下的罚款。

第五十三条　违反本法第十四条第五款规定的，由地方工商行政管理部门责令改正，处十万元罚款。

第五十四条　对商标局撤销或者不予撤销注册商标的决定，当事人不服的，可以自收到通知之日起十五日内向商标评审委员会申请复审。商标评审委员会应当自收到申请之日起九个月内做出决定，并书面通知当事人。有特殊情况需要延长的，经国务院工商行政管理部门批准，可以延长三个月。当事人对商标评审委员会的决定不服的，可以自收到通知之日起三十日内向人民法院起诉。

第五十五条　法定期限届满，当事人对商标局做出的撤销注册商标的决定不申请复审或者对商标评审委员会做出的复审决定不向人民法院起诉的，撤销注册商标的决定、复审决定生效。

被撤销的注册商标，由商标局予以公告，该注册商标专用权自公告之日起终止。

第七章　注册商标专用权的保护

第五十六条　注册商标的专用权，以核准注册的商标和核定使用的商品为限。

第五十七条　有下列行为之一的，均属侵犯注册商标专用权：

（一）未经商标注册人的许可，在同一种商品上使用与其注册商标相同的商标的；

（二）未经商标注册人的许可，在同一种商品上使用与其注册商标近似的商标，或者在类似商品上使用与其注册商标相同或者近似的商标，容易导致混淆的；

（三）销售侵犯注册商标专用权的商品的；

（四）伪造、擅自制造他人注册商标标识或者销售伪造、擅自制造的注册商标标识的；

（五）未经商标注册人同意，更换其注册商标并将该更换商标的商品又投入市场的；

（六）故意为侵犯他人商标专用权行为提供便利条件，帮助他人实施侵犯商标专用权行为的；

（七）给他人的注册商标专用权造成其他损害的。

第五十八条 将他人注册商标、未注册的驰名商标作为企业名称中的字号使用，误导公众，构成不正当竞争行为的，依照《中华人民共和国反不正当竞争法》处理。

第五十九条 注册商标中含有的本商品的通用名称、图形、型号，或者直接表示商品的质量、主要原料、功能、用途、重量、数量及其他特点，或者含有的地名，注册商标专用权人无权禁止他人正当使用。

三维标志注册商标中含有的商品自身的性质产生的形状、为获得技术效果而需有的商品形状或者使商品具有实质性价值的形状，注册商标专用权人无权禁止他人正当使用。

商标注册人申请商标注册前，他人已经在同一种商品或者类似商品上先于商标注册人使用与注册商标相同或者近似并有一定影响的商标的，注册商标专用权人无权禁止该使用人在原使用范围内继续使用该商标，但可以要求其附加适当区别标识。

第六十条 有本法第五十七条所列侵犯注册商标专用权行为之一，引起纠纷的，由当事人协商解决；不愿协商或者协商不成的，商标注册人或者利害关系人可以向人民法院起诉，也可以请求工商行政管理部门处理。

工商行政管理部门处理时，认定侵权行为成立的，责令立即停止侵权行为，没收、销毁侵权商品和主要用于制造侵权商品、伪造注册商标标识的工具，违法经营额五万元以上的，可以处违法经营额五倍以下的罚款，没有违法经营额或者违法经营额不足五万元的，可以处二十五万元以下的罚款。对五年内实施两次以上商标侵权行为或者有其他严重情节的，应当从重处罚。销售不知道是侵犯注册商标专用权的商品，能证明该商品是自己合法取得并说明提供者的，由工商行政管理部门责令停止销售。

对侵犯商标专用权的赔偿数额的争议，当事人可以请求进行处理的工商行政管理部门调解，也可以依照《中华人民共和国民事诉讼法》向人民法院起诉。经工商行政管理部门调解，当事人未达成协议或者调解书生效后不履行的，当事人可以依照《中华人民共和国民事诉讼法》向人民法院起诉。

第六十一条　对侵犯注册商标专用权的行为，工商行政管理部门有权依法查处；涉嫌犯罪的，应当及时移送司法机关依法处理。

第六十二条　县级以上工商行政管理部门根据已经取得的违法嫌疑证据或者举报，对涉嫌侵犯他人注册商标专用权的行为进行查处时，可以行使下列职权：

（一）询问有关当事人，调查与侵犯他人注册商标专用权有关的情况；

（二）查阅、复制当事人与侵权活动有关的合同、发票、账簿以及其他有关资料；

（三）对当事人涉嫌从事侵犯他人注册商标专用权活动的场所实施现场检查；

（四）检查与侵权活动有关的物品；对有证据证明是侵犯他人注册商标专用权的物品，可以查封或者扣押。

工商行政管理部门依法行使前款规定的职权时，当事人应当予以协助、配合，不得拒绝、阻挠。

在查处商标侵权案件过程中，对商标权属存在争议或者权利人同时向人民法院提起商标侵权诉讼的，工商行政管理部门可以中止案件的查处。中止原因消除后，应当恢复或者终结案件查处程序。

第六十三条　侵犯商标专用权的赔偿数额，按照权利人因被侵权所受到的实际损失确定；实际损失难以确定的，可以按照侵权人因侵权所获得的利益确定；权利人的损失或者侵权人获得的利益难以确定的，参照该商标许可使用费的倍数合理确定。对恶意侵犯商标专用权，情节严重的，可以在按照上述方法确定数额的一倍以上五倍以下确定赔偿数额。赔偿数额应当包括权利人为制止侵权行为所支付的合理开支。

人民法院为确定赔偿数额，在权利人已经尽力举证，而与侵权行为相关的账簿、资料主要由侵权人掌握的情况下，可以责令侵权人提供与侵权行为相关的账簿、资料；侵权人不提供或者提供虚假的账簿、资料的，人民法院可以参考权利人的主张和提供的证据判定赔偿数额。

权利人因被侵权所受到的实际损失、侵权人因侵权所获得的利益、注册商标许可使用费难以确定的，由人民法院根据侵权行为的情节判决给予五百万元以下的赔偿。

人民法院审理商标纠纷案件，应权利人请求，对属于假冒注册商标的商品，除特殊情况外，责令销毁；对主要用于制造假冒注册商标的商品的材料、工具，责令销毁，且不予补偿；或者在特殊情况下，责令禁止前述材料、工具进入商业渠道，且不予补偿。

假冒注册商标的商品不得在仅去除假冒注册商标后进入商业渠道。

第六十四条 注册商标专用权人请求赔偿，被控侵权人以注册商标专用权人未使用注册商标提出抗辩的，人民法院可以要求注册商标专用权人提供此前三年内实际使用该注册商标的证据。注册商标专用权人不能证明此前三年内实际使用过该注册商标，也不能证明因侵权行为受到其他损失的，被控侵权人不承担赔偿责任。

销售不知道是侵犯注册商标专用权的商品，能证明该商品是自己合法取得并说明提供者的，不承担赔偿责任。

第六十五条 商标注册人或者利害关系人有证据证明他人正在实施或者即将实施侵犯其注册商标专用权的行为，如不及时制止将会使其合法权益受到难以弥补的损害的，可以依法在起诉前向人民法院申请采取责令停止有关行为和财产保全的措施。

第六十六条 为制止侵权行为，在证据可能灭失或者以后难以取得的情况下，商标注册人或者利害关系人可以依法在起诉前向人民法院申请保全证据。

第六十七条 未经商标注册人许可，在同一种商品上使用与其注册商标相同的商标，构成犯罪的，除赔偿被侵权人的损失外，依法追究刑事责任。

伪造、擅自制造他人注册商标标识或者销售伪造、擅自制造的注册商标标识，构成犯罪的，除赔偿被侵权人的损失外，依法追究刑事责任。

销售明知是假冒注册商标的商品，构成犯罪的，除赔偿被侵权人的损失外，依法追究刑事责任。

第六十八条 商标代理机构有下列行为之一的，由工商行政管理部门责令限期改正，给予警告，处一万元以上十万元以下的罚款；对直接负责的主管人员和其他直接责任人员给予警告，处五千元以上五万元以下的罚款；构成犯罪的，依法追究刑事责任：

（一）办理商标事宜过程中，伪造、变造或者使用伪造、变造的法律文件、印章、签名的；

（二）以诋毁其他商标代理机构等手段招徕商标代理业务或者以其他不正当手段扰乱商标代理市场秩序的；

（三）违反本法第四条、第十九条第三款和第四款规定的。

商标代理机构有前款规定行为的，由工商行政管理部门记入信用档案；情节严重的，商标局、商标评审委员会并可以决定停止受理其办理商标代理业务，予以公告。

商标代理机构违反诚实信用原则，侵害委托人合法利益的，应当依法承担民事责任，并由商标代理行业组织按照章程规定予以惩戒。

对恶意申请商标注册的，根据情节给予警告、罚款等行政处罚；对恶意提起商标诉讼的，由人民法院依法给予处罚。

第六十九条 从事商标注册、管理和复审工作的国家机关工作人员必须秉公执法，廉洁自律，忠于职守，文明服务。

商标局、商标评审委员会以及从事商标注册、管理和复审工作的国家机关工作人员不得从事商标代理业务和商品生产经营活动。

第七十条 工商行政管理部门应当建立健全内部监督制度，对负责商标注册、管理和复审工作的国家机关工作人员执行法律、行政法规和遵守纪律的情况，进行监督检查。

第七十一条 从事商标注册、管理和复审工作的国家机关工作人员玩忽职守、滥用职权、徇私舞弊，违法办理商标注册、管理和复审事项，收受当事人财物，牟取不正当利益，构成犯罪的，依法追究刑事责任；尚不构成犯罪的，依法给予处分。

第八章　附　　则

第七十二条 申请商标注册和办理其他商标事宜的，应当缴纳费用，具体收费标准另定。

第七十三条 本法自1983年3月1日起施行。1963年4月10日国务院公布的《商标管理条例》同时废止；其他有关商标管理的规定，凡与本法抵触的，同时失效。

本法施行前已经注册的商标继续有效。

二、行政法规

广播电视管理条例

（1997年8月11日中华人民共和国国务院令第228号发布　根据2013年12月7日《国务院关于修改部分行政法规的决定》第一次修订　根据2017年3月1日《国务院关于修改和废止部分行政法规的决定》第二次修订　根据2020年11月29日《国务院关于修改和废止部分行政法规的决定》第三次修订　根据2024年12月6日《国务院关于修改和废止部分行政法规的决定》第四次修订）

第一章　总　　则

第一条　为了加强广播电视管理，发展广播电视事业，促进社会主义精神文明和物质文明建设，制定本条例。

第二条　本条例适用于在中华人民共和国境内设立广播电台、电视台和采编、制作、播放、传输广播电视节目等活动。

第三条　广播电视事业应当坚持为人民服务、为社会主义服务的方向，坚持正确的舆论导向。

第四条　国家发展广播电视事业。县级以上人民政府应当将广播电视事业纳入国民经济和社会发展规划，并根据需要和财力逐步增加投入，提高广播电视覆盖率。

国家支持农村广播电视事业的发展。

国家扶持民族自治地方和边远贫困地区发展广播电视事业。

第五条　国务院广播电视行政部门负责全国的广播电视管理工作。

县级以上地方人民政府负责广播电视行政管理工作的部门或者机构（以下统

称广播电视行政部门）负责本行政区域内的广播电视管理工作。

第六条 全国性广播电视行业的社会团体按照其章程，实行自律管理，并在国务院广播电视行政部门的指导下开展活动。

第七条 国家对为广播电视事业发展做出显著贡献的单位和个人，给予奖励。

第二章　广播电台和电视台

第八条 国务院广播电视行政部门负责制定全国广播电台、电视台的设立规划，确定广播电台、电视台的总量、布局和结构。

本条例所称广播电台、电视台是指采编、制作并通过有线或者无线的方式播放广播电视节目的机构。

第九条 设立广播电台、电视台，应当具备下列条件：

（一）有符合国家规定的广播电视专业人员；

（二）有符合国家规定的广播电视技术设备；

（三）有必要的基本建设资金和稳定的资金保障；

（四）有必要的场所。

审批设立广播电台、电视台，除依照前款所列条件外，还应当符合国家的广播电视建设规划和技术发展规划。

第十条 广播电台、电视台由县、不设区的市以上人民政府广播电视行政部门设立，其中教育电视台可以由设区的市、自治州以上人民政府教育行政部门设立。其他任何单位和个人不得设立广播电台、电视台。

国家禁止设立外商投资的广播电台、电视台。

第十一条 中央的广播电台、电视台由国务院广播电视行政部门设立。地方设立广播电台、电视台的，由县、不设区的市以上地方人民政府广播电视行政部门提出申请，本级人民政府审查同意后，逐级上报，经国务院广播电视行政部门审查批准后，方可筹建。

中央的教育电视台由国务院教育行政部门设立，报国务院广播电视行政部门审查批准。地方设立教育电视台的，由设区的市、自治州以上地方人民政府教育行政部门提出申请，征得同级广播电视行政部门同意并经本级人民政府审查同意后，逐级上报，经国务院教育行政部门审核，由国务院广播电视行政部门审查批准后，方可筹建。

第十二条　经批准筹建的广播电台、电视台，应当按照国家规定的建设程序和广播电视技术标准进行工程建设。

建成的广播电台、电视台，经国务院广播电视行政部门审查符合条件的，发给广播电台、电视台许可证。广播电台、电视台应当按照许可证载明的台名、台标、节目设置范围和节目套数等事项制作、播放节目。

第十三条　设区的市、自治州以上人民政府广播电视行政部门设立的广播电台、电视台或者设区的市、自治州以上人民政府教育行政部门设立的电视台变更台名、节目设置范围或者节目套数，省级以上人民政府广播电视行政部门设立的广播电台、电视台或者省级以上人民政府教育行政部门设立的电视台变更台标的，应当经国务院广播电视行政部门批准。县、不设区的市人民政府广播电视行政部门设立的广播电台、电视台变更台名、节目设置范围或者节目套数的，应当经省级人民政府广播电视行政部门批准。

广播电台、电视台不得出租、转让播出时段。

第十四条　广播电台、电视台终止，应当按照原审批程序申报，其许可证由国务院广播电视行政部门收回。

广播电台、电视台因特殊情况需要暂时停止播出的，应当经省级以上人民政府广播电视行政部门同意；未经批准，连续停止播出超过30日的，视为终止，应当依照前款规定办理有关手续。

第十五条　乡、镇设立广播电视站的，由所在地县级以上人民政府广播电视行政部门负责审核，并按照国务院广播电视行政部门的有关规定审批。

机关、部队、团体、企业事业单位设立有线广播电视站的，按照国务院有关规定审批。

第十六条　任何单位和个人不得冲击广播电台、电视台，不得损坏广播电台、电视台的设施，不得危害其安全播出。

第三章　广播电视传输覆盖网

第十七条　国务院广播电视行政部门应当对全国广播电视传输覆盖网按照国家的统一标准实行统一规划，并实行分级建设和开发。县级以上地方人民政府广播电视行政部门应当按照国家有关规定，组建和管理本行政区域内的广播电视传输覆盖网。

组建广播电视传输覆盖网，包括充分利用国家现有的公用通信等各种网络资源，应当确保广播电视节目传输质量和畅通。

本条例所称广播电视传输覆盖网，由广播电视发射台、转播台（包括差转台、收转台，下同）、广播电视卫星、卫星上行站、卫星收转站、微波站、监测台（站）及有线广播电视传输覆盖网等构成。

第十八条　国务院广播电视行政部门负责指配广播电视专用频段的频率，并核发频率专用指配证明。

第十九条　设立广播电视发射台、转播台、微波站、卫星上行站，应当按照国家有关规定，持国务院广播电视行政部门核发的频率专用指配证明，向国家的或者省、自治区、直辖市的无线电管理机构办理审批手续，领取无线电台执照。

第二十条　广播电视发射台、转播台应当按照国务院广播电视行政部门的有关规定发射、转播广播电视节目。

广播电视发射台、转播台经核准使用的频率、频段不得出租、转让，已经批准的各项技术参数不得擅自变更。

第二十一条　广播电视发射台、转播台不得擅自播放自办节目和插播广告。

第二十二条　广播电视传输覆盖网的工程选址、设计、施工、安装，应当按照国家有关规定办理，并由依法取得相应资格证书的单位承担。

广播电视传输覆盖网的工程建设和使用的广播电视技术设备，应当符合国家标准、行业标准。工程竣工后，由广播电视行政部门组织验收，验收合格的，方可投入使用。

第二十三条　区域性有线广播电视传输覆盖网，由县级以上地方人民政府广播电视行政部门设立和管理。

区域性有线广播电视传输覆盖网的规划、建设方案，由县级人民政府或者设区的市、自治州人民政府的广播电视行政部门报省、自治区、直辖市人民政府广播电视行政部门批准后实施，或者由省、自治区、直辖市人民政府广播电视行政部门报国务院广播电视行政部门批准后实施。

同一行政区域只能设立一个区域性有线广播电视传输覆盖网。有线电视站应当按照规划与区域性有线电视传输覆盖网联网。

第二十四条　未经批准,任何单位和个人不得擅自利用有线广播电视传输覆盖网播放节目。

第二十五条　传输广播电视节目的卫星空间段资源的管理和使用,应当符合国家有关规定。

广播电台、电视台利用卫星方式传输广播电视节目,应当符合国家规定的条件,并经国务院广播电视行政部门审核批准。

第二十六条　安装和使用卫星广播电视地面接收设施,应当按照国家有关规定向省、自治区、直辖市人民政府广播电视行政部门申领许可证。进口境外卫星广播电视节目解码器、解压器及其他卫星广播电视地面接收设施,应当经国务院广播电视行政部门审查同意。

第二十七条　禁止任何单位和个人侵占、哄抢或者以其他方式破坏广播电视传输覆盖网的设施。

第二十八条　任何单位和个人不得侵占、干扰广播电视专用频率,不得擅自截传、干扰、解扰广播电视信号。

第二十九条　县级以上人民政府广播电视行政部门应当采取卫星传送、无线转播、有线广播、有线电视等多种方式,提高农村广播电视覆盖率。

第四章　广播电视节目

第三十条　广播电台、电视台应当按照国务院广播电视行政部门批准的节目设置范围开办节目。

第三十一条　广播电视节目由广播电台、电视台和省级以上人民政府广播电视行政部门批准设立的广播电视节目制作经营单位制作。广播电台、电视台不得播放未取得广播电视节目制作经营许可的单位制作的广播电视节目。

第三十二条　广播电台、电视台应当提高广播电视节目质量,增加国产优秀节目数量,禁止制作、播放载有下列内容的节目:

（一）危害国家的统一、主权和领土完整的;

（二）危害国家的安全、荣誉和利益的;

（三）煽动民族分裂,破坏民族团结的;

（四）泄露国家秘密的;

(五) 诽谤、侮辱他人的；

(六) 宣扬淫秽、迷信或者渲染暴力的；

(七) 法律、行政法规规定禁止的其他内容。

第三十三条 广播电台、电视台对其播放的广播电视节目内容，应当依照本条例第三十二条的规定进行播前审查，重播重审。

第三十四条 广播电视新闻应当真实、公正。

第三十五条 电视剧的制作和播出管理办法，由国务院广播电视行政部门规定。

第三十六条 广播电台、电视台应当使用规范的语言文字。

广播电台、电视台应当推广全国通用的普通话。

第三十七条 地方广播电台、电视台或者广播电视站，应当按照国务院广播电视行政部门的有关规定转播广播电视节目。

乡、镇设立的广播电视站不得自办电视节目。

第三十八条 广播电台、电视台应当按照节目预告播放广播电视节目；确需更换、调整原预告节目的，应当提前向公众告示。

第三十九条 用于广播电台、电视台播放的境外电影、电视剧，必须经国务院广播电视行政部门审查批准。用于广播电台、电视台播放的境外其他广播电视节目，必须经国务院广播电视行政部门或者其授权的机构审查批准。

向境外提供的广播电视节目，应当按照国家有关规定向省级以上人民政府广播电视行政部门备案。

第四十条 广播电台、电视台播放境外广播电视节目的时间与广播电视节目总播放时间的比例，由国务院广播电视行政部门规定。

第四十一条 广播电台、电视台以卫星等传输方式进口、转播境外广播电视节目，必须经国务院广播电视行政部门批准。

第四十二条 广播电台、电视台播放广告，不得超过国务院广播电视行政部门规定的时间。

广播电台、电视台应当播放公益性广告。

第四十三条 国务院广播电视行政部门在特殊情况下，可以作出停止播出、更换特定节目或者指定转播特定节目的决定。

第四十四条 教育电视台应当按照国家有关规定播放各类教育教学节目，不得播放与教学内容无关的电影、电视片。

第四十五条 举办国际性广播电视节目交流、交易活动,应当经国务院广播电视行政部门批准,并由指定的单位承办。举办国内区域性广播电视节目交流、交易活动,应当经举办地的省、自治区、直辖市人民政府广播电视行政部门批准,并由指定的单位承办。

第四十六条 对享有著作权的广播电视节目的播放和使用,依照《中华人民共和国著作权法》的规定办理。

第五章 罚 则

第四十七条 违反本条例规定,擅自设立广播电台、电视台、教育电视台、有线广播电视传输覆盖网、广播电视站的,由县级以上人民政府广播电视行政部门予以取缔,没收其从事违法活动的设备,并处投资总额1倍以上2倍以下的罚款。

擅自设立广播电视发射台、转播台、微波站、卫星上行站的,由县级以上人民政府广播电视行政部门予以取缔,没收其从事违法活动的设备,并处投资总额1倍以上2倍以下的罚款;或者由无线电管理机构依照国家无线电管理的有关规定予以处罚。

第四十八条 违反本条例规定,擅自设立广播电视节目制作经营单位或者擅自制作广播电视节目的,由县级以上人民政府广播电视行政部门予以取缔,没收其从事违法活动的专用工具、设备和节目载体,并处1万元以上5万元以下的罚款。

第四十九条 违反本条例规定,制作、播放、向境外提供含有本条例第三十二条规定禁止内容的节目的,由县级以上人民政府广播电视行政部门责令停止制作、播放、向境外提供,收缴其节目载体,并处1万元以上5万元以下的罚款;情节严重的,由原批准机关吊销许可证;违反治安管理规定的,由公安机关依法给予治安管理处罚;构成犯罪的,依法追究刑事责任。

第五十条 违反本条例规定,有下列行为之一的,由县级以上人民政府广播电视行政部门责令停止违法活动,给予警告,没收违法所得,可以并处2万元以下的罚款;情节严重的,由原批准机关吊销许可证:

（一）未经批准，擅自变更台名、台标、节目设置范围或者节目套数的；

（二）出租、转让播出时段的；

（三）转播、播放广播电视节目违反规定的；

（四）播放境外广播电视节目或者广告的时间超出规定的；

（五）播放未取得广播电视节目制作经营许可的单位制作的广播电视节目的；

（六）播放未经批准的境外电影、电视剧和其他广播电视节目的；

（七）教育电视台播放本条例第四十四条规定禁止播放的节目的；

（八）未经批准，擅自举办广播电视节目交流、交易活动的。

第五十一条 违反本条例规定，有下列行为之一的，由县级以上人民政府广播电视行政部门责令停止违法活动，给予警告，没收违法所得和从事违法活动的专用工具、设备，可以并处2万元以下的罚款；情节严重的，由原批准机关吊销许可证：

（一）出租、转让频率、频段，擅自变更广播电视发射台、转播台技术参数的；

（二）广播电视发射台、转播台擅自播放自办节目、插播广告的；

（三）未经批准，擅自利用卫星方式传输广播电视节目的；

（四）未经批准，擅自以卫星等传输方式进口、转播境外广播电视节目的；

（五）未经批准，擅自利用有线广播电视传输覆盖网播放节目的；

（六）未经批准，擅自进行广播电视传输覆盖网的工程选址、设计、施工、安装的；

（七）侵占、干扰广播电视专用频率，擅自截传、干扰、解扰广播电视信号的。

第五十二条 违反本条例规定，危害广播电台、电视台安全播出的，破坏广播电视设施的，由县级以上人民政府广播电视行政部门责令停止违法活动；情节严重的，处2万元以上5万元以下的罚款；造成损害的，侵害人应当依法赔偿损失；构成犯罪的，依法追究刑事责任。

第五十三条 广播电视行政部门及其工作人员在广播电视管理工作中滥用职权、玩忽职守、徇私舞弊，构成犯罪的，依法追究刑事责任；尚不构成犯罪的，依法给予行政处分。

第六章 附　　则

第五十四条　本条例施行前已经设立的广播电台、电视台、教育电视台、广播电视发射台、转播台、广播电视节目制作经营单位，自本条例施行之日起6个月内，应当依照本条例的规定重新办理审核手续；不符合本条例规定的，予以撤销；已有的县级教育电视台可以与县级电视台合并，开办教育节目频道。

第五十五条　本条例自1997年9月1日起施行。

三、部门规章及文件

互联网视听节目服务管理规定

（2007年12月20日国家广播电影电视总局、信息产业部令第56号公布　根据2015年8月28日《关于修订部分规章和规范性文件的决定》修订）

第一条　为维护国家利益和公共利益，保护公众和互联网视听节目服务单位的合法权益，规范互联网视听节目服务秩序，促进健康有序发展，根据国家有关规定，制定本规定。

第二条　在中华人民共和国境内向公众提供互联网（含移动互联网，以下简称互联网）视听节目服务活动，适用本规定。

本规定所称互联网视听节目服务，是指制作、编辑、集成并通过互联网向公众提供视音频节目，以及为他人提供上载传播视听节目服务的活动。

第三条　国务院广播电影电视主管部门作为互联网视听节目服务的行业主管部门，负责对互联网视听节目服务实施监督管理，统筹互联网视听节目服务的产业发展、行业管理、内容建设和安全监管。国务院信息产业主管部门作为互联网行业主管部门，依据电信行业管理职责对互联网视听节目服务实施相应的监督管理。

地方人民政府广播电影电视主管部门和地方电信管理机构依据各自职责对本

行政区域内的互联网视听节目服务单位及接入服务实施相应的监督管理。

第四条 互联网视听节目服务单位及其相关网络运营单位，是重要的网络文化建设力量，承担建设中国特色网络文化和维护网络文化信息安全的责任，应自觉遵守宪法、法律和行政法规，接受互联网视听节目服务行业主管部门和互联网行业主管部门的管理。

第五条 互联网视听节目服务单位组成的全国性社会团体，负责制定行业自律规范，倡导文明上网、文明办网，营造文明健康的网络环境，传播健康有益视听节目，抵制腐朽落后思想文化传播，并在国务院广播电影电视主管部门指导下开展活动。

第六条 发展互联网视听节目服务要有益于传播社会主义先进文化，推动社会全面进步和人的全面发展、促进社会和谐。从事互联网视听节目服务，应当坚持为人民服务、为社会主义服务，坚持正确导向，把社会效益放在首位，建设社会主义核心价值体系，遵守社会主义道德规范，大力弘扬体现时代发展和社会进步的思想文化，大力弘扬民族优秀文化传统，提供更多更好的互联网视听节目服务，满足人民群众日益增长的需求，不断丰富人民群众的精神文化生活，充分发挥文化滋润心灵、陶冶情操、愉悦身心的作用，为青少年成长创造良好的网上空间，形成共建共享的精神家园。

第七条 从事互联网视听节目服务，应当依照本规定取得广播电影电视主管部门颁发的《信息网络传播视听节目许可证》（以下简称《许可证》）或履行备案手续。

未按照本规定取得广播电影电视主管部门颁发的《许可证》或履行备案手续，任何单位和个人不得从事互联网视听节目服务。

互联网视听节目服务业务指导目录由国务院广播电影电视主管部门商国务院信息产业主管部门制定。

第八条 申请从事互联网视听节目服务的，应当同时具备以下条件：

（一）具备法人资格，为国有独资或国有控股单位，且在申请之日前三年内无违法违规记录；

（二）有健全的节目安全传播管理制度和安全保护技术措施；

（三）有与其业务相适应并符合国家规定的视听节目资源；

（四）有与其业务相适应的技术能力、网络资源；

（五）有与其业务相适应的专业人员，且主要出资者和经营者在申请之日前三年内无违法违规记录；

（六）技术方案符合国家标准、行业标准和技术规范；

（七）符合国务院广播电影电视主管部门确定的互联网视听节目服务总体规划、布局和业务指导目录；

（八）符合法律、行政法规和国家有关规定的条件。

第九条　从事广播电台、电视台形态服务和时政类视听新闻服务的，除符合本规定第八条规定外，还应当持有广播电视播出机构许可证或互联网新闻信息服务许可证。其中，以自办频道方式播放视听节目的，由地（市）级以上广播电台、电视台、中央新闻单位提出申请。

从事主持、访谈、报道类视听服务的，除符合本规定第八条规定外，还应当持有广播电视节目制作经营许可证和互联网新闻信息服务许可证；从事自办网络剧（片）类服务的，还应当持有广播电视节目制作经营许可证。

未经批准，任何组织和个人不得在互联网上使用广播电视专有名称开展业务。

第十条　申请《许可证》，应当通过省、自治区、直辖市人民政府广播电影电视主管部门向国务院广播电影电视主管部门提出申请，中央直属单位可以直接向国务院广播电影电视主管部门提出申请。

省、自治区、直辖市人民政府广播电影电视主管部门应当提供便捷的服务，自收到申请之日起20日内提出初审意见，报国务院广播电影电视主管部门审批；国务院广播电影电视主管部门应当自收到申请或者初审意见之日起40日内作出许可或者不予许可的决定，其中专家评审时间为20日。予以许可的，向申请人颁发《许可证》，并向社会公告；不予许可的，应当书面通知申请人并说明理由。《许可证》应当载明互联网视听节目服务的播出标识、名称、服务类别等事项。

《许可证》有效期为3年。有效期届满，需继续从事互联网视听节目服务的，应于有效期届满前30日内，持符合本办法第八条规定条件的相关材料，向原发证机关申请办理续办手续。

地（市）级以上广播电台、电视台从事互联网视听节目转播类服务的，到省级以上广播电影电视主管部门履行备案手续。中央新闻单位从事互联网视听节目转播类服务的，到国务院广播电影电视主管部门履行备案手续。备案单位应在节目开播30日前,提交网址、网站名、拟转播的广播电视频道、栏目名称等有关备案材料,广播电影电视主管部门应将备案情况向社会公告。

第十一条 取得《许可证》的单位,应当依据《互联网信息服务管理办法》,向省(自治区、直辖市)电信管理机构或国务院信息产业主管部门(以下简称电信主管部门)申请办理电信业务经营许可或者履行相关备案手续,并依法到工商行政管理部门办理注册登记或变更登记手续。电信主管部门应根据广播电影电视主管部门许可,严格互联网视听节目服务单位的域名和IP地址管理。

第十二条 互联网视听节目服务单位变更股东、股权结构,有重大资产变动或有上市等重大融资行为的,以及业务项目超出《许可证》载明范围的,应按本规定办理审批手续。互联网视听节目服务单位的办公场所、法定代表人以及互联网信息服务单位的网址、网站名依法变更的,应当在变更后15日内向省级以上广播电影电视主管部门和电信主管部门备案,变更事项涉及工商登记的,应当依法到工商行政管理部门办理变更登记手续。

第十三条 互联网视听节目服务单位应当在取得《许可证》90日内提供互联网视听节目服务。未按期提供服务的,其《许可证》由原发证机关予以注销。如因特殊原因,应经发证机关同意。申请终止服务的,应提前60日向原发证机关申报,其《许可证》由原发证机关予以注销。连续停止业务超过60日的,由原发证机关按终止业务处理,其《许可证》由原发证机关予以注销。

第十四条 互联网视听节目服务单位应当按照《许可证》载明或备案的事项开展互联网视听节目服务,并在播出界面显著位置标注国务院广播电影电视主管部门批准的播出标识、名称、《许可证》或备案编号。

任何单位不得向未持有《许可证》或备案的单位提供与互联网视听节目服务有关的代收费及信号传输、服务器托管等金融和技术服务。

第十五条 鼓励国有战略投资者投资互联网视听节目服务企业;鼓励互联网视听节目服务单位积极开发适应新一代互联网和移动通信特点的新业务,为移动多媒体、多媒体网站生产积极健康的视听节目,努力提高互联网视听节目的供给能力;鼓励影视生产基地、电视节目制作单位多生产适合在网上传播的影视剧(片)、娱乐节目,积极发展民族网络影视产业;鼓励互联网视听节目服务单位传播公益性视听节目。

互联网视听节目服务单位应当遵守著作权法律、行政法规的规定,采取版权保护措施，保护著作权人的合法权益。

第十六条 互联网视听节目服务单位提供的、网络运营单位接入的视听节目应当符合法律、行政法规、部门规章的规定。已播出的视听节目应至少完整保留60日。视听节目不得含有以下内容：

（一）反对宪法确定的基本原则的；

（二）危害国家统一、主权和领土完整的；

（三）泄露国家秘密、危害国家安全或者损害国家荣誉和利益的；

（四）煽动民族仇恨、民族歧视，破坏民族团结，或者侵害民族风俗、习惯的；

（五）宣扬邪教、迷信的；

（六）扰乱社会秩序，破坏社会稳定的；

（七）诱导未成年人违法犯罪和渲染暴力、色情、赌博、恐怖活动的；

（八）侮辱或者诽谤他人，侵害公民个人隐私等他人合法权益的；

（九）危害社会公德，损害民族优秀文化传统的；

（十）有关法律、行政法规和国家规定禁止的其他内容。

第十七条 用于互联网视听节目服务的电影电视剧类节目和其它节目，应当符合国家有关广播电影电视节目的管理规定。互联网视听节目服务单位播出时政类视听新闻节目，应当是地（市）级以上广播电台、电视台制作、播出的节目和中央新闻单位网站登载的时政类视听新闻节目。

未持有《许可证》的单位不得为个人提供上载传播视听节目服务。互联网视听节目服务单位不得允许个人上载时政类视听新闻节目，在提供播客、视频分享等上载传播视听节目服务时，应当提示上载者不得上载违反本规定的视听节目。任何单位和个人不得转播、链接、聚合、集成非法的广播电视频道、视听节目网站的节目。

第十八条 广播电影电视主管部门发现互联网视听节目服务单位传播违反本规定的视听节目，应当采取必要措施予以制止。互联网视听节目服务单位对含有违反本规定内容的视听节目，应当立即删除，并保存有关记录，履行报告义务，落实有关主管部门的管理要求。

互联网视听节目服务单位主要出资者和经营者应对播出和上载的视听节目内容负责。

第十九条 互联网视听节目服务单位应当选择依法取得互联网接入服务电信业务经营许可证或广播电视节目传送业务经营许可证的网络运营单位提供服务；应当依法维护用户权利，履行对用户的承诺，对用户信息保密，不得进行虚假宣传或误导用户、做出对用户不公平不合理的规定、损害用户的合法权益；提供有偿服务时，应当以显著方式公布所提供服务的视听节目种类、范围、资费标准和时限，并告知用户中止或者取消互联网视听节目服务的条件和方式。

第二十条 网络运营单位提供互联网视听节目信号传输服务时，应当保障视听节目服务单位的合法权益，保证传输安全，不得擅自插播、截留视听节目信号；在提供服务前应当查验视听节目服务单位的《许可证》或备案证明材料，按照《许可证》载明事项或备案范围提供接入服务。

第二十一条 广播电影电视和电信主管部门应建立公众监督举报制度。公众有权举报视听节目服务单位的违法违规行为，有关主管部门应当及时处理，不得推诿。广播电影电视、电信等监督管理部门发现违反本规定的行为，不属于本部门职责的，应当移交有权处理的部门处理。

电信主管部门应当依照国家有关规定向广播电影电视主管部门提供必要的技术系统接口和网站数据查询资料。

第二十二条 广播电影电视主管部门依法对互联网视听节目服务单位进行实地检查，有关单位和个人应当予以配合。广播电影电视主管部门工作人员依法进行实地检查时应当主动出示有关证件。

第二十三条 违反本规定有下列行为之一的，由县级以上广播电影电视主管部门予以警告、责令改正，可并处3万元以下罚款；同时，可对其主要出资者和经营者予以警告，可并处2万元以下罚款：

（一）擅自在互联网上使用广播电视专有名称开展业务的；

（二）变更股东、股权结构，或上市融资，或重大资产变动时，未办理审批手续的；

（三）未建立健全节目运营规范，未采取版权保护措施，或对传播有害内容未履行提示、删除、报告义务的；

（四）未在播出界面显著位置标注播出标识、名称、《许可证》和备案编号的；

（五）未履行保留节目记录、向主管部门如实提供查询义务的；

（六）向未持有《许可证》或备案的单位提供代收费及信号传输、服务器托管等与互联网视听节目服务有关的服务的；

（七）未履行查验义务，或向互联网视听节目服务单位提供其《许可证》或备案载明事项范围以外的接入服务的；

（八）进行虚假宣传或者误导用户的；

（九）未经用户同意，擅自泄露用户信息秘密的；

（十）互联网视听服务单位在同一年度内三次出现违规行为的；

（十一）拒绝、阻挠、拖延广播电影电视主管部门依法进行监督检查或者在监督检查过程中弄虚作假的；

（十二）以虚假证明、文件等手段骗取《许可证》的。

有本条第十二项行为的，发证机关应撤销其许可证。

第二十四条 擅自从事互联网视听节目服务的，由县级以上广播电影电视主管部门予以警告、责令改正，可并处3万元以下罚款；情节严重的，根据《广播电视管理条例》第四十七条的规定予以处罚。

传播的视听节目内容违反本规定的，由县级以上广播电影电视主管部门予以警告、责令改正，可并处3万元以下罚款；情节严重的，根据《广播电视管理条例》第四十九条的规定予以处罚。

未按照许可证载明或备案的事项从事互联网视听节目服务的或违规播出时政类视听新闻节目的，由县级以上广播电影电视主管部门予以警告、责令改正，可并处3万元以下罚款；情节严重的，根据《广播电视管理条例》第五十条之规定予以处罚。

转播、链接、聚合、集成非法的广播电视频道和视听节目网站内容的，擅自插播、截留视听节目信号的，由县级以上广播电影电视主管部门予以警告、责令改正，可并处3万元以下罚款；情节严重的，根据《广播电视管理条例》第五十一条之规定予以处罚。

第二十五条 对违反本规定的互联网视听节目服务单位，电信主管部门应根据广播电影电视主管部门的书面意见，按照电信管理和互联网管理的法律、行政法规的规定，关闭其网站，吊销其相应许可证或撤销备案，责令为其提供信号接入服务的网络运营单位停止接入；拒不执行停止接入服务决定，违反《电信条例》第五十七条规定的，由电信主管部门依据《电信条例》第七十八条的规定吊销其许可证。

违反治安管理规定的，由公安机关依法予以处罚；构成犯罪的，由司法机关依法追究刑事责任。

第二十六条 广播电影电视、电信等主管部门不履行规定的职责，或滥用职权的，要依法给予有关责任人处分，构成犯罪的，由司法机关依法追究刑事责任。

第二十七条 互联网视听节目服务单位出现重大违法违规行为的，除按有关规定予以处罚外，其主要出资者和经营者自互联网视听节目服务单位受到处罚之日起5年内不得投资和从事互联网视听节目服务。

第二十八条 通过互联网提供视音频即时通讯服务，由国务院信息产业主管部门按照国家有关规定进行监督管理。

利用局域网络及利用互联网架设虚拟专网向公众提供网络视听节目服务，须向行业主管部门提出申请，由国务院信息产业主管部门前置审批，国务院广播电影电视主管部门审核批准，按照国家有关规定进行监督管理。

第二十九条 本规定自2008年1月31日起施行。此前发布的规定与本规定不一致之处，依本规定执行。

专网及定向传播视听节目服务管理规定

（2016年4月25日国家新闻出版广电总局令第6号公布 根据2021年3月23日《国家广播电视总局关于第二批修改的部门规章的决定》修订）

第一章 总 则

第一条 为规范专网及定向传播视听节目服务秩序，促进行业健康有序发展，保护公众和从业机构的合法权益，维护国家利益和公共利益，根据国家有关规定，制定本规定。

第二条 本规定所称专网及定向传播视听节目服务，是指以电视机、手机等各类固定、移动电子设备为接收终端，通过局域网络及利用互联网架设虚拟专网或者以互联网等信息网络为定向传输通道，向公众定向提供广播电视节目等视听节目服务活动，包括以交互式网络电视（IPTV）、专网手机电视、互联网电视等形式从事内容提供、集成播控、传输分发等活动。

第三条 国家广播电视总局负责全国专网及定向传播视听节目服务的监督管理工作。

县级以上地方人民政府广播电视行政部门负责本行政区域内专网及定向传播视听节目服务的监督管理工作。

第四条 从事专网及定向传播视听节目服务，应当坚持为人民服务、为社会主义服务，把社会效益放在首位，弘扬社会主义核心价值观，弘扬民族优秀传统文化，弘扬正能量。

专网及定向传播视听节目服务单位应当自觉遵守宪法、法律和行政法规，提供更多更好的专网及定向传播视听节目服务，不断丰富人民群众的精神文化生活。

鼓励专网及定向传播视听节目服务行业组织发挥行业自律、引导、服务功能，鼓励公众监督专网及定向传播视听节目服务。

第二章 专网及定向传播视听节目服务单位的设立

第五条 从事内容提供、集成播控、传输分发等专网及定向传播视听节目服务，应当依照本规定取得《信息网络传播视听节目许可证》。

《信息网络传播视听节目许可证》由国家广播电视总局根据专网及定向传播视听节目服务的业务类别、服务内容、传输网络、覆盖范围等事项分类核发。

专网及定向传播视听节目服务业务指导目录由国家广播电视总局制定。

第六条 申请从事专网及定向传播视听节目服务的单位，应当具备下列条件：

（一）具备法人资格，为国有独资或者国有控股单位；

（二）有健全的节目内容编审、安全传播管理制度和安全保护措施；

（三）有与其业务相适应的技术能力、经营场所和相关资源；

（四）有与其业务相适应的专业人员；

（五）技术方案符合国家有关标准和技术规范；

（六）符合国家广播电视总局确定的专网及定向传播视听节目服务总体规划、布局和业务指导目录；

（七）符合法律、行政法规和国家规定的其他条件。

外商投资企业不得从事专网及定向传播视听节目服务。

第七条 申请从事内容提供服务的，应当是经国家广播电视总局批准设立的地（市）级以上广播电视播出机构或者中央新闻单位等机构，还应当具备两千小时以上的节目内容储备和三十人以上的专业节目编审人员。

申请从事集成播控服务的，应当是经国家广播电视总局批准设立的省、自治区、直辖市级以上广播电视播出机构。

申请从事交互式网络电视（IPTV）传输服务、专网手机电视分发服务的，应当是工业和信息化部批准的具有合法基础网络运营资质的单位，并具有一定规模的公共信息基础网络设施资源和为用户提供长期服务的信誉或者能力。

第八条 申请从事专网及定向传播视听节目服务，应当向省、自治区、直辖市人民政府广播电视行政部门提出申请，中央直属单位可直接向国家广播电视总局提出申请。

省、自治区、直辖市人民政府广播电视行政部门应当自收到申请之日起二十日内提出初核意见，并将初核意见及全部申请材料报国家广播电视总局审批；国家广播电视总局应当自收到申请或者初核意见之日起四十日内作出许可或者不予许可的决定，其中专家评审时间为二十日。予以许可的，向申请人颁发《信息网络传播视听节目许可证》，并向社会公告；不予许可的，应当书面通知申请人并说明理由。

第九条 《信息网络传播视听节目许可证》有效期为三年。有效期届满，需继续从事专网及定向传播视听节目服务的，应当于有效期届满前三十日内，持符合本规定第六条、第七条条件的相关材料，按照本规定的审批程序办理续办手续。

第十条 专网及定向传播视听节目服务单位变更《信息网络传播视听节目许可证》载明的业务类别、服务内容、传输网络、覆盖范围等业务项目以及变更股东、股权结构等重大事项的，应当事先按本规定办理审批手续。

专网及定向传播视听节目服务单位的单位名称、办公场所、法定代表人依法变更的，应当在变更后十五日内向原发证机关备案。

专网及定向传播视听节目服务单位采用合资、合作模式开展节目生产购销、广告投放、市场推广、商业合作、收付结算、技术服务等经营性业务的，应当在签订合资、合作协议后十五日内向原发证机关备案。

第十一条 专网及定向传播视听节目服务单位在专网及定向传播视听节目服务业务指导目录载明的业务类别之外，拟增加新产品或者开展新业务的，应当报国家广播电视总局进行安全评估。

第十二条 专网及定向传播视听节目服务单位应当在取得《信息网络传播视听节目许可证》九十日内提供服务。未按期提供服务的，由原发证机关注销其《信息网络传播视听节目许可证》。

如因特殊原因，延期或者中止提供服务的，应当经原发证机关同意。申请终止服务的，应当提前六十日向原发证机关申报，由原发证机关注销其《信息网络传播视听节目许可证》。

未经申报，连续停止业务超过六十日的，由原发证机关按终止业务处理，并注销其《信息网络传播视听节目许可证》。

第三章 专网及定向传播视听节目服务规范

第十三条 专网及定向传播视听节目服务单位应当按照《信息网络传播视听节目许可证》载明的事项从事专网及定向传播视听节目服务。

第十四条 专网及定向传播视听节目服务单位应当建立健全与国家网络信息安全相适应的安全管理制度、保障体系和技术保障手段，履行安全保障义务。

专网及定向传播视听节目服务单位应当为广播电视行政部门设立的节目监控系统提供必要的信号接入条件。

第十五条 专网及定向传播视听节目服务单位相互之间应当按照广播电视行政部门的管理规定和相关标准实行规范对接，并为对接提供必要的技术支持和服务保障。

第十六条 用于专网及定向传播视听节目服务的技术系统和终端产品，应当符合国家有关标准和技术规范。

任何单位不得向未取得专网及定向传播视听节目服务许可的单位提供与专网及定向传播视听节目服务有关的服务器托管、网络传输、软硬件技术支持、代收费等服务。

第十七条 专网及定向传播视听节目服务单位传播的节目应当符合法律、行政法规、部门规章的规定，不得含有以下内容：

（一）违反宪法确定的基本原则，煽动抗拒或者破坏宪法、法律、行政法规实施的；

（二）危害国家统一、主权和领土完整，泄露国家秘密，危害国家安全，损害国家荣誉和利益的；

（三）诋毁民族优秀文化传统，煽动民族仇恨、民族歧视，侵害民族风俗习惯，歪曲民族历史和民族历史人物，伤害民族感情，破坏民族团结的；

（四）宣扬宗教狂热，危害宗教和睦，伤害信教公民宗教感情，破坏信教公民和不信教公民团结，宣扬邪教、迷信的；

（五）危害社会公德，扰乱社会秩序，破坏社会稳定，宣扬淫秽、赌博、吸毒，渲染暴力、恐怖，教唆犯罪或者传授犯罪方法的；

（六）侵害未成年人合法权益或者损害未成年人身心健康的；

（七）侮辱、诽谤他人或者散布他人隐私，侵害他人合法权益的；

（八）法律、行政法规禁止的其他内容。

第十八条 专网及定向传播视听节目服务单位传播的电影、电视剧、动画片、纪录片等节目，应当符合国家广播电影电视相关管理规定。专网及定向传播视听节目服务单位传播的时政类视听新闻节目，应当是地（市）级以上广播电视播出机构制作、播出的新闻节目。

专网及定向传播视听节目服务单位不得转播、链接、聚合、集成非法广播电视频道节目、非法视听节目网站的节目和未取得内容提供服务许可的单位开办的节目。

专网及定向传播视听节目服务单位应当遵守著作权法律、行政法规的规定，采取版权保护措施，保护著作权人的合法权益。

第十九条 内容提供服务单位，负责建设和运营内容提供平台，组织、编辑和审核节目内容。

内容提供服务单位播出的节目应当经过集成播控服务单位设立的集成播控平台统一集成后提供给用户。内容提供服务单位应当选择依法取得集成播控服务许可的单位提供接入服务。

第二十条 内容提供服务单位负责审查其内容提供平台上的节目是否符合本规定第十七条的规定和版权管理要求，并进行播前审查。

内容提供服务单位应当建立健全节目审查、安全播出等节目内容管理制度，配备专业节目审查人员。所播出节目的名称、内容概要、播出时间、时长、来源等信息，应当至少保留六十日，并配合广播电视行政部门依法查询。

内容提供服务单位发现含有违反本规定的节目，应当立即删除并保存有关记录，并向广播电视行政部门报告，落实广播电视行政部门的管理要求。

第二十一条 集成播控服务单位，负责集成播控平台的建设和运营，负责对内容提供服务单位播出的节目的统一集成和播出监控，负责电子节目指南（EPG）、用户端、计费、版权等管理。

集成播控服务单位发现接入集成播控平台的节目含有违反本规定的内容时，应当立即切断节目源，并向广播电视行政部门报告。

第二十二条 集成播控服务单位应当建立健全安全播控管理制度，采取技术安全管控措施，配备专业安全播控管理人员，按照广播电视行政部门的管理规定集成播控节目。

集成播控服务单位在提供接入服务时，应当查验内容提供服务单位的《信息网络传播视听节目许可证》，并为其提供优质的信号接入服务，不得擅自插播、截留、变更内容提供服务单位播出的节目信号。

第二十三条 集成播控服务单位和内容提供服务单位应当在播出界面显著位置标注国家广播电视总局批准的播出标识、名称。

第二十四条 传输分发服务单位应当遵守广播电视行政部门有关安全传输的管理规定，建立健全安全传输管理制度，保障网络传输安全。

传输分发服务单位在提供传输分发服务前，应当查验集成播控服务单位的《信息网络传播视听节目许可证》。不得擅自插播、截留、变更集成播控平台发出的节目信号和电子节目指南（EPG）、用户端、计费、版权等控制信号。

第二十五条 省、自治区、直辖市以上人民政府广播电视行政部门应当建立健全节目监管系统，建立公众监督举报制度，加强对专网及定向传播视听节目服务的监督管理。

广播电视行政部门发现专网及定向传播视听节目服务单位未及时处置违法违规内容、落实监管措施的，可以对其主要负责人、法定代表人、总编辑进行约谈。

第四章 法律责任

第二十六条 擅自从事专网及定向传播视听节目服务的，由县级以上人民政府广播电视行政部门予以警告、责令改正，可并处三万元以下罚款；情节严重的，根据《广播电视管理条例》第四十七条的规定予以处罚。

第二十七条 专网及定向传播视听节目服务单位传播的节目内容违反本规定的，由县级以上人民政府广播电视行政部门予以警告、责令改正，可并处三万元以下罚款；情节严重的，根据《广播电视管理条例》第四十九条的规定予以处罚。

第二十八条 违反本规定，有下列行为之一的，由县级以上人民政府广播电视行政部门予以警告、责令改正，可并处三万元以下罚款；情节严重的，根据《广播电视管理条例》第五十条的规定予以处罚：

（一）未按照《信息网络传播视听节目许可证》载明的事项从事专网及定向传播视听节目服务的；

（二）违规传播时政类视听新闻节目的；

（三）集成播控服务单位未对内容提供服务单位播出的节目进行统一集成和播出监控或者未负责电子节目指南（EPG）、用户端、计费、版权等管理的。

第二十九条 违反本规定，有下列行为之一的，由县级以上人民政府广播电视行政部门予以警告、责令改正，可并处三万元以下罚款；情节严重的，根据《广播电视管理条例》第五十一条的规定予以处罚：

（一）专网及定向传播视听节目服务单位转播、链接、聚合、集成非法广播电视频道节目、非法视听节目网站的节目和未取得内容提供服务许可的单位开办的节目的；

（二）集成播控服务单位擅自插播、截留、变更内容提供服务单位播出的节目信号的；

（三）传输分发服务单位擅自插播、截留、变更集成播控平台发出的节目信号和电子节目指南（EPG）、用户端、计费、版权等控制信号的。

第三十条 违反本规定，有下列行为之一的，由县级以上人民政府广播电视行政部门予以警告、责令改正，可并处三万元以下罚款；同时，可对其主要出资者和经营者予以警告，可并处两万元以下罚款：

（一）变更股东、股权结构等重大事项，未事先办理审批手续的；

（二）专网及定向传播视听节目服务单位的单位名称、办公场所、法定代表人依法变更后未及时向原发证机关备案的；

（三）未按本规定要求，将拟增加的新产品或者开展的新业务报国家广播电视总局进行安全评估的；

（四）采用合资、合作模式开展节目生产购销、广告投放、市场推广、商业合作、收付结算、技术服务等经营性业务未及时向原发证机关备案的；

（五）集成播控服务单位和传输分发服务单位在提供服务时未履行许可证查验义务的；

（六）未按本规定要求建立健全与国家网络信息安全相适应的安全播控、节目内容、安全传输等管理制度、保障体系的；

（七）集成播控服务单位和内容提供服务单位未在播出界面显著位置标注播出标识、名称的；

（八）内容提供服务单位未采取版权保护措施，未保留节目播出信息或者未配合广播电视行政部门查询，以及发现含有违反本规定的节目时未及时删除并保存记录或者未报告广播电视行政部门的；

（九）集成播控服务单位发现接入集成播控平台的节目含有违反本规定的内容时未及时切断节目源或者未报告广播电视行政部门的；

（十）用于专网及定向传播视听节目服务的技术系统和终端产品不符合国家有关标准和技术规范的；

（十一）向未取得专网及定向传播视听节目服务许可的单位提供与专网及定向传播视听节目服务有关的服务器托管、网络传输、软硬件技术支持、代收费等服务的；

（十二）未向广播电视行政部门设立的节目监控系统提供必要的信号接入条件的；

（十三）专网及定向传播视听节目服务单位在同一年度内三次出现违规行为的；

（十四）拒绝、阻挠、拖延广播电视行政部门依法进行监督检查或者在监督检查过程中弄虚作假的；

（十五）以虚假证明、文件等手段骗取《信息网络传播视听节目许可证》的。

有前款第十五项行为的，发证机关应当撤销其《信息网络传播视听节目许可证》。

第三十一条 广播电视行政部门工作人员滥用职权、玩忽职守的，依法给予处分；构成犯罪的，依法追究刑事责任。

第五章 附　　则

第三十二条　制作、编辑、集成并通过互联网向公众提供视音频节目以及为他人提供上载传播视听节目服务的，由国家广播电视总局、工业和信息化部按照国家有关规定进行监督管理。

第三十三条　本规定自 2016 年 6 月 1 日起施行。2004 年 7 月 6 日国家广播电影电视总局发布的《互联网等信息网络传播视听节目管理办法》（国家广播电影电视总局令第 39 号）同时废止。

未成年人节目管理规定

（2019 年 3 月 29 日国家广播电视总局令第 3 号公布　根据 2021 年 10 月 8 日《国家广播电视总局关于第三批修改的部门规章的决定》修订）

第一章 总　　则

第一条　为了规范未成年人节目，保护未成年人身心健康，保障未成年人合法权益，教育引导未成年人，培育和弘扬社会主义核心价值观，根据《中华人民共和国未成年人保护法》、《广播电视管理条例》等法律、行政法规，制定本规定。

第二条　从事未成年人节目的制作、传播活动，适用本规定。

本规定所称未成年人节目，包括未成年人作为主要参与者或者以未成年人为主要接收对象的广播电视节目和网络视听节目。

第三条　从事未成年人节目制作、传播活动，应当以培养能够担当民族复兴大任的时代新人为着眼点，以培育和弘扬社会主义核心价值观为根本任务，弘扬中华优秀传统文化、革命文化和社会主义先进文化，坚持创新发展，增强原创能力，自觉保护未成年人合法权益，尊重未成年人发展和成长规律，促进未成年人健康成长。

第四条　未成年人节目管理工作应当坚持正确导向，注重保护尊重未成年人的隐私和人格尊严等合法权益，坚持教育保护并重，实行社会共治，防止未成年人节目出现商业化、成人化和过度娱乐化倾向。

第五条 国务院广播电视主管部门负责全国未成年人节目的监督管理工作。

县级以上地方人民政府广播电视主管部门负责本行政区域内未成年人节目的监督管理工作。

第六条 广播电视和网络视听行业组织应当结合行业特点，依法制定未成年人节目行业自律规范，加强职业道德教育，切实履行社会责任，促进业务交流，维护成员合法权益。

第七条 广播电视主管部门对在培育和弘扬社会主义核心价值观、强化正面教育、贴近现实生活、创新内容形式、产生良好社会效果等方面表现突出的未成年人节目，以及在未成年人节目制作、传播活动中做出突出贡献的组织、个人，按照有关规定予以表彰、奖励。

第二章 节目规范

第八条 国家支持、鼓励含有下列内容的未成年人节目的制作、传播：

（一）培育和弘扬社会主义核心价值观；

（二）弘扬中华优秀传统文化、革命文化和社会主义先进文化；

（三）引导树立正确的世界观、人生观、价值观；

（四）发扬中华民族传统家庭美德，树立优良家风；

（五）符合未成年人身心发展规律和特点；

（六）保护未成年人合法权益和情感，体现人文关怀；

（七）反映未成年人健康生活和积极向上的精神面貌；

（八）普及自然和社会科学知识；

（九）其他符合国家支持、鼓励政策的内容。

第九条 未成年人节目不得含有下列内容：

（一）渲染暴力、血腥、恐怖，教唆犯罪或者传授犯罪方法；

（二）除健康、科学的性教育之外的涉性话题、画面；

（三）肯定、赞许未成年人早恋；

（四）诋毁、歪曲或者以不当方式表现中华优秀传统文化、革命文化、社会主义先进文化；

（五）歪曲民族历史或者民族历史人物，歪曲、丑化、亵渎、否定英雄烈士事迹和精神；

（六）宣扬、美化、崇拜曾经对我国发动侵略战争和实施殖民统治的国家、事件、人物；

（七）宣扬邪教、迷信或者消极颓废的思想观念；

（八）宣扬或者肯定不良的家庭观、婚恋观、利益观；

（九）过分强调或者过度表现财富、家庭背景、社会地位；

（十）介绍或者展示自杀、自残和其他易被未成年人模仿的危险行为及游戏项目等；

（十一）表现吸毒、滥用麻醉药品、精神药品和其他违禁药物；

（十二）表现吸烟、售烟和酗酒；

（十三）表现违反社会公共道德、扰乱社会秩序等不良举止行为；

（十四）渲染帮会、黑社会组织的各类仪式；

（十五）宣传、介绍不利于未成年人身心健康的网络游戏；

（十六）法律、行政法规禁止的其他内容。

以科普、教育、警示为目的，制作、传播的节目中确有必要出现上述内容的，应当根据节目内容采取明显图像或者声音等方式予以提示，在显著位置设置明确提醒，并对相应画面、声音进行技术处理，避免过分展示。

第十条　不得制作、传播利用未成年人或者未成年人角色进行商业宣传的非广告类节目。

制作、传播未成年人参与的歌唱类选拔节目、真人秀节目、访谈脱口秀节目应当符合国务院广播电视主管部门的要求。

第十一条　广播电视播出机构、网络视听节目服务机构、节目制作机构应当根据不同年龄段未成年人身心发展状况，制作、传播相应的未成年人节目，并采取明显图像或者声音等方式予以提示。

第十二条　邀请未成年人参与节目制作，应当事先经其法定监护人同意。不得以恐吓、诱骗或者收买等方式迫使、引诱未成年人参与节目制作。

制作未成年人节目应当保障参与制作的未成年人人身和财产安全，以及充足的学习和休息时间。

第十三条　未成年人节目制作过程中，不得泄露或者质问、引诱未成年人泄露个人及其近亲属的隐私信息，不得要求未成年人表达超过其判断能力的观点。

对确需报道的未成年人违法犯罪案件，不得披露犯罪案件中未成年人当事人的姓名、住所、照片、图像等个人信息，以及可能推断出未成年人当事人身份的资料。对于不可避免含有上述内容的画面和声音，应当采取技术处理，达到不可识别的标准。

第十四条 邀请未成年人参与节目制作，其服饰、表演应当符合未成年人年龄特征和时代特点，不得诱导未成年人谈论名利、情爱等话题。

未成年人节目不得宣扬童星效应或者包装、炒作明星子女。

第十五条 未成年人节目应当严格控制设置竞赛排名，不得设置过高物质奖励，不得诱导未成年人现场拉票或者询问未成年人失败退出的感受。

情感故事类、矛盾调解类等节目应当尊重和保护未成年人情感，不得就家庭矛盾纠纷采访未成年人，不得要求未成年人参与节目录制和现场调解，避免未成年人亲眼目睹家庭矛盾冲突和情感纠纷。

未成年人节目不得以任何方式对未成年人进行品行、道德方面的测试，放大不良现象和非理性情绪。

第十六条 未成年人节目的主持人应当依法取得职业资格，言行妆容不得引起未成年人心理不适，并在节目中切实履行引导把控职责。

未成年人节目设置嘉宾，应当按照国务院广播电视主管部门的规定，将道德品行作为首要标准，严格遴选、加强培训，不得选用因丑闻劣迹、违法犯罪等行为造成不良社会影响的人员，并提高基层群众作为节目嘉宾的比重。

第十七条 国产原创未成年人节目应当积极体现中华文化元素，使用外国的人名、地名、服装、形象、背景等应当符合剧情需要。

未成年人节目中的用语用字应当符合有关通用语言文字的法律规定。

第十八条 未成年人节目前后播出广告或者播出过程中插播广告，应当遵守下列规定：

（一）未成年人专门频率、频道、专区、链接、页面不得播出医疗、药品、保健食品、医疗器械、化妆品、酒类、美容广告、不利于未成年人身心健康的网络游戏广告，以及其他不适宜未成年人观看的广告，其他未成年人节目前后不得播出上述广告；

（二）针对不满十四周岁的未成年人的商品或者服务的广告，不得含有劝诱其要求家长购买广告商品或者服务、可能引发其模仿不安全行为的内容；

（三）不得利用不满十周岁的未成年人作为广告代言人；

（四）未成年人广播电视节目每小时播放广告不得超过12分钟；

（五）未成年人网络视听节目播出或者暂停播出过程中，不得插播、展示广告，内容切换过程中的广告时长不得超过30秒。

第三章 传 播 规 范

第十九条 未成年人专门频率、频道应当通过自制、外购、节目交流等多种方式，提高制作、播出未成年人节目的能力，提升节目质量和频率、频道专业化水平，满足未成年人收听收看需求。

网络视听节目服务机构应当以显著方式在显著位置对所传播的未成年人节目建立专区，专门播放适宜未成年人收听收看的节目。

未成年人专门频率频道、网络专区不得播出未成年人不宜收听收看的节目。

第二十条 广播电视播出机构、网络视听节目服务机构对所播出的录播或者用户上传的未成年人节目，应当按照有关规定履行播前审查义务；对直播节目，应当采取直播延时、备用节目替换等必要的技术手段，确保所播出的未成年人节目中不得含有本规定第九条第一款禁止内容。

第二十一条 广播电视播出机构、网络视听节目服务机构应当建立未成年人保护专员制度，安排具有未成年人保护工作经验或者教育背景的人员专门负责未成年人节目、广告的播前审查，并对不适合未成年人收听收看的节目、广告提出调整播出时段或者暂缓播出的建议，暂缓播出的建议由有关节目审查部门组织专家论证后实施。

第二十二条 广播电视播出机构、网络视听节目服务机构在未成年人节目播出过程中，应当至少每隔30分钟在显著位置发送易于辨认的休息提示信息。

第二十三条 广播电视播出机构在法定节假日和学校寒暑假每日8：00至23：00，以及法定节假日和学校寒暑假之外时间每日15：00至22：00，播出的节目应当适宜所有人群收听收看。

未成年人专门频率频道全天播出未成年人节目的比例应当符合国务院广播电视主管部门的要求，在每日17：00-22：00之间应当播出国产动画片或者其他未成年人节目，不得播出影视剧以及引进节目，确需在这一时段播出优秀未成年人影视剧的，应当符合国务院广播电视主管部门的要求。

未成年人专门频率频道、网络专区每日播出或者可供点播的国产动画片和引进动画片的比例应当符合国务院广播电视主管部门的规定。

第二十四条 网络用户上传含有未成年人形象、信息的节目且未经未成年人法定监护人同意的，未成年人的法定监护人有权通知网络视听节目服务机构采取删除、屏蔽、断开链接等必要措施。网络视听节目服务机构接到通知并确认其身份后应当及时采取相关措施。

第二十五条 网络视听节目服务机构应当对网络用户上传的未成年人节目建立公众监督举报制度。在接到公众书面举报后经审查发现节目含有本规定第九条第一款禁止内容或者属于第十条第一款禁止节目类型的，网络视听节目服务机构应当及时采取删除、屏蔽、断开链接等必要措施。

第二十六条 广播电视播出机构、网络视听节目服务机构应当建立由未成年人保护专家、家长代表、教师代表等组成的未成年人节目评估委员会，定期对未成年人节目、广告进行播前、播中、播后评估。必要时，可以邀请未成年人参加评估。评估意见应当作为节目继续播出或者调整的重要依据，有关节目审查部门应当对是否采纳评估意见作出书面说明。

第二十七条 广播电视播出机构、网络视听节目服务机构应当建立未成年人节目社会评价制度，并以适当方式及时公布所评价节目的改进情况。

第二十八条 广播电视播出机构、网络视听节目服务机构应当就未成年人保护情况每年度向当地人民政府广播电视主管部门提交书面年度报告。

评估委员会工作情况、未成年人保护专员履职情况和社会评价情况应当作为年度报告的重要内容。

第四章 监督管理

第二十九条 广播电视主管部门应当建立健全未成年人节目监听监看制度，运用日常监听监看、专项检查、实地抽查等方式，加强对未成年人节目的监督管理。

第三十条 广播电视主管部门应当设立未成年人节目违法行为举报制度，公布举报电话、邮箱等联系方式。

任何单位或者个人有权举报违反本规定的未成年人节目。广播电视主管部门接到举报，应当记录并及时依法调查、处理；对不属于本部门职责范围的，应当及时移送有关部门。

第三十一条　全国性广播电视、网络视听行业组织应当依据本规定，制定未成年人节目内容审核具体行业标准，加强从业人员培训，并就培训情况向国务院广播电视主管部门提交书面年度报告。

第五章　法律责任

第三十二条　违反本规定，制作、传播含有本规定第九条第一款禁止内容的未成年人节目的，或者在以科普、教育、警示为目的制作的节目中，包含本规定第九条第一款禁止内容但未设置明确提醒、进行技术处理的，或者制作、传播本规定第十条禁止的未成年人节目类型的，依照《广播电视管理条例》第四十九条的规定予以处罚。

第三十三条　违反本规定，播放、播出广告的时间超过规定或者播出国产动画片和引进动画片的比例不符合国务院广播电视主管部门规定的，依照《广播电视管理条例》第五十条的规定予以处罚。

第三十四条　违反本规定第十一条至第十七条、第十九条至第二十二条、第二十三条第一款和第二款、第二十四条至第二十八条的规定，由县级以上人民政府广播电视主管部门责令限期改正，给予警告，可以并处三万元以下的罚款。

违反第十八条第一项至第三项的规定，由有关部门依法予以处罚。

第三十五条　广播电视节目制作经营机构、广播电视播出机构、网络视听节目服务机构违反本规定，其主管部门或者有权处理单位，应当依法对负有责任的主管人员或者直接责任人员给予处分、处理；造成严重社会影响的，广播电视主管部门可以向被处罚单位的主管部门或者有权处理单位通报情况，提出对负有责任的主管人员或者直接责任人员的处分、处理建议，并可函询后续处分、处理结果。

第三十六条　广播电视主管部门工作人员滥用职权、玩忽职守、徇私舞弊或者未依照本规定履行职责的，对负有责任的主管人员和直接责任人员依法给予处分。

第六章 附　　则

第三十七条　本规定所称网络视听节目服务机构，是指互联网视听节目服务机构和专网及定向传播视听节目服务机构。

本规定所称学校寒暑假是指广播电视播出机构所在地、网络视听节目服务机构注册地教育行政部门规定的时间段。

第三十八条　未构成本规定所称未成年人节目，但节目中含有未成年人形象、信息等内容，有关内容规范和法律责任参照本规定执行。

第三十九条　本规定自2019年4月30日起施行。

广播电视节目传送业务管理办法

（2022年9月22日国家广播电视总局局务会议审议通过　2022年9月26日国家广播电视总局令第12号公布　自公布之日起施行）

第一章　总　　则

第一条　为了加强广播电视节目传送业务管理，规范广播电视节目传送秩序，制定本办法。

第二条　本办法所称广播电视节目传送业务，是指利用有线方式从事广播电视节目传输和接入服务的活动。

第三条　国家广播电视总局（以下简称广电总局）负责全国广播电视节目传送业务的管理。

县级以上人民政府广播电视主管部门负责本行政区域内广播电视节目传送业务的管理。

第四条　国家对广播电视节目传送业务实行许可制度。

第二章　业务许可

第五条　利用有线方式从事广播电视节目传送业务，应当按本办法规定领取

《广播电视节目传送业务经营许可证》。

利用无线、微波、卫星等其他方式从事广播电视节目传送业务,应当按照国家有关规定办理相关审批手续。

第六条 下列机构可以申请《广播电视节目传送业务经营许可证》:

(一)经批准设立的广播电视播出机构;

(二)有线广播电视网络运营服务机构。

第七条 禁止外商投资的机构从事广播电视节目传送业务。

第八条 申请《广播电视节目传送业务经营许可证》,应当具备下列条件:

(一)符合国家广播电视节目传送业务总体规划和业务要求;

(二)具有确保广播电视节目安全传送所需的设备、技术、人员及相关管理制度;

(三)资费标准符合国家有关规定;

(四)有从事经营活动的场所及相应网络资源;

(五)有长期提供传送服务的信誉和能力;

(六)有合法的广播电视节目信号来源;

(七)其他法律、行政法规规定的条件。

第九条 申请《广播电视节目传送业务经营许可证》,应当提交下列材料:

(一)有线电视网络建设及覆盖情况、传送内容(应写明具体频道、节目名称)、传送范围、技术手段、传送方式等内容的说明。

(二)申办机构基本情况。申办机构为企业单位的,应当提供股东背景情况的说明。

(三)《广播电视节目传送业务经营许可证》申请表。

(四)从事广播电视节目传送业务的技术方案、运营方案、管理制度。

(五)广播电视节目安全传送方案。

(六)广播电视节目信号来源相关材料。

第十条 申请利用有线方式跨省级行政区域从事广播电视节目传送业务的,应当向广电总局提出申请,并提交符合本办法第九条规定的申报材料,由广电总局审批。

申请利用有线方式在省级行政区域内从事广播电视节目传送业务的,应当向省级人民政府广播电视主管部门提出申请,并提交符合本办法第九条规定的申报材料，由省级人民政府广播电视主管部门审批。

第十一条 负责受理的广播电视主管部门应当按照行政许可法规定的期限和权限，履行受理、审核职责。广播电视主管部门应当自受理之日起二十日内，作出许可或者不予许可的决定。二十日内不能作出决定的，经本机关负责人批准，可以延长十日，并应当将延长期限的理由告知申请机构。需要组织专家评审的，评审期限为三十日。

广播电视主管部门对符合法定条件的，予以许可，颁发《广播电视节目传送业务经营许可证》；对依法作出不予许可决定的，应当书面通知申请机构并说明理由。

第十二条《广播电视节目传送业务经营许可证》包含传送内容、传送范围、技术手段、传送方式等事项，有效期为三年，自颁发之日起计算。有效期满需继续从事广播电视节目传送业务的，应当在许可证有效期届满六十日前，按照本办法第六条、第八条、第九条、第十条规定提出延续申请，经广播电视主管部门审核同意后换发许可证。经审核不符合延续条件的，不予换证。

持证机构应当按照许可证载明的事项从事广播电视节目传送业务。

第十三条 持证机构变更股东、持股比例，许可证载明的传送内容、传送范围、传送载体、技术手段，以及停止从事广播电视节目传送业务，应当按照本办法规定提前六十日报广播电视主管部门批准。国家对停止从事传送业务有其他规定的，还应当按照有关规定执行。

持证机构营业场所、法定代表人发生变更的，应当自变更之日起三十日内向原发证机关备案。

第三章 传送管理

第十四条 从事广播电视节目传送业务的机构应当在《广播电视频道播出许可证》规定的传输覆盖范围内传送频道节目。

第十五条 广播电视播出机构不得通过未获得广播电视节目传送业务许可的机构传送其节目信号。

第十六条 从事广播电视节目传送业务的机构不得利用所拥有的网络或者频率资源擅自开办广播电视节目，不得为非法开办的节目以及来源非法的广播电视节目信号提供传送服务，不得擅自传送境外卫星电视节目。

第十七条　禁止传送含有下列内容的广播电视节目信号：

（一）违反宪法确定的基本原则，煽动抗拒或者破坏宪法、法律、法规实施；

（二）危害国家统一、主权和领土完整；

（三）泄露国家秘密、危害国家安全或者损害国家尊严、荣誉和利益；

（四）诋毁优秀民族文化传统，煽动民族仇恨、民族歧视，侵害民族风俗习惯，歪曲民族历史或者民族历史人物，伤害民族感情，破坏民族团结；

（五）违背国家宗教政策，宣扬邪教、迷信；

（六）危害社会公德，扰乱社会秩序，破坏社会稳定，宣扬淫秽、赌博、吸毒，渲染暴力、恐怖，教唆犯罪或者传授犯罪方法；

（七）侵害未成年人合法权益或者损害未成年人身心健康；

（八）侮辱、诽谤他人或者散布他人隐私，侵害他人合法权益；

（九）法律、行政法规禁止的其他内容。

第十八条　从事广播电视节目传送业务的机构不得擅自在所传送的节目中插播其他节目、资料、图像、文字及其他信息。

第十九条　从事广播电视节目传送业务的机构应当完整传送广电总局规定必须传送的广播电视节目。

第二十条　从事广播电视节目传送业务的机构应当提供长期、稳定的服务。

第二十一条　从事广播电视节目传送业务的机构应当向广播电视主管部门设立的监测机构提供所传送节目的完整信号，不得干扰、阻碍监测活动。

第四章　罚　　则

第二十二条　违反本办法规定，擅自从事广播电视节目传送业务的，由县级以上人民政府广播电视主管部门没收其从事违法活动的设备，并处投资总额1倍以上2倍以下的罚款；构成犯罪的，依法追究刑事责任。

第二十三条　违反本办法规定，有下列行为之一的，由县级以上人民政府广播电视主管部门责令停止违法活动，给予警告，没收违法所得，可以并处二万元以下罚款。构成犯罪的，依法追究刑事责任：

（一）未完整传送广电总局规定必须传送的广播电视节目的；

（二）擅自在所传送的节目中插播节目、资料、图像、文字及其他信息的；

（三）未按照许可证载明事项从事传送业务的；

（四）持证机构变更股东、持股比例，许可证载明的传送内容、传送范围、传送载体、技术手段，以及停止从事广播电视节目传送业务，未办理审批手续的；

（五）未向广播电视主管部门设立的监测机构提供所传送节目的完整信号，或者干扰、阻碍监测活动的。

第二十四条 违反本办法规定，有下列行为之一的，由县级以上人民政府广播电视主管部门责令停止违法活动，给予警告，没收违法所得，可以并处二万元以下罚款；情节严重的，由原发证机关吊销许可证。构成犯罪的，依法追究刑事责任：

（一）擅自开办广播电视节目的；

（二）为非法开办的节目以及非法来源的广播电视节目信号提供传送服务；

（三）擅自传送境外卫星电视节目的。

第五章　附　　则

第二十五条 本办法所称"十日""二十日""三十日"，是指工作日，不包括法定节假日。

第二十六条 本办法自公布之日起施行。《广播电视节目传送业务管理办法》（国家广播电影电视总局令第33号）同时废止。

广播电视节目制作经营管理规定

（2004年7月19日国家广播电影电视总局令第34号　根据2015年8月28日《国家新闻出版广电总局关于修订部分规章和规范性文件的决定》第一次修订　根据2020年10月29日《国家广播电视总局关于第一批废止和修改的部门规章的决定》第二次修订　根据2025年6月3日《国家广播电视总局关于修改〈广播电视节目制作经营管理规定〉的决定》第三次修订）

第一章　总　　则

第一条 为坚持广播电视节目正确导向，促进广播电视节目制作产业繁荣发展，服务社会主义物质文明和精神文明建设，根据国家有关法律、法规，制定本规定。

第二条 本规定适用于设立广播电视节目制作经营机构或从事专题、专栏、综艺、动画片、广播剧、电视剧等广播电视节目的制作和节目版权的交易、代理交易等活动的行为。

专门从事广播电视广告节目制作的机构，其设立及经营活动根据《广告法》等有关法律、法规管理。

第三条 国家广播电视总局（以下简称广电总局）负责制定全国广播电视节目制作产业的发展规划、布局和结构，管理、指导、监督全国广播电视节目制作经营活动。

县级以上地方广播电视行政部门负责本行政区域内广播电视节目制作经营活动的管理工作。

第四条 国家对设立广播电视节目制作经营机构或从事广播电视节目制作经营活动实行许可制度。

设立广播电视节目制作经营机构或从事广播电视节目制作经营活动应当取得《广播电视节目制作经营许可证》。

第五条 国家鼓励境内社会组织、企事业机构（不含在境内设立的外商独资企业或中外合资、合作企业）设立广播电视节目制作经营机构或从事广播电视节目制作经营活动。

第二章　节目制作经营业务许可

第六条 申请《广播电视节目制作经营许可证》应当符合国家有关广播电视节目制作产业发展规划、布局和结构，并具备下列条件：

（一）具有独立法人资格，有符合国家法律、法规规定的机构名称、组织机构和章程；

（二）有适应业务范围需要的广播电视及相关专业人员和工作场所；

（三）在申请之日前三年，其法定代表人无违法违规记录或机构无被吊销过《广播电视节目制作经营许可证》的记录；

（四）法律、行政法规规定的其它条件。

第七条 申请《广播电视节目制作经营许可证》，申请机构应当向审批机关同时提交以下材料：

（一）申请报告；

（二）广播电视节目制作经营机构章程；

（三）《广播电视节目制作经营许可证》申领表；

（四）主要人员材料：

1. 法定代表人身份证明（复印件）及简历；

2. 主要管理人员（不少于三名）的广播电视及相关专业简历、业绩或曾参加相关专业培训等材料。

（五）办公场地证明；

（六）企事业单位执照或工商行政部门的企业名称核准件。

第八条 在京的中央单位及其直属机构申请《广播电视节目制作经营许可证》，报广电总局审批；其它机构申请《广播电视节目制作经营许可证》，向所在地广播电视行政部门提出申请，经逐级审核后，报省级广播电视行政部门审批。

审批机关应当自收到齐备的申请材料之日起十五日内，作出许可或者不予许可的决定。对符合条件的，予以许可，颁发《广播电视节目制作经营许可证》；对不符合条件的，不予许可，书面通知申请机构并说明理由。

省级广播电视行政部门应当在作出许可或者不予许可决定之日起的一周内，将审批情况报广电总局备案。

《广播电视节目制作经营许可证》由广电总局统一印制。有效期为两年。

第九条 经批准取得《广播电视节目制作经营许可证》的企业，凭许可证到工商行政管理部门办理注册登记或业务增项手续。

第十条 已经取得《广播电视节目制作经营许可证》的机构需在其它省、自治区、直辖市设立具有独立法人资格的广播电视节目制作经营分支机构的，须按本规定第七条的规定，向分支机构所在地的省级广播电视行政部门另行申领《广播电视节目制作经营许可证》，并向原审批机关备案；设立非独立法人资格分支机构的，无须另行申领《广播电视节目制作经营许可证》。

第十一条 依法设立的广播电台、电视台制作经营广播电视节目无需另行申领《广播电视节目制作经营许可证》。

第三章 管　　理

　　第十二条　取得《广播电视节目制作经营许可证》的机构应严格按照许可证核准的制作经营范围开展业务活动。

　　广播电视时政新闻及同类专题、专栏等节目只能由广播电视播出机构制作，其它已取得《广播电视节目制作经营许可证》的机构不得制作时政新闻及同类专题、专栏等广播电视节目。

　　第十三条　广播电视节目制作经营活动必须遵守国家法律、法规和有关政策规定。禁止制作经营载有下列内容的节目：

　　（一）反对宪法确定的基本原则的；

　　（二）危害国家统一、主权和领土完整的；

　　（三）泄露国家秘密、危害国家安全或者损害国家荣誉和利益的；

　　（四）煽动民族仇恨、民族歧视，破坏民族团结，或者侵害民族风俗、习惯的；

　　（五）宣扬邪教、迷信的；

　　（六）扰乱社会秩序，破坏社会稳定的；

　　（七）宣扬淫秽、赌博、暴力或者教唆犯罪的；

　　（八）侮辱或者诽谤他人，侵害他人合法权益的；

　　（九）危害社会公德或者民族优秀文化传统的；

　　（十）有法律、行政法规和国家规定禁止的其它内容的。

　　第十四条　制作重大革命和历史题材电视剧、理论文献电视专题片等广播电视节目，须按照广电总局的有关规定执行。

　　第十五条　发行、播放电视剧、动画片等广播电视节目，应取得相应的发行许可。

　　不得发行、播放未取得广播电视节目制作经营许可的机构制作、发行的电视剧、动画片等广播电视节目。

　　第十六条　禁止以任何方式涂改、租借、转让、出售和伪造《广播电视节目制作经营许可证》。

　　第十七条　《广播电视节目制作经营许可证》载明的制作机构名称、法定代表人、地址和章程等发生变更，持证机构应报原发证机关履行变更审批手续；终止广播电视节目制作经营活动的，应在一周内到原发证机关办理注销手续。

第十八条 《广播电视节目制作经营许可证》的核发情况由广电总局向社会公告。

第四章 罚　　则

第十九条 违反本规定的，依照《广播电视管理条例》进行处罚。构成犯罪的，依法追究刑事责任。

第五章 附　　则

第二十条 本规定自2004年8月20日起施行。广播电影电视部《影视制作经营机构管理暂行规定》（广播电影电视部令第16号）、《电视剧制作许可证管理规定》（广播电影电视部令第17号）和广电总局《关于实行广播电视节目制作、发行行业准入制度的实施细则（试行）》（广发办字〔2001〕1476号）同时废止。

境外电视节目引进、播出管理规定

（2004年9月23日国家广播电影电视总局令第42号公布　自2004年10月23日起施行）

第一条 为规范引进、播出境外电视节目的管理，促进中外广播电视交流，满足人民群众精神文化生活的需要，根据《广播电视管理条例》，制定本规定。

第二条 本规定适用于境外电视节目的引进、播出活动。境外电视节目是指供电视台播出的境外电影、电视剧（电视动画片）（以下称境外影视剧）及教育、科学、文化等其他各类电视节目（以下称其他境外电视节目）。

不引进时事性新闻节目。

第三条 国家广播电影电视总局（以下称广电总局）负责境外影视剧引进和以卫星传送方式引进境外其他电视节目的审批工作。

省级广播电视行政部门受广电总局委托，负责本辖区内境外影视剧引进的初审工作和其他境外电视节目引进的审批和播出监管工作。

地（市）级广播电视行政部门负责本辖区内播出境外电视节目的监管工作。

第四条　未经广电总局和受其委托的广播电视行政部门审批的境外电视节目，不得引进、播出。

第五条　引进境外影视剧和以卫星传送方式引进其他境外电视节目，由广电总局指定的单位申报。

第六条　广电总局对引进境外影视剧的总量、题材和产地等进行调控和规划。

第七条　引进境外影视剧和以卫星传送方式引进其他境外电视节目，应符合广电总局的总体规划和本规定第十五条的要求。

第八条　引进境外影视剧和以卫星传送方式引进其他境外电视节目，由引进单位向省级广播电视行政部门提出申请。

第九条　申请引进境外影视剧，应提交下列材料：

（一）《引进境外影视剧申请表》（申请表由广电总局统一制定，省级广播电视行政部门凭样本印制使用）；

（二）引进合同（中外文）；

（三）版权证明（中外文）；

（四）具备完整的图像、声音、时码的大 1/2 录像带一套；

（五）每集不少于 300 字的剧情梗概；

（六）与样带字幕一致的片头、片尾中外文字幕。

第十条　申请以卫星传送方式引进其他境外电视节目，应提交下列材料：

（一）《引进其他境外电视节目申请表》（申请表由广电总局统一制定，省级广播电视行政部门凭样本印制使用）；

（二）引进合同（中外文）；

（三）版权证明。

第十一条　引进境外影视剧和以卫星传送方式引进其他境外电视节目的，省级广播电视行政部门正式受理申请后，应在行政许可法规定的期限内作出详细、明确的初审意见，报广电总局审查批准。

广电总局正式受理申请后，在行政许可法规定的期限内作出同意或不同意引进的行政许可决定。其中，引进境外影视剧的审查需要另行组织专家评审，评审时间为三十日。同意引进的，发给《电视剧（电视动画片）发行许可证》或同意以卫星传送方式引进其他境外电视节目的批复；不同意引进的，应当书面通知引进单位并说明理由。

第十二条 同意以卫星传送方式引进其他境外电视节目的，引进单位凭广电总局批复办理《接收卫星传送的电视节目许可证》等相关手续。

第十三条 地（市）级电视台、省级电视台申请引进其他境外电视节目，报省级广播电视行政部门审查批准；题材涉及重大、敏感内容的，由省级广播电视行政部门报广电总局审批。

第十四条 引进其他境外电视节目，应提交下列申请材料：

（一）《引进其他境外电视节目申请表》（申请表由广电总局统一制定，地（市）级以上广播电视行政部门凭样本印制使用）；

（二）引进单位对节目内容的审查意见；

（三）引进合同（中外文）；

（四）版权证明。

省级广播电视行政部门正式受理申请后，应在行政许可法规定的期限内作出行政许可决定。同意引进的，发给相关的批准文件；不同意引进的，应当书面通知送审单位并说明理由。

第十五条 引进境外电视节目应严格把握导向和格调，确保内容健康、制作精良。

境外电视节目中不得载有以下内容：

（一）反对中国宪法确定的基本原则的；

（二）危害中国国家统一、主权和领土完整的；

（三）泄露中国国家秘密、危害中国国家安全或者损害中国荣誉和利益的；

（四）煽动中国民族仇恨、民族歧视，破坏中国民族团结，或者侵害中国民族风俗、习惯的；

（五）宣扬邪教、迷信的；

（六）扰乱中国社会秩序，破坏中国社会稳定的；

（七）宣扬淫秽、赌博、暴力或者教唆犯罪的；

（八）侮辱或者诽谤他人，侵害他人合法权益的；

（九）危害中国社会公德或者中国民族优秀文化传统的；

（十）其他违反中国法律、法规、规章规定的内容。

第十六条 省级广播电视行政部门应于每季度第一周将上季度本辖区引进其他境外电视节目的情况报广电总局备案。

第十七条 经批准引进的其他境外电视节目，应当重新包装、编辑，不得直接作为栏目在固定时段播出。节目中不得出现境外频道台标或相关文字的画面，不得出现宣传境外媒体频道的广告等类似内容。

第十八条 电视台播出境外影视剧，应在片头标明发行许可证编号。各电视频道每天播出的境外影视剧，不得超过该频道当天影视剧总播出时间的百分之二十五；每天播出的其他境外电视节目，不得超过该频道当天总播出时间的百分之十五。

未经广电总局批准，不得在黄金时段（19：00—22：00）播出境外影视剧。

第十九条 违反本规定的，依据《广播电视管理条例》予以处罚。构成犯罪的，依法追究刑事责任。

第二十条 本规定自 2004 年 10 月 23 日起施行。广播电影电视部《关于引进、播出境外电视节目的管理规定》（广播电影电视部令第 10 号）同时废止。

国家广播电视总局办公厅关于进一步加强文艺节目及其人员管理的通知

（2021 年 9 月 2 日　广电办发〔2021〕267 号）

各省、自治区、直辖市广播电视局，新疆生产建设兵团文化体育广电和旅游局，中央广播电视总台办公厅、电影频道节目中心、中国教育电视台：

近年来，广播电视和网络视听文艺节目坚持讲品位讲格调讲责任、抵制低俗庸俗媚俗，不断推出优秀作品，满足人民群众精神文化需要。为进一步加强管理，从严整治艺人违法失德、"饭圈"乱象等问题，旗帜鲜明树立爱党爱国、崇德尚艺的行业风气，现就有关事项通知如下：

一、**坚决抵制违法失德人员**。广播电视机构和网络视听平台在节目演员和嘉宾选用上要严格把关，坚持把政治素养、道德品行、艺术水准、社会评价作为选用标准。政治立场不正确、与党和国家离心离德的人员坚决不用；违反法律法规、冲击社会公平正义底线的人员坚决不用；违背公序良俗、言行失德失范的人员坚决不用。

二、**坚决反对唯流量论**。广播电视机构和网络视听平台不得播出偶像养成类节目，不得播出明星子女参加的综艺娱乐及真人秀节目。选秀类节目要严格控制投票环节设置，不得设置场外投票、打榜、助力等环节和通道，严禁引导、鼓励粉丝以购物、充会员等物质化手段变相花钱投票，坚决抵制不良"饭圈"文化。

三、**坚决抵制泛娱乐化**。坚定文化自信，大力弘扬中华优秀传统文化、革命文化、社会主义先进文化。树立节目正确审美导向，严格把握演员和嘉宾选用、表演风格、服饰妆容等，坚决杜绝"娘炮"等畸形审美。坚决抵制炒作炫富享乐、绯闻隐私、负面热点、低俗"网红"、无底线审丑等泛娱乐化倾向。

四、**坚决抵制高价片酬**。严格执行演员和嘉宾片酬规定，严格片酬管理告知承诺制度。倡导鼓励演员和嘉宾担当社会责任，参与公益性节目。严肃惩戒片酬违规、"阴阳合同"、偷逃税行为。

五、**切实加强从业人员管理**。严格执行主持人持证上岗，规范主持人参加社会活动和网络信息发布。加强从业人员政治素质培养，深入开展马克思主义新闻观、文艺观教育，始终坚定人民立场、坚守人民情怀。完善职业道德规范，加强职业道德建设，自觉抵制名利诱惑，不得利用职业身份和个人知名度谋取不当利益，自觉接受社会监督，做社会公德的示范者、正能量的建设者。

六、**开展专业权威文艺评论**。坚持正确政治方向、舆论导向、价值取向，弘扬真善美、批驳假恶丑，充分发挥价值引导、精神引领、审美启迪作用。把社会效益、社会价值放在首位，把思想精深、艺术精湛、制作精良统一起来，严肃客观评价节目。科学看待收视率、点击率等量化指标，加大"中国视听大数据"推广应用力度。

七、**充分发挥行业组织作用**。广播电视、网络视听行业协会等社会组织要进一步完善行业规范和自律公约，积极开展道德评议。加强思想政治、职业道德等教育培训，建立常态化培训机制，优化教学内容，强化案例教学，以案说法、以案示法。对行业不良现象、反面典型旗帜鲜明发声批评，坚决反对圈子文化和行业陋习，正本清源，维护行业良好风气。

八、**切实履行管理职责**。广播电视行政部门要提高政治站位，认真落实意识

359

形态工作责任制，进一步压紧压实属地管理责任、主管主办责任和主体责任，把好文艺节目导向关、内容关、人员关、片酬关、宣传关。要重视倾听人民群众呼声，积极回应人民群众关切，对违法失德、造星炒星、泛娱乐化、"流量至上"等坚决说"不"，让主旋律和正能量充盈广播电视和网络视听空间。

特此通知。

国家广播电视总局网络视听节目管理司、中共中央宣传部出版局 关于加强网络视听节目平台游戏直播管理的通知

（2022年4月12日 网函〔2022〕27号）

北京、上海、广东、湖北省（市）新闻出版局、广播电视局：

一段时间以来，网络直播乱象、青少年沉迷游戏等问题引起社会广泛关注，亟需采取有力措施予以严格规范。根据《未成年人保护法》和网络直播、网络游戏等相关管理规定，现就有关工作通知如下：

1、**严禁网络视听平台传播违规游戏**。网络影视剧、网络综艺、网络直播、短视频等各类网络视听节目均不得直播未经主管部门批准的网络游戏，不得通过直播间等形式为各类平台的违规游戏内容进行引流。

2、**加强游戏直播内容播出管理**。各网络直播平台，特别是游戏直播平台应从内容设置、宣传互动等方面严格把关，加强对网络游戏直播节目的管理，切实把好导向关、内容关、宣传关，建立健全游戏直播节目相关的信息发布、跟帖评论、应急处置等管理制度，完善节目监看和舆情监测机制。

3、**加强游戏主播行为规范引导**。各平台应引导主播与用户文明互动、理性表达、合理消费，共同维护文明健康的网络视听生态环境。网络主播应坚持健康的格调品味，自觉摒弃低俗、庸俗、媚俗等低级趣味，自觉反对流量至上、畸形审美、"饭圈"乱象、拜金主义等不良现象，自觉抵制有损网络文明、有悖网络道德、有害网络和谐的行为。

4、**严禁违法失德人员利用直播发声出镜**。网络直播平台在主播和嘉宾选用上要严格把关，坚持把政治素养、道德品行、艺术水准、社会评价作为选用标

准。对政治立场不正确、违反法律法规、违背公序良俗的失德失范人员坚决不用。

5、督促网络直播平台建立并实行未成年人保护机制。 指导督促各游戏直播平台或开展游戏直播的网络平台设立未成年人防沉迷机制、采取有效手段确保"青少年模式"发挥实际效用，落实实名制要求，禁止未成年人充值打赏，并为未成年人打赏返还建立专门处置通道。

6、严格履行分类报审报备制度。 游戏直播节目上线、播出及版面设置应按直播节目相关要求报送广电行政管理部门。网络视听平台（包括在相关平台开设的各类境内外个人和机构账号）直播境外游戏节目或比赛应经批准后方可开展相关活动。

请各省局督导辖区内重点网络视听平台和相关游戏企业，聚焦突出问题，细化管理措施，加强联管联治，切实把有关要求落到实处。

国家新闻出版广电总局关于进一步加强医疗养生类节目和医药广告播出管理的通知

（2016年8月24日　新广电发〔2016〕156号）

各省、自治区、直辖市新闻出版广电局，新疆生产建设兵团新闻出版广电局，中央三台、电影频道节目中心、中国教育电视台：

近年来，各级广播电台电视台开办了形式多样的医疗资讯、医疗养生类节目，积极宣传普及疾病预防、养生保健等科学知识，较好地满足了广大人民群众的医疗健康信息需求。但有的节目利用非专业机构、非专业人士假借普及健康知识的名义非法兜售药品、保健品和医疗服务等，唯利是图，危害群众健康。同时，播放虚假医药广告的问题也比较突出、屡禁不止，既损害人民群众利益，也严重影响了广播电视媒体形象。为此，现就进一步加强医疗养生类节目和医药广告播出管理通知如下：

一、高度重视医疗养生类节目和医药广告播出的管理。 医疗养生类节目和医药广告播出，是广播电视宣传的重要组成部分。做好医疗养生类节目和医药广告播出，对于宣传国家医药卫生政策，传播医学科学知识，引导民众增强健康意识、养成健康生活方式，促进医患和谐，为健康中国创造良好氛围、培育厚田沃土，具有十分重要的意义。各级新闻出版广电行政部门和电台电视台等播出机构要深入学习贯彻习近平总书记系列重要讲话特别是在党的新闻舆论工作座谈会、全国卫生与健康大会上的重要讲话精神，切实增强政治意识、大局意识、核心意识、看齐意识，始终坚持媒体属性和正确导向，始终坚持人民的利益高于一切，始终坚持把社会效益放在首位，切实加强医疗养生类节目和医药广告的建设管理，不断提高节目质量和服务水平，努力为加快推进健康中国建设、全面保障人民健康做贡献。

二、严格医疗养生类节目管理。电台电视台开办医疗养生类节目，应认真贯彻执行《国家新闻出版广电总局关于做好养生类节目制作播出工作的通知》（新广电发〔2014〕223号）精神，坚持以宣传普及疾病预防、控制、治疗和养生保健等科学知识为主体内容，坚持真实、科学、权威、实用的原则，不得夸大夸张或虚假宣传、误导受众。

（一）医疗养生类节目只能由电台电视台策划制作，不得由社会公司制作。

（二）严格医疗养生类节目备案管理。中央广播电视机构、全国卫视频道播出医疗养生类节目，报总局备案。其它频道、频率播出医疗养生类节目，一律报所在地省级新闻出版广电行政部门备案。未经备案的医疗养生类节目一律不得播出。

（三）医疗养生类节目聘请医学、营养等专家作为嘉宾的，该嘉宾必须具备国家认定的相应执业资质和相应专业副高以上职称，并在节目中据实提示。医疗养生类节目主持人须取得播音员主持人执业资质，依法持证上岗。

（四）严禁医疗养生类节目以介绍医疗、健康、养生知识等形式直接或间接发布广告、推销商品和服务。严禁直接或间接宣传医疗、药品、医疗器械、保健品、食品、化妆品、美容等企业、产品或服务。严禁节目中间以包括"栏目热线"以及二维码等在内的任何形式，宣传或提示联系电话、联系方式、地址等信息。

三、严格医药广告播出管理。各级电台电视台播出医药广告，要严格遵守《广告法》《广播电视广告播出管理办法》等法律法规和政策规定，严禁播出任何虚假医药广告。严格限制医药广告播出的时长和方式，医疗、药品、医疗器械、保健品、食品、化妆品、美容等企业、产品或服务的广告，不得以任何节目形态变相发布，不得以电视购物短片广告形式播出，且单条广告时长不得超过一分钟。

四、坚决查处各类违法违规行为。各级新闻出版广电行政部门接到本《通知》后,要针对辖区内电台电视台医疗养生类节目和医药广告播出情况,迅速组织开展清理核查工作,发现问题坚决整治,确保取得明显成效。各级电台电视台要按照《通知》要求立即开展自查自纠、认真整改。各级新闻出版广电行政部门要在全面开展清理整治的同时,切实加强监听监看体系建设,建立健全长效监管机制。要积极主动与当地卫生、医药、工商、公安等部门沟通协作,共同形成有效治理的合力。

各省(区、市)贯彻落实本《通知》的情况,请于9月底前报总局传媒机构管理司。中央三台、电影频道节目中心、中国教育电视台请于9月上旬报总局传媒机构管理司。

特此通知。

药品、医疗器械、保健食品、特殊医学用途配方食品广告审查管理暂行办法

(2019年12月24日国家市场监督管理总局令第21号公布 自2020年3月1日起施行)

第一条 为加强药品、医疗器械、保健食品和特殊医学用途配方食品广告监督管理,规范广告审查工作,维护广告市场秩序,保护消费者合法权益,根据《中华人民共和国广告法》等法律、行政法规,制定本办法。

第二条 药品、医疗器械、保健食品和特殊医学用途配方食品广告的审查适用本办法。

未经审查不得发布药品、医疗器械、保健食品和特殊医学用途配方食品广告。

第三条 药品、医疗器械、保健食品和特殊医学用途配方食品广告应当真实、合法,不得含有虚假或者引人误解的内容。

广告主应当对药品、医疗器械、保健食品和特殊医学用途配方食品广告内容的真实性和合法性负责。

第四条 国家市场监督管理总局负责组织指导药品、医疗器械、保健食品和

特殊医学用途配方食品广告审查工作。

各省、自治区、直辖市市场监督管理部门、药品监督管理部门（以下称广告审查机关）负责药品、医疗器械、保健食品和特殊医学用途配方食品广告审查，依法可以委托其他行政机关具体实施广告审查。

第五条 药品广告的内容应当以国务院药品监督管理部门核准的说明书为准。药品广告涉及药品名称、药品适应症或者功能主治、药理作用等内容的，不得超出说明书范围。

药品广告应当显著标明禁忌、不良反应，处方药广告还应当显著标明"本广告仅供医学药学专业人士阅读"，非处方药广告还应当显著标明非处方药标识（OTC）和"请按药品说明书或者在药师指导下购买和使用"。

第六条 医疗器械广告的内容应当以药品监督管理部门批准的注册证书或者备案凭证、注册或者备案的产品说明书内容为准。医疗器械广告涉及医疗器械名称、适用范围、作用机理或者结构及组成等内容的，不得超出注册证书或者备案凭证、注册或者备案的产品说明书范围。

推荐给个人自用的医疗器械的广告，应当显著标明"请仔细阅读产品说明书或者在医务人员的指导下购买和使用"。医疗器械产品注册证书中有禁忌内容、注意事项的，广告应当显著标明"禁忌内容或者注意事项详见说明书"。

第七条 保健食品广告的内容应当以市场监督管理部门批准的注册证书或者备案凭证、注册或者备案的产品说明书内容为准，不得涉及疾病预防、治疗功能。保健食品广告涉及保健功能、产品功效成分或者标志性成分及含量、适宜人群或者食用量等内容的，不得超出注册证书或者备案凭证、注册或者备案的产品说明书范围。

保健食品广告应当显著标明"保健食品不是药物，不能代替药物治疗疾病"，声明本品不能代替药物，并显著标明保健食品标志、适宜人群和不适宜人群。

第八条 特殊医学用途配方食品广告的内容应当以国家市场监督管理总局批准的注册证书和产品标签、说明书为准。特殊医学用途配方食品广告涉及产品名称、配方、营养学特征、适用人群等内容的，不得超出注册证书、产品标签、说明书范围。

特殊医学用途配方食品广告应当显著标明适用人群、"不适用于非目标人群使用""请在医生或者临床营养师指导下使用"。

第九条 药品、医疗器械、保健食品和特殊医学用途配方食品广告应当显著标明广告批准文号。

第十条 药品、医疗器械、保健食品和特殊医学用途配方食品广告中应当显著标明的内容，其字体和颜色必须清晰可见、易于辨认，在视频广告中应当持续显示。

第十一条 药品、医疗器械、保健食品和特殊医学用途配方食品广告不得违反《中华人民共和国广告法》第九条、第十六条、第十七条、第十八条、第十九条规定，不得包含下列情形：

（一）使用或者变相使用国家机关、国家机关工作人员、军队单位或者军队人员的名义或者形象，或者利用军队装备、设施等从事广告宣传；

（二）使用科研单位、学术机构、行业协会或者专家、学者、医师、药师、临床营养师、患者等的名义或者形象作推荐、证明；

（三）违反科学规律，明示或者暗示可以治疗所有疾病、适应所有症状、适应所有人群，或者正常生活和治疗病症所必需等内容；

（四）引起公众对所处健康状况和所患疾病产生不必要的担忧和恐惧，或者使公众误解不使用该产品会患某种疾病或者加重病情的内容；

（五）含有"安全""安全无毒副作用""毒副作用小"；明示或者暗示成分为"天然"，因而安全性有保证等内容；

（六）含有"热销、抢购、试用""家庭必备、免费治疗、免费赠送"等诱导性内容，"评比、排序、推荐、指定、选用、获奖"等综合性评价内容，"无效退款、保险公司保险"等保证性内容，怂恿消费者任意、过量使用药品、保健食品和特殊医学用途配方食品的内容；

（七）含有医疗机构的名称、地址、联系方式、诊疗项目、诊疗方法以及有关义诊、医疗咨询电话、开设特约门诊等医疗服务的内容；

（八）法律、行政法规规定不得含有的其他内容。

第十二条 药品、医疗器械、保健食品和特殊医学用途配方食品注册证明文件或者备案凭证持有人及其授权同意的生产、经营企业为广告申请人（以下简称申请人）。

申请人可以委托代理人办理药品、医疗器械、保健食品和特殊医学用途配方食品广告审查申请。

第十三条　药品、特殊医学用途配方食品广告审查申请应当依法向生产企业或者进口代理人等广告主所在地广告审查机关提出。

医疗器械、保健食品广告审查申请应当依法向生产企业或者进口代理人所在地广告审查机关提出。

第十四条　申请药品、医疗器械、保健食品、特殊医学用途配方食品广告审查，应当依法提交《广告审查表》、与发布内容一致的广告样件，以及下列合法有效的材料：

（一）申请人的主体资格相关材料，或者合法有效的登记文件；

（二）产品注册证明文件或者备案凭证、注册或者备案的产品标签和说明书，以及生产许可文件；

（三）广告中涉及的知识产权相关有效证明材料。

经授权同意作为申请人的生产、经营企业，还应当提交合法的授权文件；委托代理人进行申请的，还应当提交委托书和代理人的主体资格相关材料。

第十五条　申请人可以到广告审查机关受理窗口提出申请，也可以通过信函、传真、电子邮件或者电子政务平台提交药品、医疗器械、保健食品和特殊医学用途配方食品广告申请。

广告审查机关收到申请人提交的申请后，应当在五个工作日内作出受理或者不予受理决定。申请材料齐全、符合法定形式的，应当予以受理，出具《广告审查受理通知书》。申请材料不齐全、不符合法定形式的，应当一次性告知申请人需要补正的全部内容。

第十六条　广告审查机关应当对申请人提交的材料进行审查，自受理之日起十个工作日内完成审查工作。经审查，对符合法律、行政法规和本办法规定的广告，应当作出审查批准的决定，编发广告批准文号。

对不符合法律、行政法规和本办法规定的广告，应当作出不予批准的决定，送达申请人并说明理由，同时告知其享有依法申请行政复议或者提起行政诉讼的权利。

第十七条　经审查批准的药品、医疗器械、保健食品和特殊医学用途配方食品广告，广告审查机关应当通过本部门网站以及其他方便公众查询的方式，在十个工作日内向社会公开。公开的信息应当包括广告批准文号、申请人名称、广告发布内容、广告批准文号有效期、广告类别、产品名称、产品注册证明文件或者备案凭证编号等内容。

第十八条 药品、医疗器械、保健食品和特殊医学用途配方食品广告批准文号的有效期与产品注册证明文件、备案凭证或者生产许可文件最短的有效期一致。

产品注册证明文件、备案凭证或者生产许可文件未规定有效期的，广告批准文号有效期为两年。

第十九条 申请人有下列情形的，不得继续发布审查批准的广告，并应当主动申请注销药品、医疗器械、保健食品和特殊医学用途配方食品广告批准文号：

（一）主体资格证照被吊销、撤销、注销的；

（二）产品注册证明文件、备案凭证或者生产许可文件被撤销、注销的；

（三）法律、行政法规规定应当注销的其他情形。

广告审查机关发现申请人有前款情形的，应当依法注销其药品、医疗器械、保健食品和特殊医学用途配方食品广告批准文号。

第二十条 广告主、广告经营者、广告发布者应当严格按照审查通过的内容发布药品、医疗器械、保健食品和特殊医学用途配方食品广告，不得进行剪辑、拼接、修改。

已经审查通过的广告内容需要改动的，应当重新申请广告审查。

第二十一条 下列药品、医疗器械、保健食品和特殊医学用途配方食品不得发布广告：

（一）麻醉药品、精神药品、医疗用毒性药品、放射性药品、药品类易制毒化学品，以及戒毒治疗的药品、医疗器械；

（二）军队特需药品、军队医疗机构配制的制剂；

（三）医疗机构配制的制剂；

（四）依法停止或者禁止生产、销售或者使用的药品、医疗器械、保健食品和特殊医学用途配方食品；

（五）法律、行政法规禁止发布广告的情形。

第二十二条 本办法第二十一条规定以外的处方药和特殊医学用途配方食品中的特定全营养配方食品广告只能在国务院卫生行政部门和国务院药品监督管理部门共同指定的医学、药学专业刊物上发布。

不得利用处方药或者特定全营养配方食品的名称为各种活动冠名进行广告宣

传。不得使用与处方药名称或者特定全营养配方食品名称相同的商标、企业字号在医学、药学专业刊物以外的媒介变相发布广告，也不得利用该商标、企业字号为各种活动冠名进行广告宣传。

特殊医学用途婴儿配方食品广告不得在大众传播媒介或者公共场所发布。

第二十三条　药品、医疗器械、保健食品和特殊医学用途配方食品广告中只宣传产品名称（含药品通用名称和药品商品名称）的，不再对其内容进行审查。

第二十四条　经广告审查机关审查通过并向社会公开的药品广告，可以依法在全国范围内发布。

第二十五条　违反本办法第十条规定，未显著、清晰表示广告中应当显著标明内容的，按照《中华人民共和国广告法》第五十九条处罚。

第二十六条　有下列情形之一的，按照《中华人民共和国广告法》第五十八条处罚：

（一）违反本办法第二条第二款规定，未经审查发布药品、医疗器械、保健食品和特殊医学用途配方食品广告；

（二）违反本办法第十九条规定或者广告批准文号已超过有效期，仍继续发布药品、医疗器械、保健食品和特殊医学用途配方食品广告；

（三）违反本办法第二十条规定，未按照审查通过的内容发布药品、医疗器械、保健食品和特殊医学用途配方食品广告。

第二十七条　违反本办法第十一条第二项至第五项规定，发布药品、医疗器械、保健食品和特殊医学用途配方食品广告的，依照《中华人民共和国广告法》第五十八条的规定处罚；构成虚假广告的，依照《中华人民共和国广告法》第五十五条的规定处罚。

第二十八条　违反本办法第十一条第六项至第八项规定，发布药品、医疗器械、保健食品和特殊医学用途配方食品广告的，《中华人民共和国广告法》及其他法律法规有规定的，依照相关规定处罚，没有规定的，由县级以上市场监督管理部门责令改正；对负有责任的广告主、广告经营者、广告发布者处以违法所得三倍以下罚款，但最高不超过三万元；没有违法所得的，可处一万元以下罚款。

第二十九条　违反本办法第十一条第一项、第二十一条、第二十二条规定的，按照《中华人民共和国广告法》第五十七条处罚。

第三十条　有下列情形之一的，按照《中华人民共和国广告法》第六十五条处罚：

（一）隐瞒真实情况或者提供虚假材料申请药品、医疗器械、保健食品和特殊医学用途配方食品广告审查的；

（二）以欺骗、贿赂等不正当手段取得药品、医疗器械、保健食品和特殊医学用途配方食品广告批准文号的。

第三十一条 市场监督管理部门对违反本办法规定的行为作出行政处罚决定后，应当依法通过国家企业信用信息公示系统向社会公示。

第三十二条 广告审查机关的工作人员玩忽职守、滥用职权、徇私舞弊的，依法给予处分。构成犯罪的，依法追究刑事责任。

第三十三条 本办法涉及的文书格式范本由国家市场监督管理总局统一制定。

第三十四条 本办法自2020年3月1日起施行。1996年12月30日原国家工商行政管理局令第72号公布的《食品广告发布暂行规定》，2007年3月3日原国家工商行政管理总局、原国家食品药品监督管理局令第27号公布的《药品广告审查发布标准》，2007年3月13日原国家食品药品监督管理局、原国家工商行政管理总局令第27号发布的《药品广告审查办法》，2009年4月7日原卫生部、原国家工商行政管理总局、原国家食品药品监督管理局令第65号发布的《医疗器械广告审查办法》，2009年4月28日原国家工商行政管理总局、原卫生部、原国家食品药品监督管理局令第40号公布的《医疗器械广告审查发布标准》同时废止。

四、地方司法文件

北京市高级人民法院关于审理涉及综艺节目著作权纠纷案件若干问题的解答

（2015年4月8日）

1、如何理解本《解答》中的综艺节目？

答：本《解答》中的综艺节目，主要是指以娱乐性为主的综合性视听节目，包括但不限于婚恋交友类、才艺竞秀类、文艺汇演类等类型。

综艺节目可以区分为现场综艺活动和综艺节目影像。

本《解答》仅对综艺节目影像作出相关规定。

2、如何认定综艺节目影像在《著作权法》上的性质？

答：综艺节目影像，根据独创性的有无，可以分别认定为以类似摄制电影的方式创作的作品或录像制品。

现场综艺活动是否构成作品的判断与综艺节目影像是否构成作品的判断互不影响。

3、如何判断综艺节目影像是作品还是制品？

答：综艺节目影像，通常系根据文字脚本、分镜头剧本，通过镜头切换、画面选择拍摄、后期剪辑等过程完成，其连续的画面反映出制片者的构思、表达了某种思想内容的，认定为以类似摄制电影的方式创作的作品。

综艺节目影像，系机械方式录制完成，在场景选择、机位设置、镜头切换上只进行了简单调整，或者在录制后对画面、声音进行了简单剪辑，认定为录像制品。

4、如何确定综艺节目影像的著作权及相关权利归属？

答：如无特别约定，根据《著作权法》第十五条第一款之规定，制片者享有综艺节目影像的著作权；或者根据《著作权法》第四十二条第一款之规定，制作者享有综艺节目影像的录像制作者权。

5、综艺节目影像作品中，可单独使用作品的著作权应如何行使？

答：综艺节目影像中的音乐、舞蹈、演说、戏剧、杂技等，符合《著作权法》相关规定的，可以单独构成作品。

除法律另有规定外，摄制综艺节目使用音乐、舞蹈、演说、戏剧、杂技等作品的，应当取得该作品著作权人的许可。

如无相反约定，可单独使用作品的著作权人就他人使用综艺节目影像作品中单个作品的行为主张财产性权利的，不予支持。

6、综艺节目影像作品中，表演者权应如何行使？

答：除法律另有规定外，摄制综艺节目使用表演者的表演的，应当取得表演者的许可。

如无相反约定，表演者就他人使用综艺节目影像作品中的表演的行为主张财产性权利的，不予支持。

7、综艺节目影像制品中，可单独使用作品的著作权、表演者权及录音录像制作者权应如何行使？

答：除法律另有规定外，录像制作者使用音乐、舞蹈等作品、表演者的表演、录音录像制品制作综艺节目的，应当取得作品著作权人、表演者、录音录像制作者的许可。

如无相反约定，可单独使用作品的著作权人、表演者、录音录像制作者就他人使用综艺节目影像制品中的单个作品、表演、录音录像制品的行为主张权利的，予以支持。

8、如何认定未经许可使用综艺节目影像片段的行为？

答：除法律另有规定外，未经许可以编辑整理或以其他方式使用综艺节目影像的部分内容的，构成对综艺节目影像著作权或相关权利的侵犯。

9、未经许可在网络上传播综艺节目影像构成侵权的，如何酌定赔偿数额？

答：综艺节目著作权网络侵权案件的损害赔偿，在适用酌定赔偿时，可以考虑以下因素：（1）综艺节目的自身情况。包括综艺节目的类型、制作成本、收视率、许可使用费用或转让费用等；（2）侵权行为的具体情况。包括侵权时间，比如是否在节目热播期内传播、侵权行为的方式，比如是否是实时转播行为或者是否提供下载、侵权持续时间、侵权人使用节目的数量、侵权人的主观过错等。

有证据能够证明权利人的实际损失或侵权人的违法所得明显高于《著作权法》规定的五十万元的法定赔偿数额，可以根据具体情节酌定赔偿五十万元以上的赔偿数额。

10、综艺节目模式是否受《著作权法》的保护？

答：综艺节目模式是综艺节目创意、流程、规则、技术规定、主持风格等多种元素的综合体。综艺节目模式属于思想的，不受《著作权法》的保护。

综艺节目中的节目文字脚本、舞美设计、音乐等构成作品的，可以受《著作权法》的保护。

11、如何认识综艺节目模式引进合同的性质？

答：综艺节目模式引进合同涉及著作权许可、技术服务等多项内容，其性质应依据合同内容确定。

北京市高级人民法院侵害著作权案件审理指南

(2018年4月20日)

第一章 基本规定

1.1【审理原则】

审理侵害著作权案件,在行使裁量权时,应当加大对著作权的保护力度,鼓励作品的创作,促进作品的传播,平衡各方的利益。

1.2【审理内容】

审理侵害著作权案件,一般审查如下内容:原告起诉的案由、受理法院是否具有管辖权、主体是否适格、原告的权利基础及范围、被诉侵权行为、被告抗辩事由是否成立、被告承担民事责任的形式。

1.3【审查案由】

同一案件中,原告既主张侵害著作权又主张侵害商标权、专利权的,可以分案处理,但应当符合有关管辖的法律规定。

1.4【审查案由】

同一案件中,针对同一被诉侵权行为,原告既主张侵害著作权又主张违反反不正当竞争法第二条的,可以一并审理。如果原告的主张能够依据著作权法获得支持,则不再适用反不正当竞争法第二条进行审理。如果原告的主张不能依据著作权法获得支持,在与著作权法立法政策不冲突时,可以依据反不正当竞争法第二条进行审理。

1.5【审查案由】

同一案件中,针对同一主体的多个被诉侵权行为,原告主张部分行为侵害著作权、部分行为构成不正当竞争的,可以根据案件情况决定是否一并审理。

1.6【审查权利客体】

审查原告的权利客体,一般审查如下内容:原告主张保护的是否为作品或者是否为邻接权的客体,该客体是否受到我国著作权法保护。

1.7 【专有使用权的认定】

合同约定授予专有使用权的，可以直接认定被许可使用人在合同约定的范围内有权禁止著作权人使用作品，但有相反证据的除外。

合同中使用"独家使用权"等类似表述的，可以根据合同有关条款、合同目的、交易习惯等，结合在案证据认定是否属于专有使用权。

1.8 【专有使用权范围与起诉】

著作权人将专有使用权授予他人，对于发生在专有使用权范围内的侵权行为，专有使用权人、著作权人均可以单独起诉，也可以共同起诉；著作权人能够证明存在实际损失，主张损害赔偿的，予以支持。

1.9 【被许可使用人的起诉】

被许可使用人根据合同有权在约定范围内禁止他人（不包括著作权人）使用作品的，可以针对侵权行为单独起诉；著作权人已经起诉的，被许可使用人可以申请参加诉讼。

1.10 【"授予起诉权利"的审查】

著作权人未将著作权转让或者许可他人，仅授权他人起诉的，不予支持；但对于转让或者许可之前发生的侵权行为，合同有明确约定的，受让人或者被许可使用人单独起诉，可以予以支持。

1.11 【签订著作权集体管理合同后的起诉】

签订著作权集体管理合同后，对于侵害合同中约定的著作权权项的行为，著作权人不能提起诉讼，但有证据证明著作权集体管理组织怠于行使权利或者著作权集体管理合同有相反约定的除外。

1.12 【一般职务作品的起诉主体】

作者享有著作权的职务作品，职务作品完成两年内，他人未经单位许可，以属于作者所在单位业务范围内的使用方式使用该作品的，作者和所在单位均可以单独起诉；他人未经作者许可，以属于作者所在单位业务范围以外的方式使用作品的，作者可以单独起诉，所在单位可以根据与作者的约定行使诉权；职务作品完成两年后发生侵权行为的，作者可以单独起诉。针对职务作品署名权的起诉主体，适用本指南第 4.6 条。

1.13 【可分割使用的合作作品的起诉主体】

对于可分割使用的合作作品，作者可以单独对其享有著作权部分主张权利。

1.14 【不可分割使用的合作作品的起诉主体】

对于不可分割使用的合作作品，如果能够查清权利人基本情况，以全部权利人作为共同原告。明确表示放弃实体权利的权利人，可不予追加；不愿意参加诉讼，又不放弃实体权利的，将其列为共同原告，其不参加诉讼，不影响对案件的审理。如果结合在案证据难以查清权利人基本情况，可以将已查清的部分权利人作为共同原告，但在判决论理部分为未参加诉讼的权利人保留相应的权利份额。

1.15 【审查权利范围】

审理侵害著作权案件，一般审查原告主张保护的权利是著作权还是邻接权，并要明确具体权项。

1.16 【授权内容的法定性审查】

著作权人授予被许可使用人的权利内容超出著作权法规定的范围，被许可使用人不能以此为依据对外提起侵权之诉。

1.17 【违约责任与侵权责任竞合时的起诉】

著作权人授予被许可使用人的权利内容属于著作权法规定的范围，被许可使用人违反合同中关于权利行使方式等约定的，著作权人可以提起侵权之诉。

1.18 【侵权责任的认定】

认定被诉侵权行为是否构成侵权、被告是否承担侵权责任，一般审查如下内容：被诉侵权行为的内容、被告是否实施了被诉侵权行为、被告有无过错、是否造成损害、被诉侵权行为与损害之间有无因果关系等。

1.19 【涉外案件的审理】

审理侵害著作权案件时，应当根据民事诉讼法的相关规定确定是否属于涉外案件。

对于涉外侵害著作权案件，应当依据民法总则、民法通则、著作权法、民事诉讼法、涉外民事关系法律适用法及相关司法解释等进行审理。

第二章 权利客体的审查

2.1 【是否构成作品的审查】

审理侵害著作权案件，需要主动审查原告主张著作权的客体是否构成作品，不能仅根据被告的认可即认定构成作品。

审查原告主张著作权的客体是否构成作品,一般考虑如下因素:

(1) 是否属于在文学、艺术和科学范围内自然人的创作;

(2) 是否具有独创性;

(3) 是否具有一定的表现形式;

(4) 是否可复制。

2.2【独创性的认定】

认定独创性,应当考虑如下因素:

(1) 是否由作者独立创作完成;

(2) 对表达的安排是否体现了作者的选择、判断。

认定表达是否具备独创性与其价值无关。

2.3【创作完成的认定】

作品创作完成,既包括整体的创作完成,又包括局部的创作完成。创作完成的部分能够以某种形式完整表达作者的思想,可以认定该部分属于创作完成的作品。

2.4【简单图形、字母、短语】

简单的常见图形、字母、短语等一般不作为作品给予保护。

2.5【作品标题、人物称谓】

作品标题、人物称谓一般不作为作品给予保护。

2.6【实用艺术作品】

实用艺术作品中具有独创性的艺术美感部分可以作为美术作品受著作权法保护。

专利法、商标法、反不正当竞争法能够提供保护的,不影响当事人对其中具有独创性的艺术美感部分主张著作权法保护。

2.7【建筑作品】

建筑物本身或者建筑物的外部附加装饰具有美感的独创性设计,可以作为建筑作品受著作权法的保护。

建筑材料、建筑方法、功能性设计等不受著作权法保护。

体现建筑作品外观美感的建筑设计图,可以作为美术作品予以保护。

2.8【图形作品】

工程设计图、产品设计图中包含的技术方案、实用功能、操作方法等,以及地图、示意图中包含的客观地理要素、事实等，不受著作权法保护。

仅用于施工的建筑设计图属于工程设计图。

2.9【模型作品】

根据已有作品制作的等比例缩小或者放大的立体模型不属于模型作品。

2.10【新闻报道】

仅包含单纯事实消息的新闻报道，不受著作权法保护。

在单纯事实消息基础上进行了创作，属于作品的，受著作权法保护。

以摄影、绘画、拍摄等非文字方式记录、报道新闻事实，属于作品的，受著作权法保护。

2.11【古籍点校】

对古籍进行校勘、注解而创作出的校勘记、注释等，满足独创性要求的，可以作为作品受著作权法保护。

对古籍仅划分段落、加注标点、补遗、勘误等，应当结合案件情况认定是否作为作品或者作为版式设计受著作权法保护。

2.12【综艺节目视频】

综艺节目视频是否构成作品与现场综艺活动是否构成作品无关。

综艺节目视频符合以类似摄制电影的方法创作的作品构成要件的，受著作权法保护。

2.13【体育赛事节目视频】

体育赛事节目视频是否构成作品与体育赛事活动是否构成作品无关。

体育赛事节目视频符合以类似摄制电影的方法创作的作品构成要件的，受著作权法保护。

2.14【网络游戏】

运行网络游戏产生的静态游戏画面符合美术作品要件的，受著作权法保护。

运行网络游戏产生的连续动态游戏画面，符合以类似摄制电影的方法创作的作品构成要件的，受著作权法保护。

网络游戏可以作为计算机软件受著作权法保护。

2.15【网络游戏组成要素】

网络游戏的组成要素可以单独构成作品，包括但不限于如下情形：

（1）人物形象、服装、道具、地图、场景等可以构成美术作品；

（2）片头、片尾及过场音乐，主题歌、插曲等可以构成音乐作品；

（3）台词、旁白、故事叙述、游戏介绍等可以构成文字作品；

（4）片头、片尾及过场动画、视频等可以构成以类似摄制电影的方法创作的作品。

2.16 【表演者权的客体】

无论表演的内容是否相同，表演者对其每次的表演均享有表演者权。

二人以上共同表演，如果属于可以分割使用的表演，表演者可单独对其表演享有表演者权。如果属于不可分割使用的，则表演者对表演共同享有表演者权。

第三章 权利归属的审查

3.1 【权属的证明】

在无相反证据的情况下，根据作品的署名推定权利归属。

当事人提供的涉及著作权的底稿、原件、合法出版物、著作权登记证书、认证机构的证明、取得权利的合同、符合行业惯例的权利人声明等可以作为证明权利归属的初步证据。

3.2 【署名的识别】

在判断某一署名是否属于作者署名时，应当综合考虑如下因素：作品的性质、作品的类型、作品的表现形式、行业惯例、公众的认知习惯等。

3.3 【非真名署名与作者身份的对应】

作者署非真名时，主张权利的当事人对该署名与作者身份之间存在真实对应关系负有举证证明责任。

通过互联网发表的作品，作者署非真名的，主张权利的当事人通过登录帐号等方式能够证明该署名与作者之间存在真实对应关系的，可以推定其为作者。

3.4 【临时创作组织作品权属的认定】

编委会等临时创作组织署名的作品，一般认定创作组织成员共同享有著作权，但有相反证据的除外。

3.5 【数码照片权属的认定】

当事人提交原始数字文件、出版物等证据证明其权利归属，对方提出异议的，应当综合考虑如下因素：照片发表情况、照片拍摄器材、照片存储设备、电子文件信息等。

3.6 【职务作品权属的认定】

法人或者非法人组织根据著作权法第十六条第二款第一项主张职务作品著作权的，应举证证明该作品主要是利用法人或者非法人组织的物质技术条件完成创作的。

3.7 【委托作品权属的认定】

对于委托作品的权属，依据委托合同认定。委托合同未约定或者约定不明的，委托作品的著作权由受托人享有。

受托人与委托人对著作人身权的行使进行约定，未违反公序良俗的，不宜一概认定无效，可以根据合同内容进行审查。

3.8 【利用民间文学艺术元素或者素材创作的作品权属】

利用民间文学艺术的元素或者素材进行后续创作，形成具有独创性作品的，作者对该作品享有著作权，但应说明素材的来源。

3.9 【录音制品的署名】

当事人提供的录音制品明确载明的制作者、录制者或者加注 p 的民事主体信息，可以作为证明其为录音制作者的初步证据，但有相反证据的除外。

在无其他证据佐证的情况下，不能仅根据录音制品上标注的"提供版权"信息，认定该"提供版权"的主体为录音制作者。

3.10 【多重许可、转让的权属判断】

受让人或者被许可使用人通过合同取得约定的著作权或者专有使用权，著作权人在合同约定范围内就相同的权利再次处分的，不予支持。

著作权人对相同权利重复进行转让或者许可的，在能够查清先后顺序的真实情况下，认定在先受让人或者被许可使用人取得著作权或者专有使用权，但有相反证据的除外。

第四章 侵害著作人身权的认定

4.1 【发表权与合同约定】

合同仅约定被告行使发表权，但未对发表方式进行约定的，原告主张被告的发表方式侵害发表权的，不予支持。

被告发表作品方式违反合同约定的，原告可以提起违约之诉或者侵权之诉。

4.2【推定发表的情形】

作者将其尚未公开发表的美术作品原件转让给他人，可以推定作者同意受让人以展览方式发表其作品，但双方另有约定的除外。

4.3【发表权属于一次性权利】

即使作品的发表未经著作权人同意，但作品已经公之于众，他人使用该作品，著作权人主张侵害发表权的，不予支持。

4.4【署名权的内容】

作者有权决定在其作品上是否署名、是否署真名。对于该作品的演绎作品，作者享有相同的权利。

作者未在首次发表的作品上署名的，不能视为其放弃署名权。

4.5【署名方式的审查思路】

因署名方式发生的纠纷，判断是否侵害署名权，一般考虑如下因素：

（1）署名方式是否足以使公众知晓作者与作品之间的联系；

（2）署名方式是否符合行业惯例及公众的认知习惯；

（3）作品的类型、特点以及使用方式；

（4）当事人之间是否存在约定。

4.6【职务作品署名权的行使】

职务作品的署名权归作者享有，法人或者非法人组织就侵害署名权的行为提起诉讼的，不予支持。

4.7【使用作品内容与侵害署名权】

判断被告行为是否侵害署名权，应当以被告直接使用作品内容为前提。

4.8【侵害保护作品完整权的判断】

判断是否侵害保护作品完整权，应当综合考虑被告使用作品的行为是否获得授权、被告对作品的改动程度、被告的行为是否对作品或者作者声誉造成损害等因素。

作者将其著作权转让或者许可他人之后，受让人或者被许可使用人根据作品的性质、使用目的、使用方式可以对作品进行合理限度内的改动。

判断是否属于在合理限度内的改动，应当综合考虑作品的类型、特点及创作规律、使用方式、相关政策、当事人约定、行业惯例以及是否对作品或者作者声誉造成损害等因素。

第五章　侵害著作财产权的认定

5.1【复制权控制的行为】

将作品实现从平面到平面、从平面到立体、从立体到平面、从立体到立体的再现，未付出独创性劳动的，属于复制。

按照建筑设计图建造建筑作品，属于复制。

按照工程设计图或者产品设计图施工或者生产不受著作权法保护的工程或者产品，不属于复制。

未经许可复制他人作品但未发行或者以其他方式传播的，构成侵害复制权，但法律另有规定的除外。

5.2【发行权控制的行为】

发行权控制的是以出售、赠与方式向公众提供作品原件或者复制件的行为，不要求以营利为目的。

5.3【发行权的用尽】

作品原件和经授权合法制作的作品复制件经著作权人许可，首次以销售或者赠与方式转让所有权后，他人对该特定原件或者复制件再次发行的，不构成侵害发行权。

5.4【侵害专有出版权的认定】

未经许可出版他人享有专有出版权的作品的全部或者主要部分的，或者虽然排列顺序有所变化但作品内容相同或者实质性相似的，构成侵害专有出版权。

5.5【出版者合理注意义务的判断】

判断出版者是否尽到合理注意义务，应当综合考虑原告主张保护的作品知名度、被诉侵权出版物类型、二者的相似程度、被诉侵权内容在原告主张保护的作品或者被诉侵权作品中所占比例等因素。

5.6【出版者未尽到合理注意义务的判断】

具有下列情形之一的，可以根据案件情况认定出版者未尽到合理注意义务：

（1）出版合同中的被诉侵权作品的作者姓名与出版物实际署名不一致；

（2）被诉侵权作品属于演绎作品，出版者在签订合同时没有审查作者是否得到原作品著作权人的授权；

（3）被诉侵权作品中有大量内容与在先发表的具有较高知名度作品相同；

（4）其他可以认定出版者未尽到合理注意义务的情形。

5.7 【出版者尽到合理注意义务的判断】

具有下列情形之一的，可以根据案件情况认定出版者尽到了合理注意义务：

（1）出版社经作者授权出版被诉侵权作品，但该作品的专用出版权事前已经转让或者许可他人使用且尚未出版发行，出版者对此不知情的；

（2）作者事前未告知出版者其作品属于演绎作品且原作品未发表，出版者无法判断该作品是否属于演绎作品；

（3）被诉侵权作品属于职务作品或者合作作品，作者事前未将创作过程如实告知出版者，出版者无其他途径知晓创作过程，无法判断该出版物是否属于职务作品或者合作作品；

（4）被诉侵权作品的授权链条完整，授权者身份及授权文件真实、合法；

（5）其他可以认定出版者尽到合理注意义务的情形。

5.8 【表演权控制的行为】

表演权控制的行为包括现场表演和机械表演。前者是指表演者直接向现场观众表演作品的行为；后者是指通过机器设备等手段向公众传播作品的表演的行为，但下列情形不属于（机械）表演权控制的范围，可以适用著作权法其他规定予以调整：

（1）广播电台、电视台以无线方式传播对作品的表演或者后续的以无线或者有线方式转播该表演；

（2）通过互联网以交互式手段传播作品的表演；

（3）放映电影作品或者以类似摄制电影方法创作的作品等。

5.9 【放映权控制的行为】

通过放映机、幻灯机等技术设备公开再现美术、摄影、电影和以类似摄制电影方法创作的作品等属于放映行为。

被告未经许可将来源于信息网络的电影等作品，通过放映机等设备向现场观众进行公开再现的，构成侵害放映权的行为，但法律另有规定除外。

5.10 【广播权控制的行为】

广播权控制的行为包括：

（1）以无线方式传播作品的行为；

(2) 以无线或者有线转播的方式传播广播的作品的行为；

(3) 通过扩音器等类似工具向公众传播广播的作品的行为。

以有线方式直接传播作品，不属于广播权控制的行为，可以适用著作权法其他规定予以调整。

5.11【广播权与广播组织权】

广播权的权利主体是作品著作权人，广播组织权的权利主体是广播电台、电视台。

5.12【改编权控制的行为】

作者未经许可在被诉侵权作品中使用了原作品的表达，并创作出具有独创性的新作品，属于改编行为。

作者仅使用了原作品中不具有独创性的表达，原作品著作权人主张构成侵害改编权的，不予支持。

5.13【改编与作品体裁】

侵害改编权不以作品体裁、类型的变化为要件。未经许可，将他人作品改编为相同体裁的作品，可以依据本指南第5.12条的规定认定是否侵害改编权。

5.14【改编与复制】

作者未经许可在被诉侵权作品中使用了原作品的表达，但并未形成新的作品，属于复制行为。原作品著作权人主张构成侵害改编权的，不予支持。

5.15【改编作品权属和权利行使】

在原作品基础上再创作形成的改编作品，著作权由改编者享有。改编者有权禁止他人使用改编作品。

改编者行使其著作权应当取得原作品著作权人许可。他人使用改编作品应当同时取得改编作品著作权人和原作品著作权人许可。

5.16【汇编权】

汇编权属于被汇编作品的著作权人，而不是汇编作品的汇编者。

5.17【汇编权控制的行为】

将作品或者作品的片段等通过选择、编排汇集成新作品属于汇编行为。

5.18【"兜底"条款的适用】

适用著作权法第十条第一款第十七项规定的"由著作权人享有的其他权利"时，一般考虑如下因素：

（1）是否可以将被诉侵权行为纳入著作权法第十条第一款第一项至第十六项的保护范围；

（2）对被诉侵权行为若不予制止，是否会影响著作权法已有权利的正常行使；

（3）对被诉侵权行为若予以制止，是否会导致创作者、传播者和社会公众之间的重大利益失衡。

第六章　侵害邻接权的认定

6.1【表明表演者身份的方式】

表明表演者身份的方式应当体现表演者与其表演之间的联系。当事人对于表明表演者身份的方式发生争议的，一般考虑表演活动的特点、传播方式以及相关行业惯例等因素。

下列情形可以认定表明了表演者的身份：

（1）在演出广告、宣传栏、节目单或者文艺刊物刊登的剧照上标明表演者姓名（名称）；

（2）在节目表演前后，由主持人介绍表演者的姓名（名称）；

（3）广播电台、电视台播报表演者的姓名（名称）；

（4）以屏幕上的字幕形式标明表演者的姓名（名称）。

6.2【电影作品与表演者权】

电影作品和以类似摄制电影的方法创作的作品中，表演者就其在作品中的表演主张财产性权利的，不予支持。

6.3【录音录像制作者权】

除法律另有规定外，未经许可使用他人受著作权法保护的作品制作录音录像制品，构成侵害著作权；未经该录音录像制作者许可使用该录音录像制品的，构成侵害录音录像制作者权。

被告未经许可翻录他人制作的录音制品，或者在翻录基础上编辑制作新的录音制品进行发行的，既侵害了相关的表演者权，也侵害了被翻录制品的录音制作者权。

6.4【音源同一性的证明】

当事人对于被诉侵权的录音制品是否来源于原告主张权利的录音制品发生争

议的，原告应当举证证明双方录音制品音源相同。

原告举证证明双方的录音制品中的表演者、词曲、编曲等因素相同的，可以认定音源同一，但有相反证据的除外。

6.5【广播组织的转播权】

广播组织享有的转播权可以控制以有线和无线方式进行的转播，但是不能控制通过互联网进行的转播。

6.6【版式设计权保护范围】

被告使用了与原告相同或者基本相同的版式设计，出版同一作品的，构成侵害版式设计权。

将图书、报刊扫描复制后在互联网上传播的，构成侵害版式设计权。

第七章　抗辩事由的审查

7.1【抗辩事由的内容】

被告提出的抗辩事由一般包括如下情形：

（1）原告主张权利的客体不属于著作权法第三条规定的作品；

（2）原告主张权利的客体属于著作权法第五条规定的情形；

（3）原告主张的权利超过法定保护期；

（4）原告或者被告主体不适格；

（5）被诉侵权行为不属于原告主张的权利控制范围；

（6）被诉侵权作品创作有合法来源；

（7）被告使用原告的作品具有合法授权；

（8）被诉侵权行为属于合理使用或者法定许可的情形；

（9）其他情形。

7.2【抗辩事由的审查原则】

对于第7.1条规定的抗辩事由第（1）项至第（5）项，无论被告是否提出，均应予以审查。

7.3【有限表达】

被告能够举证证明被诉侵权作品由于表达方式极为有限而与原告主张权利的作品表达相同或者实质性相似的，可以认定有限表达抗辩成立。

7.4 【必要场景】

被告能够举证证明被诉侵权作品与原告作品表达相同或者实质性相似系因表达某一主题必须描述某场景或者使用某场景的设计造成的,可以认定必要场景抗辩成立。

7.5 【时事新闻】

原告能够举证证明其在单纯事实消息的基础上进行了创作并形成了作品,被告主张原告作品属于时事新闻,不受著作权法保护的,不予支持。

7.6 【公有领域】

被告能够举证证明被诉侵权作品与原告作品存在相同或者实质性相似的表达部分来源于公有领域的,可以认定公有领域合法来源抗辩成立。

7.7 【在先其他作品】

被告能够举证证明被诉侵权作品与原告作品存在相同或者实质性相似的表达部分来源于在先的其他作品,可以认定在先其他作品合法来源抗辩成立。

7.8 【独立创作】

被告能够举证证明被诉侵权作品与原告作品虽存在相同或者实质性相似的表达部分,但属于对同一题材独自创作的巧合,可以认定独立创作抗辩成立。

7.9 【合法授权】

被告能够举证证明其使用作品已经获得合法授权的,可以认定合法授权抗辩成立。

7.10 【个人使用】

被告未经许可通过信息网络向他人提供作品,其提出属于"为个人学习、研究或者欣赏使用他人已发表作品"的合理使用抗辩,不予支持。

7.11 【适当引用】

判断被诉侵权行为是否属于适当引用的合理使用,一般考虑如下因素:

(1) 被引用的作品是否已经发表;

(2) 引用目的是否为介绍、评论作品或者说明问题;

(3) 被引用的内容在被诉侵权作品中所占的比例是否适当;

(4) 引用行为是否影响被引用作品的正常使用或者损害其权利人的合法利益。

7.12 【课堂教学和科研使用】

未经许可以营利为目的,在面向社会公众开展的教育培训中翻译或者复制他人已发表作品的，被告主张属于著作权法第二十二条第一款第六项规定的合理使用情形的，不予支持。

7.13 【报刊转载、摘编】

被诉行为不属于报刊之间的转载、摘编的，或者虽属于报刊之间的转载、摘编但未能注明被转载、被摘编作品的作者和最初登载的出处，或者未按规定支付报酬的，被告主张法定许可抗辩，不予支持。

7.14 【制作录音制品】

被告能够举证证明被诉侵权行为属于将他人已经合法录制为录音制品的音乐作品用于制作录音制品，且支付了报酬，被告主张法定许可抗辩的，予以支持，但有证据证明著作权人已声明不得使用其音乐作品制作录音制品的除外。

第八章　法律责任的确定

8.1 【停止侵害的例外】

如果被告停止被诉侵权行为可能有悖公序良俗，或者违反比例原则的，可以不判令停止侵害，宜根据案件情况从高确定赔偿数额或者判令被告支付相应的对价。

8.2 【过错原则】

被告承担损害赔偿责任，应当以被告存在过错为前提。

8.3 【赔偿数额的确定原则】

确定赔偿数额应当以能够弥补权利人因侵权而受到的损失为原则，但法律另有规定的除外。

被告仅侵害著作人身权的，一般不判令承担损害赔偿责任。

8.4 【赔偿数额的确定方法及适用顺序】

确定损害赔偿数额应当遵循权利人的实际损失、侵权人的违法所得、法定赔偿的顺序。

无法精确计算权利人的实际损失或者侵权人的违法所得时，可以根据在案证据裁量确定赔偿数额，该数额可以高于法定赔偿最高额。

无法精确计算权利人的实际损失或者侵权人的违法所得，也无法以合理方法裁量确定赔偿数额的，应适用法定赔偿确定数额。

8.5【权利人的实际损失】

计算"权利人的实际损失"可以依据如下方法：

（1）侵权行为使权利人实际减少的正常情况下可以获得的利润，但权利人能够举证证明其获得更高利润的除外；

（2）侵权行为直接导致权利人的许可使用合同不能履行或者难以正常履行，从而产生的预期利润损失；

（3）参照国家有关稿酬规定计算实际损失；

（4）合理的许可使用费；

（5）权利人因侵权行为导致复制品销售减少的数量乘以单位利润之积；

（6）侵权复制品销售数量乘以权利人销售复制品单位利润之积；

（7）其他方法。

8.6【侵权人的违法所得】

通常依据侵权人因侵权行为获得的利润计算"侵权人的违法所得"。若在案证据证明侵权人存在明显侵权恶意、侵权后果严重的，可以直接依据因侵权行为所获得的营业收入计算其违法所得。

8.7【举证妨碍】

权利人的实际损失难以确定，但权利人就侵权人的违法所得提供了初步证据，而在与侵权行为相关的账簿、资料主要由侵权人掌握的情况下，可以责令侵权人提供与侵权行为相关的账簿、资料；侵权人不提供或者提供虚假的账簿、资料的，可以根据权利人的主张和提供的证据认定侵权所得的数额。

8.8【裁量确定赔偿数额】

按照权利人的实际损失、侵权人的违法所得均无法精确计算赔偿数额，裁量确定赔偿数额时，除根据当事人提交的证据外，还可以考虑如下因素：

（1）原告主张权利的作品市场价格、发行量、所在行业正常利润率；

（2）侵权商品的市场价格、销售数量、所在行业正常利润率以及作品对商品售价的贡献率；

（3）原告主张权利的作品类型、所在行业的经营主体盈利模式，如互联网流量、点击率、广告收入等对损害赔偿的影响；

（4）其他因素。

8.9【法定赔偿的考量因素】

确定"法定赔偿"数额，一般考虑如下因素：

(1) 作品的类型、作品知名度和市场价值、权利人的知名度、作品的独创性程度等；

(2) 被告的主观过错、侵权方式、时间、范围、后果等；

(3) 其他因素。

8.10【恶意侵权】

适用法定赔偿时，被告具有下列情形之一的，可以在法定赔偿额限度内支持原告的赔偿请求或者从高确定赔偿数额：

(1) 以同样的方式针对同一作品多次侵权；

(2) 明知经营行为涉及大量侵权作品、表演、录音录像制品，仍实施、放任或者鼓励侵权行为；

(3) 其他情形。

8.11【合理开支】

合理开支包括：

(1) 律师费；

(2) 公证费及其他调查取证费；

(3) 审计费；

(4) 差旅费；

(5) 诉讼材料印制费；

(6) 原告为制止侵权支付的其他合理费用。

8.12【合理开支的证明】

原告请求赔偿合理开支的，应当提交合同、票据等相应证据。经审查能够确定相关支出已经实际发生且具有合理性和必要性的，原告虽未能提交充分证据予以证明，也可以纳入赔偿范围。

8.13【赔偿合理开支】

被告应当赔偿原告为制止侵权支出的合理开支，该项内容应在损失赔偿数额之外单独列出。

适用法定赔偿方法确定赔偿数额的，被告应当赔偿原告为制止侵权支出的合理开支，不计入法定赔偿数额之内。

8.14 【律师费】

确定律师费的支持数额，可以考虑实际支付的律师费数额、委托代理合同相关约定、案件专业性及难易程度、律师工作量、裁判结果等因素。

被告应当承担损害赔偿责任的，可以根据赔偿请求被支持的情况酌情确定计入合理开支的律师费数额。

被告不承担损害赔偿责任，但应承担停止侵害、赔礼道歉等民事责任的，可以根据原告诉讼请求被支持的情况酌情确定计入合理开支的律师费数额。

8.15 【赔礼道歉的适用条件】

侵害著作人身权或者表演者人身权的，可以判令被告承担赔礼道歉的民事责任。

确定赔礼道歉方式、范围，应当考虑著作人身权受侵害的方式、程度等因素，并应当与侵权行为造成损害的影响范围相适应。

侵权行为情节轻微的，可以判令被告书面道歉；被告在诉讼中已主动道歉并记录在案的，可以不再判令其赔礼道歉。

8.16 【精神损害赔偿的适用原则】

侵害著作人身权或者表演者人身权，造成严重精神损害，且适用停止侵害、消除影响、赔礼道歉仍不足以抚慰的，可以判令被告支付精神损害抚慰金。

法人或者非法人组织主张赔偿精神损害的，一般不予支持。

8.17 【精神损害抚慰金数额的确定】

被告应当承担精神损害赔偿责任的，可以根据原告遭受精神损害的程度、被告侵权的主观过错、侵权方式、侵权情节、影响范围等因素综合确定精神损害抚慰金数额。

第九章 侵害信息网络传播权的认定

9.1 【侵害信息网络传播权行为】

在侵害信息网络传播权案件中，应当将被诉侵权行为区分提供内容（作品、表演、录音录像制品）行为和提供技术服务行为。

9.2 【原告举证责任】

原告主张被告单独或者与他人共同实施了提供作品、表演、录音录像制品行为的，应当承担举证证明责任。

原告初步举证证明通过被告网站能够播放、下载或者以其他方式获得涉案作品、表演、录音录像制品，被告仍主张其未实施提供内容行为的，由被告承担相应的举证证明责任。

原告可以采取公证等方式举证证明被告网站内容，但应保证其取证步骤及相关网页的完整性。

9.3【被告举证责任】

被告主张其仅提供自动接入、自动传输、信息存储空间、搜索、链接、文件分享技术等网络技术服务的，应承担举证证明责任，被告未提供充分证据证明其系仅提供自动接入、自动传输、信息存储空间、搜索、链接、文件分享技术等技术服务的，对其前述主张不予支持。

被告应当就涉案作品、表演、录音录像制品的提供主体或者其与提供主体之间的关系提供相应证据。被告未提交充分证据证明，但原告已经初步举证的情况下，被告主张未实施提供内容行为的，不予支持。

9.4【被诉侵权行为的查明】

查明被诉侵权行为，可以采取勘验的方式；对于被诉侵权行为性质，应根据在案证据，运用逻辑推理和经验法则等综合进行判断。

9.5【全面审查】

原告在起诉时未明确主张被告行为属于直接侵害信息网络传播权行为，还是属于为他人实施侵害信息网络传播权行为提供教唆、帮助，且在法庭辩论终结前仍未明确的，应根据在案证据对被告实施的行为性质进行全面审查。

9.6【直接侵权】

未经许可单独或者以分工合作方式共同提供作品、表演、录音录像制品的行为，属于直接侵害信息网络传播权的行为。

各被告之间或者被告与他人之间具有共同提供涉案作品、表演、录音录像制品的主观意思联络，且为实现前述主观意思联络客观上实施了相应行为的，可以认定构成前款所规定情形。

9.7【分工合作】

各被告之间或者被告与他人之间存在体现合作意愿的协议等证据，或者基于在案证据能够证明各方在内容合作、利益分享等方面紧密相联的，可以认定各方具有共同提供涉案作品、表演、录音录像制品的主观意思联络，但被告能够证明其根据技术或者商业模式的客观需求，仅提供技术服务的除外。

9.8【教唆、帮助侵权】

被告作为技术服务提供者构成教唆、帮助侵权的，应当以存在直接侵权行为为前提条件。

9.9【教唆、帮助侵权的过错】

被告实施教唆、帮助行为应承担侵权责任的，主观上应当具有"明知"或者"应知"的主观过错。"明知"指实际知道侵权行为存在；"应知"指因存在着明显侵权行为的事实，应当意识到侵权行为的存在。

上述过错的判断应当以网络服务提供者的预见能力和预见范围为基础，又要区别通常预见水平和专业预见水平等情况。

9.10【提供信息存储空间服务的认定】

被告主张提供信息存储空间服务的，一般综合下列因素予以认定：

（1）被告提供的证据可以证明其网站具备为服务对象提供信息存储空间服务的功能；

（2）被告网站中的相关内容明确标示了为服务对象提供信息存储空间服务；

（3）被告能够提供上传者的用户名、注册 IP 地址、注册时间、上传 IP 地址、联系方式以及上传时间、上传信息等证据；

（4）其他因素。

9.11【信息存储空间服务提供者"应知"的判断】

信息存储空间服务提供者同时符合下列条件的，可以认定其具有"应知"的过错：

（1）能够合理地认识到涉案作品、表演、录音录像制品在其存储空间传播；

（2）能够合理地认识到网络用户未经权利人的许可提供涉案作品、表演、录音录像制品。

9.12【信息存储空间服务提供者"应知"的判断】

有以下情形之一的，可以推定信息存储空间服务提供者"能够合理地认识到涉案作品、表演、录音录像制品在其存储空间传播"，但有相反证据的除外：

（1）涉案作品、表演、录音录像制品或者与其相关的信息位于首页、各栏目首页或者其他主要页面等可被明显感知的位置；

（2）对涉案作品、表演、录音录像制品的主题或者内容主动进行选择、编辑、修改、整理、推荐或者为其设立专门排行榜的；

（3）其他情形。

9.13【信息存储空间服务提供者"应知"的判断】

有以下情形之一的，可以推定信息存储空间网络服务提供者"能够合理地认识到网络用户提供涉案作品、表演、录音录像制品未经权利人的许可"，但有相反证据的除外：

（1）网络用户提供的是专业制作且内容完整的影视作品、音乐作品、表演、录音录像制品，或者处于热播、热映期间的影视作品、知名度较高的其他作品以及相关的表演、录音录像制品；

（2）网络用户提供的是正在制作过程中且按照常理制作者不可能准许其传播的影视作品、音乐作品、表演、录音录像制品；

（3）其他明显的侵权事实。

9.14【提供链接服务行为的认定】

被告能够举证证明存在以下情形之一的，可以初步认定其提供的是链接服务：

（1）涉案作品、表演、录音录像制品的播放是自被告网站跳转至第三方网站进行的；

（2）涉案作品、表演、录音录像制品的播放虽在被告网站进行，但其提供的证据足以证明涉案作品、表演、录音录像制品置于第三方网站的；

（3）其他情形。

单独依据播放画面的水印或者影片介绍中播放来源的图标、文字等，不宜认定被告实施的是链接服务行为。

9.15【链接服务提供者"应知"的判断】

有下列情形之一的，可以认定链接服务提供者具有"应知"的过错：

（1）链接服务提供者对被链接的涉案作品、表演、录音录像制品进行了主动的选择、编辑、推荐，公众可以在设链网站上可以直接下载、浏览或者其他方式获得的；

（2）链接服务提供者设置定向链接，且被链接网站未经许可提供涉案作品、表演、录音录像制品侵权行为明显的；

（3）其他情形。

9.16 【通过破坏或者避开技术措施设置链接的行为】

对于通过破坏或者避开技术措施设置链接的行为，原告依据著作权法第十条第一款第十二项主张权利的，可以根据案件情况予以支持。

9.17 【侵权责任法第三十六条与避风港条款的关系】

侵权责任法第三十六条第二款、第三款属于网络服务提供者的侵权责任构成要件条款。

不符合信息网络传播权保护条例第二十条、第二十一条、第二十二条、第二十三条关于网络服务提供者侵权损害赔偿责任免责条款的，还应当根据侵权责任法第三十六条判断网络服务提供者是否应当承担相应的侵权责任。

9.18 【"改变"的理解】

信息网络传播权保护条例第二十二条规定所称"改变"，是指对服务对象提供的作品、表演、录音录像制品的内容进行了改变。

下列行为不应视为对服务对象提供的作品、表演、录音录像制品进行了改变：

（1）仅对作品、表演、录音录像制品的存储格式进行了改变；

（2）对作品、表演、录音录像加注数字水印等网站标识；

（3）在作品、表演、录音录像之前或者结尾处投放广告以及在作品、表演、录音录像中插播广告。

9.19 【直接获得经济利益的理解】

网络服务提供者因提供信息存储空间服务，按照时间、流量等向用户收取标准服务费用的，不属于信息网络传播权保护条例第二十二条第四项所称的"从服务对象提供作品、表演、录音录像制品中直接获得经济利益"。

网络服务提供者因提供信息存储空间服务而收取的一般性广告费，不认定为直接获得的经济利益。

9.20 【链接服务提供者进入避风港的要件】

根据信息网络传播权保护条例第二十三条，免除提供搜索、链接服务的网络服务提供者的损害赔偿责任，应当同时具备以下两个条件：

（1）对被链接的作品、表演、录音录像制品是否侵权不"明知"并且不"应知"；

（2）接到权利人的通知后，及时断开与侵权作品、表演、录音录像制品的链接。

9.21【通知的认定】

权利人提交的通知应符合信息网络传播权保护条例第十四条的规定。

权利人提交的通知未包含被诉侵权的作品、表演、录音录像制品的网络地址，但网络服务提供者根据该通知提供的信息对被诉侵权的作品、表演、录音录像制品能够足以准确定位的，可以认定权利人发出了通知。

对被诉侵权的作品、表演、录音录像制品是否能够足以准确定位，应当考虑网络服务提供者提供的服务类型、权利人要求删除或者断开链接的文字作品或者表演、录音录像制品的文件类型以及作品、表演、录音录像制品的名称是否具有特定性等具体情况认定。

9.22【网页快照行为的认定】

网络服务提供者在提供搜索服务时以快照形式在其服务器上生成作品、表演、录音录像制品的复制件并通过信息网络向公众提供，使得公众能够在选定的时间和地点获得作品的，构成提供内容的行为。

网页快照服务提供者以搜索、链接或者系统缓存为由提出不侵权抗辩的，不予支持。

网页快照服务提供行为侵权的认定，与快照来源网页内容是否侵权无关。

9.23【网页快照合理使用的认定】

判断网页快照提供行为是否属于不影响相关作品的正常使用，且未不合理损害权利人对该作品合法权益情形的，可以综合考虑如下因素：

（1）提供网页快照的主要用途；

（2）原告是否能够通过通知删除等方法，最大限度地缩小损害范围；

（3）原告是否已明确通知被告删除网页快照；

（4）被告是否在知道涉嫌侵权的情况下，仍未及时采取任何措施；

（5）被告是否从网页快照提供行为中直接获取利益；

（6）其他相关因素。

9.24【定时播放】

网络服务提供者未经许可通过信息网络按照事先安排的时间表向公众提供作品在线播放的，不构成侵害信息网络传播权，但著作权人依据著作权法第十条第一款第十七项主张权利的，应予支持。

9.25 【同步转播】

网络服务提供者未经许可通过网络同步转播作品，著作权人依据著作权法第十条第一款第十七项主张权利的，应予支持。

9.26 【技术措施的类型】

信息网络传播权保护条例第二十六条规定的技术措施是指为保护权利人在著作权法上的正当利益而采取的控制浏览、欣赏或者控制使用作品、表演、录音录像制品的技术措施。

下列情形中的技术措施不属于受著作权法保护的技术措施：

（1）用于实现作品、表演、录音录像制品与产品或者服务的捆绑销售；

（2）用于实现作品、表演、录音录像制品价格区域划分；

（3）用于破坏未经许可使用作品、表演、录音录像制品的用户的计算机系统；

（4）其他与权利人在著作权法上的正当利益无关的技术措施。

9.27 【技术措施的认定标准】

受著作权法保护的技术措施应为有效的技术措施。技术措施是否有效，应当以一般用户掌握的通常方法是否能够避开或者破解为标准。技术人员能够通过某种方式避开或者破解技术措施的，不影响技术措施的有效性。

9.28 【网购商品案件的管辖】

通过互联网购买被诉侵权商品的，不应仅以买受人指定的收货地为依据认定侵权行为地。

9.29 【网站经营者的认定】

网站登记备案信息、网站中标示的信息载明的经营者，是网站经营者。上述经营者主体不一致的，可以认定为共同经营者，但有相反证据的除外。

第十章 侵害影视作品著作权的认定

10.1 【具有较高知名度的作品名称】

具有较高知名度的影视作品名称在符合相关条件时可以适用反不正当竞争法予以保护。

10.2 【角色形象的保护】

影视作品中的角色形象，属于肖像权保护范围的，可以适用民法通则、民法总则保护，符合美术作品构成要件的，也可以适用著作权法保护。

10.3 【未经行政审批的境外影视作品】

原告主张保护的是境外影视作品的，不应以未经行政审批为由不予保护。

10.4 【影视作品权属的认定】

除有相反证据外，可以根据电影、电视剧等影视作品上明确标明的权属信息确定著作权人。

未明确标明权属信息的，可以认定在片头或者片尾署名的出品单位为著作权人，无出品单位署名的，可以认定署名的摄制单位为著作权人，但有相反证据的除外。

制作许可证、拍摄许可证、发行许可证、公映许可证等行政机关颁发的证照，可以作为认定权属的参考，在无其他证据佐证的情况下，不宜单独作为认定权属的依据。

10.5 【境外机构证明文件的效力】

经国家版权管理机关同意的境外机构对影视作品权属情况出具的证明文件，可以作为认定著作权归属的初步证据，但有相反证据的除外。

10.6 【被诉侵权内容的确定】

当事人应说明主张权利作品的内容、被诉侵权作品的内容以及二者之间的对应关系，同时涉及影视作品、剧本、小说等多个作品的，还应说明上述作品之间的关系。

10.7 【侵权认定基本规则】

被诉侵权作品与原告主张权利的在先作品的相关内容相同或者实质性相似，被告在创作时接触过原告主张权利的作品或者存在接触的可能，且被告不能举证或者说明被诉侵权作品合法来源的，可以认定被告侵害了原告著作权。

10.8 【"接触"的判断】

判断被告是否接触过在先作品或者存在接触的可能时，一般考虑如下因素：

（1）在先作品是否已经公开发表；

（2）在先作品未发表的，但被诉侵权作品作者或者其关联主体与在先作者之间是否存在投稿、合作洽谈等情况；

被诉侵权作品与在先作品的表达相同或者高度相似，足以排除独立创作可能性，且被告未作出合理解释的，可以根据在案证据推定被告接触过在先作品。

10.9【作品表达的对比】

原告应当提交在先作品与被诉侵权作品之间的对比说明或者列表,具体列明二者相关内容的对应情况,被告对此有异议的,应当逐一说明理由或者提供相反证据。

经当事人申请或者认为确有必要的,具有专业经验的人员可以作为专家辅助人参加诉讼,也可以委托鉴定机构对在先作品与被诉侵权作品的表达进行对比。

10.10【实质性相似的判断】

判断作品是否构成实质性相似一般采用综合判断的方法。

判断作品是否构成实质性相似,应比较作者在作品表达中的取舍、选择、安排、设计等是否相似,不应从主题、创意、情感等思想层面进行比较。

判断作品是否构成实质性相似,一般考虑如下因素:

(1) 台词、旁白等是否相似;

(2) 人物设置、人物关系是否相似;

(3) 具体情节的逻辑编排是否相似;

(4) 是否存在相同的语法表达、逻辑关系、历史史实等错误;

(5) 特殊的细节设计是否相同;

(6) 两作品相似的表达是否属于原告主张权利作品的核心内容;

(7) 其他因素。

10.11【相同历史题材作品实质性相似的判断】

根据相同历史题材创作作品中的题材主线、史实脉络,属于思想范畴。

选择某一类主题进行创作时,不可避免地采用某些事件、人物、布局、场景,这种表现特定主题不可或缺的表达不受著作权法保护。

在作品对比方面,应当着重查明被诉侵权作品是否使用了在先作品在描述相关历史时的独创性表达。

10.12【侵害改编权的责任主体】

被诉侵权作品的编剧对侵害改编权的行为承担侵权责任,制片者直接参与剧本创作,或者虽未参与剧本创作但具有主观过错的,可以认定构成共同侵权,承担连带责任,但有相反证据的除外。

10.13【侵害摄制权的责任主体】

被诉侵权作品的制片者未经许可使用原告作品拍摄影视作品的,应承担侵害摄制权的民事责任。

10.14 【摄制权与保护作品完整权】

著作权人许可他人将其作品摄制成电影作品或者以类似摄制电影的方法创作的作品的，视为已同意对其作品进行必要的改动。因影视作品的特殊艺术表现手法所做的改动，以及因政策规定、技术水平、拍摄设备等所限而进行的改动，可以认定属于必要的改动。

第十一章　侵害计算机软件著作权的认定

11.1 【侵害计算机软件著作权案件的行为】

除另有规定外，未经许可实施下列行为属于侵害计算机软件著作权的行为：

（1）单纯传播类：被告未改变原告计算机软件的内容，而是通过复制发行、信息网络传播等方式向公众提供计算机软件；

（2）最终用户类：被告未改变原告计算机软件的内容，而是作为计算机软件的最终用户，在商业活动中使用计算机软件；

（3）抄袭剽窃类：被告复制、修改或者改编原告计算机软件的内容，作为被告开发的计算机软件向公众提供；

（4）破坏技术措施类：被告故意避开或者破坏著作权人为保护其计算机软件而采取的技术措施；

（5）出租类：被告有偿许可他人临时使用计算机软件，但计算机软件不是出租的主要标的的除外。

（6）其他侵害计算机软件著作权的行为。

11.2 【最终用户类案件事实查明】

在最终用户类案件中，可以通过证据保全或者勘验的方式查明被告使用计算机软件的类型、版本及数量。在进行证据保全或者勘验时，如果需要检查的计算机数量过大，可以在征得双方当事人同意的情况下进行抽查，并由双方当事人明确确认抽查结果（侵权计算机的类型、版本及其比例）适用于全部检查范围。

在最终用户类案件中也可以采取远程取证的方法。通过远程取证方法获得的证据应当符合民事诉讼法的规定。

11.3 【最终用户侵害复制权的认定】

被告虽未复制原告计算机软件，但知道他人为其复制原告的计算机软件，且该计算机软件的使用属于被告正常商业经营活动范围,则可以认定被告与该他人共同侵害了原告计算机软件的复制权。

11.4【抄袭剽窃类案件的审理顺序】

抄袭剽窃类侵害计算机软件著作权的审理顺序为:

(1) 确定原告主张权利的计算机软件的名称和版本;

(2) 确定被诉侵权的计算机软件的名称和版本;

(3) 查明被诉侵权的计算机软件与原告计算机软件之间的关系。

11.5【抄袭剽窃类案件确定软件版本的方法】

在抄袭剽窃类案件中,原告应当分别明确其主张的权利及被诉侵权的计算机软件的名称、版本。

如果原告计算机软件存在多个版本,可以进行释明,在满足接触条件的前提下选择最相近似的计算机软件版本作为原告主张权利的计算机软件版本。

11.6【软件的对比】

在进行软件的对比时,应当将原告主张权利的计算机软件源程序与被诉侵权的计算机软件源程序进行对比,被告拒不提供被诉侵权的计算机软件源程序时,也可以将原告主张权利的计算机软件目标程序与被诉侵权的计算机软件目标程序进行对比。

11.7【源程序与目标程序的对应性】

在进行源程序对比之前,应当审查原、被告计算机软件源程序与目标程序的对应性。

11.8【实质性相似的认定】

在案证据能够证明原告主张权利的计算机软件源程序、文档等文件与被诉侵权的计算机软件相同或者相近似的,可以认定二者构成实质性相似。

被告拒不提供被诉侵权的计算机软件源程序,原告能够举证证明二者目标程序相同或者相近似的,或者虽不相同或者相近似,但被诉侵权的计算机软件目标程序中存在原告主张权利的计算机软件特有内容,或者在软件结果(包括软件界面、运行参数、数据库结构等)方面相同或者实质性相似,可以认定原、被告的软件构成实质性相似。

附　则

本指南自下发之日起执行，北京市高级人民法院以前发布的有关规定与本指南不一致的，以本指南为准。

北京市高级人民法院关于侵害知识产权民事案件适用惩罚性赔偿审理指南

（2022 年 4 月 25 日）

为有效执行知识产权侵权惩罚性赔偿制度，依法惩处严重侵害知识产权行为，加大知识产权司法保护力度，充分发挥惩罚性赔偿制度的震慑作用，坚决遏制严重侵害知识产权行为的发生，严格统一惩罚性赔偿制度的适用标准，根据《中华人民共和国民法典》《中华人民共和国专利法》《中华人民共和国商标法》《中华人民共和国著作权法》《中华人民共和国反不正当竞争法》《中华人民共和国种子法》《中华人民共和国民事诉讼法》以及《最高人民法院关于审理侵害知识产权民事案件适用惩罚性赔偿的解释》等法律及司法解释的规定，结合北京法院知识产权审判工作实践，制定本指南。

第一部分　一般规定

1.1【适用原则】

在侵害知识产权民事案件中，适用惩罚性赔偿应坚持依法适用、积极审慎的原则，在充分尊重和体现知识产权价值基础上，实现惩罚性赔偿对故意严重侵害知识产权行为的遏制作用。

1.2【请求适用】

惩罚性赔偿的适用应以权利人请求为前提。权利人未依法请求惩罚性赔偿的，不得主动适用惩罚性赔偿。

1.3【请求内容】

权利人请求惩罚性赔偿，应明确惩罚性赔偿的基数、基数确定方法及计算方式、倍数及赔偿总额，并提供相应证据。

权利人请求惩罚性赔偿，但无正当理由拒不明确请求惩罚性赔偿的基数、基数确定方法、倍数或者赔偿总额导致惩罚性赔偿无法适用的，一般不予支持。

1.4【赔偿仲裁后不宜再行请求】

当事人就侵害知识产权损害赔偿纠纷的解决达成仲裁协议并经仲裁机关作出仲裁裁决后，权利人一般不宜就同一侵权行为再行提起惩罚性赔偿诉讼，但该仲裁裁决被依法撤销或者裁定不予执行的除外。

1.5【与行政罚款、刑事罚金的关系】

侵权人因同一侵权行为被判决承担惩罚性赔偿的民事责任，并被处以行政罚款或者刑事罚金，应优先承担惩罚性赔偿的民事责任。

第二部分 法定要件

2.1【法定适用要件】

惩罚性赔偿适用于故意侵权且情节严重的侵害知识产权案件。恶意侵权属于故意侵权的情形。

2.2【侵权故意的认定】

综合考虑案件具体情况，下列情形一般可以认定故意侵害知识产权：

（1）恶意抢注并使用他人驰名商标；

（2）在同一种或者类似商品上使用他人已注册驰名商标；

（3）在宣传或者提供侵权商品或者服务时遮挡、清除权利标识；

（4）在商标授权程序中知悉他人商标权，仍然实施侵害该商标权的行为；

（5）不当取得的知识产权被依法撤销、宣告无效后，仍然实施或者使用该知识产权且被认定构成侵权；

（6）知识产权行政主管部门发出侵权通知后，仍然继续实施侵权行为。

2.3【情节严重的考量因素】

判断侵权情节是否严重，可以综合考虑侵权手段、次数、规模，侵权持续时间、地域范围，以及侵权人在侵权诉讼或者行政查处过程中的行为表现等因素。

侵权行为造成严重后果的，可以推定为情节严重。

2.4【情节严重的认定】

综合考虑案件具体情况，下列情形一般可以认定为侵害知识产权情节严重：

(1) 侵害知名度较高的体育赛事节目、展会知识产权；

(2) 同一侵权人多渠道传播侵权视频；

(3) 针对同一权利人或者同一知识产权多次实施侵权行为；

(4) 侵权规模较大且侵权行为持续时间较长；

(5) 权利人商业信誉遭受重大损失；

(6) 无正当理由拒不履行行为保全裁定；

(7) 侵权人采取暴力、胁迫等违法或者不当手段阻碍国家工作人员依法调查取证。

2.5【侵权故意且情节严重的认定】

综合考虑案件具体情况，下列情形一般可以认定为故意侵害知识产权且情节严重：

(1) 主要以侵害知识产权为业；

(2) 在电影、电视剧、综艺节目、体育赛事节目或者网络游戏公开传播前或者公开传播初期擅自传播侵权作品；

(3) 经合法授权提供权利商品或者服务的同时，擅自提供侵害同一知识产权的商品或者服务；

(4) 在广告宣传、合作磋商、签订合同、样品展示及体验服务等过程中提供权利商品或者服务，但实际交易时仅提供或者主要提供侵害同一知识产权的商品或者服务；

(5) 行政处罚或者行政裁决认定侵权后，同一侵权人再次或者继续实施同样的侵权行为；

(6) 当事人在自愿达成的和解协议中确认侵权后，同一侵权人再次或者继续实施同样的侵权行为；

(7) 生效判决、调解书、仲裁裁决认定侵权后，同一侵权人再次或者继续实施同样的侵权行为；

(8) 采取增设企业、变更企业名称、变更法定代表人、利用关联企业等方式再次或者继续实施同样的侵权行为。

第三部分　惩罚性赔偿的计算

3.1【赔偿总额】

适用惩罚性赔偿确定的赔偿总额为基数及基数与倍数乘积之和。权利人为制止侵权行为所支付的合理开支另行计算。

3.2【基数的确定方法】

权利人请求惩罚性赔偿的，可以选择按照下列方法确定赔偿基数：

（1）权利人因侵权行为所受到的实际损失；

（2）侵权人因侵权行为所获得的利益；

（3）许可使用费的合理倍数或者权利使用费。

法定赔偿数额不得作为计算惩罚性赔偿的基数。

侵权人因侵权行为所获得的利益，是指侵权人因侵害知识产权所获得的财产性收益，通常是指侵权人因侵权所获得的营业利润，但对于主要以侵权为业的侵权人可以计算其销售利润。

3.3【基数确定方法的适用顺序】

依照商标法、种子法适用惩罚性赔偿时，一般先按照权利人的实际损失确定赔偿基数，权利人的实际损失难以计算时按照侵权人的侵权获利确定赔偿基数，权利人的实际损失及侵权人的侵权获利均难以计算的，可以参照许可使用费的合理倍数确定赔偿基数。

依照专利法、著作权法适用惩罚性赔偿时，一般先按照权利人的实际损失或者侵权人的侵权获利确定赔偿基数，权利人的实际损失或者侵权人的侵权获利均难以计算的，可以参照许可使用费的合理倍数或者权利使用费确定赔偿基数。

依照反不正当竞争法对侵犯商业秘密行为适用惩罚性赔偿时，一般先按照权利人的实际损失确定赔偿基数，权利人的实际损失难以计算的，可以按照侵权人的侵权获利确定赔偿基数。

3.4【基数确定方法的选择适用】

法律规定各基数确定方法存在适用顺序的，一般优先适用在先方法确定惩罚性赔偿基数；在先方法难以确定惩罚性赔偿基数的，权利人可以选择在后方法确定惩罚性赔偿基数。

3.5【实际损失的计算】

计算权利人因侵权行为所受到的实际损失，可以根据案件具体情况，综合考虑以下因素：

（1）权利人商品销售减少情况；

（2）权利人商品价格下降情况；

（3）权利人商品利润下降情况；

（4）权利人客户或者用户减少情况；

（5）权利人广告收益减少情况；

（6）权利人为恢复商誉所支付的合理费用；

（7）权利人为其权利客体支出的创作、研发成本情况；

（8）权利人网站中相关内容的点击、下载、浏览量情况；

（9）权利许可使用合同或者转让合同因侵权导致不能履行或者难以正常履行产生的预期利益损失。

3.6【侵权获利的计算】

计算侵权人因侵权行为所获得的利益，可以根据案件具体情况，综合考虑以下因素：

（1）侵权商品销售数量及单位利润情况；

（2）侵权商品利润占侵权人整体利润的比重；

（3）侵权人自认的侵权商品销售数量、价格、利润等情况；

（4）网络平台显示的侵权商品销售数量、价格、评价及收益等情况；

（5）被行政执法机关查处或者司法机关查封、扣押的侵权商品数量及价格情况；

（6）侵权人相关账户资金流动或者纳税情况；

（7）侵权人网站、宣传资料、财务报告等公开披露的相关数据；

（8）因侵权行为带来的广告收益情况；

（9）侵权内容在相关网站的点击、下载、浏览量情况；

（10）侵权人因实施侵权行为而减少支出的许可使用费情况；

（11）侵权人主要因实施侵权行为获取的投融资、技术转移、政府资金或者土地支持、高新资质等收益情况。

3.7【商品单位利润的计算】

计算权利人商品或者侵权商品的单位利润，可以根据案件具体情况，综合考虑以下因素：

（1）当事人公开宣传、披露的利润情况；

（2）主管部门、行业协会、第三方平台等发布的统计报告或者行业报告显示的利润情况；

（3）相同或者可替代商品的利润情况；

（4）当事人自认的商品单位利润情况；

（5）当事人在行政审批、投融资过程中披露的利润情况。

3.8【举证妨碍规则的适用】

权利人已经尽了必要举证责任，但侵权获利的证据主要由侵权人掌握，且侵权人无正当理由拒不提供相关证据、仅提供明显少于其实际获利的部分证据，或者故意提供虚假证据，妨碍惩罚性赔偿基数认定的，可以根据案件具体情况，参考权利人的主张及相关证据确定惩罚性赔偿的基数。

3.9【许可使用费或者权利使用费的考量因素】

参照许可使用费的合理倍数或者权利使用费确定惩罚性赔偿的基数时，可以根据案件具体情况，综合考虑以下因素：

（1）许可使用合同的实际履行及相应证据情况；

（2）许可使用与侵权使用的可比性；

（3）许可使用费是否受到诉讼、并购、破产、清算等因素的影响；

（4）许可人与被许可人之间是否存在亲属关系、投资关系或者实际控制关系等关联关系；

（5）同行业或者相关行业通常的许可使用费或者权利使用费标准；

（6）许可使用合同的备案情况。

3.10【许可使用费倍数的考量因素】

以许可使用费的合理倍数计算惩罚性赔偿基数的，可以根据案件具体情况，综合考虑权利客体的性质、商业价值、研发成本、创新高度、可能带来的竞争优势，侵权行为与被许可行为所涉及的权利性质、许可期限、范围的异同等因素确定该倍数。

3.11【知识产权的贡献度】

按照侵权获利方法确定惩罚性赔偿基数时，应根据案件具体情况，适当考量权利人知识产权对于商业价值的贡献程度或者比例，合理确定知识产权贡献度。

3.12【知识产权贡献度的考量因素】

确定知识产权对商业价值的贡献度，可以根据案件具体情况，综合考虑以下因素：

（1）权利客体的创造性、独创性、显著性或者价值性；

（2）权利客体的创作研发成本及市场价格情况；

（3）权利人商品与同类商品的市场价格、销售数量、利润比较情况；

（4）侵权商品的生产经营成本、市场价格、单位利润等情况；

（5）侵权内容分别占权利客体、侵权客体的数量比例或者重要程度情况。

3.13【倍数的确定】

惩罚性赔偿的倍数应与侵权人的侵权故意及情节严重程度相适应。惩罚性赔偿的倍数应在法定范围内酌情确定，但当事人另有约定的除外。

3.14【倍数的考量因素】

确定惩罚性赔偿的倍数，除综合考虑本指南第2.2条、第2.3条、第2.4条、第2.5条规定的情形外，还可以根据案件具体情况，综合考虑以下因素：

（1）侵权故意程度；

（2）侵权持续时间；

（3）侵害知识产权的数量；

（4）侵权行为对行业造成的危害；

（5）侵权人是否多次侵害知识产权；

（6）侵权人是否如实提交侵权获利证据。

3.15【侵害专利权倍数的考量因素】

在侵害专利权案件中确定惩罚性赔偿的倍数，除考虑本指南第3.14条规定的因素外，还可以根据案件具体情况，综合考虑以下因素：

（1）专利类型；

（2）专利创新高度；

（3）专利是否属于国务院专利行政部门认定的高价值发明专利；

（4）专利技术是否属于关键核心技术、重点领域或者新兴产业的技术、国家重点支持的高新技术；

（5）专利权剩余有效期；

（6）侵权产品中侵害专利权的数量；

（7）侵权人是否因侵害同一专利权承担过损害赔偿责任及承担损害赔偿责任的具体情况。

3.16【侵害商标权倍数的考量因素】

在侵害商标权案件中确定惩罚性赔偿的倍数，除考虑本指南第3.14条规定的因素外，还可以根据案件具体情况，综合考虑以下因素：

（1）权利人的商誉和市场地位；

（2）权利商标的知名度情况；

（3）权利商标与侵权标识相同或者近似程度；

（4）侵权人抢注、攀附商标的情况；

（5）侵权人与权利人的同业竞争情况；

（6）侵权人是否在伪劣商品上使用侵权标识；

（7）侵权人对权利商标提出异议、撤销或者无效宣告请求及其审查情况。

3.17【侵害著作权倍数的考量因素】

在侵害著作权或者与著作权有关的权利的案件中确定惩罚性赔偿的倍数，除考虑本指南第3.14条规定的因素外，还可以根据案件具体情况，综合考虑以下因素：

（1）权利人或者权利客体的知名度和影响力；

（2）权利客体涉及的商业模式、收费标准等；

（3）侵害同一著作权或者与著作权有关的权利的权项数量；

（4）侵权人实施侵权行为的手段、方式；

（5）侵权人从侵权内容中的获利情况；

（6）侵权行为是否发生在权利客体的热播期、热映期或者集中宣传推广期间；

（7）侵权平台的规模，侵权持续传播时间，侵权内容的数量及点击、下载、浏览量情况；

（8）侵权人被其他权利人追究侵权的情况。

3.18【侵犯商业秘密倍数的考量因素】

在侵犯商业秘密案件中确定惩罚性赔偿的倍数，除考虑本指南第3.14条规定的因素外，还可以根据案件具体情况，综合考虑以下因素：

（1）商业秘密的类型及市场价值；

（2）技术信息的创新程度；

（3）商业秘密的成本投入情况；

(4) 权利人采取保密措施的情况；

(5) 商业秘密可保持竞争优势的时间；

(6) 侵权获取商业秘密手段的恶劣程度；

(7) 侵权行为是否导致商业秘密被公开。

3.19【侵害植物新品种权倍数的考量因素】

在侵害植物新品种权案件中确定惩罚性赔偿的倍数，除考虑本指南第3.14条规定的因素外，还可以根据案件具体情况，综合考虑以下因素：

(1) 授权品种是否属于禁止进出口的种子；

(2) 授权品种的市场规模；

(3) 侵权品种的生产、繁殖规模；

(4) 侵权品种的销售价格及数量；

(5) 侵权品种是否以次充好、以假乱真；

(6) 侵权品种售出后的种植规模；

(7) 是否危及国家粮食安全。

3.20【约定惩罚性赔偿的适用】

权利人请求适用其与侵权人约定的惩罚性赔偿的，一般予以支持。

权利人请求适用的惩罚性赔偿不同于其与侵权人约定的，侵权人主张应在该约定范围内适用惩罚性赔偿的，可以支持侵权人的主张，但权利人提出异议并提供有效证据证明该约定明显不合理的除外。

3.21【惩罚性赔偿的约定内容】

当事人可以约定适用惩罚性赔偿的基数、基数确定方法、倍数及赔偿总额。

当事人约定惩罚性赔偿的倍数不在法定范围内，并请求适用约定的惩罚性赔偿倍数的，一般予以支持，但对方当事人提出异议并提供有效证据证明该约定明显不合理的除外。

3.22【以许可使用费作为基数的约定】

当事人可以约定以许可使用费或者其合理倍数确定惩罚性赔偿基数，但对方当事人提出异议并提供有效证据证明该约定明显不合理的除外。

3.23【法定赔偿中的惩罚性考量因素】

对于故意侵权且情节严重的侵害知识产权案件，权利人请求适用惩罚性赔偿，但赔偿基数难以确定需要适用法定赔偿的，酌情从高确定赔偿数额。

第四部分 惩罚性赔偿对网络服务提供者的适用

4.1 【一般规则】

网络服务提供者明知网络用户利用其网络服务实施侵权行为,无正当理由不采取或者延迟采取删除、屏蔽、断开链接等必要措施,致使发生严重侵害知识产权行为,权利人请求对网络服务提供者适用惩罚性赔偿的,一般予以支持。

网络服务提供者教唆网络用户利用其网络服务实施侵权行为,网络用户经教唆严重侵害他人知识产权的,权利人请求对网络服务提供者适用惩罚性赔偿的,一般予以支持。

4.2 【明知的认定】

综合考虑案件具体情况,下列情形一般可以认定网络服务提供者明知网络用户利用其网络服务实施侵权行为:

(1) 接到权利人发出的侵权通知;

(2) 接到知识产权行政主管部门发出的侵权通知;

(3) 因网络用户利用其网络服务实施同样的侵权行为而参加相关诉讼、仲裁等程序;

(4) 与网络用户以分工合作方式提供侵权客体。

4.3 【情节严重的认定】

综合考虑案件具体情况,网络服务提供者实施的下列行为,一般可以认定为情节严重的情形:

(1) 网络用户的行为被依法认定侵权后,仍然教唆或者继续教唆该网络用户实施同样或者类似的侵权行为,网络用户经教唆实施相关侵权行为的;

(2) 网络服务提供者因网络用户利用其网络服务实施侵权行为被依法认定侵权后,仍然教唆或者继续教唆网络用户实施同样或者类似的侵权行为,网络用户经教唆实施相关侵权行为的;

(3) 网络用户拒不履行认定其侵权的生效判决、裁定,仍然为该网络用户继续实施同样的侵权行为提供网络服务;

(4) 网络用户被依法认定侵权后,该网络用户再次实施同样的侵权行为,经权利人通知后,无正当理由不采取或者延迟采取删除、屏蔽、断开链接等必要措施；

（5）网络服务提供者因网络用户利用其网络服务实施侵权行为被依法认定侵权后，仍然为该网络用户继续实施或者再次实施同样的侵权行为提供网络服务；

（6）主要以教唆、帮助他人侵害知识产权为业。

4.4【未履行转通知义务】

网络服务提供者无正当理由故意不履行或者迟延履行转通知义务，致使权利人或者网络用户的知识产权受到严重侵害，权利人或者网络用户请求网络服务提供者与他人共同承担惩罚性赔偿责任的，可以依法予以支持。

4.5【未及时终止措施】

网络服务提供者针对他人恶意投诉行为应当依法终止所采取的措施，无正当理由故意不终止或者迟延终止措施，致使被投诉人的知识产权受到严重侵害，被投诉人请求网络服务提供者与他人共同承担惩罚性赔偿责任的，可以依法予以支持。

前款中的恶意投诉，一般是指以非法获利或者排挤竞争对手为目的，利用网络投诉机制进行无正当理由的投诉，严重影响被投诉人合法权益的行为。

4.6【直接实施侵权行为的法律责任】

网络服务提供者直接实施故意侵害知识产权行为且情节严重，权利人请求适用惩罚性赔偿的，依法予以支持。

4.7【网络直播带货的侵权责任】

网络直播带货的行为人明知其直播带货的商品或者服务侵害他人知识产权，仍然从事直播带货行为并造成严重后果，权利人请求适用惩罚性赔偿的，一般予以支持。

网络服务提供者明知网络直播带货的行为人利用其网络服务从事前款规定的侵害知识产权行为，无正当理由不采取合理有效措施予以制止，依法与网络直播带货的行为人共同承担惩罚性赔偿责任。

4.8【代购的侵权责任】

代购人明知其代购的商品或者服务侵害他人知识产权，仍然代购该商品或者服务并造成严重后果，权利人请求适用惩罚性赔偿的，一般予以支持。

网络服务提供者明知代购人利用其网络服务从事前款规定的侵害知识产权行为，无正当理由不采取合理有效措施予以制止，依法与代购人共同承担惩罚性赔偿责任。

第五部分 程 序 规 定

5.1 【请求的提出或者变更】

权利人提出或者变更惩罚性赔偿的基数、基数确定方法及计算方式、倍数及赔偿总额的，一般在一审法庭辩论终结前提出或者变更。

权利人在一审中请求惩罚性赔偿并在其上诉后变更惩罚性赔偿的基数、基数确定方法及计算方式、倍数或者赔偿总额，一般予以支持，但变更后的索赔数额超出诉讼请求且调解不成的，对超出部分不予支持。

5.2 【一审不提交计算证据的后果】

权利人在一审中请求惩罚性赔偿，且持有其主张的惩罚性赔偿基数确定方法的计算方式及相应证据，无正当理由拒不提交证据，致使其惩罚性赔偿请求未获支持的，二审一般亦不予支持。

5.3 【部分权利人请求】

在侵害同一知识产权的同一案件中，部分共有人请求惩罚性赔偿的，一般及于全部共有人。但是，未明确请求惩罚性赔偿的可依法单独行使权利的权利人，以及明确不同意适用惩罚性赔偿的共有人，一般不宜适用惩罚性赔偿确定其应获得的赔偿数额。

5.4 【对权利共有人的一致适用】

同一知识产权的共有人在同一案件中针对同一侵权人请求适用不同基数、倍数的惩罚性赔偿，可告知其明确一致的基数和倍数，亦可在共有人请求范围内根据案件具体情况合理确定惩罚性赔偿的基数和倍数。

5.5 【针对同一侵权人的分别适用】

权利人起诉同一侵权人侵害其多项知识产权或者同一著作权及与著作权有关的权利的多个权项时，分别请求适用不同基数、倍数的惩罚性赔偿，或者仅对部分侵权行为请求惩罚性赔偿的，一般予以支持。

5.6 【对部分侵权人适用】

权利人仅请求对同一案件的部分侵权人适用惩罚性赔偿的，可以对部分侵权人依法适用惩罚性赔偿，对其他侵权人不宜适用惩罚性赔偿。

5.7 【针对不同侵权人的分别适用】

权利人在同一案件中针对不同侵权人请求适用不同基数、倍数的惩罚性赔偿，不同侵权人分别实施侵权行为的，可以根据权利人的请求分别适用惩罚性赔偿；不同侵权人共同实施侵权行为的，可以根据案件具体情况确定惩罚性赔偿的基数和倍数。

5.8 【部分适用】

同一侵权行为造成的损害后果中，如果部分损害后果能够确定的，可以依权利人请求对该部分损害后果适用惩罚性赔偿，对难以确定损害后果的部分另行依法确定赔偿责任。

5.9 【分阶段适用】

侵权人持续实施侵害知识产权行为，对不符合惩罚性赔偿法定适用要件的持续侵权行为，不宜适用惩罚性赔偿；但侵权人在持续实施侵害知识产权行为过程中满足惩罚性赔偿法定适用要件的，可以自满足惩罚性赔偿法定适用要件时适用惩罚性赔偿。

第六部分　适用范围

6.1 【适用范围】

本指南自下发之日起执行，北京市高级人民法院已经发布文件的相关规定与本指南不一致的，以本指南为准。

五、其他规范性文件

关于进一步加强"饭圈"乱象治理的通知

（2021年8月25日）

各省、自治区、直辖市党委网信办，新疆生产建设兵团党委网信办：

"清朗·'饭圈'乱象整治"专项行动开展以来，各地落实有关工作要求，围绕明星榜单、热门话题、粉丝社群、互动评论等重点环节，深入整治"饭圈"

乱象问题，取得了一定成效。为进一步加大治理力度，压紧压实网站平台主体责任，切实突破重点难点问题，不断巩固和扩大专项行动成果，重拳出击解决"饭圈"乱象问题，现就有关工作措施通知如下：

1. **取消明星艺人榜单**。取消所有涉明星艺人个人或组合的排行榜单，严禁新增或变相上线个人榜单及相关产品或功能。仅可保留音乐作品、影视作品等排行，但不得出现明星艺人姓名等个人标识。

2. **优化调整排行规则**。在音乐作品、影视作品等排行中，降低签到、点赞、评论等指标权重，增加作品导向及专业性评价等指标权重。不得设置诱导粉丝打榜的相关功能，不得设置付费签到功能或通过充值会员等方式增加签到次数，引导粉丝更多关注文化产品质量，降低追星热度。

3. **严管明星经纪公司**。强化网站平台对明星经纪公司（工作室）网上行为的管理责任，制定相关网上运营规范，对账号注册认证、内容发布、商业推广、危机公关、粉丝管理等网上行为作出明确规定。强化明星经纪公司（工作室）对粉丝群体的引导责任，对引发粉丝互撕、拉踩引战的明星及其经纪公司（工作室）、粉丝团，对其账号采取限流、禁言、关闭等措施，同时，全平台减少直至取消相关明星的各类信息发布。

4. **规范粉丝群体账号**。加强对明星粉丝团、后援会等账号的管理，要求粉丝团、后援会账号必须经明星经纪公司（工作室）授权或认证，并由其负责日常维护和监督。未经授权的个人或组织一律不得注册明星粉丝团账号。

5. **严禁呈现互撕信息**。切实履行管理责任，及时发现清理"饭圈"粉丝互撕谩骂、拉踩引战、造谣攻击等各类有害信息，从严处置违法违规账号，有效防止舆情升温发酵。对发现不及时、管理不到位的网站平台从重处罚。

6. **清理违规群组版块**。持续解散以打投、应援、集资、控评、八卦、爆料等为主题的粉丝社区、群组，关闭易导致粉丝聚集、交流打榜经验、讨论明星绯闻、互相做任务刷数据的版块、频道等，阻断对粉丝群体产生不良诱导甚至鼓励滋事的渠道。

7. **不得诱导粉丝消费**。制定细化规则，对明星艺人专辑或其他作品、产品等，在销售环节不得显示粉丝个人购买量、贡献值等数据，不得对粉丝个人购买产品的数量或金额进行排行，不得设置任务解锁、定制福利、限时PK等刺激粉丝消费的营销活动。

8. 强化节目设置管理。 加强对网络综艺节目网上行为管理，不得设置"花钱买投票"功能，严禁引导、鼓励网民采取购物、充会员等物质化手段为选手投票。

9. 严控未成年人参与。 进一步采取措施，严禁未成年人打赏，严禁未成年人应援消费，不得由未成年人担任相关群主或管理者，限制未成年人投票打榜，明确明星粉丝团、后援会等线上活动不得影响未成年人正常学习、休息，不得组织未成年人开展各种线上集会等。

10. 规范应援集资行为。 及时发现、清理各类违规应援集资信息；对问题集中、履责不力、诱导未成年人参与应援集资的网站平台，依法依规处置处罚；持续排查处置提供投票打榜、应援集资的境外网站。

各地要进一步提高政治站位，切实增强责任感、使命感、紧迫感，从维护网上政治安全和意识形态安全、营造清朗网络空间的高度认识和推进"饭圈"乱象治理工作。要第一时间部署落实，进一步分解措施，制定细化实施方案，督促属地网站平台切实抓好落实。

六、行业规范

网络综艺节目内容审核标准细则

（2020 年 2 月 21 日）

为提升网络综艺节目内容质量，遏制错误虚假有害内容传播蔓延，建设良好网络生态，营造清朗网络空间，根据国家相关法律法规、《网络信息内容生态治理规定》、《互联网视听节目服务管理规定》和《网络视听节目内容审核通则》，制定本细则。

一、网络综艺节目内容审核基本标准

（一）《网络信息内容生态治理规定》第六、七条所列 20 条标准。

（二）《互联网视听节目服务管理规定》第十六条所列 10 条标准。

（三）《网络视听节目内容审核通则》第四章第七、八、九、十、十一、十二条所列 94 条标准。

二、网络综艺节目内容审核具体细则

依据网络综艺节目内容审核基本标准，网络播放的网络综艺节目，及其标题、名称、评论、弹幕、表情包等，其语言、表演、字幕、背景中不得出现以下具体内容（常见问题）：

第一部分　通 用 细 则

（一）主创及出镜人员选用问题

主创人员包括制片人、导演、策划等；出镜人员包括主持人、导师、评委、特邀嘉宾、选手、节目参与人员等。

比如：

1. 选用有调侃、诋毁、污蔑、攻击中国特色社会主义制度或国家主权、安全和发展利益等言行的人员的，如（略）；

2. 选用扰乱社会秩序的人员的；

3. 选用有因丑闻劣迹、违法犯罪等行为造成不良社会影响的艺人的；

4. 选用外国国籍或港澳台籍人士不当的。

（二）出镜人员言行举止问题

比如：

5. 出镜人员在大是大非问题上发表有违中国国情和历史、违背社会主义核心价值观或相关法律法规，以及有违社会公序良俗的观点和言论的，如（略）；

6. 出镜人员出现语言或行为低俗、恶搞等不文明情况的，如（略）；

7. 出镜人员相互之间过度调侃和挖苦、吹捧、调情，或使用性暗示和性挑逗动作、语言的；

8. 主持人、嘉宾发表拜金主义、享乐主义言论的，如（略）；

9. 主持人、嘉宾以歧视、贬损语言描述、介绍、评价特定社会人群的，如（略）；

10. 主持人、嘉宾刻意强调嘉宾、选手、节目参与人员与节目内容无关的身份标签的，如（略）；

11. 选手为博眼球编造故事煽情做秀或夸大实情渲染悲切情绪，为博出位相互攀比、恶意竞争的，如（略）；

12. 出现明显或可能引发重大社会争议的观点、言论时，主持人未加以及时和有效引导的；

13. 在节目后期包装中加入屏幕贴图、音响音效等元素，强调、突出以上问题效果的。

(三) 造型（服装、化妆）、道具、舞美等布设问题

比如：

14. 在非内容必需的情况下，布设过于夸张怪异的；

15. 布设存在安全隐患的；

16. 布景、服装、道具上出现反动、违法、违规元素的，如（略）；

17. 布景、服装、道具上或者制作完成的节目视频窗口里，出现低俗、性暗示元素的，如（略）；

18. 通过舞台背景音效营造出性暗示效果的；

19. 使用成人用品或毒品等违禁品作为道具的；

20. 出镜人员穿着并非节目场景或内容必需的、刻意展示性感和性吸引力的服装的，如（略）。

(四) 文字语言使用问题

比如：

21. 对节目标题、字幕（包括花字形式的字幕）等进行不当改编的，如（略）；

22. 非节目内容必需，大量使用网络语言的；

23. 使用网络戏谑语言称呼国内外政要和公众人物的；

24. 除书法题写的片名及相关文字外，节目中文字幕使用不规范汉字的；

25. 对外文歌曲歌词、外文标题和台词、有特定含义的词汇及标识等，应加而未加中文字幕的；

26. 使用脏字脏词或挑逗、侮辱、谩骂言辞的，如（略）。

(五) 节目制作包装问题

比如：

27. 以流量艺人、制作经费炒作话题，进行过度营销和夸大宣传的；

28. 节目后期制作合成过程中，使用含有阻扰祖国统一和破坏、攻击社会主义制度的人员或标识的视频、图片、文字作为素材的；

29. 对节目内容进行背离原意的剪辑、拼接的，如（略）；

30. 使用消音或哔音掩盖节目中低俗语言，制造强调和突出效果的。

第二部分 分 类 细 则

（一）访谈及脱口秀类节目问题

比如：

31. 讨论、评论、总结的内容存在违法违规或过激言语的，如（略）；

32. 虽讲述一般人物或事件，但谈话内容涉及党史、国史、军史、民族、外交等敏感问题，且导向存在错误，与我主流价值观相悖的；

33. 通过模仿讲话、着装、举止、行为等方式恶搞、调侃党和国家领导人的；

34. 恶搞、调侃、攻击宗教信仰的；

35. 恶搞民族风俗习惯、节日习俗和传统礼仪的；

36. 展示残暴行为的，如引用虐待动物的场景等；

37. 展示恶性案件中令人不适画面的，如引用凶杀案件或自杀自残的血腥画面等；

38. 宣扬丑恶行为的，如（略）；

39. 宣扬迷信活动的，如（略）；

40. 片面、极端地分析、讨论、评论社会问题的；

41. 片面解读、曲解社会议题的；

42. 以讨论明星个人婚恋、生育、纠纷、绯闻等生活隐私，或展示奢侈生活、豪华婚礼、子女天价教育等为话题和主要内容的；

43. 以性经验、性体会、性器官、性辅助工具和性药功能为主题或主要内容的；

44. 讨论不宜在媒体公开和深入讨论的涉性话题的，如（略）；

45. 渲染和炒作因违法违规被列入相关管理部门黑名单的公众人物或热点人物的。

（二）选秀及偶像养成类节目问题

比如：

46. 通过改编、表演等方式对红色经典文艺作品进行娱乐化使用或恶搞的，如（略）；

47. 表演的节目中含有通过剪拼改编台词、歌词、剧情桥段等方式恶搞经典、

417

篡改历史、恶搞英模、调侃崇高精神等问题的；

48. 推荐、宣传偏离主流价值观和大众审美取向的选手或节目参与人员的，如（略）；

49. 汇集、宣扬或炒作嘉宾、选手、节目参与人员低俗、庸俗、消极、颓废的观点与态度的，如（略）；

50. 节目中设置"花钱买投票"环节，刻意引导、鼓励网民采取购物、充会员等物质化手段为选手投票、助力的；

51. 推荐、宣传选手或节目参与人员时，忽略其内在专业素养而渲染其外在条件的，如（略）；

52. 存在物化、消费女性等问题的，如（略）；

53. 主持人、嘉宾介绍或评价选手、节目参与人员时，使用带有侮辱、歧视的语言，或者连带侮辱、歧视某一特定群体语言的，如（略）；

54. 将相关管理部门明确禁止的违规歌曲用于演唱和背景音乐的；

55. 有未成年人参与选秀类节目的。

（三）情感交友类节目问题

56. 嘉宾或节目参与人员的言行逾越传统道德观念和伦理底线的；

57. 宣扬消极颓废的婚恋观和家庭观的，如（略）；

58. 宣扬拜金主义、奢靡之风、享乐主义的，如（略）；

59. 宣扬性自由、性开放的；

60. 宣扬封建迷信等封建文化糟粕的；

61. 节目参与人员通过着装、造型、动作、声音、眼神等对其他人员进行性挑逗、性暗示的；

62. 以婚恋交友、感情考验为幌子，对节目参与人员进行各种人性测试，揭露人性弱点的，如（略）。

（四）少儿亲子类节目问题

63. 在节目场景、话题设置、对话情景、年龄限定等方面，违反《中华人民共和国未成年人保护法》《未成年人节目管理规定》等相关未成年人保护法律法规、管理规定的；

64. 在节目内容设置、宣传推广、现场提问等环节，存在窥探或侵犯少儿隐私问题的，如（略）；

65. 少儿着装暴露或模仿某些成年人装扮，不利于其身心健康成长的，如（略）；

66. 集中展现或宣扬炫富、享乐主义等不利于未成年人身心健康成长的价值观的，如（略）；

67. 以少儿为主要角色的成人化、商业化选秀活动的；

68. 将少儿交友进行成人化演绎与炒作的，如（略）；

69. 未成年人节目宣扬童星效应或者包装、炒作明星子女的；

70. 在少儿不宜的酒吧、KTV、娱乐会所等场所摄制节目的；

71. 对于成年人未落实对未成年人的监护义务问题，只展现而不加引导的，如（略）；

72. 故意制造人性矛盾冲突、危险情景看点、低俗话题噱头的，如（略）；

73. 对不适宜少儿参与的极限运动（徒手攀岩、蹦极、低空跳伞等），或少儿参与的具有潜在危险性的活动（街舞、轮滑、滑板、独轮车、潜水、平衡车等），未做醒目安全提示的；

74. 节目中"专家观点""教育贴士"等板块内容存在价值误导的；

75. 不具有专业教育背景或相关专业经历的嘉宾探讨性知识、性教育内容的；

76. 片面解读、曲解、攻击国家计划生育政策的；

77. 未成年人参与的歌唱类选拔节目、真人秀节目、访谈脱口秀节目不符合国务院广播电视主管部门要求的。

（五）生活体验类（旅行、美食等）节目问题

78. 调侃、嘲讽、恶搞少数民族风俗习惯的；

79. 明星扎堆、奢华旅行、脱离当地人民群众现实生活的；

80. 将参与者无科学常识、无生活技能、无环保意识作为卖点、冲突点并进行娱乐化表现的；

81. 在无现场专业人员指导和陪同的情况下，挑战具有潜在危险性活动的，如（略）。

（六）专业竞技类（益智、体育、科技、艺术等领域）节目问题

82. 对于专业程度较高的竞技活动，在竞技环节设置中没有安全指导和安全提示的，如（略）；

83. 对专业程度较高的竞技活动，忽视或淡化表现其专业性，而过度表现和渲染娱乐性、互动性的。

（七）游戏比赛类节目问题

84. 对于存在安全隐患的游戏，在比赛环节设置中没有安全指导和安全提示的；

85. 在内容设置上无底线娱乐和无节操恶搞的，如（略）；

86. 人为激化矛盾冲突，故意制造低俗噱头的；

（八）有角色扮演的故事推理、演绎类节目问题

87. 故事推理不讲科学与逻辑、胡乱拼凑的；

88. 歪曲、丑化、亵渎、否定英雄烈士事迹和精神，恶搞烈士姓名、肖像，恶搞历史人物和经典形象的；

89. 对破案过程等进行过度娱乐化表演与表现，如（略）；

90. 脱离故事设定的年代，表演、演绎中大量使用与设定的年代差异较大的当代价值观、言行方式、搞笑梗等；

91. 过度渲染恐怖、血腥、暴力的氛围的；

92. 低俗化的特效包装的，如（略）。

（九）游戏改编类节目问题

93. 将游戏中的虚拟角色、形象、场景、规则等直接搬到真人参与的现实综艺节目中，存在违反法律法规，违背社会伦理道德问题的内容的，如（略）；

94. 节目中的道具含有宣扬暴力、淫秽、色情、迷信、赌博、吸毒、邪教、血腥、教唆犯罪等元素，或者以血腥、淫秽、迷信、邪教、违禁药品等命名的。

图书在版编目（CIP）数据

综艺节目全流程法律实务 / 纪玉峰，王刚著.
北京 : 中国法治出版社, 2025. 7. -- ISBN 978-7-5216-5473-8

Ⅰ. D923.414

中国国家版本馆 CIP 数据核字第 2025N8Z675 号

责任编辑：刘晓霞　　　　　　　　　　　　　封面设计：赵博

综艺节目全流程法律实务
ZONGYI JIEMU QUANLIUCHENG FALÜ SHIWU

著者/纪玉峰，王刚
经销/新华书店
印刷/保定市中画美凯印刷有限公司
开本/710 毫米×1000 毫米　16 开　　　　　印张/ 27.25　字数/ 410 千
版次/2025 年 7 月第 1 版　　　　　　　　　2025 年 7 月第 1 次印刷

中国法治出版社出版
书号 ISBN 978-7-5216-5473-8　　　　　　　　定价：49.00 元

北京市西城区西便门西里甲 16 号西便门办公区
邮政编码：100053　　　　　　　　　　　　　传真：010-63141600
网址：http : //www.zgfzs.com　　　　　　　编辑部电话：010-63141664
市场营销部电话：010-63141612　　　　　　印务部电话：010-63141606

（如有印装质量问题，请与本社印务部联系。）